기본서

인스TV
손해사정사

신체손해사정사 2차
제3보험의 이론과 실무

윤종길 지음

머리말

제3보험은 손해보험과 생명보험의 특성을 모두 가지고 있는 회색 영역(Grey zone)에 속하는 보험입니다. 따라서 그 어떤 보험종목보다 다양한 특징을 가진 보험상품군을 보유하고 있습니다. 또한 일반 국민들이 보험을 생각할 때에 가장 먼저 머리에 떠올리는 보험상품은 대부분 제3보험에 속하는 보험(예 실손의료보험, 암보험, 사망보험 등)일 정도로 우리 주변에서 흔하게 접할 수 있는 보험입니다. 그만큼 사회적 관심도 매우 큽니다.

일반 수험생들이 제3보험을 공부하고자 할 때에 가장 어려움을 느끼는 부분도 바로 이러한 것입니다. 제3보험의 다양한 상품들로 인하여 손해사정사 2차 시험의 다른 과목들보다 공부해야 할 범위가 매우 넓다는 것입니다. 또한 제3보험은 일반 가계성 보험이 차지하는 비율이 높다 보니 사회적 관심이 높고, 그에 따라 감독당국의 개입이 빈번하며 약관의 변화도 다양합니다. 예를 들어 장해분류표나 실손의료보험은 가입한 연도에 따라 적용되는 약관이 상이합니다.

현실이 이렇다 보니 제3보험을 공부하는 수험생의 입장에서 어려움을 느낄 수 밖에 없는 것도 사실입니다. 손해사정사 2차 시험의 다른 과목을 공부하던 생각으로 제3보험을 공부하면 첫째 방대한 시험범위에 질려버리고, 둘째 다양한 실무 사례의 적용에서 막막함을 느낍니다.

본 교재는 제3보험을 처음 접하는 사람을 위하여 작성된 교재입니다. 제3보험의 기초부터 차근차근 공부하고 싶은 수험생들에게 도움을 드리고자 하는 목적으로 작성되었으며 따라서 가장 기초적인 내용을 담고 있습니다. 달리 말하면 어느정도 제3보험에 익숙하거나 실무를 경험하신 분들이라면 자신의 기초를 다시한번 점검할 수 있는 기회가 될 수도 있습니다. 늘 강조하지만 기초보다 중요한 것은 없습니다.

마지막으로 제가 좋아하는 말을 여러분께 들려드리고자 합니다. 모두 끝까지 완주하셔서 좋은 결과 있으시길 기대합니다.

승자가 즐겨 쓰는 말은 '다시 한번 더 해보자' 이지만,
패자가 즐겨 쓰는 말은 '해봐야 별 수 없다' 이다.

저자 윤종길

GUIDE

■ 손해사정사란?
보험사고로 인하여 생긴 손해액을 평가사정하여 그 손해액을 결정하고 보험금을 지급하는 보험전문인

■ 손해사정사의 업무(보험업법 제188조)
① 손해발생 사실의 확인
② 보험약관 및 관계법규 적용의 적정여부 판단
③ 손해액 및 보험금의 사정
④ 손해사정업무와 관련한 서류의 작성·제출의 대행
⑤ 손해사정업무의 수행과 관련한 보험회사에 대한 의견의 진술

■ 손해사정사의 구분

▶ 업무영역에 따른 구분
① 재물손해사정사 : 보험사고로 인한 재물과 관련된 재산상의 손해액 사정
② 차량손해사정사 : 자동차 사고로 인한 차량 및 그 밖의 재산상의 손해액 사정
③ 신체손해사정사 : 자동차 사고 및 그 밖의 보험사고로 인한 사람의 신체와 관련된 손해액 사정

▶ 업무 수행 형태에 따른 구분
① 고용손해사정사 : 보험회사에 고용되어 손해사정 업무 수행
② 독립손해사정사 : 독립적으로 손해사정업을 영위하면서 업무 수행

■ 자격취득
손해사정사 1차 및 2차 시험에 합격하고 일정기간의 수습을 필한 후 금융감독원에 등록함으로써 자격 취득

| 손해사정사 1차 시험합격 | ⇨ | 손해사정사 2차 시험합격 | ⇨ | 실무실습 | ⇨ | 손해사정사 등록 |

■ 시행기관 및 응시자격
① 시행기관 : 보험개발원
② 응시자격 : 학력, 성별, 연령, 경력, 국적 등의 제한이 없음

■ 시험일정

구분	1차 시험	2차 시험
시험일자	매년 4월~5월 예정	매년 7~8월 예정

* 시험일정은 변동될 수 있으며, 상세일정은 「보험개발원 보험전문인시험」(www.insis.or.kr)에서 확인가능합니다.

■ 시험방법 및 시험과목

구분	1차 시험		
	재물	차량	신체
시험과목	• 보험업법 • 보험계약법(상법 중 보험편) • 손해사정이론 • 영어(공인시험으로 대체)	• 보험업법 • 보험계약법(상법 중 보험편) • 손해사정이론	• 보험업법 • 보험계약법(상법 중 보험편) • 손해사정이론
시험방법	선택형 객관식 4지선다형		
비고	재물손해사정사의 제1차 시험과목 중 영어는 공인영어시험으로 대체		

구분	2차 시험		
	재물	차량	신체

시험과목	• 회계원리
	• 해상보험의 이론과 실무
	  (상법 해상편 포함)
	• 책임 · 화재 · 기술보험 등의 이론과 실무
		• 자동차보험의 이론과 실무
		  (대물배상 및 차량손해)
		• 자동차 구조 및 정비이론과 실무
			• 의학이론
			• 책임보험 · 근로자재해보상
			  보험의 이론과 실무
			• 제3보험의 이론과 실무
			• 자동차보험의 이론과 실무
			  (대인배상 및 자기신체손해)

시험방법	논문형(약술형 또는 주관식 풀이형)		

■ 합격자 결정

구분		1차 시험	2차 시험
손해사정사	재물	영어과목을 제외한 나머지 과목에 대하여 매 과목 100점을 만점으로 하여 매 과목 40점 이상, 전 과목 평균 60점 이상 득점한 자를 합격자로 결정	매 과목 100점을 만점으로 하며 매 과목 40점 이상, 전 과목 평균 60점 이상 득점한 자를 합격자로 결정(다만, 선발예정인원을 미리 공고한 경우, 매 과목 40점 이상 득점한 자 중 선발예정인원의 범위에서 전 과목 총득점이 높은 자 순으로 합격자 결정) ※ 절대평가에 의해 합격자를 결정하며, 절대평가에 의한 합격자가 최소선발예정인원에 미달하는 경우 미달인원에 대하여 상대평가에 의해 합격자를 결정
	차량		
	신체		

CONTENTS

PART Ⅰ 제3보험의 개요 · 1

PART Ⅱ 질병상해보험 표준약관 · 15

제1관 목적 및 용어의 정의 16
- 제1조 목적 16
- 제2조 용어의 정의 16

제2관 보험금의 지급 20
- 제3조 보험금의 지급사유 20
- 제4조 보험금 지급에 관한 세부규정 20
- 제5조 보험금을 지급하지 않는 사유 32
- 제6조 보험금 지급사유의 통지 37
- 제7조 보험금의 청구 37
- 제8조 보험금의 지급절차 38
- 제9조 만기환급금의 지급 42
- 제10조 보험금 받는 방법의 변경 43
- 제11조 주소변경통지 44
- 제12조 보험수익자의 지정 45
- 제13조 대표자의 지정 45

제3관 계약자의 계약 전 알릴 의무 등 48
- 제14조 계약 전 알릴 의무 48
- 제15조 상해보험계약 후 알릴 의무 52
- 제16조 알릴 의무 위반의 효과 57
- 제17조 사기에 의한 계약 64

제4관 보험계약의 성립과 유지 67
- 제18조 보험계약의 성립 67
- 제19조 청약의 철회 71
- 제20조 약관 교부 및 설명의무 등 74
- 제21조 계약의 무효 76
- 제22조 계약내용의 변경 등 78
- 제23조 보험나이 등 80
- 제24조 계약의 소멸 81

제5관 보험료의 납입 84
- 제25조 제1회 보험료 및 회사의 보장개시 84
- 제26조 제2회 이후 보험료의 납입 86
- 제27조 보험료의 자동대출납입 86
- 제28조 보험료의 납입이 연체되는 경우 납입최고(독촉)와 계약의 해지 88
- 제29조 보험료의 납입연체로 인한 해지계약의 부활(효력회복) 90
- 제30조 강제집행 등으로 인한 해지계약의 특별부활(효력회복) 91

제6관 계약의 해지 및 해약환급금 등 95
- 제31조 계약자의 임의해지 및 피보험자의 서면동의 철회 95
- 제31조의2 위법계약의 해지 96
- 제32조 중대사유로 인한 해지 97
- 제33조 회사의 파산선고와 해지 98
- 제34조 해약환급금 99
- 제35조 보험계약대출 100
- 제36조 배당금의 지급 101

제7관 분쟁의 조정 등 104
- 제37조 분쟁의 조정 104
- 제38조 관할법원 104
- 제39조 소멸시효 105
- 제40조 약관의 해석 105
- 제41조 설명서 교부 및 보험안내자료 등의 효력 106

CONTENTS

제42조 회사의 손해배상책임	107	제45조 예금보험에 의한 지급보장	108
제43조 개인정보보호	107	**제8관** 참고-생명보험 표준약관	112
제44조 준거법	108		

PART III 장해분류표 · 119

CHAPTER 1 총칙　　120
제1절 총칙　　120
제2절 장해판정 세부사항　　122

CHAPTER 2 장해분류별 판정기준　　125

PART IV 실손의료보험 · 165

CHAPTER 1 의료비의 개요　　166
제1절 의료 체계 관련 기초 지식　　166
제2절 실손의료보험의 개요　　170

CHAPTER 2 기본형 실손의료보험
(급여 실손의료비)　　179

CHAPTER 3 실손의료보험 특별약관
(비급여 실손의료비)　　200
제1절 보장종목　　200
제2절 보상내용　　201

CHAPTER 4 제3세대 실손의료보험과
제4세대 실손의료보험의 비교　　219

CHAPTER 5 해외여행 실손의료보험　　225

CHAPTER 6 노후 실손의료보험 및 유병력자
실손의료보험　　231
제1절 노후 실손의료보험　　231
제2절 유병력자 실손의료보험　　236

PART V 질병보험 · 243

CHAPTER 1 입원, 수술　　244
제1절 입원　　244
제2절 수술　　248

CHAPTER 2 암보험　　256
제1절 암보험의 개요　　256

제2절 암진단보험금　　257
제3절 암진단보험금의 지급　　269
제4절 암수술보험금　　274
제5절 암입원 및 암통원 보험금　　275
제6절 암 관련 기타 보험금　　278

| CHAPTER 3 | 2대 질환(뇌졸중, 급성심근경색) 보험 | 281 |

| CHAPTER 4 | 중대한 질병보험(CI보험) | 287 |
제1절 CI보험의 의의 287
제2절 중대한 질병 289
제3절 중대한 수술 294
제4절 중대한 화상 및 부식 296

| CHAPTER 5 | 치매보험 | 298 |
제1절 치매보험의 의의 298
제2절 치매보험금의 지급 299

PART Ⅵ 상해보험 · 305

| CHAPTER 1 | 일반상해 | 306 |
제1절 일반상해 후유장해 3%~100% 306
제2절 일반상해 후유장해 3%~79% 307
제3절 고도후유장해 308

| CHAPTER 2 | 교통상해 | 311 |
제1절 손해보험의 교통상해 후유장해 311
제2절 교통상해 고도후유장해 314
제3절 생명보험의 교통재해 후유장해 315
제4절 대중교통상해 317

| CHAPTER 3 | 휴일상해 | 319 |

| CHAPTER 4 | 운전자보험 | 320 |
제1절 벌금담보 특별약관 320
제2절 교통사고처리지원금담보 특별약관 320
제3절 자동차사고 변호사선임비용 특별약관 324
제4절 면허정지취소위로금담보 특별약관 324
제5절 자동차부상치료비 326
제6절 기타 담보 327

| CHAPTER 5 | 여행보험 | 328 |
제1절 국내여행보험 328
제2절 해외여행보험 328
제3절 레저보험 329

PART Ⅶ 기타사항 · 331

| CHAPTER 1 | 상속 | 332 |

| CHAPTER 2 | 조건부 인수 특별약관 | 334 |
제1절 특정 신체부위, 질병 보장 제한부 인수 특별약관 334
제2절 보험금 감액 특별약관 336
제3절 보험료 증액 특별약관 337

| CHAPTER 3 | 제도성 특별약관 | 338 |
제1절 지정대리청구인 특별약관 338
제2절 선지급서비스 특별약관 339

| CHAPTER 4 | 손해사정사 | 341 |

PART 1

제3보험의 개요

1 의의

제3보험은 사람이 질병에 걸리거나 재해로 인해 상해를 당했을 때 또는 질병이나 상해가 원인이 되어 간병이 필요한 상태가 되었을 때에 이를 보장하는 보험이다. 손해보험과 생명보험의 두 가지 성격을 모두 갖추고 있기 때문에 어느 한 분야로 분류하기가 곤란하여 제3보험으로 불린다. 제3보험은 생존급부보장을 필요로 하는 소비자의 요구에 부응하기 위한 보험상품이라 할 수 있으며, 간호 간병을 필요로 하는 본인 뿐만 아니라 그들의 가족에 있어서도 중대한 필요성이 대두되는 보험상품이다. 또한 현재는 물론이고 앞으로도 다양한 형태의 보험상품 개발이 기대되는 분야라고 할 수 있다. 정리하면, 제3보험은 우연하고 급격한 외래의 사고로 인한 상해의 치료 등에 소요되는 비용을 보장하는 상해보험, 질병으로 진단되거나 질병으로 인해 발생하는 입원, 수술, 통원 등을 보장하는 질병보험, 상해 또는 질병으로 인한 활동불능 등 타인의 간병을 필요로 하는 상태를 보장하는 간병보험으로 구분하고 손해보험회사 및 생명보험회사 모두 영위 가능한 보험종목이다.[1]

2 종류

가. 상법상 분류

(1) 분류법

상법은 보험을 크게 손해보험과 인보험, 이분법적으로 구분하고 있으며 이 중 인보험을 다시 생명보험, 상해보험, 질병보험으로 구분한다. 상법에는 제3보험이라는 명문화된 용어는 없다. 다만 상법의 보험 분류 중 상해보험과 질병보험이 제3보험에 해당한다고 할 수 있다.

(2) 상해보험

상해보험계약의 보험자는 피보험자의 신체의 상해에 관한 보험사고가 생길 경우에 보험금액 기타의 급여를 지급할 책임이 있다(상법 제737조). 즉 상해보험에서 보장하는 보험사고는 피보험자의 신체에 발생하는 상해이다. 상해보험에 관하여는 만 15세 미만자 등에 대한 계약 금지 규정을 제외하고 생명보험에 관한 모든 규정을 준용한다. 따라서 생명보험에 적용되는 상법 규정들이 상해보험에도 대부분 그대로 준용되나, 만 15세 미만자, 심신상실자, 심신박약자의 계약 금지에 대한 규정은 준용되지 않는다. 즉 만 15세 미만자 등에 대한 상해보험계약은 유효하다.

(3) 질병보험

질병보험계약의 보험자는 피보험자의 질병에 관한 보험사고가 생길 경우에 보험금액 그 밖의 급여를 지급할 책임이 있다(상법 제739조의2). 질병보험에서 보장하는 보험사고는 피보험자의 질병이다. 질병보험에 관해서는 그 성질에 반하지 않는 범위 내에서 생명보험과 상해보험의 규정이 준용된다. 따라서 만 15세 미만자 등에 대한 질병보험계약은 유효하다.

---
1) 금융감독원 홈페이지 금융용어사전

> **상법 제4편(보험편) 인보험의 주요 조항**
>
> **제731조(타인의 생명의 보험)** ① 타인의 사망을 보험사고로 하는 보험계약에는 보험계약 체결시에 그 타인의 서면(「전자서명법」 제2조 제2호에 따른 전자서명이 있는 경우로서 대통령령으로 정하는 바에 따라 본인 확인 및 위조·변조 방지에 대한 신뢰성을 갖춘 전자문서를 포함한다)에 의한 동의를 얻어야 한다.
> ② 보험계약으로 인하여 생긴 권리를 피보험자가 아닌 자에게 양도하는 경우에도 제1항과 같다.
>
> **제732조(15세 미만자등에 대한 계약의 금지)** 15세 미만자, 심신상실자 또는 심신박약자의 사망을 보험사고로 한 보험계약은 무효로 한다. 다만, 심신박약자가 보험계약을 체결하거나 제735조의3에 따른 단체보험의 피보험자가 될 때에 의사능력이 있는 경우에는 그러하지 아니하다.
>
> **제732조의2(중과실로 인한 보험사고 등)** ① 사망을 보험사고로 한 보험계약에서는 사고가 보험계약자 또는 피보험자나 보험수익자의 중대한 과실로 인하여 발생한 경우에도 보험자는 보험금을 지급할 책임을 면하지 못한다.
> ② 둘 이상의 보험수익자 중 일부가 고의로 피보험자를 사망하게 한 경우 보험자는 다른 보험수익자에 대한 보험금 지급 책임을 면하지 못한다.
>
> **제739조(준용규정)** 상해보험에 관하여는 제732조를 제외하고 생명보험에 관한 규정을 준용한다.
>
> **제739조의3(질병보험에 대한 준용규정)** 질병보험에 관하여는 그 성질에 반하지 아니하는 범위에서 생명보험 및 상해보험에 관한 규정을 준용한다.

나. 보험업법상 분류

(1) 분류법

2003년 8월 보험업법 관련 조항을 개정하면서 최초로 제3보험에 대한 규정이 법체계로 편입되었다. 보험업법은 상법과는 달리 보험을 크게 생명보험, 손해보험, 제3보험으로 세가지로 구분하고 있으며 각각의 보험상품에 대한 정의는 다음과 같다.

(가) **생명보험상품**: 위험보장을 목적으로 사람의 생존 또는 사망에 관하여 약정한 금전 및 그 밖의 급여를 지급할 것을 약속하고 대가를 수수하는 계약으로서 대통령령으로 정하는 계약

(나) **손해보험상품**: 위험보장을 목적으로 우연한 사건(질병·상해 및 간병은 제외한다)으로 발생하는 손해(계약상 채무불이행 또는 법령상 의무불이행으로 발생하는 손해를 포함한다)에 관하여 금전 및 그 밖의 급여를 지급할 것을 약속하고 대가를 수수하는 계약으로서 대통령령으로 정하는 계약

(다) **제3보험상품**: 위험보장을 목적으로 사람의 질병·상해 또는 이에 따른 간병에 관하여 금전 및 그 밖의 급여를 지급할 것을 약속하고 대가를 수수하는 계약으로서 대통령령으로 정하는 계약

(2) 종류

보험업법에서 말하는 제3보험상품이란 위험보장을 목적으로 사람의 질병·상해 또는 이에 따른 간병에 관하여 금전 및 그 밖의 급여를 지급할 것을 약속하고 대가를 수수하는 계약으로서 대통령령으로 정하는 계약을 말한다. 보험업법에서 제3보험으로 분류하고 있는 보험상품은 상해보험, 질병보험, 간병보험이 있다.

(3) 상해보험

사람의 신체에 발생하는 우연하고도 급격한 외래의 사고로 인한 상해의 치료에 소요되는 비용 및 상해의 결과에 따른 사망 등의 위험에 관하여 금전 및 그 밖의 급여를 지급할 것을 약속하고 대가를 수수하는 보험을 말한다.

(4) 질병보험

사람의 질병 또는 질병으로 인한 입원, 수술 등의 위험에 관하여 금전 및 그 밖의 급여를 지급할 것을 약속하고 대가를 수수하는 보험을 말한다. 다만 질병으로 인한 사망은 제외한다. 질병으로 인한 사망은 생명보험의 고유 영역에 해당하기 때문이다.

(5) 간병보험

피보험자가 상해 또는 질병으로 인하여 활동불능상태 혹은 인식불능상태에 빠져 타인의 간병을 필요로 상태 및 이로 인한 치료 등의 위험에 관하여 금전 및 그 밖의 급여를 지급할 것을 약속하고 대가를 수수하는 보험을 말한다.

다. 결론

정리하면 제3보험은 생명보험의 정액보상적 특성과 손해보험의 실손보상적 특성을 모두 가지고 있는 보험으로 생명보험과 손해보험 중 어느 한 분야로 분류하기 어려운 형태의 보험이다. 따라서 이른바 Gray zone에 속하는 보험으로 취급되고 있으며 그에 따라 이름에서도 제3보험이라고 불린다. 예를 들어 질병을 보장하는 보험상품의 경우 사람을 보험의 대상으로 하므로 생명보험으로 볼 수도 있으나, 질병으로 인한 치료비나 소득상실을 보장하는 경우에는 실손보상을 하므로 손해보험으로 볼 여지도 있다.

시험출제 Point

법령	상법		보험업법	
구분	손해보험	–	손해보험	–
	인보험	생명보험	생명보험	–
		상해보험	제3보험	상해보험
		질병보험		질병보험
				간병보험

3 특징

가. 보험사고의 대상

생명보험에서 보장하는 보험사고는 사람의 사망, 생존, 사망 또는 생존이고, 손해보험에서 보장하는 보험사고는 재산상의 손해이다. 이에 반하여 제3보험의 보험사고는 신체의 상해, 질병 또는 이에 따른 간병이 필요한 상태가 보험사고에 해당한다.

나. 보험금의 지급방법

생명보험은 보험계약을 체결할 당시에 미리 약정한 금액을 지급하는 정액보상 방식이고, 손해보험은 재산상의 손해를 보상하기 때문에 사고가 발생하였을 때의 실제 손해를 보상하는 실손보상 방식이다. 이에 반하여 제3보험은 정해진 금액을 지급하는 정액보상 방식은 물론이고 실제 손해를 보상하는 실손보상 방식이 모두 가능하다.

다. 피보험이익

피보험이익이란 피보험자가 보험사고와 관련하여 가지는 경제상의 이해관계를 말한다. 보험계약자는 보험사고가 발생했을 때에 생기는 손해에 대비하여 보험에 가입하는데, 이 때 불확실한 보험사고로부터 발생하는 손해가 바로 피보험이익이다. 피보험이익은 금전으로 산정할 수 있는 이익에 한하여 적용되며, 따라서 사람에 대해서는 피보험이익을 적용할 수 없다. 피보험이익은 손해의 보상을 약속하는 손해보험에 있어서는 필수 불가결한 절대적인 위치이나, 사람의 신체를 보험의 목적으로 하는 생명보험이나 제3보험에 있어서는 피보험이익이 인정되지 않는다.

〈보험의 구분〉

구분	생명보험	손해보험	제3보험
보험사고	사망 또는 생존	재산상의 손해	상해, 질병, 간병
피보험이익	없음	절대적 존재	없음
보상방법	정액보상	실손보상	정액보상, 실손보상
피보험자 (보험대상자)	보험사고의 대상	보험금청구권자	보험사고의 대상
보험기간	장기	단기	단기, 장기

4 제3보험 상품

가. 상품의 분류

제3보험은 보험이 제공하는 보장내용에 따라 상해보험, 질병보험, 간병보험으로 분류할 수 있다. 상해보험은 일반상해보험, 교통상해보험 등이 있으며, 질병보험은 암보험, 치명적 질병보험(CI보험), 건강보험 등이며, 간병보험은 장기간병보험(LTC), 치매보험 등이 있다. 우리나라의 보험 실무상 제3보험은 단독으로 보장을 제공하는 상품보다는 상해와 질병이 함께 보장되는 종합형 상품으로 많이 판매되고 있다. 또한 실손의료보험이나 각종 질병담보 등 특정 보장에 특화된 상품 개발이 활발하여 주계약 뿐만 아니라 각종 특약으로도 다양하게 부가되어 판매된다.

나. 상해보험

(1) 의의

상해보험은 사람의 신체에 입은 상해에 대하여 각종 보장을 제공할 것을 약속하고 이에 대한 대가를 수수하는 보험이다. 상해보험에서 말하는 상해란 외부로부터 야기된 돌발적인 사고를 의미한다. 상해보험에 대한 손해사정을 수행할 때에는 상해 인정 여부가 주요한 쟁점이 되는 경우가 많다. 생명보험의 보험사고인 사람의 사망은 발생 자체는 확정적이나 발생 시기가 불확실한 반면에, 상해보험에서의 상해는 발생 시기와 발생 여부가 모두 불확실하다는 특징이 있다. 한편 생명보험회사는 상해와 유사한 재해를 보장하며, 세부사항은 생명보험 표준약관에 규정된 재해분류표에 따른다.

(2) 급격성

급격성이란 사고를 피할 수 없는 긴박성을 말한다. 여기서의 긴박성은 시간적 긴박성만을 의미하는 것이 아니고 피보험자가 예견하지 아니하였거나 예견할 수 없는 순간에 사고가 발생한 것을 말한다. 따라서 예측 불능과 회피 불가능성의 여부는 급격성의 판단에 중요한 요소가 된다. 예를 들어 다른 사람이 피보험자를 살해할 목적으로 소량의 독극물을 계속적으로 음식물에 섞어 섭취하게 한 경우, 이는 시간적으로는 장기간이 소요되었지만 피보험자에게 예측 불능과 회피 불가능성이 인정되기 때문에 급격성을 만족하는 것이다.

(3) 우연성

우연성이란 우연히 발생하여 통상적인 과정으로는 예측할 수 없는 결과를 가져오는 사고를 의미한다. 고의와 반대되는 개념으로 이해하면 쉽다. 대법원 판례에 따르면, 상해보험에서 말하는 우연한 사고라 함은 사고가 피보험자가 예측할 수 없는 원인에 의하여 발생하는 것으로 고의에 의한 것이 아니고, 예견치 않았는데 우연히 발생하고 통상적인 과정으로는 기대할 수 없는 결과를 가져오는 사고를 의미한다(대법원 2012.8.17. 선고 2010다67722 판결).

(4) 외래성

외래성이란 상해의 원인이 외부로부터 야기되어야 한다는 뜻이다. 질병과 반대되는 개념으로 이해하면 쉽다. 외래성은 상해의 원인이 피보험자의 신체 밖으로부터 작용하여야 한다는 의미이며 상해 자체가 신체 밖에서 발생하여야 한다는 의미는 아니다. 따라서 술에 취하여 자다가 구토로 인하여 구토물이 기도를 막아 사망한 경우에는 비록 구토물이 신체 내부에서 비롯된 것이기는 하지만, 신체적 결함이나 체질적인 요인 등에 기인한 것이 아닌 술을 마신 외부의 행위에 의한 것이기 때문에 외래성이 인정된다(대법원 1998. 10. 13. 선고 98다28114 판결). 외부로부터 야기되는 것은 유형물뿐만 아니라 온도, 습도, 열 등과 같은 자연력도 포함된다.

(5) 인과관계

상해보험에서 급격하고 우연한 외래의 사고와 상해라는 결과 사이에는 상당인과관계가 있는 경우에 보험자의 보험금 지급책임이 발생한다. 한편 민사 분쟁에서의 인과관계는 의학적 또는 자연적 인과관계가 아니라 사회적 또는 법적 의미에서의 인과관계를 말하며, 그 인과관계는 반드시 의학적 또는 자연과학적으로 명백하게 입증되어야 하는 것은 아니다(대법원 2010. 9. 30. 선고 2010다12241,12258 판결).

(6) 직업직무 변경 통지의무

상해보험은 피보험자의 직업이나 직무에 따라 보험요율이 달라지므로, 보험기간 중 직업 또는 직무가 변경되었을 때에 그 사실을 보험회사에게 알려주어야 하는 직업직무 변경 통지의무(상해보험계약 후 알릴의무)를 규정하고 있다. 피보험자의 변경된 직업 또는 직무가 변경 전 직업 또는 직무보다 사고발생 위험률이 낮다면 보험회사는 변경된 보험요율에 따라 차액보험료를 돌려주며, 반대로 위험률이 높다면 추가보험료를 징수한다. 만약 변경된 직업 또는 직무의 위험률이 너무 높다면 보험계약을 해지할 수도 있다. 보험계약자 또는 피보험자가 이러한 직업직무 변경 통지의무를 제대로 이행하지 않았다면 의무 위반을 이유로 보험계약을 해지하고 보험사고 발생 시 변경된 직업급수에 비례하여 보험금을 감액하여 지급할 수도 있다. 참고로 생명보험 표준약관에는 이러한 직업직무 변경 통지의무가 규정되어 있지 않다.

다. 질병보험

(1) 의의

질병보험은 피보험자가 질병으로 진단을 받거나 입원 또는 수술 등의 치료를 받은 것을 보험사고로 하는 보험을 말한다. 질병보험은 그 사고의 원인이 피보험자의 신체에서부터 야기된다는 점에서 외래성을 특징으로 하는 상해보험과는 구분된다.

(2) 질병의 개념

질병이란 심신(心身)의 전체 또는 일부가 일차적 혹은 계속적으로 장애를 일으켜서 정상적인 기능을 할 수 없는 상태를 말한다. 질병상해보험 표준약관은 질병과 상해를 이분법적으로 구분하고 있으므로, 상해에 해당하지 않는 것을 질병으로 보아도 무방하다. 질병과 상해를 구분하는 가장 큰 특징은 외래성의 인정 여부이다. 예를 들어 추간판탈출증이 외부의 충격으로부터 야기된 것이라면 상해로 인정될 수 있으나, 노화로 인한 퇴행성 질환이라면 질병으로 분류된다.

(3) 질병보험의 특징

질병보험은 피보험자에게 발생하는 크고 작은 질병을 비롯하여 그로 인한 수술, 입원 등의 치료를 보장하는 보험상품이다. 따라서 피보험자의 의학적인 건강상태에 대한 평가가 무엇보다 중요하다. 같은 환경에 노출되었다고 하더라도 피보험자의 건강상태에 따라 간단히 치료될 수 있는 증상이 다른 사람에게는 매우 치명적인 질환으로 작용할 수 있기 때문이다. 보험의 관점에서 보았을 때에는 질병이 만성 질환(chronic disease)인지, 급성 질환(acute disease)인지 여부도 중요한 포인트 중 하나이다. 만성 질환의 대표적인 것은 고혈압, 당뇨 등이고, 급성 질환은 급성 심근경색이나 급성 뇌졸중 등이 있다.

(4) 주요 질병보험의 예시

(가) **암보험**: 대표적인 질병보험의 하나이다. 암으로 진단받았을 때에는 암진단금을 지급하며, 입원이나 수술 등의 치료를 받았을 때에 암입원비, 암수술비 등을 지급하는 보험상품이다. 최근에는 특정암(예 간암, 위암, 폐암 등 3대 주요암)을 집중적으로 보장하는 상품도 출시되는 등 다양한 암보험 상품이 판매되고 있다.

(나) **실손의료보험**: 피보험자가 상해 또는 질병으로 인하여 의료기관에 입원 또는 통원하여 치료를 받거나 처방조제를 받은 경우에 피보험자가 실제 부담한 의료비의 일부를 보험회사가 보상해주는 상품이다. 실손의료보험은 본인이 부담한 실제 치료비를 한도액으로 하므로 다수의 보험을 가입하더라도 보험금이 중복으로 지급되지 않는다. 다수의 실손의료보험을 가입하였다면 실제 치료비를 한도로 각 보험계약이 비례하여 보험금을 지급한다. 실손의료보험은 1963년 손해보험회사가 국내에 처음 도입한 이후로 다양한 형태로 판매가 되었다. 최근에는 일부의 과다한 의료서비스 이용이 사회적 문제로 지적되고 있으며, 2021년 7월부터 제4세대 실손의료보험이 도입되어 과잉 의료서비스 이용을 억제하기 위한 방향으로 개선되었다. 이러한 개편에도 불구하고 실손의료보험의 손해율은 여전히 심각한 상황으로, 현재는 제5세대 실손의료보험의 출시도 앞두고 있다.

(다) **치명적 질병보험(CI보험)**: 건강보험과 사망보험의 특성을 함께 지닌 보험상품으로 피보험자가 중대한 질병에 걸렸을 때에 사망보험금의 일부를 지급하는 상품이다. 피보험자에게 치명적 질병(CI: Critical Illness: 암, 심장질환, 뇌졸중 등)이 발생했을 경우 사망보험금의 일정금액을 미리 지급하는 형태이다. 예를 들어 가입금액 1억원, CI 선지급비율 80%로 가입하여 보험기간 중 암이 발생하였다면 CI 진단금으로 8천만원을 지급하며, 차후 피보험자가 사망했을 때에 나

머지 2천만원을 사망보험금으로 지급한다. 만약 선지급비율이 100%라면 전액을 지급하고 사망보장은 종료된다. 최근에는 선지급형 뿐만 아니라 독립형 부가 특약으로도 판매가 되고 있으며, 중대한 질병에서 조금 경한 질병까지 보장범위를 넓힌 GI(General Illness)보험도 활발하게 판매되고 있다.

라. 간병보험

(1) 의의

보험기간 중 피보험자가 장기요양상태가 되거나 치매상태 등으로 일상생활이 어려울 경우에 간병자금 및 생활비 등을 보험금으로 지급하는 보험이다. 주로 장기요양상태가 되었거나 일상생활 장해 및 중증 치매에 진단된 경우에 보험금을 지급한다. 간병보험은 보험업법상 제3보험으로 분류되므로 생명보험회사와 손해보험회사에서 모두 판매할 수 있으며, 치매보험, LTC(Long Term Care)보험 등이 있다.

(2) 치매보험

피보험자가 보험기간 중 치매로 진단 받았을 경우에 보험금을 지급하는 보험상품이다. 치매란 기억장애와 더불어 여러가지 인지장애가 나타나는 뇌질환으로 65세 이상의 노년기에 주로 발생하는 질환이다. 보통 임상치매평가척도(Clinical dementia rating, CDR검사)를 기준으로 보험금 지급 여부를 판단한다.

(3) 장기간병보험(LTC보험)

상해 또는 질병으로 인하여 정상적인 일상생활을 할 수 없게 된 상태, 즉 활동불능 또는 인식불명에 도달하여 타인의 간병을 요하는 상태에 이르렀을 때 간병비를 보장하는 보험이다. 일상생활 기본동작이란 "이동(보행), 식사, 화장실 사용, 목욕, 옷입고벗기"의 5가지 동작을 말한다. 장기간병보험에서는 역선택 방지를 위해 대부분 일정한 대기기간(waiting period)을 두고 있다. 여기에서 대기기간이란 장기 간병상태 발생 이후 보험금 지급 시까지 경과해야 하는 일정기간을 말한다.

마. 정리

제3보험에 속하는 보험상품의 정의를 정리하면 다음과 같다(보험업감독규정 별표1).

(1) **상해보험**: 사람의 신체에 입은 상해에 대하여 치료에 소요되는 비용 및 상해의 결과에 따른 사망 등의 위험에 관하여 금전 및 그 밖의 급여를 지급할 것을 약속하고 대가를 수수하는 보험(계약)

(2) **질병보험**: 사람의 질병 또는 질병으로 인한 입원·수술 등의 위험(질병으로 인한 사망을 제외한다)에 관하여 금전 및 그 밖의 급여를 지급할 것을 약속하고 대가를 수수하는 보험(계약)

(3) **간병보험**: 치매 또는 일상생활장해 등 타인의 간병을 필요로 하는 상태 및 이로 인한 치료 등의 위험에 관하여 금전 및 그 밖의 급여를 지급할 것을 약속하고 대가를 수수하는 보험(계약)

5 제3보험의 겸영

가. 생명보험업, 손해보험업 겸영의 원칙적 금지

보험업법은 원칙적으로 생명보험업과 손해보험업의 겸영을 금지한다(보험업법 제10조). 즉 생명보험회사는 생명보험상품만을 취급할 수 있으며, 손해보험회사는 손해보험상품만을 취급할 수 있다. 예를 들어 생명보험회사는 화재사고로 인한 재물의 손해를 담보하는 화재보험상품을 판매할 수 없고, 손해보험회사는 질병을 원인으로 하는 사람의 사망을 담보하는 보험상품을 주계약으로 판매하지 못한다.

나. 겸영금지의 이유

생명보험과 손해보험은 서로 담보하는 위험이 본질적으로 다르며 보험회사가 해당 보험으로 인수함에 따른 리스크도 다르다. 이러한 점에서 하나의 보험회사가 생명보험과 손해보험을 한꺼번에 인수하여 얻을 수 있는 경제적 효과보다 리스크 전이, 그로 인한 보험회사의 파산 가능성 등의 문제가 더 크다고 볼 수 있다. 따라서 이를 예방하고 보험계약자를 보호하기 위해 생명보험업과 손해보험업 겸영금지 원칙이 도출된다. 우리나라는 1962년 보험업법 제정 때부터 생손보겸영금지 원칙을 명시하였고, 이후 2003년 보험업법을 개정하면서 제3보험업을 규정하여 제3보험에 한하여 생손보 겸영 대상으로 하였다. 다른 나라의 입법례를 살펴보아도 미국, 영국, 독일, 일본, 프랑스 등 OECD 국가의 대부분이 생손보겸영금지 원칙을 채택하고 있으며, 2016년부터 시행된 유럽연합(EU)의 제2지급여력지침(Solvency Ⅱ Directive 2009/183/EC)에서도 생명보험과 손해보험을 동시에 수행할 수 없다고 명시한다는 점에서 생손보겸영금지 원칙은 국제적 정합성을 갖는다고 볼 수 있다.[2)][3)]

(1) 생명보험과 손해보험은 고유의 업무 영역과 상품 특징이 상이하기 때문에 불완전 판매를 방지하고 계약자 보호를 위하여 필요하다.
(2) 생명보험은 사망률을 기준으로 하기 때문에 비교적 안정적인 경영이 가능하지만 손해보험을 불확실한 거대위험이 발생할 가능성이 있다.
(3) 판매영역이 분리되지 않으면 영업 충돌이 발생하여 판매질서가 문란해질 수 있다.
(4) 보험종목 사이의 자금 이동과 손익을 차단하여 보험회사 경영을 합리화하기 위함이다.

다. 겸영 가능 종목 – 예외적 허용

(1) 재보험

생명보험의 재보험 및 제3보험의 재보험은 겸영금지가 적용되지 않는다. 재보험은 원칙적으로 손해보험에 속하나, 생명보험이나 제3보험의 특성을 고려하여 손해보험회사가 아닌 생명보험회사 등에서도 이들의 재보험 겸영을 허용하고 있다.

---

2) 고은희, 「생명보험업과 손해보험업의 겸영금지원칙에 관한 연구」, 경희대학교 법학전문대학원, 2020
3) 다만 위 국가에서 상해보험과 질병보험의 취급에 관한 입법례는 제3보험업과 제3보험종목을 명시한 우리나라와 다르다. 대부분의 국가는 상해보험과 질병보험을 손해보험의 한 종목으로 하기 때문에 손해보험회사에서 상해보험, 질병보험을 손해보험종목으로 보아 취급한다. 생명보험회사는 업무 부수성에 따라 예외적인 범위 내에서만 취급 가능하다. 즉 상해보험과 질병보험 자체를 손해보험의 영역으로 보기 때문에 생손보겸영금지 원칙이 준수되는 것이다.

(2) 법령에서 겸영을 허용하는 경우

연금저축, 퇴직보험계약 등 소득세법이나 근로자퇴직급여보장법에서 겸영할 수 있도록 규정하는 경우에는 겸영이 가능하다.

(3) 제3보험의 보험종목에 부가되는 보험

(가) 질병을 원인으로 하는 사망을 제3보험의 특약 형식으로 담보하는 보험으로 다음 조건을 충족하여야 한다.

(나) 요건
① 보험만기는 80세 이하일 것
② 보험금액의 한도는 개인당 2억원 이내일 것
③ 만기 시에 지급하는 환급금은 납입보험료 합계액의 범위 내일 것

라. 제3보험시장에서의 점유율[4]

우리나라의 제3보험시장 전체 연평균성장률은 7.0%이며, 생명보험회사보다는 손해보험회사의 매출성장률이 상대적으로 높다. 손해보험회사만 놓고 보았을 때에도 제3보험 매출성장률은 13.7%로 매우 높은 편이며, 같은 기간의 손해보험회사 전체 연평균성장률이 9.8%라는 것을 고려한다면 사실상 제3보험이 손해보험산업의 성장을 견인하였다고 보아도 과언이 아니다. 2003년 처음 생명보험회사와 손해보험회사에서의 제3보험 겸영을 허용했을 때에는 생명보험회사의 시장점유율이 높았으나 2010년 이후 손해보험회사의 시장 지배력이 커졌으며, 2024년 기준으로 손해보험회사 77.2%, 생명보험회사 22.8%로 그 격차가 더욱 벌어지고 있다. 손해보험회사 중심의 제3보험 시장 구조가 형성된 가운데 어린이보험 시장에서 손해보험 점유율이 압도적으로 높게 나타나고 있어(88.3%), 이들 저연령 고객을 다수 확보한 손해보험회사에서 이들의 생애 주기별로 맞춤화된 마케팅 전략을 수립하여 시장점유율을 더욱 확대할 것으로 예상된다.

우리나라가 인구 고령화 사회에 진입함에 따라 앞으로도 사망보장에 대한 수요는 줄어들고 건강보장에 대한 수요가 증가할 것으로 예상된다. 이에 따라 건강한 노후생활에 대한 관심 증가와 1인 가구 증가 등의 사회 구조적 변화로 질병보험과 간병보험에 대한 수요가 계속 늘어날 것이다. 보험회사의 입장에서도 IFRS17의 시행으로 보험계약마진(CSM)이 높은 것으로 평가되는 보장성보험의 상품 공급을 더욱 활발히 하고 있으며, 특히 최근에는 손해보험회사 뿐만 아니라 생명보험회사에서도 제3보험의 중요성을 강조하며 포트폴리오 변화를 꾀하고 있다.

---

[4] 김동겸, 제3보험시장의 경쟁 구도 및 평가, 보험연구원, 2023

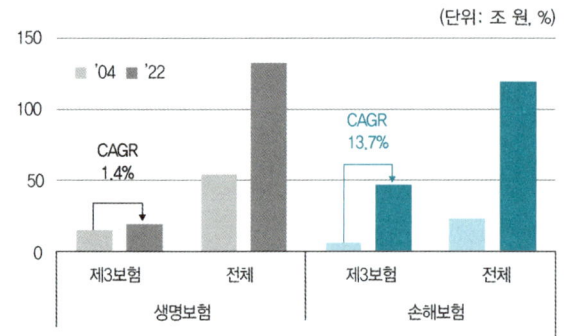

〈그림 1〉 업권별 제3보험 시장규모 및 성장률

(단위: 조 원, %)

주: 수입보험료 기준 '04~'22년 기간 중 연평균성장률(CAGR)임
자료: 보험개발원, 보험통계월보

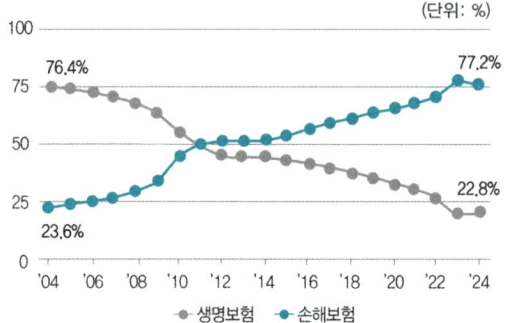

〈그림 2〉 제3보험시장에서의 업권별 점유율 변화

(단위: %)

주: 수입보험료 기준
자료: 보험개발원, 보험통계월보

〈제3보험 주요 보험상품별 업권별 판매비중〉

(단위 %)

구분	질병보험	상해보험	암보험	간병보험	어린이보험
손해보험	69.6	67.0	20.3	45.3	88.3
생명보험	30.4	33.0	79.7	54.7	11.7

자료: 신용정보원, 2022년 계약건수 기준

내용다지기 — 빈칸 채우기

1. 보험업법에서 제3보험은 위험보장을 목적으로 사람의 ( ) · ( ) 또는 이에 따른 ( )에 관하여 금전 및 그 밖의 급여를 지급할 것을 약속하고 대가를 수수하는 계약으로서 대통령령으로 정하는 계약을 말한다.

   답 보험업법에서 제3보험은 위험보장을 목적으로 사람의 질병·상해 또는 이에 따른 간병에 관하여 금전 및 그 밖의 급여를 지급할 것을 약속하고 대가를 수수하는 계약으로서 대통령령으로 정하는 계약을 말한다.

2. 상해보험에서 말하는 상해는 ( ), ( ), ( )을 만족해야 한다.

   답 상해보험에서 말하는 상해는 급격성, 우연성, 외래성을 만족해야 한다.

3. 질병과 상해를 구분하는 가장 큰 특징은 ( )의 인정 여부이다. 예를 들어 추간판탈출증이 외부의 충격으로부터 야기된 것이라면 상해로 인정될 수 있으나, 노화로 인한 퇴행성 질환이라면 질병으로 분류된다.

   답 질병과 상해를 구분하는 가장 큰 특징은 외래성의 인정 여부이다. 예를 들어 추간판탈출증이 외부의 충격으로부터 야기된 것이라면 상해로 인정될 수 있으나, 노화로 인한 퇴행성 질환이라면 질병으로 분류된다.

4. 실손의료보험은 피보험자가 상해 또는 질병으로 인하여 의료기관에 입원 또는 통원하여 치료를 받거나 처방조제를 받은 경우에 피보험자가 실제 부담한 의료비의 일부를 보험회사가 보상해주는 상품으로 2021년 7월부터 ( ) 실손의료보험이 도입되었다.

   답 실손의료보험은 피보험자가 상해 또는 질병으로 인하여 의료기관에 입원 또는 통원하여 치료를 받거나 처방조제를 받은 경우에 피보험자가 실제 부담한 의료비의 일부를 보험회사가 보상해주는 상품으로 2021년 7월부터 제4세대 실손의료보험이 도입되었다.

내용다지기 — 기출 문제

│제39회 2016년 기출문제

Q. 보험업법상 손해보험업의 보험종목 전부를 취급하는 손해보험회사가 질병을 원인으로 하는 사망을 제3보험의 특약의 형식으로 "담보할 수 있는 요건"을 모두 기술하시오. 6점

│제47회 2024년 기출문제

Q. 상해보험은 상법과 보험업법에서 다르게 분류되어 있다. 이에 대해 기술하시오. 4점

PART II

질병상해보험 표준약관

제1관 목적 및 용어의 정의

제1조 목적

보험계약은 보험계약자와 보험회사 사이에 피보험자의 질병이나 상해에 대한 위험을 보장하기 위하여 체결된다.

제2조 용어의 정의

1 계약관계 관련 용어

가. **계약자**: 회사와 계약을 체결하고 보험료를 납입할 의무를 지는 사람을 말한다.
나. **피보험자**: 보험사고의 대상이 되는 사람을 말한다.
다. **보험수익자**: 보험금 지급사유가 발생하는 때에 회사에 보험금을 청구하여 받을 수 있는 사람을 말한다.
라. **보험증권**: 계약의 성립과 그 내용을 증명하기 위하여 회사가 계약자에게 교부하는 증서를 말한다.
마. **보험금**: 보험금 지급사유가 발생했을 경우에 보험회사가 지급하는 금액을 말한다.
바. **보험료**: 보험계약에 따른 보장을 받기 위하여 계약자가 보험회사에 납입하는 금액을 말한다. 보험료는 위험보장을 위한 순보험료와 회사가 보험계약을 체결 및 유지 관리하기 위한 비용 등에 쓰이는 부가보험료로 구성된다.
사. **보험가입금액**: 보험계약 체결시에 설정하는 금액으로, 보험금 및 보험료 등을 산정하는 기준이 된다.
아. **진단계약**: 계약을 체결하기 위하여 피보험자가 건강진단을 받아야 하는 계약을 말한다.
자. **간편고지**: 의적 결함 및 나이제한 등으로 보험시장에서 소외되는 유병력자나 고령자 등의 계약심사 및 건강검진 부담을 줄여 보험에 가입할 수 있도록 표준체에 비하여 간소화된 계약 전 알릴의무 항목을 활용하여 계약심사 과정을 간소화한 것을 말한다.
차. **표준체**: 회사가 정한 특별조건(보험료 할증 또는 보험금 감액 등)을 부가하지 않고 보험에 가입할 수 있는 피보험자를 말한다.

2 지급사유 관련 용어

가. **상해**: 보험기간 중에 발생한 급격하고도 우연한 외래의 사고로 신체(의수, 의족, 의안, 의치 등 신체보조장구는 제외하나, 인공장기나 부분 의치 등 신체에 이식되어 그 기능을 대신할 경우는 포함한다)에 입은 상해를 말한다.

> **시험출제 Point**
>
> ▶ 신체에 제외되는 것
>   의수, 의족, 의안, 의치 등 신체보조장구
>
> ▶ 신체에 포함되는 것
>   인공장기, 부분 의치 등 신체에 이식되어 기능을 대신하는 것

나. **장해**: 장해분류표에서 정한 기준에 따른 장해상태를 말한다.

다. **중요한 사항**: 계약전 알릴 의무와 관련하여 회사가 그 사실을 알았더라면 계약의 청약을 거절하거나 보험가입금액 한도 제한, 일부 보장 제외, 보험금 삭감, 보험료 할증과 같이 조건부로 승낙하는 등 계약 승낙에 영향을 미칠 수 있는 사항을 말한다.
  → 회사가 계약을 체결할 때에 청약서 알릴의무 질문표를 이용하여 서면으로 질문하는 사항은 중요한 사항으로 추정한다(상법 제651조의2).

3 지급금과 이자율 관련 용어

가. **연단위 복리**: 회사가 지급할 금전에 이자를 줄 때 1년마다 마지막 날에 그 이자를 원금에 더한 금액을 다음 1년의 원금으로 하는 이자 계산방법을 말한다.

> **용어설명**
>
> ▶ 단리와 복리
>   이자는 계산방법에 따라 단리와 복리로 나눌 수 있다. 단리는 원금에 대해서만 이자를 계산하는 방법이고 복리는 (원금＋이자)에 대하여 이자를 계산하는 방법이다.

> **예시**
>
> 원금 100원, 연간 10% 이자율 적용시 2년 후 금액은?
> • 단리계산법: 100원＋(100원×10%)＋(100원×10%)＝120원
> • 복리계산법: 100원＋(100원×10%)＋[100원＋(100원×10%)]×10%＝121원

나. **평균공시이율**: 전체 보험회사 공시이율의 평균으로, 계약 체결 시점의 이율을 말한다.

다. **해약환급금**: 계약이 해지되는 때에 회사가 계약자에게 돌려주는 금액을 말한다.

 시험출제 Point

▶ 공시이율
보험회사가 보험개발원에서 공표하는 공시기준이율 및 자사의 운용자산 이익률, 객관적인 외부 지표 수익률 등을 감안하여 일정한 기간마다 보험상품에 적용하겠다고 공시하는 이율을 말한다. 공시이율은 주로 보험회사의 적립금에 사용되는 이율이므로, 공시이율이 높을수록 보험계약 만기시에 돌려받을 수 있는 환급금이 커진다.

4 기간과 날짜 관련 용어

가. **보험기간**: 계약에 따라 보장을 받는 기간을 말한다.

나. **영업일**: 회사가 영업점에서 정상적으로 영업하는 날을 말하며, 토요일, '관공서의 공휴일에 관한 규정'에 따른 공휴일과 근로자의 날을 제외한다.

→ 현재 공휴일은 다음과 같다.

(1) 일요일
(2) 국경일 중 3·1절, 광복절, 개천절 및 한글날
(3) 1월 1일
(4) 설날 전날, 설날, 설날 다음날(음력 12월 말일, 1월 1일, 2일)
(5) 부처님오신날(음력 4월 8일)
(6) 5월 5일(어린이날)
(7) 6월 6일(현충일)
(8) 추석 전날, 추석, 추석 다음날(음력 8월 14일, 15일, 16일)
(9) 12월 25일(기독탄신일)
(10) 「공직선거법」에 따른 임기만료에 의한 선거의 선거일
(11) 기타 정부에서 수시 지정하는 날

내용다지기 — 빈칸 채우기

1. 보험금 지급사유가 발생하는 때에 회사에 보험금을 청구하여 받을 수 있는 사람은 (　　)이다.

   답 보험금 지급사유가 발생하는 때에 회사에 보험금을 청구하여 받을 수 있는 사람은 보험수익자이다.

2. 상해란 보험기간 중에 발생한 급격하고도 우연한 외래의 사고로 신체(의수, 의족, 의안, 의치 등 신체보조장구는 (　　)하나, 인공장기나 부분 의치 등 신체에 이식되어 그 기능을 대신할 경우는 (　　)한다)에 입은 상해를 말한다.

   답 상해란 보험기간 중에 발생한 급격하고도 우연한 외래의 사고로 신체(의수, 의족, 의안, 의치 등 신체보조장구는 제외하나, 인공장기나 부분 의치 등 신체에 이식되어 그 기능을 대신할 경우는 포함한다)에 입은 상해를 말한다.

3. 영업일은 회사가 영업점에서 정상적으로 영업하는 날을 말하며, (　　), (　　)과 (　　)을 제외한다.

   답 영업일은 회사가 영업점에서 정상적으로 영업하는 날을 말하며, 토요일, '관공서의 공휴일에 관한 규정'에 따른 공휴일과 근로자의 날을 제외한다.

내용다지기 — 기출 문제

제46회 2023년 기출문제

Q. 제2조(용어의 정의)에서 규정한 지급사유 관련 용어 중 '중요한 사항'에 대해 기술하시오.   5점

제47회 2024년 기출문제

Q. 「상해보험 표준약관」에서 규정한 '상해의 정의'를 기술하시오.   4점

제2관 보험금의 지급

제3조 보험금의 지급사유

회사는 피보험자에게 다음 중 어느 하나의 사유가 발생한 경우에는 보험수익자에게 약정한 보험금을 지급한다.
1. 보험기간 중에 상해의 직접결과로써 사망한 경우(질병으로 인한 사망은 제외한다): 사망보험금
2. 보험기간 중 진단확정된 질병 또는 상해로 장해분류표에서 정한 각 장해지급률에 해당하는 장해상태가 되었을 때: 후유장해보험금
3. 보험기간 중 진단확정된 질병 또는 상해로 입원, 통원, 요양, 수술 또는 수발(간병)이 필요한 상태가 되었을 때: 입원보험금, 간병보험금 등

사망보험금	보험기간 중에 상해의 직접결과로써 사망한 경우. 다만 질병으로 인한 사망은 제외한다.
후유장해보험금	보험기간 중 진단확정된 질병 또는 상해로 장해분류표에서 정한 각 장해지급률에 해당하는 장해상태가 되었을 때
입원보험금, 간병보험금 등	보험기간 중 진단확정된 질병 또는 상해로 입원, 통원, 요양, 수술 또는 수발(간병)이 필요한 상태가 되었을 때

> **시험출제 Point**
> 질병으로 인한 사망은 질병상해보험 표준약관의 보험금 지급사유에 해당하지 않는다. 질병사망보험금은 특약으로만 보장이 가능하다.

제4조 보험금 지급에 관한 세부규정

1 사망의 인정

가. 실종선고

(1) 의의

실종선고를 받은 경우에는 법원에서 인정한 실종기간이 끝나는 때에 사망한 것으로 본다.

(2) 실종선고

실종선고란 어떤 사람의 생사불명 상태가 일정기간 이상 계속되는 경우 이해관계가 있는 사람의 청구에 의하여 사망한 것으로 인정하고 신분이나 재산에 관한 모든 법적 관계를 확정시키는 법원의 결정을 말한다(민법 제27조 및 제28조).

(3) 일반실종과 특별실종

일반실종은 부재자의 생사가 5년간 분명하지 않을 때이고, 특별실종은 일정한 사유가 발생하고 부재자의 생사가 1년간 분명하지 않을 때이다.

> ▶ **특별실종이 적용되는 사유**
> 전지에 임한 자, 침몰한 선박 중에 있던 자, 추락한 항공기 중에 있던 자 기타 사망의 원인이 될 위난을 당한 자의 생사가 전쟁 종지 후 또는 선박의 침몰, 항공기의 추락 기타 위난이 종료한 후 1년간 분명하지 않을 때

(4) 사망 간주일

법원은 이해관계인이나 검사의 청구에 의하여 실종선고를 하며, 실종선고를 받은 자는 **실종기간이 끝나는 때**에 사망한 것으로 본다. 주의할 것은 법원이 실종선고를 한 때에 사망한 것으로 보는 것이 아니라, 실종기간이 만료된 때에 사망한 것으로 본다는 것이다. 즉 5년(일반실종), 1년(특별실종)의 기간이 끝나는 때에 피보험자가 사망한 것으로 본다.

> 🍎 **시험출제 Point**
>
> ▶ **실종신고와 실종선고**
> 실종기간이 만료한 때(실종일로부터 5년, 특별실종의 경우 1년)를 피보험자의 사망 간주일로 본다. 경찰서 등에 실종신고를 한 날짜와는 무관하다. 예를 들어 실종신고를 하지 않았다고 하더라도, 실종선고는 얼마든지 가능하다.

나. 인정사망

(1) 의의

관공서에서 수해, 화재나 그 밖의 재난을 조사하고 사망한 것으로 통보하는 경우에는 가족관계등록부에 기재된 사망연월일을 기준으로 피보험자가 사망한 것으로 인정한다.

(2) 인정사망

관공서에서 수해, 화재나 그 밖의 재난을 조사하고 사망한 것으로 통보하는 것을 인정사망 제도라고 하며, 그 근거는 가족관계의 등록 등에 관한 법률이다.

(3) 사망 인정일

인정사망의 경우에는 **가족관계등록부에 기재된 사망연월일**에 피보험자가 사망한 것으로 인정한다.

다. 사망일 – 보험금 청구권 발생일

정리하면, 실종선고에서는 실종기간이 끝나는 때, 인정사망에서는 가족관계등록부에 기재된 사망연월일이 피보험자의 사망일이며, 보험수익자는 이 때부터 피보험자의 사망에 대한 사망보험금을 청구할 수 있다. 보험금 청구권 소멸시효도 이 때부터 기산한다.

- 실종선고: 실종기간이 끝나는 때
- 인정사망: 가족관계등록부에 기재된 날짜

> **민법 실종 관련 규정**
>
> **제27조(실종의 선고)** ① 부재자의 생사가 5년간 분명하지 아니한 때에는 법원은 이해관계인이나 검사의 청구에 의하여 실종선고를 하여야 한다.
> ② 전지에 임한 자, 침몰한 선박 중에 있던 자, 추락한 항공기 중에 있던 자 기타 사망의 원인이 될 위난을 당한 자의 생사가 전쟁종지후 또는 선박의 침몰, 항공기의 추락 기타 위난이 종료한 후 1년간 분명하지 아니한 때에도 제1항과 같다.
> **제28조(실종선고의 효과)** 실종선고를 받은 자는 전조의 기간이 만료한 때에 사망한 것으로 본다.

2 연명의료중단 등의 결정 및 피보험자의 사망

가. 연명의료 중단 결정

(1) 의의

「호스피스·완화의료 및 임종과정에 있는 환자의 연명의료 결정에 관한 법률」(이하 연명의료결정법)에 따른 연명의료중단등결정 및 그 이행으로 피보험자가 사망하는 경우 그 결정 및 이행은 '사망'의 원인 및 '사망보험금' 지급에 영향을 미치지 않는다.

(2) 임종과정에 있는 환자

회생의 가능성이 없고, 치료에도 불구하고 회복되지 아니하며, 급속도로 증상이 악화되어 사망에 임박한 상태이며, 담당의사와 해당 분야의 전문의 1명으로부터 임종과정에 있다는 의학적 판단을 받은 환자를 말한다.

(3) 연명의료중단 결정 대상

연명의료계획서 혹은 사전연명의료의향서를 통하여 환자의 의사가 확인되거나, 환자가 의사를 표현할 수 없는 의학적 상태인 경우 환자의 의사로 보기에 충분한 기간 동안 일관하여 표시된 연명의료중단등에 관한 의사에 대하여 환자가족(배우자, 1촌 이내 직계존비속) 2명 이상의 일치하는 진술이 있으면 담당의사와 해당 분야의 전문의 1명의 확인을 거쳐 이를 환자의 의사로 본다. 만약 환자의 의사를 확인할 수 없다면 환자가족 전원의 합의가 있어야 한다.

(4) 연명의료중단

임종과정에 있는 환자에게 하는 심폐소생술, 혈액 투석, 항암제 투여, 인공호흡기 착용 등 의학적 시술로서 치료효과 없이 임종과정의 기간만을 연장하는 것을 연명의료라고 한다. 연명의료중단 결정이 내려지면 임종과정에 있는 환자에 대한 연명의료를 시행하지 아니하거나 중단한다.

나. 보험에서의 문제

문제는 이러한 연명의료중단 결정이 보험약관에서 면책사유로 규정하고 있는 '피보험자의 고의' 또는 '보험수익자의 고의'에 의한 사망으로 해석될 여지가 있다는 것이다. 환자 본인이 연명의료중단 결정을 내렸다면 '피보험자의 고의'에 의한 사망, 환자 가족에 의하여 결정이 내려졌다면 '보험수익자의 고의'에 의한 사망으로 해석될 수 있다. 보험실무상 사망보험금의 보험수익자는 '피보험자의 법정상속인'이 지정된 경우가 많은데, 이들 법정상속인이 대부분의 경우 피보험자의 연명의료중단을 결정하는 사람(법정상속인)에 해당하기 때문이다. 이러한 문제를 해결하기 위하여 질병상해보험 표준약관은 연명의료중단결정 및 그 이행이 사망의 원인 및 지급에 영향을 주지 않는다고 규정하고 있다. 따라서 연명의료중단 결정 및 그 이행이 피보험자나 보험수익자에 의하여 내려졌다고 하더라도 **보험금 지급에는 아무런 영향이 없다.**

3 후유장해의 진단

가. 후유장해 진단 시기

(1) 장해 진단 시기

장해란 상해 또는 질병에 대하여 치유된 후 신체에 남아 있는 영구적인 정신 또는 육체의 훼손상태 및 기능상실 상태를 말한다. 일정한 치료과정을 거쳤음에도 불구하고 더 이상 치료의 효과를 기대할 수 없고 그 증상이 고정되어 정신적 또는 육체적 훼손상태임이 의학적으로 인정되어야 한다. 만약 상해 또는 질병에 대한 치료가 계속 중이고 아직 증상이 고정되지 않은 상태라면 이는 장해라고 할 수 없다.

(2) 치료가 계속 중일 때

장해란 치료가 종료되었을 때 진단하므로, 치료가 계속 중이라면 장해에 해당하지 않으며 장해보험금도 지급받지 못한다. 즉 피보험자의 입장에서 장기간 치료가 계속된다면 장해보험금을 오랜 기간 지급받지 못하는 불합리한 상황이 발생할 수 있다.

나. 확정되지 않은 장해

(1) 장해지급률이 확정되지 않을 때

질병상해보험 표준약관은 상해 발생일 또는 질병의 진단 확정일부터 180일 이내에 장해지급률이 확정되지 않았을 때에는, 상해 발생일 또는 질병의 진단 확정일부터 180일이 되는 날의 의사 진단에 기초하여 고정될 것으로 인정되는 상태를 장해지급률로 결정하도록 규정하고 있다. 이에 따라 적어도 **상해 발생일 또는 질병의 진단 확정일부터 180일이 되는 날**을 기준으로 장해지급률을 판단하며 그에 따른 장해보험금이 지급될 수 있다. 보험실무상 대부분의 장해 평가는 180일을 기준으로 한다.

> **시험출제 Point**
>
> ▶ 장해 판정 시기
> 1. 원칙: 치료 효과를 기대할 수 없고 그 증상이 고정된 시점
> 2. 예외: 180일 이내 고정되지 않을 때에는 180일이 되는 날을 기준으로 평가

(2) 별도로 정한 경우

위의 규정에도 불구하고 장해분류표에서 장해 판정시기를 별도로 정한 경우에는 별도의 규정에 따른다.

> **시험출제 Point**
>
> ▶ 별도 규정
>
> **(1) 별도로 정한 경우**
> 만약 장해분류표에서 장해판정시기를 별도로 정한 경우에는 그에 따른다.
>
> **(2) 안구의 운동장해**
> 안구의 운동장해 판정은 질병의 진단 또는 외상 후 1년 이상이 지난 뒤에 그 장해 정도를 평가한다.
>
> **(3) 귀의 평형기능 장해**
> 평형기능의 장해는 장해판정 직전 1년 이상 지속적인 치료 후 장해가 고착되었을 때 판정한다.
>
> **(4) 코의 후각기능 장해**
> 코의 후각기능은 후각인지검사, 후각역치검사 등을 통해 6개월 이상 고정된 후각의 완전손실이 확인되어야 한다.
>
> **(5) 말하는 기능**
> 말하는 기능의 장해는 1년 이상 지속적인 언어치료를 시행한 후 증상이 고정되었을 때 평가하며, 객관적인 검사를 기초로 평가한다.
>
> **(6) 추간판탈출증**
> 추간판탈출증으로 인한 신경 장해는 수술 또는 시술(비수술적 치료) 후 6개월 이상 지난 후에 평가한다.
>
> **(7) 뇌졸중, 뇌손상, 척수 및 신경계 질환 등**
> 뇌졸중, 뇌손상, 척수 및 신경계의 질환 등은 발병 또는 외상 후 12개월동안 지속적으로 치료한 후에 장해를 평가한다. 그러나 12개월이 지났다고 하더라도 뚜렷하게 기능향상이 진행되고 있는 경우 또는 단기간 내에

사망이 예상되는 경우는 6개월의 범위에서 장해평가를 유보한다.

(8) 정신행동 장해

정신행동 장해는 보험기간 중에 발생한 뇌의 질병 또는 상해를 입은 후 18개월이 지난 후에 판정함을 원칙으로 한다. 다만 질병 발생 또는 상해를 입은 후 의식상실이 1개월 이상 지속된 경우에는 질병 발생 또는 상해를 입은 후 12개월이 지난 후에 판정할 수 있다. 정신행동 장해는 장해판정 직전 1년 이상 충분한 정신건강의학과의 전문적 치료를 받은 후 치료에도 불구하고 장해가 고착되었을 때 판정하여야 하며, 그렇지 않은 경우에는 그로써 고정되거나 중하게 된 장해에 대해서는 인정하지 않는다.

(9) 치매

치매의 장해평가는 임상적인 증상 뿐 아니라 뇌영상검사(CT 및 MRI, SPECT 등)를 기초로 진단되어져야 하며, 18개월 이상 지속적인 치료 후 평가한다. 다만, 진단시점에 이미 극심한 치매 또는 심한 치매로 진행된 경우에는 6개월간 지속적인 치료 후 평가한다.

▶ 장해 제외 규정

안구의 조절기능 장해의 경우 조절력의 감소를 무시할 수 있는 50세 이상(장해진단시 연령 기준)의 경우에는 장해평가에서 제외한다.

4 악화된 장해 평가

가. 악화된 장해

피보험자의 장해지급률이 결정되어 관련 보험금이 지급되었으나 이후 장해가 악화된 경우가 발생할 수 있다. 그러한 경우에 대한 규정이다.

나. 악화된 장해를 기준으로 다시 결정

장해지급률이 결정되었으나 그 이후 보장받을 수 있는 기간(계약의 효력이 없어진 경우에는 보험기간이 10년 이상인 계약은 상해 발생일 또는 질병의 진단확정일부터 2년 이내로 하고, 보험기간이 10년 미만인 계약은 상해 발생일 또는 질병의 진단확정일부터 1년 이내)에 장해상태가 더 악화된 때에는 그 악화된 장해상태를 기준으로 장해지급률을 결정한다.

다. 정리

장해지급률이 결정되어 관련 보험금이 지급되었으나, 이후 남아 있는 보험기간 중 장해상태가 더 악화되었다면 그 악화된 장해상태를 기준으로 추가 보험금을 지급받을 수 있다. 만약 보험기간이 종료되었다면, 보험기간 10년 이상인 계약은 상해 발생일 또는 질병 진단확정일로터 2년 이내, 보험기간 10년 미만은 상해 발생일 또는 질병 진단확정일로터 1년 이내에 장해상태가 악화되었다면 추가 보험금을 지급받을 수 있다.

시험출제 Point

▶ 악화된 장해에 대한 평가
1. 보험기간 중: 악화된 장해로 재평가
2. 보험이 종료된 경우라면,
   (1) 보험기간 10년 미만: 상해 발생일 또는 진단 확정일부터 1년 이내에 악화된 경우 재평가
   (2) 보험기간 10년 이상: 상해 발생일 또는 진단 확정일부터 2년 이내에 악화된 경우 재평가

5 장해분류표에 해당하지 않는 후유장해

가. 장해분류표에 없는 경우

장해분류표에 해당되지 않는 후유장해는 피보험자의 직업, 연령, 신분 또는 성별 등에 관계없이 신체의 장해정도에 따라 장해분류표의 구분에 준하여 지급액을 결정한다.

나. 최저 지급률에 미치지 못하는 경우

다만 장해분류표의 각 장해분류별 최저 지급률 장해정도에 이르지 않는 후유장해에 대하여는 후유장해보험금을 지급하지 않는다.

다. 보험실무상 적용

피보험자에게 발생한 장해가 장해분류표에 규정되어 있다면 그 기준에 따라 평가하면 되겠으나, 만약 장해분류표에 해당되지 않는 후유장해가 발생하였다면 본 규정에 따라 후유장해보험금을 결정한다. 다만 수차례 장해분류표 개정을 거쳐 적용 가능한 후유장해 대부분이 이미 장해분류표에 반영되어 있기 때문에 본 규정이 적용되는 경우는 보험실무상 거의 발생하지 않는다.

시험출제 Point

▶ 장해분류표에 해당하지 않는 후유장해
1. 원칙
   피보험자의 직업, 연령, 신분 또는 성별 등에 관계없이 신체의 장해정도에 따라 장해분류표의 구분에 준하여 지급액을 결정한다.
2. 최저 지급률에 이르지 않는 경우
   장해분류표의 각 장해분류별 최저 지급률 장해정도에 이르지 않는 후유장해에 대하여는 후유장해보험금을 지급하지 않는다.

6 보험금 지급사유에 대해 합의하지 못한 경우

가. 분쟁의 발생

(1) 소송의 한계

보험실무상 보험금 지급사유에 대한 보험회사와 보험수익자 사이에 분쟁은 매우 빈번하게 발생한다. 분쟁이 발생했을 때에 가장 확실한 해결방법은 법원에 소를 제기하는 것이나, 수많은 분쟁을 모두 법원에 소를 제기하여 해결하는 것은 시간과 비용 등을 고려할 때 적절하지 않다.

(2) 분쟁 해결 방법

소제기의 부담을 해결하고 분쟁 해결 절차를 간소화하기 위하여 질병상해보험 표준약관에서는 보험금 지급사유와 관련하여 분쟁이 발생하였을 때에 보험회사와 보험수익자가 함께 제3자를 정하고 그 의견에 따를 수 있는 절차를 마련하였다. 보험실무에서는 이를 동시감정이라고 부른다.

나. 절차

(1) 제3자

보험수익자와 회사가 보험금 지급사유에 대해 합의하지 못할 때는 보험수익자와 회사가 함께 제3자를 정하고 그 제3자의 의견에 따를 수 있다. 제3자는 의료법 제3조(의료기관)에 규정한 종합병원 소속 전문의 중에 정한다.

(2) 비용

보험금 지급사유 판정에 소요되는 의료비용은 회사가 전액 부담한다.

> **알쓸삼잡** (알아두면 쓸모없는 제3보험 잡학지식)
>
> 1. **일반의(GP)**
>   - 의대나 의전원을 졸업한 후 의사 면허를 취득한 사람
>   - 특정 분야를 전문으로 하지 않고 다양한 질환을 다룸
>   - 병원을 개업할 수 있음
> 2. **수련의(intern)**
>   - 면허 취득 후 병원에서 다양한 과들에 대한 교육을 받음
>   - 우리나라에서는 보통 1년
> 3. **전공의(resident)**
>   - 병원을 개업하지 않고 대학병원에서 수련하는 사람
>   - 전문의가 되기 위하여 해당 분야에서 교육을 받음
>   - 우리나라에서는 3-4년의 기간
> 4. **전문의(specialist)** ☞ 여기서부터 제3자가 될 수 있음
>   - 전공의 과정을 거쳐 전문의 시험에 합격한 사람
>   - 자신의 분야에서 높은 지식과 기술을 가지고 있다고 인정됨
>   - 병원 개원시 간판에 과목을 적을 수 있음
>   - 예 일반의: 윤종길 의원 / 전문의: 윤종길 피부과
> 5. **전임의(fellow)**
>   - 전문의 면허를 취득한 후 추가적으로 세부 공부를 하는 사람
>   - 예 내과에서도 순환기내과, 호흡기내과, 소화기내과 등
>   - 펠로우 혹은 임상강사라고 부름

7 두가지 이상의 장해

가. 같은 원인으로 두가지 이상의 장해

(1) 원칙 – 합산

같은 질병 또는 상해로 두 가지 이상의 후유장해가 생긴 경우에는 후유장해 지급률을 합산하여 지급한다. 다만 장해분류표의 각 신체부위별 판정기준에 별도로 정한 경우에는 그 기준에 따른다.

(2) 예시

예를 들어 하나의 교통사고로 눈의 장해(15%)와 귀의 장해(5%) 발생하였다면 이를 합산하여 20% 장해지급률에 해당하는 장해보험금을 지급한다.

> **예시**
>
> ▶ 하나의 사고로 인한 후유장해
>
> 1. 장해 상태
>   - 오른쪽 눈의 장해(15%)
>   - 오른쪽 귀의 장해(5%)
> 2. 보험가입금액 1억원 가정시 지급보험금
>   - 적용 장해지급률: 15%+5%=20%
>   - 1억원(보험가입금액)×20%(장해지급률)=2천만원

나. 다른 원인으로 두가지 이상의 장해

(1) 원칙 – 그때마다 결정

다른 질병 또는 상해로 인하여 후유장해가 2회 이상 발생하였을 경우에는 그 때마다 이에 해당하는 후유장해지급률을 결정한다. 다만 장해분류표의 각 신체부위별 판정기준에서 별도로 정한 경우에는 그 기준에 따른다.

(2) 예시

예를 들어 1월 1일 교통사고(첫번째 사고)로 눈의 장해(15%)가 발생하였고, 7월 1일 교통사고(두번째 사고)로 귀의 장해(5%)가 발생하였다면 첫번째 사고의 장해지급률은 15%, 두번째 사고의 장해지급률은 5%이므로, 각각 15%에 해당하는 장해보험금과 5%에 해당하는 장해보험금을 지급한다.

> **예시**
>
> ▶ 두 개 이상의 사고로 인한 후유장해 – 원칙
>
> 1. 1월 1일 교통사고(1차 사고)로 인한 장해 상태
>   - 오른쪽 눈의 장해(15%)
> 2. 7월 1일 교통사고(2차 사고)로 인한 장해 상태
>   - 오른쪽 귀의 장해(5%)
> 3. 보험가입금액 1억원 가정시 지급보험금
>   (1) 1차 사고 지급보험금
>   - 1억원(보험가입금액)×15%(장해지급률)=1천 5백만원
>   (2) 2차 사고 지급보험금
>   - 1억원(보험가입금액)×5%(장해지급률)=5백만원

다. 이미 지급된 동일부위에 가중된 경우

(1) 원칙 – 차감

다른 질병 또는 상해로 인하여 후유장해가 발생하였으나 그 후유장해가 이미 후유장해보험금을 지급받은 동일한 부위에 가중된 때에는 최종 장해상태에 해당하는 후유장해보험금에서 이미 지급받은 후유장해보험금을 차감하여 지급한다.

(2) 예시

예를 들어 1월 1일 교통사고(첫번째 사고)로 오른쪽 눈의 장해 15%가 발생하였고, 7월 1일 교통사고(두번째 사고)로 동일한 부위인 오른쪽 눈의 장해가 25%로 가중되었다면, 첫번째 사고에서는 15%에 해당하는 장해보험금을 지급하고 두번째 사고에서는 가중된 최종 장해지급률 25%에 해당하는 장해보험금에서 첫번째 사고에서 지급되었던 15%에 해당하는 장해보험금을 차감하여 지급한다. 후유장해 담보의 보험가입금액이 1억원이라고 가정한다면 각각의 사고에서 지급되는 장해보험금은 다음과 같다.

> **예시**
>
> ▶ 두 개 이상의 사고로 인한 후유장해 – 동일 부위인 경우
> 1. 1월 1일 교통사고(1차 사고)로 인한 장해 상태
>   - 오른쪽 눈의 장해(15%)
> 2. 7월 1일 교통사고(2차 사고)로 인한 가중된 최종 장해 상태
>   - 오른쪽 눈의 장해(25%)
> 3. 보험가입금액 1억원 가정시 지급보험금
>   (1) 1차 사고 지급보험금
>   - 1억원(보험가입금액)×15%(장해지급률)=1천5백만원
>   (2) 2차 사고 지급보험금
>   - 1억원(보험가입금액)×25%(장해지급률)=2천 5백만원
>   - 2천 5백만원(최종 장해 상태 보험금)−1천 5백만원(이미 지급받은 장해보험금)=1천만원

> **시험출제 Point**
>
> 신체부위는 아래의 13개 부위이며, 이를 각각 동일한 신체부위로 본다.
> 1. **신체부위**: 눈, 귀, 코, 씹어먹거나 말하는 기능, 외모, 척추(등뼈), 체간골, 팔, 다리, 손가락, 발가락, 흉·복부장기 및 비뇨생식기, 신경계·정신행동.
> 2. **좌우의 구분**: 다만 좌우의 눈, 귀, 팔, 다리, 손가락, 발가락은 각각 다른 신체부위로 본다.

라. 지급되지 않은 후유장해

(1) 원칙 – 차감

계약에서 정한 후유장해보험금 지급사유에 해당되지 않았거나 후유장해보험금이 지급되지 않았던

피보험자에게 그 신체의 동일 부위에 또다시 후유장해 상태가 발생하였을 경우에는 직전까지의 후유장해에 대한 후유장해보험금이 지급된 것으로 보고 최종 후유장해 상태에 해당되는 후유장해보험금에서 이를 차감하여 지급한다. 보장개시 이전의 원인에 의하거나 또는 그 이전에 발생한 후유장해의 경우에도 마찬가지이다.

(2) 예시

예를 들어 보험 가입 이전에 이미 오른쪽 눈의 장해 15%를 가지고 있던 피보험자가 보험 가입 이후에 생긴 교통사고로 동일한 부위인 오른쪽 눈의 장해가 25%로 가중되었다면, 기존 눈의 장해에 해당하는 장해지급률 15%를 지급된 것으로 보고 장해보험금을 계산한 뒤에, 가중된 최종 장해지급률 25%에 해당하는 장해보험금에서 기존 눈의 장해 15%에 해당하는 장해보험금을 차감한다. 후유장해 담보의 보험가입금액이 1억원이라고 가정한다면 지급되는 장해보험금은 다음과 같다.

> **예시**
>
> ▶ 지급되지 않은 후유장해 – 동일 부위인 경우
> 1. 지급사유가 아닌 사고(1차 사고)로 인한 장해 상태
>   - 오른쪽 눈의 장해(15%)
> 2. 지급사유에 해당하는 사고(2차 사고)로 인한 가중된 최종 장해 상태
>   - 오른쪽 눈의 장해(25%)
> 3. 보험가입금액 1억원 가정시 지급보험금
>   (1) 1차 사고를 지급된 것으로 보고 계산한 보험금
>   - 1억원(보험가입금액)×15%(장해지급률)=1천 5백만원
>   (2) 2차 사고 지급보험금
>   - 1억원(보험가입금액)×25%(장해지급률)=2천 5백만원
>   - 2천 5백만원(최종 장해상태 보험금)−1천 5백만원(지급된 것으로 보고 계산한 장해보험금)
>   =1천만원
>
> **Tip**
> 이미 지급된 동일부위 가중장해 계산방식과 동일하다.

8 후유장해보험금의 한도

가. 보험가입금액 한도

회사가 지급하여야 할 하나의 진단 확정된 질병 또는 상해로 인한 후유장해보험금은 보험가입금액을 한도로 한다.

나. 예시

예를 들어 후유장해 담보의 보험가입금액이 1억원이라고 할 때에 하나의 교통사고로 눈의 장해(50%), 척추의 장해(40%), 팔의 장해(30%)가 각각 발생하였다면 사고로 인한 합산 장해지급률은 120%(50%+40%+30%)이지만, 장해보험금은 1억2천만원(1억원×120%)을 지급하는 것이 아니라 보험가입금액인 1억원을 지급한다.

> **예시**
>
> ▶ 후유장해보험금의 한도
> 1. 하나의 사고로 인한 후유장해
>   - 오른쪽 눈의 장해(50%)
>   - 척추의 장해(40%)
>   - 오른쪽 팔의 장해(30%)
>   - 합계: 50%+40%+30%=120%
> 2. 보험가입금액 1억원 가정시 지급보험금
>   - 1억원(보험가입금액)×120%(장해지급률)=1억 2천만원 → 보험가입금액 1억원 지급

제5조 보험금을 지급하지 않는 사유

1 절대적 면책사유

가. 면책사유

(1) 피보험자가 고의로 자신을 해친 경우. 다만, 피보험자가 심신상실 등으로 자유로운 의사결정을 할 수 없는 상태에서 자신을 해친 경우에는 보험금을 지급한다.
(2) 보험수익자가 고의로 피보험자를 해친 경우. 다만, 그 보험수익자가 보험금의 일부 보험수익자인 경우에는 다른 보험수익자에 대한 보험금은 지급한다.
(3) 계약자가 고의로 피보험자를 해친 경우

나. 면책의 이유

절대적 면책사유란 우연성을 결하였거나 도덕적 위험이 크기 때문에 면책사유로 지정한 것들이다. 특히 고의에 대한 부분은 보험의 본질에 따른 것으로 인보험과 손해보험 모두에서 공통된 면책사유이다. 주의할 것은 손해보험에서는 고의와 중대한 과실을 모두 면책사유로 하는 반면에, 인보험에서는 고의만 면책사유로 규정한다는 것이다. 이는 인보험의 경우에는 보험계약자 또는 피보험자나 보험수익자의 중대한 과실로 인하여 보험사고가 발생하더라도 보험금을 지급하여야 한다는 상법 제732조의2 규정에 따른 것이다.

다. 생명보험에서 피보험자의 고의

생명보험 표준약관에서는 피보험자가 고의로 자신을 해친 경우라고 하더라도 보장개시일(부활계약의 경우는 부활청약일)부터 2년이 지난 후에 자살한 때에는 재해 이외의 원인에 해당하는 사망보험금(일반사망보험금)을 지급한다. 질병상해보험 표준약관에는 이 규정이 없다. 자세한 내용은 생명보험 파트를 참고하기 바란다.

라. 고의

(1) 의의

고의란 사실에 대한 인식을 말하는 것으로, 자기행위에 의하여 일정한 결과가 생길 것을 인식하면서도 그 행위를 하는 심리상태를 말한다.

(2) 엄격한 증명 요구

대법원 판례에 따르면, "보험계약 약관에서 '피보험자가 고의로 자신을 해친 경우'를 보험자의 면책사유로 규정하고 있는 경우 보험자가 보험금 지급책임을 면하기 위하여는 면책사유에 해당하는 사실을 입증할 책임이 있는 바, 이 경우 자살의 의사를 밝힌 유서 등 객관적인 물증의 존재나, 일반인의 상식에서 자살이 아닐 가능성에 대한 합리적인 의심이 들지 않을 만큼 명백한 주위 정황사실을 입증하여야 한다(대법원 2002. 3. 29. 선고 2001다49234 판결)."라고 하여 면책 사유인 고의의 입증에 있어 엄격한 증명을 요구하고 있다.

마. 자유로운 의사결정을 할 수 없는 상태

(1) 심신상실

심신상실이란 정신병이나 정신지체, 정신박약, 심한 의식장애 등의 심신장애로 인하여 사물의 변별능력이나 의사를 결정할 능력이 없는 상태를 말한다. 심신상실 상태에 해당하는지 여부는 의학적인 개념이 아니라 법률적인 개념이다. 즉 의사(醫師)가 아니라 법관(法官)의 재량에 따른다.

(2) 고의에서 제외

피보험자가 고의로 사망한 경우(자신을 해친 경우)에 보험회사는 원칙적으로 보험금의 지급책임이 없으나 피보험자가 심신상실 등으로 자유로운 의사결정을 할 수 없는 상태에서 자신을 해친 경우에는 보상책임을 면하지 못한다. 여기서 '자유로운 의사결정을 할 수 없는 상태'란 피보험자가 합리적인 이성적 판단 하에 결과 발생을 스스로 용인하지 않은 상태를 말하며, 이러한 상태에서의 행위는 피보험자에게 행위의 결과에 따른 책임을 물을 수 없기 때문에 고의의 범주에서 제외하는 것이다.

(3) 판단 기준

피보험자가 자살한 경우에도 그것이 자유로운 의사결정을 할 수 없는 상태에서 사망의 결과를 발생시켰다면 보험회사는 면책되지 않으며 관련 보험금을 지급하여야 한다. 이 때 피보험자가 자유로운 의사결정을 할 수 없는 상태였는지 여부에 대한 판단은 다음의 내용을 종합적으로 고려하여 판단하여야 한다.
1) 사망한 사람의 나이와 성행(性行)
2) 사망한 사람의 육체적 · 정신적 심리상황
3) 정신질환의 발병 시기, 진행 경과와 정도

4) 자살에 즈음한 시점에서의 구체적인 증상

5) 사망한 사람을 에워싸고 있는 주위 상황

6) 자살 무렵의 사망한 사람의 행태(行態)

7) 자살행위의 시기 및 장소

8) 기타 자살의 동기, 그 경위와 방법 및 태양(態樣) 등

> **관련판례**
>
> **대법원 2024. 5. 9. 선고 2021다297529 판결**
>
> ▫ 보험계약 약관에서는 보험금을 지급하지 않는 사유로 '피보험자가 고의로 자신을 해친 경우'를 두는 한편, 그 예외사유로 '피보험자가 심신상실 등으로 자유로운 의사결정을 할 수 없는 상태에서 자신을 해친 경우에는 보험금을 지급한다.'고 규정하고 있다.
>
> ▫ 사망을 보험사고로 하는 보험계약에서 자살을 보험자의 면책사유로 규정하고 있는 경우에도 피보험자가 정신질환 등으로 자유로운 의사결정을 할 수 없는 상태에서 사망의 결과를 발생하게 한 경우까지 포함하는 것은 아니므로, 피보험자가 자유로운 의사결정을 할 수 없는 상태에서 사망의 결과를 발생하게 한 직접적인 원인행위가 외래의 요인에 의한 것이라면, 그 사망은 피보험자의 고의에 의하지 않은 우발적인 사고로서 보험사고인 사망에 해당할 수 있다. 정신질환 등으로 자유로운 의사결정을 할 수 없는 상태에서 사망의 결과가 발생하였는지 여부는 **사망한 사람의 나이와 성행, 육체적·정신적 상태, 정신질환의 발병 시기 및 진행경과와 정도, 자살에 즈음한 시점의 구체적인 증상, 사망한 사람을 에워싸고 있는 주위 상황과 자살 무렵의 사망한 사람의 행태, 자살행위의 시기 및 장소, 자살의 동기, 그 경위와 방법 및 태양 등을 종합적으로** 고려하여 판단하여야 한다.

바. 보험수익자의 고의

(1) 의의

보험수익자가 고의로 피보험자를 해친 경우에는 해당 보험수익자에 대한 보험금을 지급하지 않는다. 다만 그 보험수익자가 보험금의 일부 보험수익자인 경우에는 다른 보험수익자에 대한 보험금은 지급한다. 예를 들어 사망보험금이 3억원이고 보험수익자로 A, B, C가 지정된 상태에서 A가 피보험자를 고의로 사망하게 하였다면, A에 대한 사망보험금(1억원)은 지급하지 않지만 나머지 보험수익자인 B와 C에 대한 사망보험금(각 1억원씩)은 각각 지급한다.

(2) 보험계약이 무효인 경우

사망보험계약은 사람의 생명에 관한 우연한 사고에 대하여 금전을 지급하기로 약정하는 것이어서 금전을 취득할 목적으로 고의로 피보험자를 살해하는 등의 도덕적 위험의 우려가 있으므로, 그 계약 체결에 관하여 신의성실의 원칙에 기한 선의(이른바 선의계약성)가 강하게 필요하다. 따라서 당초부터 오로지 보험사고를 가장하여 보험금을 취득할 목적으로 사망보험계약을 체결한 경우에는 사회질서에 위배되는 법률행위로서 무효이다. 이 때 피보험자를 살해하여 보험금을 편취할 목적으로 피보험자의 공동상속인 중 1인이 상속인을 보험수익자로 하여 사망보험계약을 체결한 후 피보험자를 살해한 경우, 다른 공동상속인은 자신이 고의로 보험사고를 일으키지 않았다고 하더라도 보험자에 대하여 보험금을 청구할 수 없다(대법원 2000. 2. 11. 선고 99다49064 판결).

2 상대적 면책사유

가. 면책사유

(1) 피보험자의 임신, 출산(제왕절개를 포함한다), 산후기. 그러나, 회사가 보장하는 보험금 지급사유와 보장개시일부터 2년이 지난 후에 발생한 습관성 유산, 불임 및 인공수정 관련 합병증으로 인한 경우에는 보험금을 지급한다.
(2) 전쟁, 외국의 무력행사, 혁명, 내란, 사변, 폭동

> **시험출제 Point**
> ▶ 습관성 유산, 불임 및 인공수정 관련 합병증
> 한국표준질병·사인분류상의 N96~N98에 해당하는 질병을 말한다.

나. 면책의 이유

(1) 임신, 출산 및 산후기

임신, 출산 및 산후기는 질병 또는 상해로 볼 수 없고 예측 가능성이 있기 때문에 면책사유로 한다. 다만 회사가 보장하는 보험금 지급사유로 인한 경우에는 보험금을 지급한다. 예를 들어 임산부가 교통사고의 발생 등으로 부득이하게 출산을 하는 경우에는 관련된 보험금을 지급한다. 또한 보장개시일로부터 2년이 경과한 이후에 발생한 습관성 유산, 불임 및 인공수정 관련 합병증으로 인한 경우에도 보험금을 지급한다.

(2) 전쟁 등

전쟁, 외국의 무력행사, 혁명, 내란, 사변, 폭동은 거대 위험에 해당하며 보험경영상의 이유로 인한 면책사유이다. 이러한 위험을 보험으로 보장하면 보험회사가 파산할 수도 있는 거대한 손해이기 때문이다.

3 행위 면책사유

가. 면책사유

회사는 다른 약정이 없으면 피보험자가 직업, 직무 또는 동호회 활동목적으로 아래에 열거된 행위로 인하여 상해 관련 보험금 지급사유가 발생한 때에는 해당 보험금을 지급하지 않는다.

(1) 전문등반(전문적인 등산용구를 사용하여 암벽 또는 빙벽을 오르내리거나 특수한 기술, 경험, 사전훈련을 필요로 하는 등반을 말한다), 글라이더 조종, 스카이다이빙, 스쿠버다이빙, 행글라이딩, 수상보트, 패러글라이딩
(2) 모터보트, 자동차 또는 오토바이에 의한 경기, 시범, 흥행(이를 위한 연습을 포함한다) 또는 시운전. 다만 공용도로상에서 시운전을 하는 동안 보험금 지급사유가 발생한 경우에는 보장한다.

(3) 선박에 탑승하는 것을 직무로 하는 사람이 직무상 선박에 탑승하고 있는 동안

> **용어설명**
>
> ▶ 흥행
> 영리를 목적으로 연극, 영화, 서커스 등을 요금을 받고 대중에게 보여주는 행위를 말한다.

나. 면책의 이유

전문등반 등의 위험 취미 활동이나, 모터보트 등에 의한 경기, 시범, 흥행 또는 시운전은 일상생활 위험에 비하여 사고 발생 위험이 매우 높은 활동이다. 이러한 위험을 면책사유로 규정하여 위험의 동질성을 확보할 수 있으며, 보험료의 안정을 꾀할 수도 있다. 또한 선박에 탑승하는 경우에도 해당 위험을 보장하는 보험상품이 따로 있으므로 보험상품 간의 영역 조정을 위해 면책사유로 규정하였다.

> **시험출제 Point**
>
> ▶ 면책의 적용
> 행위 면책사유는 피보험자가 면책사유로 열거된 행위를 직업, 직무 또는 동호회 활동목적으로 하는 동안에 발생한 사고일 때 적용된다. 따라서 행위 면책사유에 열거된 행위 중 발생한 사고라고 하더라도 직업, 직무 또는 동호회 활동목적이 아니거나 1회성 행위였다면 보험금을 지급한다. 예를 들어 선박에 탑승하는 것을 직무로 하는 사람이 직무상 선박에 탑승한 것이 아니라, 여행을 가기 위한 관광목적으로 선박에 승선하여 사고가 발생하였다면 이는 보험금 지급사유에 해당한다.

다. 선박에 탑승하는 동안

선박에 탑승하는 것을 직무로 하는 사람이 직무상 선박에 탑승하고 있는 동안에 발생한 사고를 면책사유로 규정한 것은 선박은 다른 운송수단에 비하여 운행 과정에서의 사고 발생 위험이나 인명 피해 가능성이 높기 때문이다. 따라서 선박승무원 등이 선박에 탑승한 후에 일시적으로 선박을 이탈하였다고 하더라도, 전체적으로 보아 선박에 탑승한 상태가 계속되고 있다고 평가할 수 있다면 면책 약관 적용이 가능하다.

> **참고사례**
>
> ▶ '선박에 탑승하는 것을 직무로 하는 사람이 직무상 선박에 탑승하고 있는 동안' 의 의미
>
> **대법원 2023. 2. 2. 선고 2022다272169 판결**
> 갑 보험회사가 을과 체결한 보험계약 중 상해사망 담보는 피보험자인 을이 보험기간 중 상해사고로 사망한 경우 보험가입금액을 지급하는 것을 보장 내용으로 하고, 면책약관으로 '선박에 탑승하는 것을 직무로 하는 사람이 직무상 선박에 탑승하고 있는 동안 상해 관련 보험금 지급사유가 발생한 때에는 보험금을 지급하지 않는다.'는 내용을 규정하고 있는데, 을이 선박에 기관장으로 승선하여 조업차 출항하였다가 선박의 스크루에 그물이 감기게 되자 선장의 지시에 따라 잠수장비를 착용하고 바다에 잠수하여 그물을 제거하던 중 사망한 사안에서,

> 면책약관은 선박의 경우 다른 운송수단에 비하여 운행 과정에서의 사고발생 위험성이나 인명피해 가능성이 높은 점을 고려하여 규정된 것으로, '선박승무원 등이 직무상 선박에 탑승하고 있는 동안'을 면책사유로 정하고 있을 뿐 특정한 행위를 면책사유로 정하고 있지 않고, 이러한 면책약관의 문언이나 목적, 취지 등을 종합하여 보면, 선박승무원 등이 선박에 탑승한 후 선박을 이탈하였더라도 선박의 고장 수리 등과 같이 선박 운행을 위한 직무상 행위로 일시적으로 이탈한 경우로서 이탈의 목적과 경위, 이탈 거리와 시간 등을 고려할 때 **전체적으로 선박에 탑승한 상태가 계속되고 있다고 평가할 수 있는 경우에는 면책약관이 적용**될 수 있으며,
>
> 위 사고는 선원인 을이 선박에 탑승하고 있는 동안 발생한 선박의 고장 혹은 이상 작동을 점검·수리하기 위하여 선장의 지시에 따라 **일시적으로 선박에서 이탈하여 선박 스크루 부분에서 작업을 하다가 발생**한 것으로 전체적으로 을이 직무상 선박에 탑승하고 있는 동안 발생한 사고라고 할 것이므로 **면책약관이 적용된다**고 볼 여지가 충분하다.

제6조 보험금 지급사유의 통지

계약자 또는 피보험자나 보험수익자는 보험금 지급사유의 발생을 안 때에는 지체없이 그 사실을 회사에 알려야 한다.

제7조 보험금의 청구

보험수익자는 다음의 서류를 제출하고 보험금을 청구하여야 한다.
1. 청구서(회사 양식)
2. 사고증명서(진료비계산서, 사망진단서, 장해진단서, 입원치료확인서, 의사처방전(처방조제비) 등). 이 때 사고증명서는 의료법 제3조(의료기관)에서 규정한 국내의 병원이나 의원 또는 국외의 의료관련법에서 정한 의료기관에서 발급한 것이어야 한다.
3. 신분증. 신분증이란 주민등록증이나 운전면허증 등 사진이 붙은 정부기관 발행 신분증을 말하며, 본인이 아닌 경우에는 본인의 인감증명서, 본인서명사실확인서 또는 안전성과 신뢰성이 확보된 전자적 수단을 활용한 보험수익자 의사표시의 확인방법을 포함한다.
4. 기타 보험수익자가 보험금의 수령에 필요하여 제출하는 서류

제8조 보험금의 지급절차

1 지급기일

가. 접수증 교부

회사는 보험금 청구 서류를 접수한 때에는 접수증을 주고 휴대전화 문자메시지 또는 전자우편 등으로도 송부한다.

나. 지급기일

회사는 보험금 청구 서류를 접수한 날부터 **3영업일** 이내에 보험금을 지급하여야 한다. 이를 지급기일이라고 한다. 보험수익자가 보험금 청구와 관련된 서류를 구비하여 보험금을 청구하면 보험회사는 그 서류를 검토하여 지급할 보험금을 정한 뒤 관련 보험금을 지급한다. 즉 특별한 사정이 없는한 보험회사는 서류를 접수한 날부터 3영업일 이내에 보험금을 지급하여야 한다.

다. 영업일

여기에서 말하는 영업일이란 회사가 영업점에서 정상적으로 영업하는 날을 말하며, 토요일, '관공서의 공휴일에 관한 규정'에 따른 공휴일과 근로자의 날을 제외한다.

라. 지연이자

만약 지급기일(3영업일) 안에 보험금을 지급하지 못하였다면 일정한 지연이자를 보험금에 더하여 지급한다.

> **예시**
>
> 보험금 청구서류 접수일이 2024년 2월 29일(목)인 경우 보험금 지급일은?
>
> | 일 | 월 | 화 | 수 | 목 | 금 | 토 |
> |---|---|---|---|---|---|---|
> | 2/25 | 2/26 | 2/27 | 2/28 | 2/29
(접수일) | 3/1
(삼일절) | 3/2 |
> | 3/3 | 3/4 | 3/5 | 3/6 | 3/7 | 3/8 | 3/9 |
>
> → 보험금 청구서류 접수일인 2024년 2월 29일(목) 및 회사의 영업일이 아닌 2024년 3월 1일(금, 삼일절), 2일(토), 3일(일)은 제외하고 2024년 3월 4일(월)부터 3영업일인 2024년 3월 6일(수)(지급기일) 이내에 보험금을 지급하여야 한다.
> → 만약 2024년 3월 6일(수)(지급기일)까지 보험금을 지급하지 못하였다면 2024년 3월 7일(목)(지급기일의 다음 날)부터 실제 보험금 지급일까지 기간에 대하여 지연이자를 더하여 지급한다.

2 지급예정일

가. 지급기일을 초과할 경우

회사가 보험금 지급사유를 조사·확인하기 위해 필요한 기간이 지급기일(3영업일)을 초과할 것이 명백히 예상되는 경우에는 그 구체적인 사유와 지급예정일 및 보험금 가지급제도(회사가 추정하는 보험금의 50% 이내를 지급)에 대하여 피보험자 또는 보험수익자에게 즉시 통지한다.

나. 적용 대상

보험금 청구를 위해 제출한 서류만으로 지급할 보험금을 정하여 관련 보험금을 지급할 수 있다면 지급기일(3영업일) 이내에 지급이 가능하겠으나, 보험회사가 보험금 지급사유의 조사 및 확인을 위한 절차를 필요로 하는 때에는 지급기일 이내에 지급하지 못하는 경우가 많다. 이 때 보험회사는 지급기일 이내에 보험금을 지급하지 못하는 구체적인 사유와 지급예정일 및 보험금 가지급 제도에 대하여 피보험자 또는 보험수익자에게 즉시 통지하여야 한다.

다. 안내가 필요한 경우

보험금 지급사유를 조사·확인하기 위해 필요한 기간이 지급기일(3영업일)을 초과할 것이 명백히 예상되는 경우이다.

라. 안내 사항

(1) 지급기일 이내에 보험금을 지급하지 못하는 구체적인 사유
(2) 지급예정일
(3) 보험금 가지급 제도(회사가 추정하는 보험금의 50% 이내를 지급)

마. 지급예정일

(1) 원칙

　보험금 청구에 관한 서류를 접수한 날부터 30영업일 이내

(2) 예외 - 다음의 경우에는 30영업일을 초과할 수 있다.

　1) 소송제기
　2) 분쟁조정 신청
　3) 수사기관의 조사
　4) 해외에서 발생한 보험사고에 대한 조사
　5) 회사의 조사요청에 대한 동의 거부 등 계약자, 피보험자 또는 보험수익자의 책임있는 사유로 보험금 지급사유의 조사와 확인이 지연되는 경우
　6) 보험금 지급사유에 대해 제3자의 의견에 따르기로 한 경우

> **시험출제 Point**
> ▶ 지급기일과 지급예정일은 다른 개념이니 주의할 것!
> - 지급기일: 보험금 청구 서류를 접수한 날부터 3영업일
> - 지급예정일: 지급사유를 조사·확인하기 위한 절차가 진행되어 보험금 지급이 늦어질 경우, 서류를 접수한 날부터 30영업일 이내로 정하는 날짜

3 장해보험금 가지급

가. 장해지급률 관련 분쟁

장해지급률의 판정 및 지급할 보험금의 결정과 관련하여 확정된 장해지급률에 따른 보험금을 초과한 부분에 대한 분쟁으로 보험금 지급이 늦어지는 경우에는 보험수익자의 청구에 따라 이미 확정된 보험금을 먼저 가지급한다.

나. 규정의 이유

보험실무상 장해보험금은 보험회사와 보험수익자 사이에 다툼이 많이 발생하는 담보 중 하나이다. 이처럼 당사자 사이에 장해지급률과 관련된 분쟁이 발생했을 때에는 이미 확정된 보험금을 보험수익자의 청구에 따라 먼저 가지급한다. 예를 들어 보험회사는 장해지급률 10%를 주장하고, 보험수익자는 장해지급률 15%를 주장하여 다툼이 발생하고 이로 인하여 보험금 지급이 늦어지는 상황이라면, 이미 확정된 부분(양 당사자 사이에 다툼이 없는 부분)인 장해지급률 10%에 대한 장해보험금을 먼저 가지급한다.

4 보험금 가지급 제도

가. 추가적인 조사 진행

보험회사의 추가적인 조사가 이루어지는 경우, 회사는 보험수익자의 청구에 따라 회사가 추정하는 보험금의 50% 상당액을 가지급보험금으로 지급한다.

나. 규정의 이유

추가적인 조사가 이루어지는 경우에는 일정한 기간이 소요될 수 밖에 없으며 이런 경우 보험수익자에게 지급되는 보험금은 그만큼 늦어진다. 이처럼 보험금 지급이 늦어지면 보험금으로 필요한 비용을 보전해야 하는 보험수익자에게는 또다른 피해가 될 수 있다. 따라서 질병상해보험 표준약관은 보험회사가 추정하는 보험금의 50% 상당액을 가지급보험금으로 우선 지급받을 수 있도록 가지급 제도를 마련하고 있다.

다. 가지급 이후의 보험금 결정

다만 보험회사가 가지급보험금을 지급하였다고 하여 최종 보험금 지급 결정에 영향을 미치는 것은 아니

다. 따라서 조사 이후 최종적으로 보험금 지급의무가 발생하지 않는다고 결정되었다면 보험수익자는 지급받은 가지급보험금을 반환하여야 한다.

5 지연이자

가. 지연이자의 지급

회사가 지급기일(3영업일) 이내에 보험금을 지급하지 않았을 때에는 그 다음날부터 지급일까지의 기간에 대하여 '보험금을 지급할 때의 적립이율 계산'에서 정한 이율로 계산한 금액을 보험금에 더하여 지급한다.

나. 지급예정일을 통지한 경우

보험회사가 보험금 지급사유를 조사·확인하기 위하여 피보험자 또는 보험수익자에게 지급예정일을 통지한 경우에도 지연이자를 지급하여야 한다.

다. 지연이자를 지급하지 않는 경우

계약자, 피보험자 또는 보험수익자의 책임있는 사유로 보험금 지급이 지연된 때에는 해당 기간에 대한 이자는 더하여 지급하지 않는다. 다만 계약자 등이 분쟁조정을 신청하였다는 사유만으로는 이자 지급을 거절할 수 없다.

라. 지연이자 이율

구분	기간	지급이자
사망보험금, 후유장해보험금, 입원보험금, 간병보험금 등	지급기일의 다음 날부터 30일 이내 기간	보험계약대출이율
	지급기일의 31일 이후부터 60일 이내 기간	보험계약대출이율+가산이율(4.0%)
	지급기일의 61일 이후부터 90일 이내 기간	보험계약대출이율+가산이율(6.0%)
	지급기일의 91일 이후 기간	보험계약대출이율+가산이율(8.0%)

마. 가산이율 미적용 사유

(1) 지급예정일의 예외사유

지급예정일을 30영업일을 초과할 수 있는 경우(지급예정일의 예외사유: 소송제기 등) 중 어느 하나에 해당하는 경우에는 해당 기간에 대하여 가산이율을 적용하지 않는다. 가산이율을 적용하지 않을 뿐이기 때문에 보험계약대출이율은 여전히 그대로 적용한다.

(2) 금융위원회 또는 금융감독원이 인정하는 경우

금융위원회 또는 금융감독원이 정당한 사유로 인정하는 경우에는 해당 기간에 대하여 가산이율을 적용하지 않는다.

6 협조의무

가. 조사요청 동의

계약자, 피보험자 또는 보험수익자는 알릴 의무 위반의 효과 및 보험금 지급사유 조사와 관련하여 의료기관, 국민건강보험공단, 경찰서 등 관공서에 대한 회사의 서면에 의한 조사요청에 동의하여야 한다.

나. 동의하지 않을 경우

정당한 사유 없이 조사 요청에 동의하지 않을 경우 사실 확인이 끝날 때까지 회사는 보험금 지급지연에 따른 이자를 지급하지 않는다.

다. 협조의무에 대한 설명

회사는 서면조사에 대한 동의 요청시 조사목적, 사용처 등을 명시하고 설명한다.

제9조 만기환급금의 지급

1 만기환급금

가. 의의

질병상해보험은 장기보험(보험기간 3년 이상)으로 판매되는 경우가 많으며 장기보험은 보험기간이 끝났을 때에 일정한 금액을 보험수익자에게 돌려주는 방식으로 보험상품이 설계되어 있다. 보험 만기시에 보험수익자에게 돌려주는 금액을 만기환급금이라고 부른다.

나. 만기환급금을 받는 사람

보험수익자에게 만기환급금을 지급한다.

2 지급절차

가. 지급기일

회사는 청구일부터 3영업일 이내에 만기환급금을 지급한다.

나. 회사의 통지의무

회사는 만기환급금의 지급시기가 되면 지급시기 7일 이전에 그 사유와 지급할 금액을 계약자 또는 보험수익자에게 알려준다.

3 이자의 계산

만기환급금을 지급함에 있어 지급일까지의 기간에 대한 이자의 계산은 다음의 '보험금을 지급할 때의 적립이율 계산'에 따른다. 다만 보험회사가 만기환급금 지급시기 도래 7일 이전에 지급할 사유와 금액을 알리지 않은 경우에는 지급사유가 발생한 날의 다음 날부터 청구일까지의 기간은 평균공시이율을 적용한 이자를 지급한다.

구분	기간	지급이자
만기환급금 및 해약환급금	지급사유가 발생한 날의 다음날부터 청구일까지의 기간	1년 이내: 평균공시이율의 50% 1년 초과기간: 평균공시이율의 40%
	청구일의 다음 날부터 지급일까지의 기간	보험계약대출이율

제10조 보험금 받는 방법의 변경

1 지급방법의 변경

계약자(보험금 지급사유 발생 후에는 보험수익자)는 회사의 사업방법서에서 정한 바에 따라 보험금의 전부 또는 일부에 대하여 나누어 지급받거나 일시에 지급받는 방법으로 변경할 수 있다.

2 이자의 계산

회사는 일시에 지급할 금액을 나누어 지급하는 경우에는 나중에 지급할 금액에 대하여 평균공시이율을 연단위 복리로 계산한 금액을 더하며, 나누어 지급할 금액을 일시에 지급하는 경우에는 평균공시이율을 연단위 복리로 할인한 금액을 지급한다.

제11조 주소변경통지

1 주소변경 통지의무

가. 의의
계약자 또는 보험수익자의 주소 또는 연락처가 변경된 경우에는 그 변경 내용을 지체없이 회사에 알려주어야 한다.

나. 의무자
계약자가 의무를 부담하며, 보험수익자가 계약자와 다른 경우 보험수익자도 의무를 이행하여야 한다.

다. 이유
보험회사는 보험계약과 관련된 사항들을 보험계약자 등에게 알려야 할 의무가 있다. 따라서 처음 계약을 체결할 때의 보험계약자 등의 주소 또는 연락처가 변경되었다면 이를 보험회사에게 알려주도록 의무를 부여한 것이다.

2 의무 위반의 효과

가. 일반적으로 도달에 필요한 기간
계약자 또는 보험수익자가 변경내용을 알리지 않은 경우에는 계약자 또는 보험수익자가 회사에 알린 최종의 주소 또는 연락처로 등기우편 등 우편물에 대한 기록이 남는 방법으로 회사가 알린 사항은 일반적으로 도달에 필요한 기간이 지난 때에 계약자 또는 보험수익자에게 도달된 것으로 본다.

나. 규정의 의미
계약자 등이 주소변경 통지의무를 이행하지 않았다면 보험회사로서는 보험계약자 등에게 보험계약에 관한 사항을 알릴 수가 없다. 예를 들어 제2회 이후의 보험료 납입이 지체되었다면 보험회사는 보험료를 납입최고(독촉)하고 보험계약을 해지할 수 있는데, 보험계약자 등이 변경된 주소 또는 연락처를 보험회사에 알리지 않았다면 정상적인 납입최고(독촉)를 할 수 없다. 이 때에는 최종적으로 보험회사에 알린 주소 또는 연락처로 이행한 납입최고(독촉)가 일반적으로 도달에 필요한 기간이 지난 때에 해당 보험계약자 등에게 정상적으로 납입최고(독촉)한 것으로 보겠다는 의미이다.

제12조 보험수익자의 지정

만약 보험계약에서 보험수익자를 지정하지 않았다면 다음의 사람을 보험수익자로 본다.
1. **만기환급금**: 계약자
2. **사망보험금**: 피보험자의 법정상속인
3. **후유장해보험금, 입원보험금 간병보험금 등**: 피보험자

제13조 대표자의 지정

1 대표자 지정

가. **2명 이상인 경우**: 계약자 또는 보험수익자가 2명 이상인 경우에는 각 대표자를 1명 지정하여야 한다.
나. **대리**: 이 경우 그 대표자는 각각 다른 계약자 또는 보험수익자를 대리하는 것으로 한다.
다. **예시**: 보험실무상 사망보험금의 수익자는 피보험자의 법정상속인으로 지정된 경우가 많다. 법정상속인이 1명이라면 문제 없겠지만 여러 명이라면 보험회사는 대표자로 지정된 1명을 통해서 보험금 지급과 관련된 업무를 진행하기 위함이다.

2 보험회사 행위의 효력

지정된 계약자 또는 보험수익자의 소재가 확실하지 않은 경우에는 계약에 관하여 회사가 계약자 또는 보험수익자 1명에 대하여 한 행위는 각각 다른 계약자 또는 보험수익자에게도 효력이 미친다.

3 연대 책임

계약자가 2명 이상인 경우에는 그 책임을 연대로 한다. 연대(連帶) 책임이란 어떠한 행위에 있어서 두 사람 이상이 공동으로 책임을 부담하는 것을 말하며 연대 책임자 각자가 해당 의무를 이행할 책임이 있다.

내용다지기 — 빈칸 채우기

1. 일반실종은 (   ), 특별실종은 (   )의 실종기간이 끝나는 때에 사망한 것으로 본다.

    답 일반실종은 5년, 특별실종은 1년의 실종기간이 끝나는 때에 사망한 것으로 본다.

2. 장해지급률이 상해 발생일 또는 질병의 진단 확정일부터 (   ) 이내에 확정되지 않는 경우에는 상해 발생일 또는 질병의 진단확정일부터 (   )이 되는 날의 의사 진단에 기초하여 고정될 것으로 인정되는 상태를 장해지급률로 결정한다.

    답 장해지급률이 상해 발생일 또는 질병의 진단 확정일부터 180일 이내에 확정되지 않는 경우에는 상해 발생일 또는 질병의 진단확정일부터 180일이 되는 날의 의사 진단에 기초하여 고정될 것으로 인정되는 상태를 장해지급률로 결정한다.

3. 보험수익자와 회사가 보험금 지급사유에 대해 합의하지 못할 때는 보험수익자와 회사가 함께 제3자를 정하고 그 제3자의 의견에 따를 수 있다. 제3자는 의료법 제3조(의료기관)에 규정한 (   ) 중에 정하며, 보험금 지급사유 판정에 드는 의료비용은 회사가 전액 부담한다.

    답 보험수익자와 회사가 보험금 지급사유에 대해 합의하지 못할 때는 보험수익자와 회사가 함께 제3자를 정하고 그 제3자의 의견에 따를 수 있다. 제3자는 의료법 제3조(의료기관)에 규정한 종합병원 소속 전문의 중에 정하며, 보험금 지급사유 판정에 드는 의료비용은 회사가 전액 부담한다.

4. 보험회사는 피보험자가 고의로 자신을 해친 경우에는 보험금을 지급하지 않는다. 다만, 피보험자가 심신상실 등으로 (   )에서 자신을 해친 경우에는 보험금을 지급한다.

    답 보험회사는 피보험자가 고의로 자신을 해친 경우에는 보험금을 지급하지 않는다. 다만, 피보험자가 심신상실 등으로 자유로운 의사결정을 할 수 없는 상태에서 자신을 해친 경우에는 보험금을 지급한다.

5. 회사는 다른 약정이 없으면 (   )에 탑승하는 것을 직무로 하는 사람이 직무상 (   )에 탑승하고 있는 동안 상해 관련 보험금 지급사유가 발생한 때에는 해당 보험금을 지급하지 않는다. 이를 행위 면책사유라고 한다.

    답 회사는 다른 약정이 없으면 선박에 탑승하는 것을 직무로 하는 사람이 직무상 선박에 탑승하고 있는 동안 상해 관련 보험금 지급사유가 발생한 때에는 해당 보험금을 지급하지 않는다. 이를 행위 면책사유라고 한다.

6. 회사는 보험금 청구 서류를 접수한 때에는 접수증을 주고 휴대전화 문자메시지 또는 전자우편 등으로도 송부하며, 그 서류를 접수한 날부터 (   ) 이내에 보험금을 지급한다.

    답 회사는 보험금 청구 서류를 접수한 때에는 접수증을 주고 휴대전화 문자메시지 또는 전자우편 등으로도 송부하며, 그 서류를 접수한 날부터 3영업일 이내에 보험금을 지급한다.

7. 보험금 청구에 관하여 추가적인 조사가 이루어지는 경우, 회사는 보험수익자의 청구에 따라 회사가 추정하는 보험금의 (   ) 상당액을 가지급보험금으로 지급한다.

답 보험금 청구에 관하여 추가적인 조사가 이루어지는 경우, 회사는 보험수익자의 청구에 따라 회사가 추정하는 보험금의 50% 상당액을 가지급보험금으로 지급한다.

8. 보험수익자를 지정하지 않은 때에는 보험수익자를 [만기환급금]의 경우는 (   )로 하고, [사망보험금]의 경우는 (   ), [후유장해보험금, 입원보험금, 간병보험금 등]의 경우는 (   )로 한다.

답 보험수익자를 지정하지 않은 때에는 보험수익자를 [만기환급금]의 경우는 계약자로 하고, [사망보험금]의 경우는 피보험자의 법정상속인, [후유장해보험금, 입원보험금, 간병보험금 등]의 경우는 피보험자로 한다.

9. 계약자가 2명 이상인 경우에는 그 책임을 (   )로 한다.

답 계약자가 2명 이상인 경우에는 그 책임을 연대로 한다.

내용다지기 기출문제

▌제39회 2016년 기출문제

Q. 다음은 질병·상해보험 표준약관 중 「보험금 지급에 관한 세부규정」이다. 빈칸 (①, ②)에 들어갈 내용을 쓰시오. 4점

> 보험금의 지급사유의 '사망'에는 보험기간에 다음 어느 하나의 사유가 발생한 경우를 포함합니다.
> - 실종선고를 받은 경우: (①)때에 사망한 것으로 봅니다.
> - 관공서에서 수해, 화재나 그 밖의 재난을 조사하고 사망한 것으로 통보하는 경우: (②)을 기준으로 합니다.

▌제40회 2017년 기출문제

Q. 「보험금 지급에 관한 세부규정」 조항 중 "보험수익자와 회사가 보험금 지급사유에 대해 합의하지 못할 때"에 약관에서 정하고 있는 내용을 기술하시오. 5점

▌제43회 2020년 기출문제

Q. 지급기일의 초과가 예상되는 경우에는 서류를 접수한 날부터 30영업일 이내에 지급예정일을 정하여 안내하도록 규정하고 있으나, "예외적으로 서류를 접수한 날부터 30영업일을 경과하여 지급예정일을 정할 수 있는 경우"를 기술하시오. 6점

▌제48회 2025년 기출문제

Q. 「질병·상해보험 표준약관」 제3조(보험금의 지급사유)에서 규정한 '질병보험'의 지급사유별 보험금 청구권의 '소멸시효 기산점'을 기술하시오. (4가지만 기술하시오) 10점

제3관 계약자의 계약 전 알릴 의무 등

제14조 계약 전 알릴 의무

1 계약 전 알릴 의무(고지의무)

가. 의의

계약자 또는 피보험자는 청약할 때(진단계약의 경우에는 건강진단할 때) 청약서에서 질문한 사항에 대하여 알고 있는 사실을 반드시 사실대로 알려야 한다. 이를 '계약 전 알릴 의무'라고 하며, 상법상 '고지의무'와 같다.

나. 진단계약의 경우

진단계약의 경우 의료법 제3조(의료기관)의 규정에 따른 종합병원과 병원에서 직장 또는 개인이 실시한 건강진단서 사본 등 건강상태를 판단할 수 있는 자료로 건강진단을 대신할 수 있다.

2 질문표

청약서의 질문사항은 아래의 표준사업방법서 질문사항을 준용하되, 각 상품의 특성에 따라 이를 조정하여 사용하고 있다. 예를 들어 최근 많이 판매되고 있는 간편고지보험, 간편심사보험은 질문사항의 상당 부분을 축소(이른바 325 질문)하여 사용한다.

> 「중요한 사항」이란 회사가 그 사실을 알았더라면 보험계약의 청약을 거절하거나 보험가입금액 한도 제한, 일부 보장 제외, 보험금 삭감, 보험료 할증과 같이 조건부로 인수하는 등 계약인수에 영향을 미치는 사항을 말합니다.
> 보험료의 납입연체로 인한 해지계약을 부활하는 경우, 1번~5번 항목의 알릴의무 기간은 해지일 이후로부터 부활(효력회복)을 청약한 날까지의 기간과 각 질문별 알릴의무 기간 중 짧은 기간으로 합니다.
> 청약서에서 '최근 ○개월 이내(◆년 이내)'는 청약일의 ○개월 전일(◆년 전일)부터 청약일까지를 의미합니다. 예를 들어 청약일이 4월 1일인 경우 '최근 3개월 이내'는 1월 1일부터 4월 1일까지를 의미합니다.
>
>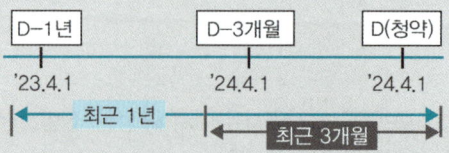

1. 최근 3개월 이내에 의사로부터 진찰 또는 검사(건강검진 포함)를 통하여 다음과 같은 의료행위를 받은 사실이 있습니까? (예, 아니오)

   1) 질병확정진단   2) 질병의심소견   3) 치료
   4) 입원   5) 수술(제왕절개포함) 6) 투약

   ※ 질병의심소견이란 의사가 진단서나 소견서 또는 진료의뢰서 등을 포함하여 서면(전자문서 포함)으로 교부한 경우를 말합니다.
   ※ 투약이란 의사가 환자에게 약을 처방하는 행위를 말하는 것으로 실제로 약을 구입하지 않아도 기재해야 합니다.

2. 최근 3개월 이내에 마약을 사용하거나 혈압강하제, 신경안정제, 수면제, 각성제(흥분제), 진통제 등 약물을 상시 복용한 사실이 있습니까? (예, 아니오)

   ※ 혈압강하제란 혈압을 내리게 하는 의약품을 말합니다.
   ※ 각성제란 신경계를 흥분시켜 잠이 오는 것을 억제하는 의약품을 말합니다.

3. 최근 1년 이내에 의사로부터 진찰 또는 검사를 받고, 이를 통하여 추가검사(재검사)를 받은 사실이 있습니까? (예, 아니오)

   ※ 추가검사(재검사)란 검사 결과 이상 소견이 확인되어 보다 정확한 진단을 위해 시행한 검사를 의미하며, 병증에 대한 치료 필요 없이 유지되는 상태에서 시행하는 정기검사 또는 추적관찰은 포함하지 않습니다.

4. 최근 5년 이내에 의사로부터 진찰 또는 검사를 통하여 다음과 같은 의료행위를 받은 사실이 있습니까? (예, 아니오)

   1) 입원 2) 수술(제왕절개포함) 3) 계속하여 7일 이상 치료 4) 계속하여 30일 이상 투약

   ※ 여기서 "계속하여"란 같은 원인으로 치료 시작후 완료일까지 실제 치료, 투약 받은 일수를 말합니다.

5. 최근 5년 이내에 아래 10대질병으로 의사로부터 진찰 또는 검사를 통하여 다음과 같은 의료행위를 받은 사실이 있습니까? (예, 아니오)

   〈10대질병〉
   ① 암, ② 백혈병, ③ 고혈압, ④ 협심증, ⑤ 심근경색, ⑥ 심장판막증, ⑦ 간경화증, ⑧ 뇌졸중증(뇌출혈, 뇌경색), ⑨ 당뇨병, ⑩ 에이즈(AIDS) 및 HIV 보균

   1) 질병확정진단   2) 치료   3) 입원
   4) 수술   5) 투약

   ※ 단, 실손의료보험은 "⑪직장 또는 항문 관련 질환(치질, 치루(누공), 치열(찢어짐), 항문 농양(고름집), 직장 또는 항문탈출, 항문출혈, 항문궤양)" 추가
   ※ 1번~5번까지 "예"인 경우 병명, 치료기간, 치료내용, 치료병원, 재발경험, 완치여부를 기재하여 주십시오.

6. 〈삭제, 2022.9.30.〉

7. 〈삭제, 2018.7.10.〉

8. 〈삭제, 2018.7.10.〉

9. 귀하의 직업은 무엇입니까?
    1) 근무처   2) 근무지역   3) 업종   4) 취급하는 업무(구체적으로 기재하여 주십시오)
    ※ 보험계약 체결 당시 직업 또는 직무를 사실대로 알리지 않거나 보험계약 체결 후 직업 또는 직무가 변경된 사실(예 사무관리↔현장관리)을 지체없이 회사에 알리지 않은 경우 계약 해지 등 알릴 의무 위반에 따른 불이익이 발생할 수 있습니다.

10-1. 현재 운전을 하고 있습니까? (예, 아니오)

10-2. "예"인 경우 운전 차종　(　,　)
    1) 승용차(영업용)　　　2) 승용차(자가용)
    3) 승합차(영업용)　　　4) 승합차(자가용)
    5) 화물차(영업용)　　　6) 화물차(자가용)
    7) 이륜자동차(영업용)　 8) 이륜자동차(자가용)
    9) 건설기계　　　　　　10) 농기계
    11) 기타(　　　　　　)
    ※ 기타에 해당하는 경우 차종을 구체적으로 기재하고, 둘 이상의 차량을 운전하거나 하나의 차량을 둘 이상의 목적으로 사용하는 경우 해당되는 사항을 모두 기재하십시오

10-3. 원동기장치 자전거(전동킥보드, 전동이륜평행차, 전동기의 동력만으로 움직일 수 있는 자전거 등 개인형 이동장치를 포함)를 사용하십니까?(다만, 전동휠체어, 의료용 스쿠터 등 보행보조용 의자차는 제외합니다) (예, 아니오)
    ※ 계속적으로 사용(직업, 직무 또는 동호회 활동과 출퇴근용도 등으로 주로 사용하는 경우에 한함)하는 경우 기재
    ※ 본 질문에 '아니오'로 기재하고 보험계약 체결 후 이륜자동차 또는 전동킥보드 등 개인형이동장치를 포함한 원동기장치 자전거를 사용하게 된 사실을 지체없이 회사에 알리지 않은 경우 계약 해지 등 알릴 의무 위반에 따른 불이익이 발생할 수 있습니다.

11. 최근 1년 이내에 다음과 같은 취미를 자주 반복적으로 하고 있거나 관련 자격증을 가지고 있습니까? (예, 아니오)
    (빈도: 년간/월간　회)
    (자격증 명칭:　　　　　)
    1) 스쿠버다이빙　　　2) 행글라이딩, 패러글라이딩　　　3) 스카이다이빙
    4) 수상스키　　　　　5) 자동차, 오토바이 경주　　　　 6) 번지점프
    7) 빙벽, 암벽등반　　 8) 제트스키　　　　　　　　　　9) 래프팅

12. 부업 또는 겸업, 계절적으로 종사하는 업무가 있습니까? (예, 아니오)
    ("예"인 경우 자세히 기술하여 주십시오)

13. 향후 3개월 이내에 다음과 같은 해외위험지역으로 출국할 예정이 있습니까? (예, 아니오)
    전쟁지역, 미개척지(열대·한대), 등반산악지대
    ("예"인 경우 기간: 지역: 목적:)

14. 월소득(계약자 기준)
    월소득 – 월평균(   )만원

15. 음주: 음주횟수(주 회), 음주량(소주 기준 1회   병)

16. 흡연: 현재 흡연여부(예, 아니오), 흡연량(1일   개피), 흡연기간(현재부터 과거   년간)

17. 체격: 키(   )㎝, 몸무게(   )kg

18. 다른 보험회사(우체국보험 및 각종 공제계약 판매사 포함)에 생명보험, 손해보험, 제3보험 또는 각종 공제계약을 가입하고 있습니까?

보험설계사는 계약전 알릴의무 사항에 대한 수령권한이 없으므로 과거의 진단 또는 치료 사실 등 중요한 내용을 구두로만 알릴 경우 계약전 알릴의무를 이행한 것으로 인정되지 않아 향후 계약이 해지되거나 보험금을 지급받지 못할 수 있습니다.

보험계약자 ○○○는 보험설계사 ○○○로부터 계약전 알릴의무 위반시의 효과(계약해지, 보장제한, 보험금 미지급 등)에 대해 설명을 들었으며, 계약전 알릴의무 사항에 대해 청약서에 사실대로 기재하였음을 확인합니다.

년   월   일   ○○○○ 보험주식회사 귀중

보험계약자 성명   (인)
피보험자(보험대상자) 성명   (인)

[일반고지와 간편고지(325)의 비교]

일반고지	간편고지
1. 최근 3개월 이내에 　1) 질병확정진단, 2) 질병의심소견, 3) 치료, 4) 입원, 　5) 수술(제왕절개포함), 6) 투약 여부	1. 최근 3개월 이내에 　1) 입원 필요 소견, 2) 수술 필요 소견, 　3) 추가검사(재검사) 필요 소견을 받았는지 여부
2. 최근 3개월 이내에 마약을 사용하거나 혈압강하제, 신경안정제, 수면제, 각성제 (흥분제), 진통제 등 약물을 상시 복용한 사실이 있는지 여부	삭제
3. 최근 1년 이내에 의사로부터 진찰 또는 검사를 통하여 추가검사(재검사)를 받은 사실이 있는지 여부	삭제
4. 최근 5년 이내에 의사로부터 진찰 또는 검사를 통하여 　1) 입원, 2) 수술(제왕절개 포함), 3) 계속하여 7일 이상 치료, 　4) 계속하여 30일 이상 투약 받은 사실이 있는지 여부	2. 최근 2년 이내에 질병이나 사고로 인하여 입원 또는 수술(제왕절개 포함)을 받았는지 여부
5. 최근 5년 이내에 아래 10대질병으로 진단확정, 치료, 입원, 수술, 투약 여부 　① 암 ② 백혈병 ③ 고혈압 ④ 협심증 ⑤ 심근경색 　⑥ 심장판막증 ⑦ 간경화증 ⑧ 뇌졸중증(뇌출혈, 뇌경색) 　⑨ 당뇨병 ⑩ 에이즈(AIDS) 및 HIV 보균	3. 최근 5년 이내에 암으로 진단받거나 암으로 입원 또는 수술을 받은 적이 있는지 여부
이하 생략	

※ 위의 내용은 가장 보편적인 이른바 325 고지사항을 기준으로 서술하였으며, 우리나라 보험실무상 각 보험회사에서 다양한 상품의 특성에 따라 고지사항을 변형하여 사용 중이다.

제15조 상해보험계약 후 알릴 의무

1 상해보험계약 후 알릴 의무

가. 알려야 하는 경우

계약자 또는 피보험자는 보험기간 중에 피보험자에게 다음 각 호의 변경이 발생한 경우에는 우편, 전화, 방문 등의 방법으로 지체없이 회사에 알려야 한다.

(1) 보험증권 등에 기재된 직업 또는 직무의 변경
　　1) 현재의 직업 또는 직무가 변경된 경우
　　2) 직업이 없는 자가 취직한 경우
　　3) 현재의 직업을 그만둔 경우

> ▶ 직업
> 1) 생계유지 등을 위하여 일정한 기간동안(예 6개월 이상) 계속하여 종사하는 일
> 2) 1)에 해당하지 않는 경우에는 개인의 사회적 신분에 따르는 위치나 자리를 말함
>   예 학생, 미취학아동, 무직 등
> ▶ 직무
> 직책이나 직업상 책임을 지고 담당하여 맡은 일

(2) 보험증권 등에 기재된 피보험자의 운전 목적이 변경된 경우
   예 자가용에서 영업용으로 변경, 영업용에서 자가용으로 변경 등
(3) 보험증권 등에 기재된 피보험자의 운전여부가 변경된 경우
   예 비운전자에서 운전자로 변경, 운전자에서 비운전자로 변경 등
(4) 이륜자동차 또는 원동기장치 자전거(전동킥보드, 전동이륜평행차, 전동기의 동력만으로 움직일 수 있는 자전거 등 개인형 이동장치를 포함)를 계속적으로 사용(직업, 직무 또는 동호회 활동과 출퇴근 용도 등으로 주로 사용하는 경우에 한함)하게 된 경우. 다만 전동휠체어, 의료용 스쿠터 등 보행보조용 의자차는 제외한다.

나. 상법상 위험변경증가의 통지의무

상해보험계약 후 알릴 의무는 보험실무상 보통 직업변경 통지의무라고 부른다. 보험기간 중 피보험자의 직업 또는 직무가 변경되었거나 운전 여부, 운전 목적 등이 변경되었을 때에 이를 보험회사에 알려주어야 하는 의무이다. 상법 제652조에 규정된 위험변경증가의 통지의무와 같은 내용으로 이해하면 된다.

다. 생명보험의 경우

상해보험계약 후 알릴 의무는 질병상해보험 표준약관에만 규정되어 있으며 생명보험 표준약관에는 규정되어 있지 않다. 즉 생명보험에서는 피보험자의 직업 또는 직무 등이 변경되더라도 이를 보험회사에 통지하지 않아도 된다.

2 통지시 절차

회사는 상해보험계약후 알릴 의무 통지로 인하여 위험의 변동이 발생한 경우에는 보험계약의 내용을 변경할 수 있다.

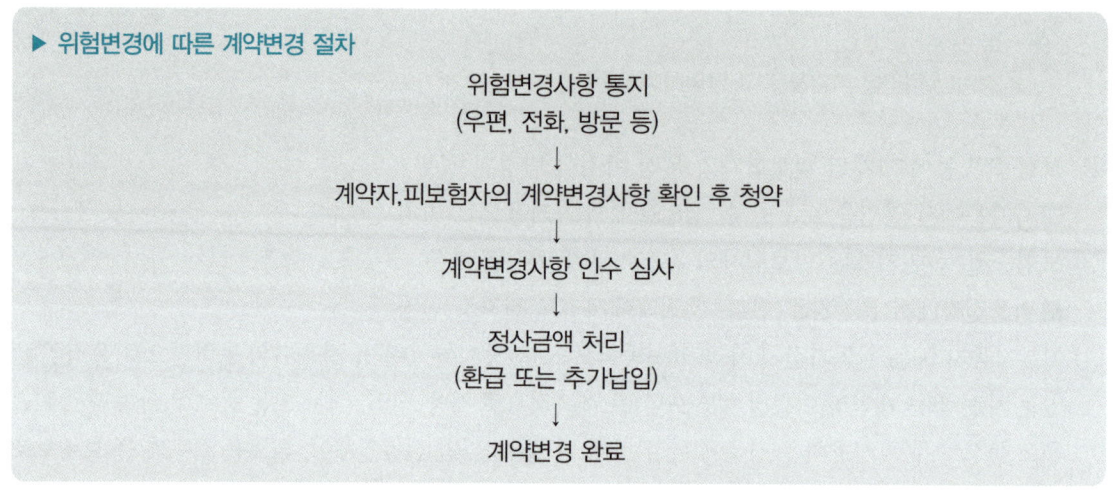

3 위험변경에 따른 보험료의 환급 및 납입

가. 위험이 감소된 경우

위험이 감소된 경우에는 보험료를 감액하고, 이후 기간 보장을 위한 재원인 계약자적립액 등의 차이로 인하여 발생한 정산금액을 환급한다.

나. 위험이 증가된 경우

(1) 보험료 증액 또는 정산금액 추가 납입

위험이 증가된 경우에는 보험료의 증액 및 정산금액의 추가납입을 요구할 수 있으며, 계약자는 이를 납입하여야 한다.

(2) 정산금액 납입 방법

계약자는 정산금액의 추가 납입을 일시납 또는 분납의 방법으로 선택할 수 있다. 분납의 경우에는 아래의 조건에 따른다.
1) 잔여 보험료 납입기간과 5년 중 큰 기간
2) 다만 잔여 보험기간을 초과할 수 없음
3) 보험료 갱신형 계약 등 일부 보험계약의 경우에는 분납이 제한될 수 있다.

> **예시**
>
> #Case 1
> 잔여 보험료 납입기간: 4년
> 잔여 보험기간: 6년
> → MAX[4년, 5년]=5년. 잔여 보험기간(6년) 이내이므로, 5년으로 분납
>
> #Case 2
> 잔여 보험료 납입기간: 4년
> 잔여 보험기간: 4년
> → MAX[4년, 5년]=5년. 잔여 보험기간(4년)을 초과했으므로, 4년으로 분납
>
> #Case 3
> 잔여 보험료 납입기간: 6년
> 잔여 보험기간: 6년
> → MAX[6년, 5년]=6년. 잔여 보험기간(6년) 이내이므로, 6년으로 분납

다. 추가보험료 납입 전 사고 발생

(1) 비례 삭감 지급

위험의 증가로 보험료를 더 내야 할 경우 회사가 청구한 추가보험료(정산금액을 포함한다)를 계약자가 납입하지 않았을 때, 회사는 위험이 증가되기 전에 적용된 보험요율(변경전 요율)의 위험이 증가된 후에 적용해야 할 보험요율(변경후 요율)에 대한 비율에 따라 보험금을 삭감하여 지급한다.

〈계산식〉

$$지급보험금 = 원래의 보험금 \times \frac{변경 전 요율}{변경 후 요율}$$

(2) 증가된 위험과 관련없는 경우

다만 증가된 위험과 관계없이 발생한 보험금 지급사유에 관해서는 원래대로 관련 보험금을 지급한다.

(3) 예시

예를 들어, 피보험자의 직업이 사무직(1급)에서 엘리베이터 정비원(3급)으로 변경되어 보험회사가 추가보험료를 청구하였으나 보험계약자가 아직 이를 납입하지 않은 상황에서 사고가 발생하였고 해당 사고가 증가된 위험과 관련이 있는 사고라면 보험회사는 1급 요율(변경전 요율)의 3급 요율(변경후 요율)에 대한 비율에 따라 관련 보험금을 삭감하여 지급한다.

> **예시**
>
> ▶ 보험요율 예시
>
> | 직업급수 | 보험요율 |
> |---|---|
> | 1급 | 0.2% |
> | 2급 | 0.3% |
> | 3급 | 0.4% |
>
> ▶ 계약 사항
> - 상해후유장해담보 보험가입금액: 1억원
> - 장해지급률: 20%
>
> ▶ 사고 내용 등
> - 사무직(1급)에서 엘리베이터 정비원(3급)으로 직업 변경됨
> - 직업변경에 따른 추가보험료를 납입하기 전에 사고가 발생함
> - 엘리베이터 정비 작업 중 사고 발생
>
> ▶ 지급보험금 계산
> - 장해보험금: 1억원×20%=2천만원
> - 지급보험금: 2천만원× $\dfrac{0.2\%(1급\ 보험요율)}{0.4\%(3급\ 보험요율)}$ =1천만원

4 상해보험계약 후 알릴 의무 위반

가. 계약의 해지

계약자 또는 피보험자가 고의 또는 중대한 과실로 상해보험계약 후 알릴 의무를 이행하지 않았을 때에는 손해의 발생 여부와 관계없이 계약을 해지할 수 있다.

나. 보험금의 지급

(1) 비례 삭감 지급

변경후 요율이 변경전 요율보다 높을 때에는 회사는 그 변경사실을 안 날부터 1개월 이내에 계약자 또는 피보험자에게 비례보상 규정에 따라 보장됨을 통보하고 이에 따라 보험금을 지급한다. 즉 상해보험계약 후 알릴 의무를 위반했을 때에도 비례보상 규정에 따라 관련 보험금을 비례 삭감하여 지급한다.

(2) 증가된 위험과 관련없는 사고

다만 증가된 위험과 관계없이 발생한 보험금 지급사유에 관해서는 의무 위반으로 인한 계약 해지에도 불구하고, 원래대로 관련 보험금을 지급한다.

제16조 알릴 의무 위반의 효과

1 보험계약의 해지

가. 해지사유

회사는 아래와 같은 사실이 있을 경우에는 손해의 발생 여부에 관계없이 보험계약을 해지할 수 있다.
(1) 계약자 또는 피보험자가 고의 또는 중대한 과실로 계약 전 알릴 의무를 위반하고 그 의무가 중요한 사항에 해당하는 경우
(2) 뚜렷한 위험의 증가와 관련된 상해보험계약 후 알릴 의무를 계약자 또는 피보험자의 고의 또는 중대한 과실로 이행하지 않았을 때

나. 고의 또는 중대한 과실

보험회사가 알릴 의무 위반을 이유로 보험계약을 해지하기 위해서는 알릴 의무 위반 사실에 계약자 또는 피보험자의 고의 또는 중대한 과실이 있어야 한다. 즉 단순 과실로 인한 위반이라면 보험계약을 해지할 수 없다.

다. 중요한 사항

계약 전 알릴 의무 위반의 경우에는 알릴 의무 위반 사항이 중요한 사항에 해당되어야 계약 해지가 가능하다. 여기서 말하는 중요한 사항이란 회사가 그 사실을 알았더라면 계약의 청약을 거절하거나 보험가입금액 한도 제한, 일부 보장 제외, 보험금 삭감, 보험료 할증과 같이 조건부로 승낙하는 등 계약 승낙에 영향을 미칠 수 있는 사항을 말한다. 계약 전 알릴 의무 위반이 있다고 하더라도 그 위반 사실이 중요한 사항에 해당하지 않는다면 보험회사는 알릴 의무 위반을 이유로 보험계약을 해지할 수 없다.

2 보험계약 해지의 제한

가. 해지권 제한 사유

계약 전 알릴 의무 위반에도 불구하고 다음 중 하나에 해당하는 경우에는 회사는 보험계약을 해지할 수 없다.
(1) 회사가 계약 당시에 그 사실을 알았거나 과실로 인하여 알지 못하였을 때
(2) 회사가 그 사실을 안 날부터 1개월 이상 지났거나 또는 제1회 보험료를 받은 때부터 보험금 지급사유가 발생하지 않고 2년(진단계약의 경우 질병에 대하여는 1년)이 지났을 때
(3) 계약을 체결한 날부터 3년이 지났을 때
(4) 회사가 계약을 청약할 때 피보험자의 건강상태를 판단할 수 있는 기초자료(건강진단서 사본 등)에 따라 승낙한 경우에 건강진단서 사본 등에 명기되어 있는 사항으로 보험금 지급사유가 발생하였을 때. 다만 계약자 또는 피보험자가 회사에 제출한 기초자료의 내용 중 중요사항을 고의로 사실과 다르게 작성한 때에는 계약을 해지할 수 있다.

(5) 보험설계사 등이 계약자 또는 피보험자에게 고지할 기회를 주지 않았거나 계약자 또는 피보험자가 사실대로 고지하는 것을 방해한 경우, 계약자 또는 피보험자에게 사실대로 고지하지 않게 하였거나 부실한 고지를 권유했을 때. 다만 보험설계사 등의 행위가 없었다 하더라도 계약자 또는 피보험자가 사실대로 고지하지 않거나 부실한 고지를 했다고 인정되는 경우에는 계약을 해지할 수 있다.

나. 제1호

제1호는 보험회사가 계약을 체결할 당시에 보험계약자 또는 피보험자의 계약 전 알릴 의무 위반 사실을 알았거나 과실로 인하여 알지 못한 경우이다. 예를 들어 보험계약을 체결하면서 고혈압 진단 및 치료 사실을 알리지 않은 계약 전 알릴 의무 위반 사실이 있다고 하더라도, 보험회사가 계약을 체결할 당시에 피보험자의 고혈압 진단 및 치료 사실을 이미 알고 있었다면 해당 보험계약을 해지할 수 없다.

다. 제2호 및 제3호

제2호 및 제3호는 기간과 관련된 것이다. 특정한 기간(1개월, 1년, 2년, 3년)이 지난 이후에는 계약 전 알릴 의무 위반에도 불구하고 보험회사는 보험계약의 해지권을 행사할 수 없다. 이 때 기간의 적용은 "and 조건"이 아니라 "or 조건"이다. 즉 하나라도 해당한다면 보험회사의 해지권이 제한된다. 예를 들어 계약 전 알릴 의무 위반 사실을 안 날부터 1개월이 경과하였다면 계약을 체결한 날로부터 3년 이내라고 하더라도 보험계약을 해지할 수 없다.

라. 제4호

제4호는 언더라이팅 인수심사와 관련된 것이다. 피보험자의 건강상태를 파악할 수 있는 기초자료(건강진단서 사본 등)가 제공되어 해당 자료를 근거로 하여 보험계약의 청약을 승낙하였다면, 해당 자료에 명기되어 있는 사실에 대해서는 계약 전 알릴 의무 위반에 따른 보험계약 해지를 할 수 없다.

마. 제5호

제5호는 보험설계사 등이 계약 전 알릴 의무 이행을 방해한 경우이다. 보험의 모집에 종사하는 보험설계사 등은 보험계약자 또는 피보험자가 성실하게 계약 전 알릴 의무를 이행할 수 있도록 안내하고 설명하는 역할을 수행하여야 한다. 보험의 법률적이고 전문적인 내용을 잘 알지 못하는 일반인은 보험설계사 등의 안내에 의존하여 보험계약의 체결 과정을 수행할 수 밖에 없다. 따라서 보험설계사 등이 보험계약자 또는 피보험자가 계약 전 알릴 의무를 이행할 기회를 주지 않았거나 의무의 이행을 방해했을 때에는 계약 전 알릴 의무 위반에도 불구하고 보험계약을 해지를 할 수 없도록 한 것이다. 다만 그러한 행위가 없었다고 하더라도 계약 전 알릴 의무를 제대로 이행하지 않았을 것이라고 인정되는 경우라면 여전히 보험계약을 해지할 수 있다.

3 해지 절차

가. 해약환급금의 지급

(1) 지급 대상

계약 전 알릴 의무 또는 상해보험계약 후 알릴 의무 위반에 따라 보험계약을 해지하였을 때에는 해약환급금을 계약자에게 지급한다.

(2) 지연이자 계산

일반적인 해약환급금 지급시에는 계약자의 청구일부터 지연이자가 계산되나, 알릴 의무 위반 등을 이유로 보험회사가 해지하는 경우에는 보험회사의 해지 의사표시가 계약자에게 도달한 날을 이자 기산일(청구일)로 하여 지연이자(보험계약대출이율 적용)를 계산한다.

> **관련판례**
>
> **대법원 2000. 1. 28. 선고 99다50712 판결**
> 보험계약의 해지권은 형성권이고, 해지권 행사기간은 제척기간이며, 해지권은 재판상이든 재판외이든 그 기간 내에 행사하면 되는 것이나 해지의 의사표시는 민법의 일반원칙에 따라 보험계약자 또는 그의 대리인에 대한 일방적 의사표시에 의하며, 그 **의사표시의 효력은 상대방에게 도달한 때에 발생**한다.

나. 해지 통지의 방법

보험회사가 계약 전 알릴의무 위반에 따라 보험계약을 해지하고자 할 때에는 그 사실을 서면 또는 전자문서로 계약자에게 통지하여야 한다. 본래 보험계약은 불요식 계약이므로 해지 통지의 방법에 법적으로 아무런 제약이 없으나 질병상해보험 표준약관에서는 불필요한 분쟁을 방지하기 위하여 서면 또는 전자문서에 의한 통지로 그 방법을 제한하고 있다.

다. 알려주어야 하는 사항

보험회사가 보험계약을 해지할 때에는 계약 전 알릴 의무 위반 사실(계약해지 등의 원인이 되는 위반 사실을 구체적으로 명시)뿐만 아니라 계약 전 알릴 의무 사항이 중요한 사항에 해당되는 사유를 "반대증거가 있는 경우 이의를 제기할 수 있습니다"라는 문구와 함께 계약자에게 서면 또는 전자문서 등으로 알려 준다.

> **시험출제 Point**
>
> ▶ 해지할 때 알려주어야 하는 사항
>   1) 계약 전 알릴 의무 위반사실(위반사실을 구체적으로 명시)
>   2) 중요한 사항에 해당되는 사유
>   3) "반대증거가 있는 경우 이의를 제기할 수 있습니다"라는 문구

라. 전자문서에 의한 해지 통지

해지 통지의 방법은 서면 뿐만 아니라 전자문서에 의한 해지 통지도 가능하다. 회사가 전자문서로 해지를 안내하고자 할 경우에는 계약자에게 서면 또는 「전자서명법」 제2조 제2호에 따른 전자서명으로 동의를 얻어 수신확인을 조건으로 전자문서를 송신하여야 한다. 계약자의 전자문서 수신이 확인되기 전까지는 그 전자문서는 송신되지 않은 것으로 본다. 전자문서가 수신되지 않은 것을 확인한 경우에는 서면(등기우편 등)으로 다시 알려주어야 한다.

> **시험출제 Point**
>
> ▶ 전자문서에 의한 해지 통지 조건
>   1) 사전에 계약자에게 서면 또는 전자서명으로 동의를 얻어야 한다.
>   2) 수신확인 조건으로 전자문서를 송신한다.
>   3) 수신이 확인되지 않았다면 송신되지 않은 것으로 본다. 즉 해지 통지를 하지 않은 것이다.
>   4) 수신이 확인되지 않았다면 서면(등기우편 등)으로 다시 알려주어야 한다.

마. 해지통지문

보험회사가 보험계약의 해지를 통지할 때에는 보험계약의 해지 원인이 되는 위반 사실을 구체적으로 명시하여야 한다. 예를 들어 단순하게 "계약 전 알릴의무 위반으로 보험계약이 해지됩니다."라고 하는 것은 제대로 된 해지 통지에 해당하지 않는다. 계약 해지의 원인이 되는 위반 사실과 중요한 사항에 해당하는 사유 등을 구체적으로 명시하여야 한다.

> **해지안내문 예시**
>
> 홍길동 고객님께서는 OOO보험계약을 가입하기 이전인 2020년 1월 1일부터 2020년 12월 31일까지 XXX 병원에서 고혈압으로 10회 통원 치료하여, 200일분의 투약 처방받은 사실이 확인됩니다. 이는 가입하신 OOO보험계약의 계약 전 알릴 의무 질문표에서 물어보는 사항에 해당되나, 고객님께서는 보험 가입 당시 이를 알리지 않고 보험에 가입하셨습니다.
> OOO보험계약은 해당 치료력이 있는 경우 보험가입이 거절되거나 보험료 할증 등 조건부 인수만 가능합니다. 따라서 이는 해당 보험약관에서 규정하고 있는 중요한 사항에 해당합니다. 이에 관련 규정에 따라 OOO 보험계약은 해지됩니다. 반대증거가 있는 경우 이의를 제기할 수 있습니다.

> **관련판례**
>
> **대법원 2004. 12. 10. 선고, 2004다55377, 2004다55384(병합)**
> 보험계약 해지권의 근거가 되는 해지사유는 법률의 규정 또는 당사자 사이의 약정에서 정한 사유로 한정되어 있고 해지사유마다 별개의 해지권이 발생하는 점, 해지사유를 명시하지 않은 해지권의 행사 또는 해지권의 전용을 허용한다면 상대방의 법적 지위에 불안정을 초래하는 점, 상법 제651조 또는 보험약관에 의하여 고지의무위반을 사유로 한 해지권의 행사에 있어서는 보험업무를 전문적으로 취급하는 보험자에게 해지권 행사 여부를 단기에 결정하게 하여 고지의무위반을 둘러싼 법률관계를 조속히 확정시켜 보험계약자나 피보험자의 법적 지위의 불안정을 피하도록 하기 위하여 단기의 제척기간을 두었다고 볼 수 있는 점 등에 비추어 보면, 상대방이 해지의 의사표시를 수령할 당시 그 근거가 된 해지사유를 알았거나 알 수 있었다는 **특별한 사정이 없는 한**

> 해지의 의사표시에는 해지사유를 명시할 것이 요구된다 할 것이고, 어떠한 해지사유에 의하여 해지의 의사표시를 한 이후 다른 해지사유에 의한 것으로 전용하는 것은 허용될 수 없다.

바. 해지통지의 상대방

(1) 보험계약자에게 해지 통지 필요

보험계약의 당사자는 보험계약자와 보험회사이므로, 보험회사가 알릴의무 위반 등을 이유로 보험계약을 해지하고자 할 때에는 보험계약자(보험계약자가 사망하였다면 그의 상속인)에게 해지 의사표시를 하여야 한다. 이는 보험계약자와 보험수익자가 다른 타인을 위한 보험에서도 마찬가지이므로, 보험계약자나 상속인에게 해지 의사표시를 하지 않고 보험수익자에게 해지의 의사표시를 한 것은 특별한 사정이 없는 한 그 효력이 없다(대법원 1989. 2. 14. 선고 87다카2973 판결).

(2) 보험금 지급 제한 등에도 준용

보험계약자 등의 의무 위반으로 보험회사가 보험금 지급을 제한 혹은 감액하고자 한다면, 이는 실질적으로 그 보험금이 제한 혹은 감액된 부분에 대해서 보험계약을 해지하는 것이다. 따라서 그에 관해서도 동일하게 해지 절차가 적용되어야 한다(대법원 2000. 11. 24. 선고 99다42643 판결).

(3) 정리

종합하면, 보험회사가 계약 전 알릴의무 혹은 상해보험계약 후 알릴의무 위반을 이유로 보장을 제한하고자 한다면 이에 관해서는 해지 절차가 적용되므로, 해당 의사표시는 보험계약자나 그의 상속인에게 하여야 하며, 이와 달리 보험수익자에게 의사표시를 한 것은 특별한 사정이 없는 한 그 효력이 없다(대법원 2025. 4. 24. 선고 2024다313941 판결). 또한 이러한 의사표시를 거치지 않고 보험금 지급을 제한 혹은 감액 지급한 것도 그 효력이 없다.

4 계약 전 알릴 의무 위반에 따른 보험계약의 해지

가. 계약의 해지

계약자 또는 피보험자가 고의 또는 중대한 과실로 계약 전 알릴 의무를 위반하고 그 의무가 중요한 사항에 해당하는 경우에는 손해의 발생 여부와 관계없이 계약을 해지할 수 있다.

나. 보험금 부지급

계약 전 알릴 의무 위반에 따른 보험계약의 해지가 보험금 지급사유 발생 후에 이루어진 경우에 회사는 보험금을 지급하지 않는다.

다. 해지 장래효에 대한 특칙

해지는 장래에 향하여 효력을 상실시키는 법률효과(해지의 장래효)이므로 보험계약의 해지가 이루어지기 이전에 발생한 보험금 지급사유에 대해서는 보험금을 지급하여야 한다. 그러나 질병상해보험 표준약관은 계약 전 알릴 의무 위반으로 인한 보험계약의 해지가 보험금 지급사유 발생 후에 이루어진 경우에도 해당 보험금을 지급하지 않는다고 규정하고 있다. 즉 해지 이전의 사고도 보험금을 지급하지 않는다.

라. 특칙의 이유

이처럼 계약 전 알릴 의무 위반으로 인한 해지에서 장래효에 대한 특칙을 규정한 이유는, 일반적으로 보험회사가 보험계약자 측의 알릴 의무 위반 사실을 알게 되는 것은 보험사고가 발생한 이후이기 때문이다. 따라서 해지의 장래효를 그대로 인정하면, 보험회사의 입장에서는 알릴 의무 위반에도 불구하고 보험금을 지급해야 하기 때문에 해지가 무의미한 조항이 되어 버린다. 이러한 점에서 특칙을 인정한 것이다.

5 상해보험계약 후 알릴 의무 위반에 따른 보험계약의 해지

가. 계약의 해지

계약자 또는 피보험자가 고의 또는 중대한 과실로 상해보험계약 후 알릴 의무를 이행하지 않았을 때에는 손해의 발생 여부와 관계없이 계약을 해지할 수 있다. 보험회사의 해지권은 의무 위반 사실을 안 날로부터 1개월 이내에 행사 가능하다.

나. 비례 삭감 지급

상해보험계약 후 알릴 의무 위반에 따른 보험계약의 해지가 보험금 지급사유 발생 후에 이루어진 경우에는 비례보상 규정에 따라 보험금을 지급한다. 즉 위험이 증가되기 전에 적용된 보험요율(변경전 요율)의 위험이 증가된 후에 적용해야 할 보험요율(변경후 요율)에 대한 비율에 따라 보험금을 삭감하여 지급한다.

6 알릴 의무 위반과 보험금 지급사유의 관계

가. 관련이 없는 경우

알릴 의무를 위반한 사실이 보험금 지급사유 발생에 영향을 미쳤음을 회사가 증명하지 못한 경우에는 보험금을 부지급(계약 전 알릴 의무 위반)하거나 비례보상(상해보험계약 후 알릴 의무 위반)하지 않고 약정한 보험금을 그대로 지급한다.

나. 상세 설명

보험계약자 측의 알릴 의무 위반 사실과 보험금 지급사유 사이에 관련이 없다면 보험회사는 알릴 의무 위반에도 불구하고 약정한 보험금을 원래대로 지급한다. 예를 들어 고혈압에 대한 계약 전 알릴 의무를 위반하여 계약이 체결된 상태에서 피보험자가 교통사고를 당하여 보험금 지급사유가 발생하였다면, 고혈압과 교통사고의 발생은 서로 관련이 없으므로 약정한 보험금을 그대로 지급한다.

다. 인과관계 판단 기준

보험계약자 측의 의무 위반 사실과 보험사고 발생 사이에 인과관계가 없다면 계약의 해지에도 불구하고 보험금을 지급받을 수 있다. 따라서 인과관계 여부에 대한 판단은 보험금 지급과 직접적인 관련이 있는 중요한 사항이다. 대법원 판례에 따르면, 의무를 위반한 사실과 보험사고가 발생한 사실 사이에 관한 인과관계는 상당인과관계가 아니며, 그 인과관계의 존재를 조금이라도 인정할 여지가 있다면 인정할 수 있다(대법원 2025. 1. 9. 선고 2024다272941 판결). 즉 의무 위반 사실과 보험사고 발생 사실이 조금이라도 관련이 있다면 보험금을 지급하지 않는다.

라. 계약의 해지

관련이 없을 때의 규정은 보험금 지급에 관한 것이므로, 보험계약의 해지는 여전히 가능하다. 즉 보험금은 지급하되 보험계약은 해지한다.

마. 증명책임

알릴 의무 위반과 보험금 지급사유 사이의 관계에 대한 증명책임은 보험회사가 부담한다. 본래 상법 규정상 의무 위반 사실과 보험사고 발생의 관계 여부에 대한 증명책임은 보험계약자 측이 부담하지만, 질병상해보험 표준약관에서는 이를 보험회사 측으로 전환하였다. 따라서 보험회사가 알릴 의무 위반 사실이 보험금 지급사유에 영향을 미쳤음을 증명하지 못한다면, 보험계약자 측의 알릴 의무 위반에도 불구하고 보험금을 지급하여야 한다.

7 다른 보험 가입내역

회사는 다른 보험 가입내역에 대한 계약 전 알릴 의무 위반을 이유로 계약을 해지하거나 보험금 지급을 거절하지 않는다.

제17조 사기에 의한 계약

1 의의

계약자 또는 피보험자가 대리진단, 약물사용을 수단으로 진단절차를 통과하거나 진단서 위·변조 또는 청약일 이전에 암 또는 인간면역결핍바이러스(HIV) 감염의 진단 확정을 받은 후 이를 숨기고 가입하는 등 사기에 의하여 계약이 성립되었음을 회사가 증명하는 경우에는 계약일부터 5년 이내(사기사실을 안 날부터 1개월 이내)에 계약을 취소할 수 있다.

2 사기에 의한 계약

가. 사기 예시

계약자 측의 다음과 같은 행위가 있을 때에는 사기에 의한 계약으로 본다.
(1) 대리진단, 약물사용을 수단으로 진단절차 통과
(2) 진단서 위·변조
(3) 청약일 이전에 암 또는 인간면역결핍바이러스(HIV) 감염의 진단 확정을 받은 후 이를 숨기고 보험 가입

나. 취소권

사기에 의한 계약이 성립되었음이 증명된 경우에는 회사는 계약의 취소권을 행사할 수 있다.

다. 행사 기간

취소권 행사 기간은 사기사실을 안 날로부터 1개월 이내, 계약일로부터 5년 이내이다. 사기에 의한 취소권은 민법 제110조 제1항의 규정 "사기나 강박에 의한 의사표시는 취소할 수 있다."에 기반한 것으로 본래 민법 규정상 취소권은 추인할 수 있는 날로부터 3년 내에 법률행위를 한 날로부터 10년 내에 행사할 수 있으나(민법 제146조), 질병상해보험 표준약관에서는 계약자 보호를 위하여 동 기간을 1개월과 5년으로 각각 축소하였다.

> **민법 사기 취소 관련 규정**
>
> **제110조(사기, 강박에 의한 의사표시)** ① 사기나 강박에 의한 의사표시는 취소할 수 있다.
>   ② 상대방 있는 의사표시에 관하여 제삼자가 사기나 강박을 행한 경우에는 상대방이 그 사실을 알았거나 알 수 있었을 경우에 한하여 그 의사표시를 취소할 수 있다.
>   ③ 전2항의 의사표시의 취소는 선의의 제삼자에게 대항하지 못한다.
>
> **제146조(취소권의 소멸)** 취소권은 추인할 수 있는 날로부터 3년 내에 법률행위를 한 날로부터 10년 내에 행사하여야 한다.

내용다지기 — 빈칸 채우기

1. 계약자 또는 피보험자는 청약할 때 청약서에서 질문한 사항에 대하여 알고 있는 사실을 반드시 사실대로 알려야 한다. 이를 계약 전 알릴 의무라고 하며, 상법상 (　　)와 같다.

    답 계약자 또는 피보험자는 청약할 때 청약서에서 질문한 사항에 대하여 알고 있는 사실을 반드시 사실대로 알려야 한다. 이를 계약 전 알릴 의무라고 하며, 상법상 고지의무와 같다.

2. 이륜자동차 또는 원동기장치 자전거를 계속적으로 사용하게 된 경우 그 사실을 회사에 알려주어야 한다. 다만 (　　), (　　) 등 (　　)는 제외한다.

    답 이륜자동차 또는 원동기장치 자전거를 계속적으로 사용하게 된 경우 그 사실을 회사에 알려주어야 한다. 다만 전동 휠체어, 의료용 스쿠터 등 보행보조용 의자차는 제외한다.

3. 직업 또는 직무가 변경으로 위험이 증가되어 보험료를 더 내야 할 경우 회사가 청구한 추가보험료를 계약자가 납입하지 않았을 때, 회사는 (　　)의 (　　)에 대한 비율에 따라 보험금을 삭감하여 지급한다.

    답 직업 또는 직무가 변경으로 위험이 증가되어 보험료를 더 내야 할 경우 회사가 청구한 추가보험료를 계약자가 납입하지 않았을 때, 회사는 위험이 증가되기 전에 적용된 보험요율(변경전 요율)의 위험이 증가된 후에 적용해야 할 보험요율(변경후 요율)에 대한 비율에 따라 보험금을 삭감하여 지급한다.

4. 계약자 또는 피보험자가 고의 또는 중대한 과실로 상해보험계약 후 알릴 의무 변경사실을 회사에 알리지 않았을 경우 변경후 요율이 변경전 요율보다 높을 때에는 회사는 그 변경사실을 안 날부터 (　　) 이내에 계약자 또는 피보험자에게 보험금 비례보상 규정에 따라 보장됨을 통보하고 이에 따라 보험금을 지급한다.

    답 계약자 또는 피보험자가 고의 또는 중대한 과실로 상해보험계약 후 알릴 의무 변경사실을 회사에 알리지 않았을 경우 변경후 요율이 변경전 요율보다 높을 때에는 회사는 그 변경사실을 안 날부터 1개월 이내에 계약자 또는 피보험자에게 보험금 비례보상 규정에 따라 보장됨을 통보하고 이에 따라 보험금을 지급한다.

5. 계약 전 알릴 의무 위반에도 불구하고 회사가 그 사실을 안 날부터 (　　) 이상 지났거나 또는 제1회 보험료를 받은 때부터 보험금 지급사유가 발생하지 않고 (　　)이 지났을 때에는 계약을 해지할 수 없다. 진단계약의 경우 질병에 대하여는 (　　)이 적용된다.

    답 계약 전 알릴 의무 위반에도 불구하고 회사가 그 사실을 안 날부터 1개월 이상 지났거나 또는 제1회 보험료를 받은 때부터 보험금 지급사유가 발생하지 않고 2년이 지났을 때에는 계약을 해지할 수 없다. 진단계약의 경우 질병에 대하여는 1년이 적용된다.

6. 계약 전 알릴 의무 위반으로 보험계약을 해지할 때에는 계약 전 알릴 의무 위반사실(계약해지 등의 원인이 되는 위반사실을 구체적으로 명시)뿐만 아니라 계약 전 알릴 의무사항이 중요한 사항에 해당되는 사유를 (　　)라는 문구와 함께 계약자에게 서면 또는 전자문서 등으로 알려준다.

답 계약 전 알릴 의무 위반으로 보험계약을 해지할 때에는 계약 전 알릴 의무 위반사실(계약해지 등의 원인이 되는 위반사실을 구체적으로 명시)뿐만 아니라 계약 전 알릴 의무사항이 중요한 사항에 해당되는 사유를 "반대증거가 있는 경우 이의를 제기할 수 있습니다"라는 문구와 함께 계약자에게 서면 또는 전자문서 등으로 알려준다.

7. 계약자 또는 피보험자가 ( )하거나 ( ) 또는 청약일 이전에 ( )의 진단 확정을 받은 후 이를 숨기고 가입하는 등 사기에 의하여 계약이 성립되었음을 회사가 증명하는 경우에는 계약일부터 5년 이내, 사기사실을 안 날부터 1개월 이내에 계약을 취소할 수 있다.

답 계약자 또는 피보험자가 대리진단, 약물사용을 수단으로 진단절차를 통과하거나 진단서 위·변조 또는 청약일 이전에 암 또는 인간면역결핍바이러스(HIV) 감염의 진단 확정을 받은 후 이를 숨기고 가입하는 등 사기에 의하여 계약이 성립되었음을 회사가 증명하는 경우에는 계약일부터 5년 이내, 사기사실을 안 날부터 1개월 이내에 계약을 취소할 수 있다.

내용다지기 기출문제

제38회 2015년 기출문제

Q. 사기에 의하여 계약이 성립되었음을 회사가 증명하는 경우에는 계약일로부터 5년 이내(사기사실을 안 날부터 1개월 이내)에 계약을 취소할 수 있다. 약관에 규정된 "계약 취소 사유"를 모두 기술하시오. **4점**

제40회 2017년 기출문제

Q. 질병·상해보험 표준약관상 "상해보험 계약 후 알릴의무 위반의 효과"에 대하여 약술하시오. **10점**

제42회 2019년 기출문제

Q. 「상해보험의 계약 후 알릴 의무 (2018.03.02.개정)」 조항에서 계약자 또는 피보험자는 피보험자에게 변경내용이 발생한 경우 지체 없이 회사에 알리도록 규정하고 있는데 "회사에 알려야 할 피보험자의 변경사항"을 모두 쓰시오. **6점**

제43회 2020년 기출문제

Q. 「사기에 의한 계약」 조항에 규정된 "계약취소의 사유와 제척기간"을 기술하시오. **8점**

제43회 2020년 기출문제

Q. 회사는 계약자 또는 피보험자가 고의 또는 중대한 과실로 계약 전 알릴 의무를 위반하고 그 의무가 중요한 사항에 해당하는 경우에는 계약을 해지할 수 있는데, "회사가 계약을 해지할 수 없는 경우"를 모두 기술하시오. **10점**

제4관 보험계약의 성립과 유지

제18조 보험계약의 성립

1 낙성계약

가. 계약의 성립
보험계약은 계약자의 청약과 회사의 승낙으로 이루어진다.

나. 불요식낙성계약
보험계약은 불요식낙성계약이므로 계약자의 청약에 대한 보험회사의 승낙이라는 두 의사표시의 합치만으로 유효하게 성립한다. 보험료의 납입이나 보험증권의 발행은 보험계약의 성립과는 아무런 관련이 없다.

2 표준미달체(표준하체)

가. 피보험자가 계약에 적합하지 않은 경우
회사는 피보험자가 계약에 적합하지 않은 경우에는 승낙을 거절하거나 별도의 조건(보험가입금액 제한, 일부보장 제외, 보험금 삭감, 보험료 할증 등)을 붙여 승낙할 수 있다.

> **시험출제 Point**
>
> ▶ 신체적 위험의 구분
> 보험회사는 계약의 인수심사(언더라이팅) 과정을 통하여 피보험자의 신체적 위험을 분석하며 청약 위험을 보통 우량체, 표준체, 표준미달체(표준하체), 거절체로 구분한다.
> 1. 우량체는 평균보다 낮은 예정사망률을 가진(건강한) 피보험자를 의미하여 국내에서는 비흡연 관련 우량체 특약으로 5%~10% 가량의 보험료 할인을 제공하는 것이 가장 흔하다.
> 2. 표준체는 피보험자의 신체적 위험이 평균 범위 내에 있는 경우이다.
> 3. 표준미달체(표준하체)는 피보험자의 신체적 위험이 표준체보다는 높으나 거절체보다는 낮아 일정한 조건을 붙여 가입하는 경우이다.
> 4. 거절체는 신체적 위험이 매우 높아 보험회사에서 인수하기 어려운 경우이다.

나. 조건부 인수

피보험자의 신체적 위험이 표준미달체(표준하체)에 해당한다면 별도의 조건을 붙여 보험계약을 승낙하는데 위험의 특성에 따라 다음과 같이 조건을 붙인다.

(1) **보험가입금액 제한**: 피보험자가 가입하는 담보의 보험가입금액을 일정한 금액 이하로 제한하는 방법이다.
(2) **일부보장 제외**: 특정 질병 또는 특정 신체부위의 위험이 높은 피보험자가 보험에 가입하기 위한 방법으로 보험실무상 부담보라고 부른다. 위험이 높은 해당 특정 질병 또는 특정 신체부위를 보장에서 제외하여 보험에 가입하는 방법이다.
(3) **보험금 삭감**: 보험 가입 후 기간이 경과함에 따라 위험의 크기 및 정도가 점차 감소하는 위험(체감성 위험)에 대하여 주로 적용하는 방법이다. 보험 가입 후 일정 기간 내에 보험사고가 발생하면 미리 정해진 비율에 따라 보험금을 감액하여 지급한다.
(4) **보험료 할증**: 보험 가입 후 기간이 경과함에 따라 위험의 크기 및 정도가 점차 증가하는 위험(체증성 위험) 또는 기간의 경과에 상관없이 일정한 상태를 유지하는 위험(항상성 위험)에 대하여 주로 적용하는 방법이다. 표준체에 부과하는 기본보험료 이외에 특별보험료를 추가적으로 부가한다.

3 승낙기간

가. 낙부(승낙 또는 거절) 통지기간

회사는 계약의 청약을 받고, 제1회 보험료를 받은 경우에 건강진단을 받지 않는 계약은 청약일, 진단계약은 진단일(재진단의 경우에는 최종 진단일)부터 30일 이내에 승낙 또는 거절하여야 한다.

나. 승낙의제

만약 회사가 낙부 통지기간(30일) 이내에 승낙 또는 거절의 통지를 하지 않았다면 해당 청약은 승낙된 것으로 본다. 즉 유효한 보험계약으로 취급한다. 이를 승낙의제라고 한다.

다. 낙부 통지기간의 기산점

보험회사의 낙부 통지기간의 기산점은 다음과 같다.
(1) **원칙**: 청약일로부터 30일 이내
(2) **진단계약의 경우**: 진단일로부터 30일 이내
(3) **재진단을 한 경우**: 최종 진단일로부터 30일 이내

4 승낙을 거절한 경우

회사가 제1회 보험료를 받고 승낙을 거절한 경우에는 거절통지와 함께 받은 금액을 계약자에게 돌려주며, 보험료를 받은 기간에 대하여 평균공시이율+1%를 연단위 복리로 계산한 금액을 더하여 지급한다. 다만 계약자가 신용카드로 제1회 보험료를 납입한 경우에는 신용카드의 매출을 취소하며 이자를 더하여 지급하지 않는다.

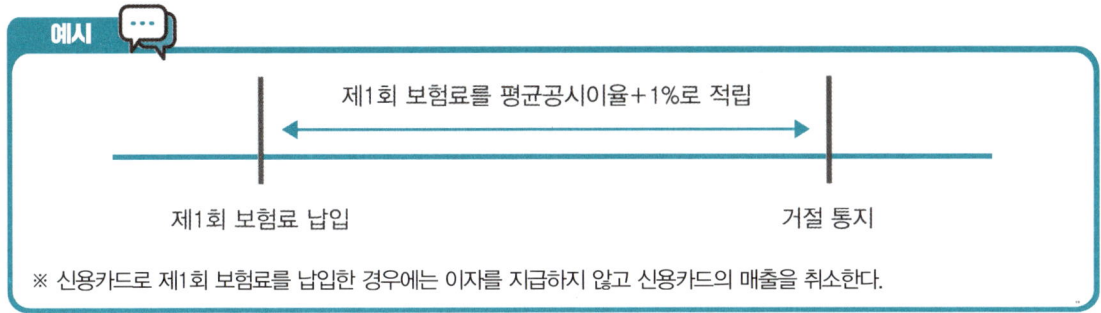

5 일부보장 제외임에도 보장하는 경우

가. 부담보 조건

(1) 의의

특정 질병 또는 특정 신체부위의 위험이 높은 피보험자가 보험에 가입하기 위한 방법으로 보험실무상 부담보라고 부른다. 사고 발생 위험이 높은 해당 특정 질병 또는 특정 신체부위를 보장에서 제외하여 보험에 가입하는 방법이다.

(2) 부담보 기간

일부보장 제외(부담보)는 보험계약일로부터 일정 기간(1개월~5년) 동안 적용하거나 또는 보험계약의 전기간으로 적용한다.

나. 전기간 부담보에도 불구하고 보장하는 경우

(1) 추가진단 또는 치료 사실이 없을 때

회사가 전기간 일부보장 제외(부담보) 조건을 붙여 보험계약을 승낙하였더라도 청약일로부터 5년(갱신형 계약의 경우에는 최초 청약일로부터 5년)이 지나는 동안 보장이 제외되는 질병으로 추가진단(단순 건강검진 제외) 또는 치료 사실이 없을 경우, 청약일로부터 5년이 지난 이후에는 보장한다.

(2) 규정의 이유

보험계약 체결 당시에는 특정 질병 또는 특정 신체부위에 위험이 표준체보다 높아 전기간 일부보장 제외를 적용하였다고 하더라도, 청약일로부터 일정한 기간 동안 추가 진단이나 치료 사실이 전혀 없다면, 단지 보험계약 체결 당시의 위험이 존재하였음을 이유로 계속적으로 보장을 제외하는 것은 보험계약자에게 불합리하다. 따라서 청약일로부터 5년이 지나는 동안 추가 진단이나 치료 사실이 없다면 그 이후의 기간에 대해서는 보장을 하도록 규정한 것이다.

(3) 추가진단의 의미

추가진단(단순 건강검진 제외) 또는 치료 사실이 없는 경우는 다음 각 호의 경우를 포함한다. 예를 들어 갑상선 전기간 부담보 조건으로 보험에 가입한 상태에서 5년 동안 정기적인 추적관찰 검사만 시행하였고 검진결과 특별한 추가 치료가 필요하지 않았다면 이후의 기간부터는 보장이 가능하다.
1) 검진결과 추가검사 또는 치료가 필요하지 않았던 경우
2) 부담보가 지정된 질병 또는 증상이 악화되지 않고 유지된 경우

(4) 5년이 지나는 동안의 의미

'청약일로부터 5년이 지나는 동안'이라 함은 보험료 납입 연체로 인한 계약의 해지가 발생하지 않은 경우를 말한다. 즉 보험료 납입 연체로 인하여 보험계약의 해지되었다면 동 조항은 적용되지 않는다.

다. 부활의 경우

보험계약의 부활이 이루어진 경우 부활을 청약한 날을 청약일로 하여 적용한다. 보험계약을 부활할 때에는 새로운 보험계약을 체결하는 것과 동일한 수준의 인수 심사 절차(언더라이팅)를 거치는 것이 일반적이다. 따라서 부활을 하는 경우에도 일부보장 제외 규정이 적용될 수 있으며 이 경우에는 부활청약일을 청약일로 보아 관련 규정을 적용한다. 즉 부활청약일로부터 5년이 지나는 동안 보장이 제외되는 질병으로 추가 진단(단순 건강검진 제외) 또는 치료 사실이 없었다면 그 이후의 기간에 대해서는 보장을 제공한다.

제19조 청약의 철회

1 청약철회

가. 의의
본래 민법의 일반 원칙상 계약의 청약은 당사자가 이를 임의로 철회하지 못하며 이를 청약의 구속력이라고 한다(민법 제527조). 그러나 보험계약에 있어서는 보험 소비자 보호를 위하여 일정한 기간 내에 의사표시에 아무런 하자가 없더라도 보험계약자가 자유롭게 계약의 청약을 철회할 수 있는 규정을 마련하고 있다.

나. 청약철회의 효과
보험계약자는 청약서의 청약철회 란을 작성하여 회사에 제출하거나 통신수단을 이용하여 청약 철회를 신청할 수 있으며, 보험계약자가 청약을 철회하겠다고 의사표시를 하였다면 청약의 효과가 발생하지 않는다.

2 청약철회 기간

가. 청약철회 가능 기간
계약자는 보험증권을 받은 날부터 15일 이내에 그 청약을 철회할 수 있다.

나. 청약철회 불가능한 계약
(1) 회사가 건강상태 진단을 지원하는 계약
(2) 보험기간이 90일 이내인 계약
(3) 전문금융소비자가 체결한 계약
(4) 청약을 한 날로부터 30일이 초과한 계약

> **참고사항**
> 금융취약계층 소비자 보호를 위하여 65세 이상의 계약자가 전화를 이용하여 계약을 체결하는 경우에는 "청약을 한 날로부터 30일" 규정을 "청약을 한 날로부터 45일"로 철회 가능기간을 연장하여 적용한다.
> - 금융감독원 권고사항

다. 전문금융소비자와 일반금융소비자

(1) 전문금융소비자
전문금융소비자란 보험계약에 관한 전문성, 자산규모 등에 비추어 보험계약에 따른 위험 감수 능력이 있는 자로서, 국가, 지방자치단체, 한국은행, 금융회사, 주권상장법인 등을 포함하며 「금융소비자 보호에 관한 법률」 제2조(정의) 제9호에서 정하는 전문금융소비자를 말한다.

(2) 일반금융소비자

일반금융소비자란 전문금융소비자가 아닌 계약자를 말한다.

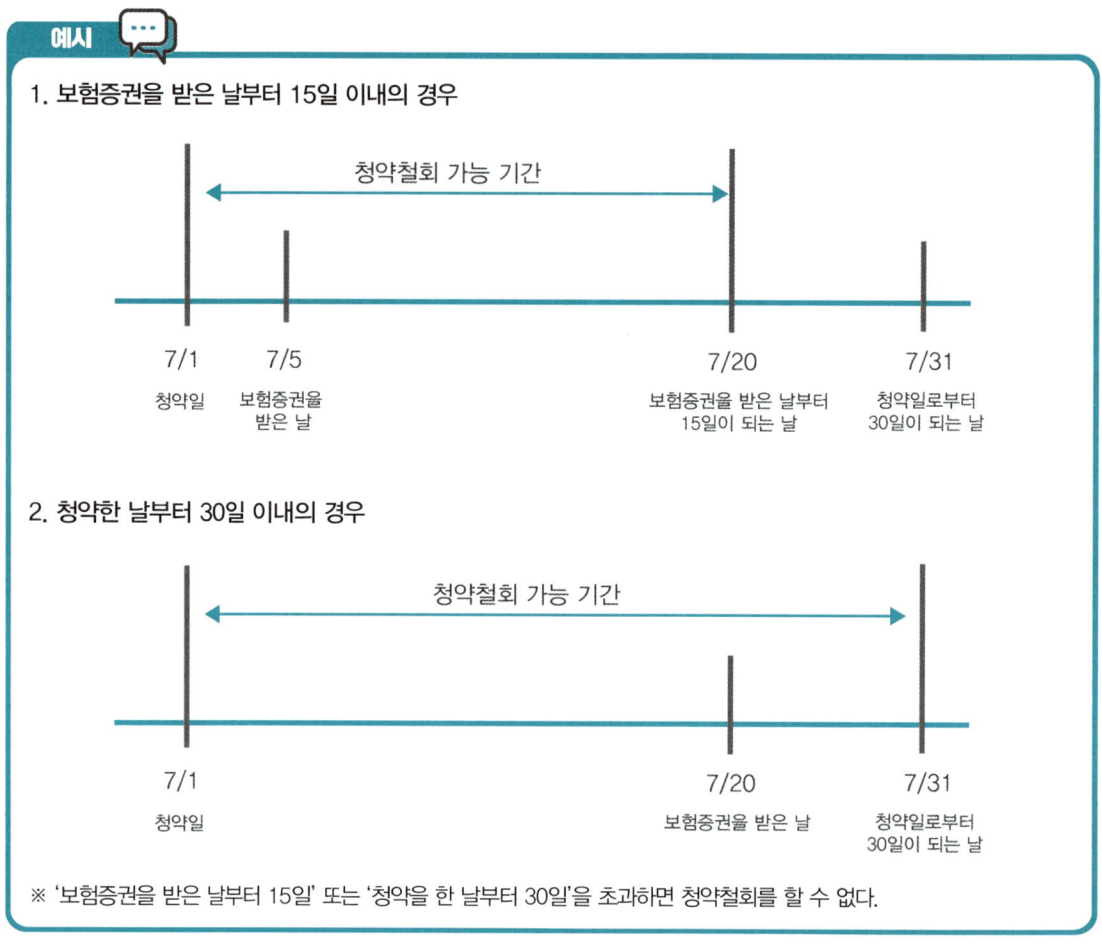

3 청약철회의 방법 및 효력발생시기

가. 방법

청약철회는 계약자가 전화로 신청하거나, 철회의사를 표시하기 위한 서면, 전자우편, 휴대전화 문자메시지 또는 이에 준하는 전자적 의사표시(서면 등)를 발송하여 신청한다. 계약자가 서면 등으로 청약철회 의사를 표시하였다면 그 의사를 발송한 때에 발송 사실을 회사에 지체없이 알려야 한다.

나. 청약철회의 효력 발생시기

청약철회의 효력은 계약자가 철회의 의사표시를 발송한 때이다. 따라서 계약자가 청약철회 의사를 발송했음이 명백히 증명된다면 해당 의사표시가 아직 보험회사에 도달하기 전이라고 하더라도 청약철회의 효력은 발생한다.

4 보험료의 반환

가. 반환시기
계약자가 청약을 철회한 때에는 회사는 청약의 철회를 접수한 날부터 3영업일 이내에 납입한 보험료를 돌려준다.

나. 지연이자
만약 보험료의 반환이 늦어졌다면 늦어진 기간에 대하여는 보험계약대출 이율을 연단위 복리로 계산한 금액을 더하여 지급한다. 다만 계약자가 제1회 보험료를 신용카드로 납입한 계약의 청약을 철회하는 경우에 회사는 청약의 철회를 접수한 날부터 3영업일 이내에 해당 신용카드회사로 하여금 대금청구를 하지 않도록 해야 하며, 이 경우 회사는 보험료를 반환한 것으로 본다.

5 보험금 지급사유가 발생한 경우

가. 계약자가 알지 못한 경우
청약을 철회할 때에 이미 보험금 지급사유가 발생하였으나 계약자가 그 보험금 지급사유가 발생한 사실을 알지 못한 경우에는 청약철회의 효력이 발생하지 않는다.

나. 규정의 이유

(1) 계약자가 보험사고 발생을 알지 못한 경우
계약자와 피보험자가 동일하다면 문제 없겠으나, 계약자와 피보험자가 다르다면 계약자가 피보험자에게 보험사고가 발생한 사실을 미처 알지 못하고 청약철회를 신청하는 경우가 발생할 수 있다. 보험계약이 계속 유지되었다면 유효한 보험계약으로 보장받을 수 있겠지만, 사고 발생 사실을 알지 못한 계약자의 청약철회로 인하여 보장을 받지 못하게 되어 버리기 때문이다.

(2) 청약철회 효력 미발생
질병상해보험 표준약관은 이러한 경우에 대비하여 계약자가 보험금 지급사유 발생한 사실을 알지 못하고 청약철회를 하였다면 청약철회의 효력이 발생하지 않는다고 규정하고 있다. 즉 보험계약은 유효한 것이 되고 보험사고에 따른 보험금도 정상적으로 지급받을 수 있다.

6 보험증권 받은 날에 대한 증명책임
보험증권을 받은 날에 대한 다툼이 발생한 경우 회사가 이를 증명하여야 한다.

제20조 약관 교부 및 설명의무 등

1 약관 교부설명의무

가. 의의
회사는 계약자가 청약할 때에 계약자에게 약관의 중요한 내용을 설명하여야 하며, 청약 후에 지체없이 약관 및 계약자 보관용 청약서를 제공하여야 한다.

나. 제공 방법
다음의 방법 중 계약자가 원하는 방법으로 제공한다.
(1) 서면교부
(2) 우편 또는 전자우편
(3) 휴대전화 문자메시지 또는 이에 준하는 전자적 의사표시

다. 전자우편 및 전자적 의사표시의 경우
회사가 전자우편 및 전자적 의사표시로 제공한 경우 계약자 또는 그 대리인이 약관 및 계약자 보관용 청약서 등을 수신하였을 때에는 해당 문서를 준 것으로 본다. 따라서 회사가 약관 및 계약자 보관용 청약서 등을 전자우편 및 전자적 의사표시 방법으로 송신하였다고 하더라도 계약자가 이를 수신하지 않았다면 약관 교부의무를 이행하지 않은 것이다.

2 통신판매계약의 특칙

가. 약관 제공
통신판매계약의 경우, 회사는 계약자가 가입한 특약만 포함한 약관을 준다.

나. 약관의 설명

(1) 설명방법

회사는 계약자의 동의를 얻어 전화를 이용하여 청약내용, 보험료 납입, 보험기간, 계약 전 알릴의무, 약관의 중요한 내용 등 계약을 체결하는 데 필요한 사항을 질문 또는 설명하는 방법으로 약관의 중요한 내용을 설명할 수 있다.

(2) 음성 녹음으로 확인

이 경우 계약자의 답변과 확인내용을 음성 녹음함으로써 약관의 중요한 내용을 설명한 것으로 본다.

다. 규정의 이유

통신판매계약은 보험 모집에 종사하는 사람과 계약자가 직접 대면하여 계약을 체결하는 일반적인 대면계약과는 계약 체결방식이 다르다. 따라서 직접 대면하여 보험약관을 설명하는 방식을 취할 수 없으며 설명 내용 및 확인 방법 등에도 제약을 받는다. 이러한 특수성을 감안하여 통신판매계약의 설명 방식에 대한 별도의 특칙을 마련하였다.

  시험출제 Point

▶ 통신판매계약
  전화 · 우편 · 인터넷 등 통신수단을 이용하여 체결하는 계약을 말한다.

3 설명의무 위반시 규정

가. 보험계약의 취소권

회사가 약관 교부 및 설명의무 등을 제대로 이행하지 않은 때에는 계약자는 의무 위반을 이유로 보험계약을 취소할 수 있다.

나. 취소권 행사 기간

계약자는 계약이 성립한 날부터 3개월 이내에 취소권을 행사할 수 있다.

다. 구체적인 사유

계약자가 취소권을 행사할 수 있는 구체적인 사유는 다음과 같다. 보험실무에서는 이를 보통 '3대 기본 지키기'라고 부른다.
(1) 회사가 약관 및 계약자 보관용 청약서를 청약할 때 계약자에게 전달하지 않은 때
(2) 약관의 중요한 내용을 설명하지 않은 때
(3) 계약을 체결할 때 계약자가 청약서에 자필서명(날인(도장을 찍음) 및 「전자서명법」제2조 제2호에 따른 전자서명을 포함)을 하지 않은 때

라. 전화를 이용하는 계약의 특칙

(1) 특칙 적용 가능 계약

전화를 이용하여 계약을 체결하는 경우 다음의 각 호의 어느 하나를 충족하는 때에는 특칙 적용이 가능하다.
1) 계약자, 피보험자 및 보험수익자가 동일한 계약의 경우
2) 계약자, 피보험자가 동일하고 보험수익자가 계약자의 법정상속인인 계약일 경우

(2) 특칙의 내용

계약자의 자필서명을 생략할 수 있으며, 음성녹음 내용을 문서화한 확인서를 계약자에게 제공함으로써 계약자 보관용 청약서를 전달한 것으로 본다.

(3) 특칙을 적용할 수 없는 경우

전화를 이용하여 계약을 체결하는 경우라고 하더라도 특칙 적용 가능한 계약이 아니라면 여전히 자필서명을 필요로 한다. 예를 들어 전화를 이용하여 계약을 체결하였으나 계약자와 피보험자가 다르다면 계약자의 자필서명을 생략할 수 없다. 따라서 계약자가 청약서에 자필서명을 하지 않았다면 계약이 성립한 날로부터 3개월 이내에 취소권을 행사할 수 있다.

마. 보험료 반환

약관 교부 및 설명의무 위반에 따라 계약이 취소된 경우에는 회사는 이미 납입한 보험료를 계약자에게 돌려주며, 보험료를 받은 기간에 대하여 보험계약대출이율을 연단위 복리로 계산한 금액을 더하여 지급한다.

제21조 계약의 무효

1 무효의 의미

법률행위가 법률요건을 결하였기 때문에 당사자가 의도한 법률상의 효과가 발생하지 않는 것을 말한다. 무효는 법률효과를 절대로 발생시키지 않는 점에서 추인에 의하여 유효하게 되는 취소와 다르며, 특정인의 주장이 필요없이 당연히 효력이 없다는 특징이 있다. 무효인 법률행위에 의하여 이미 발생한 부분은 일반적으로 부당이득에 해당하므로 부당이득 반환의 소를 제기할 수 있다.

2 질병상해보험에서의 무효

가. 타인의 서면 동의가 없는 사망보험

(1) 원칙

타인의 사망을 보험금 지급사유로 하는 계약에서 계약을 체결할 때까지 피보험자의 서면(「전자서명법」 제2조 제2호에 따른 전자서명이 있는 경우로서 상법 시행령 제44조의2에 정하는 바에 따라 본인 확인 및 위조·변조 방지에 대한 신뢰성을 갖춘 전자문서를 포함)에 의한 동의를 얻지 않은 경우에는 무효이다.

(2) 예외

다만 단체가 규약에 따라 구성원의 전부 또는 일부를 피보험자로 하는 계약을 체결하는 경우에는 이를 적용하지 않는다.

(3) 예외의 예외

이 때 단체보험의 보험수익자를 피보험자 또는 그 상속인이 아닌 자로 지정할 때에는 단체의 규약에서 명시적으로 정한 경우가 아니면 이를 적용한다.

나. 만15세 미만자 등의 사망보험

(1) 원칙

만15세 미만자, 심신상실자 또는 심신박약자를 피보험자로 하여 사망을 보험금 지급사유로 한 경우에는 무효이다.

(2) 예외

다만 심신박약자가 계약을 체결하거나 소속 단체의 규약에 따라 단체보험의 피보험자가 될 때에 의사능력이 있는 경우에는 계약이 유효이다.

다. 피보험자 나이 착오

(1) 원칙

보험계약을 체결할 때 계약에서 정한 피보험자의 나이에 미달되었거나 초과되었을 경우에는 무효이다.

(2) 예외

다만 회사가 나이의 착오를 발견하였을 때 이미 계약나이에 도달한 경우에는 유효한 계약으로 본다.

(3) 예외의 예외

다만 만15세 미만자 사망보험의 무효에 관한 예외가 인정되는 것은 아니다. 즉 만15세 미만자의 사망보험이 체결되었다면 나이 착오를 발견한 시점에 피보험자가 설령 만15세 이상이 되었더라도 그 계약은 여전히 무효이다.

3 무효인 경우 보험료 반환

가. 보험료의 반환

보험계약이 무효인 경우에는 이미 납입한 보험료를 계약자에게 돌려준다.

나. 이자를 더하여 지급하는 경우

회사의 고의 또는 과실로 계약이 무효로 된 경우와 회사가 승낙 전에 무효임을 알았거나 알 수 있었음에도 보험료를 반환하지 않은 경우에는 보험료를 납입한 날의 다음날부터 반환일까지의 기간에 대하여 회사는 보험계약대출이율을 연단위 복리로 계산한 금액을 더하여 돌려준다.

> **시험출제 Point**
>
> ▶ 무효일 때 보험료 반환 규정 정리
> 1. 원칙: 이미 납입한 보험료 반환
> 2. 다음의 경우에는 보험계약대출이율을 연단위 복리로 계산한 금액을 더해서 반환
>   (1) 회사의 고의 또는 과실로 무효로 된 경우
>   (2) 회사가 승낙 전에 무효임을 알았거나 알 수 있었음에도 보험료를 반환하지 않은 경우

제22조 계약내용의 변경 등

1 계약 내용의 변경

계약자는 회사의 승낙을 얻어 다음의 사항을 변경할 수 있다. 이 경우 승낙을 서면 등으로 알리거나 보험증권의 뒷면에 기재하여 준다. 보험실무상 이를 배서라고 부른다.
(1) 보험종목
(2) 보험기간
(3) 보험료 납입주기, 납입방법 및 납입기간
(4) 계약자, 피보험자
(5) 보험가입금액, 보험료 등 기타 계약의 내용

2 보험수익자의 변경

가. 승낙 불필요

계약자는 보험수익자를 변경할 수 있다. 보험수익자를 변경할 때에는 회사의 승낙이 필요하지 않는다.

나. 통지 필요

다만 변경된 보험수익자가 회사에 권리를 대항하기 위해서는 계약자가 보험수익자가 변경되었음을 회사에 통지하여야 한다.

다. 피보험자의 서면 동의 필요

계약자와 피보험자가 다른 보험계약에서 계약자가 보험수익자를 변경하고자 할 경우 계약자와 피보험자가 동일하지 않을 때에는 보험금 지급사유가 발생하기 전에 피보험자가 서면(「전자서명법」 제2조 제2호에 따른 전자서명이 있는 경우로서 상법 시행령 제44조의2에 정하는 바에 따라 본인 확인 및 위조·변조 방지에 대한 신뢰성을 갖춘 전자문서를 포함)으로 동의하여야 한다. 정리하면 계약자가 보험수익자를 변경하고자 할 때에 회사의 승낙을 필요로 하지는 않으나 피보험자의 서면 동의는 필요하다.

시험출제 Point

▶ 보험관계자 변경 정리
  1. 계약자, 피보험자의 변경: 회사의 승낙 필요
  2. 보험수익자의 변경: 회사의 승낙 불필요. 다만 회사에 통지해야 대항 가능. 피보험자의 서면 동의 필요

3 기타 세부사항

가. 보험종목의 변경

회사는 계약자가 제1회 보험료를 납입한 때부터 1년 이상 지난 유효한 계약으로서 그 보험종목의 변경을 요청할 때에는 회사의 사업방법서에서 정하는 방법에 따라 이를 변경한다.

시험출제 Point

▶ 사업방법서란?
  사업방법서란 보험회사의 기초서류 중 하나로 보험사업 경영에 필요한 보험계약의 체결, 유지, 관리에 관한 사항 등을 구체적으로 기재한 서류를 말한다.

나. 보험가입금액의 감액

회사는 계약자가 보험가입금액을 감액하고자 할 때에는 그 감액된 부분은 해지된 것으로 본다. 보험가입금액의 감액으로 회사가 지급하여야 할 해약환급금이 있을 때에는 해약환급금을 계약자에게 지급한다.

다. 계약자의 변경

회사는 계약자를 변경한 경우, 변경된 계약자에게 보험증권 및 약관을 교부한다. 변경된 계약자가 요청하는 경우, 약관의 중요한 내용을 설명한다.

제23조 보험나이 등

1 보험나이의 적용

질병상해보험 표준약관에서 피보험자의 나이는 별다른 언급이 없는한 보험나이를 기준으로 한다. 다만 계약의 무효 조항에서 만15세 미만자에 대한 규정은 실제 만 나이를 적용한다.

2 보험나이의 계산

보험나이는 계약일 현재 피보험자의 실제 만 나이를 기준으로 6개월 미만의 끝수는 버리고 6개월 이상의 끝수는 1년으로 하여 계산하며, 이후 매년 계약해당일에 나이가 증가하는 것으로 한다.

> **예시**
>
> ▶ Case #1
> - 생년월일: 1988년 10월 2일, 현재(계약일): 2014년 4월 13일
>   ⇒ 2014년 4월 13일 - 1988년 10월 2일 = 25년 6월 11일 = 26세
>
> ▶ Case #2
> - 생년월일: 1988년 10월 2일, 현재(계약일): 2014년 3월 13일
>   ⇒ 2014년 3월 13일 - 1988년 10월 2일 = 25년 5월 11일 = 25세
>
> ▶ **계약해당일**
> 최초계약일과 동일한 월, 동일한 일을 말한다.
> - 계약일: 2022년 4월 10일 → 계약해당일: 매년 4월 10일
>   다만 계약일이 2월 29일이고 이후 해당 연도에 2월 29일이 없을 경우에는 2월 28일을 계약해당일로 한다.

3 사실과 다른 경우

피보험자의 나이 또는 성별에 관한 기재사항이 사실과 다른 경우에는 정정된 나이 또는 성별에 해당하는 보험금 및 보험료로 변경한다.

제24조 계약의 소멸

1 피보험자의 사망

피보험자의 사망으로 인하여 약관에서 규정하는 보험금 지급사유가 더 이상 발생할 수 없는 경우에는 보험계약은 그 때부터 효력이 없다.

2 계약자적립액 지급

사망을 보험금 지급사유로 하지 않는 경우에는 '보험료 및 해약환급금 산출방법서'에서 정하는 바에 따라 회사가 적립한 사망 당시의 계약자적립액을 지급한다. 예를 들어 상해보험에 가입한 피보험자가 암으로 사망하였다면 동 조항에 의하여 보험계약이 소멸하며, 회사는 피보험자 사망 당시의 계약자적립액을 지급한다.

시험출제 Point

▶ 계약자적립액
  장래의 해약환급금 등을 지급하기 위하여 계약자가 납입한 보험료 중 일정액을 기준으로 보험료 및 해약환급금 산출방법서에서 정한 방법에 따라 계산한 금액을 말한다.

내용다지기 — 빈칸 채우기

1. 회사는 피보험자가 계약에 적합하지 않은 경우에는 승낙을 거절하거나 별도의 조건을 붙여 승낙할 수 있다. 여기서 말하는 별도의 조건이란 (   ), (   ), (   ), (   ) 등을 말한다.

    답 회사는 피보험자가 계약에 적합하지 않은 경우에는 승낙을 거절하거나 별도의 조건을 붙여 승낙할 수 있다. 여기서 말하는 별도의 조건이란 보험가입금액 제한, 일부보장 제외, 보험금 삭감, 보험료 할증 등을 말한다.

2. 회사가 일부보장 제외 조건을 붙여 승낙하였더라도 청약일로부터 (   )이 지나는 동안 보장이 제외되는 질병으로 추가 진단(단순 건강검진 제외) 또는 치료 사실이 없을 경우, 청약일로부터 (   )이 지난 이후에는 약관에 따라 보장한다.

    답 회사가 일부보장 제외 조건을 붙여 승낙하였더라도 청약일로부터 5년이 지나는 동안 보장이 제외되는 질병으로 추가 진단(단순 건강검진 제외) 또는 치료 사실이 없을 경우, 청약일로부터 5년이 지난 이후에는 약관에 따라 보장한다.

3. 계약자는 보험증권을 받은 날부터 (   ) 이내에 그 청약을 철회할 수 있다. 다만 회사가 건강상태 진단을 지원하는 계약, 보험기간이 (   ) 이내인 계약 또는 전문금융소비자가 체결한 계약은 청약을 철회할 수 없다. 또한 청약한 날부터 (   )이 초과된 계약은 청약을 철회할 수 없다.

    답 계약자는 보험증권을 받은 날부터 15일 이내에 그 청약을 철회할 수 있다. 다만 회사가 건강상태 진단을 지원하는 계약, 보험기간이 90일 이내인 계약 또는 전문금융소비자가 체결한 계약은 청약을 철회할 수 없다. 또한 청약한 날부터 30일이 초과된 계약은 청약을 철회할 수 없다.

4. 보험증권을 받은 날에 대한 다툼이 발생한 경우 (   )가 이를 증명하여야 한다.

    답 보험증권을 받은 날에 대한 다툼이 발생한 경우 회사가 이를 증명하여야 한다.

5. 만 15세 미만자, 심신상실자 또는 심신박약자를 피보험자로 하여 사망을 보험금 지급사유로 한 경우에 보험계약은 무효이다. 다만 (   )가 계약을 체결하거나 소속 단체의 규약에 따라 단체보험의 피보험자가 될 때에 (   )이 있는 경우에는 계약이 유효이다.

    답 만 15세 미만자, 심신상실자 또는 심신박약자를 피보험자로 하여 사망을 보험금 지급사유로 한 경우에 보험계약은 무효이다. 다만 심신박약자가 계약을 체결하거나 소속 단체의 규약에 따라 단체보험의 피보험자가 될 때에 의사능력이 있는 경우에는 계약이 유효이다.

6. 보험나이는 계약일 현재 피보험자의 실제 만 나이를 기준으로 (   ) 미만의 끝수는 버리고 (   ) 이상의 끝수는 1년으로 하여 계산하며, 이후 매년 계약해당일에 나이가 증가하는 것으로 한다.

    답 보험나이는 계약일 현재 피보험자의 실제 만 나이를 기준으로 6개월 미만의 끝수는 버리고 6개월 이상의 끝수는 1년으로 하여 계산하며, 이후 매년 계약해당일에 나이가 증가하는 것으로 한다.

7. 피보험자의 사망으로 인하여 약관에서 규정하는 보험금 지급사유가 더 이상 발생할 수 없는 경우에는 보험계약은 그 때부터 효력이 없다. 이 때 사망을 보험금 지급사유로 하지 않는 경우에는 '보험료 및 해약환급금 산출방법서'에서 정하는 바에 따라 회사가 적립한 사망 당시의 (   )을 지급한다.

    답 피보험자의 사망으로 인하여 약관에서 규정하는 보험금 지급사유가 더 이상 발생할 수 없는 경우에는 이 계약은 그 때부터 효력이 없다. 이 때 사망을 보험금 지급사유로 하지 않는 경우에는 '보험료 및 해약환급금 산출방법서'에서 정하는 바에 따라 회사가 적립한 사망 당시의 계약자적립액을 지급한다.

내용다지기 기출문제

■ 제37회 2014년 기출문제

Q. 질병·상해보험 표준약관「제4관 보험계약의 성립과 유지」"청약의 철회" 조항 중 ① 청약철회 기간 및 청약철회를 제한하는 계약 유형, ② 청약철회 접수시 보험회사가 약관에서 정한 유형별 업무처리 내용을 각각 기술하고, ③ "계약의 무효" 조항 중 계약이 무효가 되는 3가지를 약술하시오. **15점**

■ 제37회 2014년 기출문제

Q. 질병상해보험 표준약관의 "계약의 무효" 조항 중 계약이 무효가 되는 3가지를 약술하시오. **5점**

■ 제41회 2018년 기출문제

Q. 계약자는 회사의 승낙을 얻어 계약내용을 변경할 수 있는데,「계약내용의 변경 등」조항에 규정된 "계약내용을 변경할 수 있는 항목"을 모두 기술하시오. **7점**

■ 제43회 2020년 기출문제

Q.「약관교부 및 설명의무 등」조항에서 "전화를 이용하여 계약을 체결하는 경우에 자필서명을 생략할 수 있는 2가지 경우"를 기술하시오. **4점**

제5관 보험료의 납입

제25조 제1회 보험료 및 회사의 보장개시

1 회사의 보장개시

가. 보장의 개시

회사는 계약의 청약을 승낙하고 제1회 보험료를 받은 때부터 약관이 정한 바에 따라 보장을 한다. 또한 회사가 청약과 함께 제1회 보험료를 받은 후 승낙한 경우에도 제1회 보험료를 받은 때부터 보장이 개시 된다.

나. 자동이체 혹은 신용카드 납입의 경우

(1) 정보 제공한 때

자동이체 또는 신용카드로 납입하는 경우에는 자동이체 신청 또는 신용카드 매출승인에 필요한 정보를 제공한 때를 제1회 보험료를 받은 때로 한다. 즉 계약자가 자동이체 신청 또는 신용카드 매출승인에 필요한 정보를 제공한 때부터 보장이 개시된다.

(2) 계약자의 책임 있는 사유로 납입되지 않은 경우

다만 계약자의 책임 있는 사유로 자동이체 또는 매출승인이 불가능한 경우에는 보험료가 납입되지 않은 것으로 본다.

다. 정리

회사의 보장개시 시점을 정리하면 다음과 같다.

Case1	청약 → 승낙 → 보험료	보험료를 받은 때부터 보장개시
Case2	청약+보험료 → 승낙	보험료를 받은 때부터 보장개시

※ 어느 경우라도 보험료를 받은 때부터 보장이 개시된다고 생각하면 된다.
※ 자동이체 혹은 신용카드 매출승인 정보를 제공한 때를 보험료 받은 때로 본다.

2 승낙전 사고 보장

가. 승낙전 사고 보장

(1) 의의

보험계약은 보험계약자의 청약과 보험회사의 승낙으로 성립하므로 보험회사의 보상책임은 보험계약이 성립한 이후부터 발생하는 것이 타당하다. 다만 보험계약자가 청약과 함께 제1회 보험료를 납입한 경우에 보험회사가 승낙의 의사표시를 하기 전이라고 하더라도 그 청약을 거절할 사유가 없는 한 보험계약에서 정한 보험사고가 발생하였다면 보험회사가 보상책임을 부담한다. 이를 '승낙 전 보호제도' 또는 '잠정적 보호제도(temporary cover)'라고 한다.

(2) 취지

보험제도에 대하여 잘 이해하지 못하는 일반 보험계약자는 보험계약의 청약과 보험료를 납입하면 보험회사의 보장이 시작되었을 것으로 기대하므로 이러한 기대와 신뢰를 보호할 필요가 있다. 또한 보험회사의 입장에서도 위험보장에 상응하는 보험료를 지급받았다면 보험 청약을 승낙하기 이전까지 실제로 위험을 인수하지 않으면서도 금전적 이익을 누리고 있으므로 보험료와 위험보장의 대칭성을 유지할 필요가 있다. 청약을 거절할 만한 사유가 없는 상황에서 단지 보험회사의 승낙이 아직 없었다는 이유로 보험료를 이미 수령한 보험회사가 그 사이에 발생한 보험사고에 대해 보험금 지급책임을 부담하지 않는다는 것은 불합리하다.

(3) 승낙전 사고 보장의 적용

회사가 청약과 함께 제1회 보험료를 받고 청약을 승낙하기 전에 보험금 지급사유가 발생하였을 때에도 보장개시일부터 약관이 정하는 바에 따라 보장을 한다.

> **시험출제 Point**
>
> ▶ 보장개시일
> 보장개시일이란 회사가 보장을 개시하는 날로서 계약이 성립되고 제1회 보험료를 받은 날을 말하나, 회사가 승낙하기 전이라도 청약과 함께 제1회 보험료를 받은 경우에는 제1회 보험료를 받은 날을 말한다. 또한 보장개시일을 계약일로 본다.
>
> 보장개시일 = 제1회 보험료 받은 날 = 계약일

나. 승낙전 사고가 발생했으나 보장하지 않는 경우

다음 중 한 가지에 해당한다면 승낙전 사고 요건을 만족한 경우라고 하더라도 회사는 보장을 제공하지 않는다.

(1) 계약 전 알릴 의무 조항에 따라 계약자 또는 피보험자가 회사에 알린 내용이나 건강진단 내용이 보험금 지급사유의 발생에 영향을 미쳤음을 회사가 증명하는 경우

(2) 알릴 의무 위반의 효과 조항을 준용하여 회사가 보장을 하지 않을 수 있는 경우
(3) 진단계약에서 보험금 지급사유가 발생할 때까지 진단을 받지 않은 경우. 다만 진단계약에서 진단을 받지 않은 경우라도 상해로 보험금 지급사유가 발생하는 경우에는 보장을 한다.

> 용어설명
> 진단계약이란, 계약을 체결하기 위하여 피보험자가 건강진단을 받아야 하는 계약을 말한다.

제26조 제2회 이후 보험료의 납입

1 보험료의 납입

가. 의의
계약자는 제2회 이후의 보험료를 납입기일까지 납입하여야 한다.

나. 납입기일
납입기일이란 계약자가 제2회 이후의 보험료를 납입하기로 한 날을 말한다.

2 영수증의 교부

회사는 계약자가 보험료를 납입한 경우에는 영수증을 발행하여 준다. 다만 금융회사(우체국을 포함)를 통하여 보험료를 납입한 경우에는 그 금융회사 발행 증빙서류를 영수증으로 대신한다.

제27조 보험료의 자동대출납입

1 보험료 자동대출납입

가. 보험료 자동대출 납입의 신청

계약자는 제2회 이후의 보험료 미납에 따른 보험료의 납입최고(독촉)기간이 지나기 전까지 회사가 정한 방법에 따라 보험료의 자동대출납입을 신청할 수 있다. 이 경우 보험계약대출금으로 보험료가 자동으로 납입되어 계약은 유효하게 지속된다.

나. 인터넷 또는 전화 등으로 신청하는 경우

계약자가 서면 이외에 인터넷 또는 전화(음성녹음) 등으로 자동대출납입을 신청할 경우 회사는 자동대출납입 신청내역을 서면 또는 전화(음성녹음) 등으로 계약자에게 알려준다.

> **시험출제 Point**
>
> ▶ 자동대출납입
> 보험료를 제때에 내기 곤란한 사정이 발생한 경우, 가입한 보험상품의 해약환급금 범위 내에서 납입할 보험료 상당액을 자동적으로 대출하여 이를 보험료 납입에 충당하는 서비스를 말한다. 계약자가 보험료를 납입하지 않아도 일정기간 동안 보험계약을 지속할 수 있다는 장점이 있다.

2 보험료 자동대출액의 한도

가. 한도의 적용

대출금과 보험료의 자동대출 납입일의 다음날부터 그 다음 보험료의 납입최고(독촉)기간까지의 이자(보험계약대출이율 이내에서 회사가 별도로 정하는 이율을 적용하여 계산)를 더한 금액이 해당 보험료가 납입된 것으로 계산한 해약환급금과 계약자에게 지급할 기타 모든 지급금의 합계액에서 계약자의 회사에 대한 모든 채무액을 뺀 금액을 초과하는 경우에는 보험료의 자동대출납입을 더는 할 수 없다.

나. 계산식

계산식으로 한도를 표현하면 다음과 같다.

> 〈계산식〉
> 대출금＋이자＞보험료가 납입된 것으로 계산한 해약환급금＋계약자에게 지급할 기타 모든 지급금의 합계액－계약자의 보험회사에 대한 모든 채무액

다. 보험료 자동대출기간의 한도

보험료의 자동대출납입 기간은 최초 자동대출납입일부터 1년을 한도로 한다. 그 이후의 기간에 대한 보험료의 자동대출납입을 위해서는 재신청을 하여야 한다.

라. 자동대출 납입 중 해지

보험료의 자동대출 납입이 행하여진 경우에도 자동대출 납입전 납입최고(독촉)기간이 끝나는 날의 다음날부터 1개월 이내에 계약자가 계약의 해지를 청구한 때에는 회사는 보험료의 자동대출 납입이 없었던 것으로 하여 해약환급금을 지급한다.

제28조 보험료의 납입이 연체되는 경우 납입최고(독촉)와 계약의 해지

1 납입최고(독촉)

가. 납입최고(독촉)가 필요한 경우
계약자가 제2회 이후의 보험료를 납입기일까지 납입하지 않아 보험료 납입이 연체 중인 경우에 회사는 납입최고(독촉)를 하여야 한다.

나. 납입최고(독촉)의 방법
회사는 서면(등기우편 등), 전화(음성녹음) 또는 전자문서 등으로 납입최고(독촉)를 알려준다.

다. 알려주어야 하는 내용
(1) 계약자(보험수익자와 계약자가 다른 경우 보험수익자를 포함한다)에게 납입최고(독촉)기간 내에 연체보험료를 납입하여야 한다는 내용
(2) 납입최고(독촉)기간이 끝나는 날까지 보험료를 납입하지 않을 경우 납입최고(독촉)기간이 끝나는 날의 다음날에 계약이 해지된다는 내용. 이 경우 계약이 해지되는 때에는 즉시 해약환급금에서 보험계약대출원금과 이자가 차감된다는 내용을 포함한다.

라. 납입최고(독촉) 기간
납입최고(독촉) 기간은 14일(보험기간이 1년 미만인 경우에는 7일) 이상의 기간으로 하되, 납입최고(독촉)기간의 마지막 날이 영업일이 아닌 때에는 최고(독촉)기간은 그 다음 날까지로 한다.

> **시험출제 Point**
>
> ▶ 납입최고(독촉) 기간 정리
>   1. 보험기간 1년 미만: 7일 이상의 기간
>   2. 보험기간 1년 이상: 14일 이상의 기간
>   3. 납입최고 기간의 마지막 날이 영업일이 아닌 경우에는 그 다음 날

마. 해지 전의 사고
보험계약의 해지 이전에 발생한 보험금 지급사유는 보험금을 지급한다.

2 전자문서에 의한 납입최고

회사가 납입최고(독촉) 등을 전자문서로 안내하고자 할 경우에는 계약자에게 서면 또는 「전자서명법」 제2조 제2호에 따른 전자서명으로 동의를 얻어 수신확인을 조건으로 전자문서를 송신하여야 한다. 계약자가 전자문서에 대하여 수신을 확인하기 전까지는 그 전자문서는 송신되지 않은 것으로 본다. 회사

는 전자문서가 수신되지 않은 것을 확인한 경우에는 서면(등기우편 등) 또는 전화(음성녹음)로 납입최고의 내용을 다시 알려 주어야 한다.

 시험출제 Point

▶ 전자문서에 의한 납입최고 요건
1) 사전에 계약자에게 서면 또는 전자서명으로 동의를 얻어야 한다.
2) 수신확인 조건으로 전자문서를 송신한다.
3) 수신이 확인되지 않았다면 송신되지 않은 것으로 본다. 즉 납입최고(독촉)를 하지 않은 것이다.
4) 수신이 확인되지 않았다면 서면(등기우편 등)으로 다시 알려주어야 한다.

3 전자적 상품설명장치에 의한 납입최고

회사가 납입최고(독촉) 등을 전화(음성녹음)로 안내하고자 할 때 다음 각 호의 요건을 모두 충족하는 경우에는 「보험업감독규정」 제4-36조 제3항에 따른 전자적 상품설명장치를 활용할 수 있다.

1) 계약자에게 전자적 상품설명장치를 활용하여 납입최고(독촉) 등을 한다는 사실을 미리 안내하고 동의를 받을 것
2) 전자적 상품설명장치를 활용하여 안내한 납입최고(독촉) 등을 계약자가 모두 수신하고 이해하였음을 확인할 것
3) 계약자가 질의를 하거나 추가적인 설명을 요청하는 등 전자적 상품설명장치의 활용을 중단할 것을 요구하는 경우, 회사는 전화(음성녹음) 방법으로 전환하여 납입최고(독촉) 등을 실시할 것
4) 전자적 상품설명장치에 안내의 속도와 음량을 조절할 수 있는 기능을 갖출 것
5) 제3호 및 제4호의 내용에 관한 사항을 계약자에게 안내할 것

 시험출제 Point

▶ 전자적 상품설명장치
보험계약자가 보험료를 납부하지 않았을 때에 'AI 음성봇'을 활용하여 보험료 납입최고(독촉)를 하는 제도이다. 텔레마케팅(TM) 보험 모집과 해피콜 모니터링 업무에서 AI 음성봇을 활용하여 먼저 사용하였으며, 유의미한 성과를 거두었다. 이후 감독당국에서 관련 제도 및 규정을 정비하여 보험료 납입최고(독촉) 업무에도 본격적으로 도입하였다.

4 해약환급금의 지급

보험료 납입 연체에 따라 계약이 해지된 경우에는 해약환급금을 계약자에게 지급한다.

제29조 보험료의 납입연체로 인한 해지계약의 부활(효력회복)

1 부활 청약

가. 의의

보험료 납입 연체에 따라 계약이 해지되었으나 해약환급금을 받지 않은 경우(보험계약대출 등에 따라 해약환급금이 차감되었으나 받지 않은 경우 또는 해약환급금이 없는 경우를 포함한다) 계약자는 해지된 날부터 3년 이내에 회사가 정한 절차에 따라 계약의 부활(효력회복)을 청약할 수 있다.

나. 연체보험료와 이자

회사가 부활(효력회복)을 승낙한 때에 계약자는 부활(효력회복)을 청약한 날까지의 연체된 보험료에 평균공시이율+1% 범위 내에서 각 상품별로 회사가 정하는 이율로 계산한 금액을 더하여 납입하여야 한다. 다만 금리연동형보험은 각 상품별 사업방법서에서 별도로 정한 이율로 계산한다.

> **시험출제 Point**
>
> ▶ 부활 청약의 대상이 되는 계약의 조건
> 1. 보험료 납입 연체로 인하여 해지된 계약. 즉 계약 전 알릴의무 위반 등을 이유로 해지된 계약은 부활 청약의 대상이 아니다.
> 2. 해약환급금을 받지 않은 계약
> 3. 해지된 날로부터 3년 이내인 계약

2 부활하는 경우 준용하는 약관 조항

해지계약을 부활(효력회복)하는 경우에는 다음의 각 조항을 준용한다. 이 때 회사는 해지 전 발생한 보험금 지급사유를 이유로 부활(효력회복)을 거절하지 않는다.
1. 제14조(계약 전 알릴의무)
2. 제16조(알릴 의무 위반의 효과)
3. 제17조(사기에 의한 계약)
4. 제18조(보험계약의 성립)
5. 제25조(제1회 보험료 및 회사의 보장개시)

3 최초 청약에 대한 계약 전 알릴의무 위반 적용

계약의 부활이 이루어진 경우라도 계약자 또는 피보험자가 최초 계약 청약시(2회 이상 부활이 이루어진 경우 종전 모든 부활 청약 포함) 계약 전 알릴 의무를 위반한 경우에는 의무 위반에 따른 알릴 의무 위반의 효과가 적용된다. 즉 보험계약을 부활하였다고 하더라도 최초 청약시 계약 전 알릴 의무 위반은 치유되지 않고 그대로 적용된다.

제30조 강제집행 등으로 인한 해지계약의 특별부활(효력회복)

1 특별부활의 의의

가. 의의

계약자의 해약환급금 청구권에 대한 강제집행 등의 절차에 따라 계약이 해지된 경우에 해지 당시의 보험수익자가 계약자의 동의를 얻어 계약 해지로 회사가 채권자에게 지급한 금액을 회사에 지급하고 계약자 명의를 보험수익자로 변경하여 특별부활을 청약할 수 있다.

나. 대상이 되는 계약

특별부활의 대상이 되는 계약은 1)강제집행, 2)담보권 실행, 3)국세 및 지방세 체납처분 절차에 따라 해지된 계약이다.

다. 특별부활 절차

(1) 지급한 금액의 보전

해지 당시의 보험수익자가 계약자의 동의를 얻어 계약 해지로 회사가 채권자에게 지급한 금액을 회사에 지급하여야 한다.

(2) 계약자 명의 변경

계약자 명의를 보험수익자로 변경한다.

2 보험수익자에 대한 통지

가. 통지 대상

강제집행 등으로 계약이 해지되면 회사는 특별부활의 대상이 되는 계약의 보험수익자에게 특별부활을 청약할 수 있음을 통지하여야 한다. 다만 법정상속인이 보험수익자로 지정된 경우에는 계약자에게 통지할 수 있다.

나. 통지 기간

회사는 계약이 해지된 날부터 7일 이내에 통지하여야 한다.

3 특별부활 가능 기간

보험수익자는 특별부활 청약이 가능함을 통지를 받은 날(계약자에게 통지된 경우에는 계약자가 통지를 받은 날)부터 15일 이내에 특별부활 절차를 이행할 수 있다.

4 회사의 승낙

회사는 계약자 명의변경 신청 및 계약의 특별부활(효력회복) 청약을 승낙한다. 일반적인 부활 청약이라면 피보험자의 건강상태에 따라 부활 청약의 인수여부를 결정할 수 있으나, 특별부활의 경우에는 부활 청약을 거절할 수 없으며 반드시 승낙하여야 한다.

> **용어설명**
>
> ▶ **강제집행**
> 사법상 또는 행정법상의 의무를 이행하지 않은 사람에 대하여 국가가 강제 권력으로 그 의무를 이행하는 것을 말한다.
>
> ▶ **담보권실행**
> 담보권을 설정한 채권자가 채무를 이행하지 않은 채무자에 대하여 해당 담보권을 실행하는 것을 말한다.
>
> ▶ **체납처분 절차**
> 국세 및 지방세를 체납할 경우 국세기본법 및 지방세법에 의하여 체납된 세금에 대하여 가산금 징수, 독촉장 발부 및 재산 압류 등의 집행을 하는 것을 말한다.
>
> ▶ **절차**
> 법원의 명령 또는 국세 기본법 및 지방세법에 의한 세금 체납처분 절차에 따라 보험계약의 해약환급금은 압류될 수 있으며, 법원의 명령 또는 체납처분 절차에 따라 보험회사는 채권자에게 해약환급금을 지급한다.

내용다지기 — 빈칸 채우기

1. 회사는 계약의 청약을 승낙하고 제1회 보험료를 받은 때부터 약관이 정한 바에 따라 보장을 한다. 또한, 회사가 청약과 함께 제1회 보험료를 받은 후 승낙한 경우에도 제1회 보험료를 받은 때부터 보장이 개시된다. 자동이체 또는 신용카드로 납입하는 경우에는 자동이체 신청 또는 신용카드 매출 승인에 필요한 (　　)를 제1회 보험료를 받은 때로 한다.

    답 회사는 계약의 청약을 승낙하고 제1회 보험료를 받은 때부터 약관이 정한 바에 따라 보장을 한다. 또한, 회사가 청약과 함께 제1회 보험료를 받은 후 승낙한 경우에도 제1회 보험료를 받은 때부터 보장이 개시된다. 자동이체 또는 신용카드로 납입하는 경우에는 자동이체 신청 또는 신용카드 매출 승인에 필요한 정보를 제공한 때를 제1회 보험료를 받은 때로 한다.

2. 보장개시일이란 회사가 보장을 개시하는 날로서 계약이 성립되고 제1회 보험료를 받은 날을 말하나, 회사가 승낙하기 전이라도 청약과 함께 제1회 보험료를 받은 경우에는 제1회 보험료를 받은 날을 말한다. 또한, 보장개시일을 (　　)로 본다.

    답 보장개시일이란 회사가 보장을 개시하는 날로서 계약이 성립되고 제1회 보험료를 받은 날을 말하나, 회사가 승낙하기 전이라도 청약과 함께 제1회 보험료를 받은 경우에는 제1회 보험료를 받은 날을 말한다. 또한, 보장개시일을 계약일로 본다.

3. 진단계약에서 보험금 지급사유가 발생할 때까지 진단을 받지 않은 경우에는 승낙전 사고 보장이 적용되지 않는다. 다만, 진단계약에서 진단을 받지 않은 경우라도 (　　)로 보험금 지급사유가 발생하는 경우에는 보장을 한다.

    답 진단계약에서 보험금 지급사유가 발생할 때까지 진단을 받지 않은 경우에는 승낙전 사고 보장이 적용되지 않는다. 다만, 진단계약에서 진단을 받지 않은 경우라도 상해로 보험금 지급사유가 발생하는 경우에는 보장을 한다.

4. 계약자가 제2회 이후의 보험료를 납입기일까지 납입하지 않아 보험료 납입이 연체 중인 경우에 회사는 (　　) 이상의 기간을 납입최고(독촉)기간으로 정한다. 보험기간이 1년 미만인 경우에는 (　　) 이상의 기간을 납입최고(독촉)기간으로 한다.

    답 계약자가 제2회 이후의 보험료를 납입기일까지 납입하지 않아 보험료 납입이 연체 중인 경우에 회사는 14일 이상의 기간을 납입최고(독촉)기간으로 정한다. 보험기간이 1년 미만인 경우에는 7일 이상의 기간을 납입최고(독촉)기간으로 한다.

5. 납입최고(독촉)는 계약자에게 하여야 한다. 만약 (　　)와 계약자가 다른 경우에는 (　　)에게도 하여야 한다.

    답 납입최고(독촉)는 계약자에게 하여야 한다. 만약 보험수익자와 계약자가 다른 경우에는 보험수익자에게도 하여야 한다.

6. 제2회 이후의 보험료 미납에 따라 계약이 해지되었으나 해약환급금을 받지 않은 경우 계약자는 해지된 날부터 (   ) 이내에 회사가 정한 절차에 따라 계약의 부활(효력회복)을 청약할 수 있다.

   답 제2회 이후의 보험료 미납에 따라 계약이 해지되었으나 해약환급금을 받지 않은 경우 계약자는 해지된 날부터 3년 이내에 회사가 정한 절차에 따라 계약의 부활(효력회복)을 청약할 수 있다.

7. 강제집행 등으로 보험계약이 해지된 경우 회사는 특별부활을 청약할 수 있음을 계약이 해지된 날부터 (   ) 이내에 보험수익자에게 통지하여야 한다.

   답 강제집행 등으로 보험계약이 해지된 경우 회사는 특별부활을 청약할 수 있음을 계약이 해지된 날부터 7일 이내에 보험수익자에게 통지하여야 한다.

8. 보험수익자는 특별부활 청약이 가능함을 통지 받은 날부터 (   ) 이내에 특별부활 절차를 이행할 수 있다.

   답 보험수익자는 특별부활 청약이 가능함을 통지 받은 날부터 15일 이내에 특별부활 절차를 이행할 수 있다.

내용다지기 기출문제

▌제38회 2015년 기출문제

Q. 보험료의 납입연체로 인한 해지계약을 부활(효력회복)하는 경우에 "준용하는 약관 조항"을 모두 기술하시오. 5점

▌제41회 2018년 기출문제

Q. 「제1회 보험료 및 회사의 보장개시」 조항에 '회사가 청약과 함께 제1회 보험료를 받고 청약을 승낙하기 전에 보험금 지급사유가 발생하였을 때에도 보장개시일부터 이 약관이 정하는 바에 따라 보장을 합니다.'라고 규정하고 있다. 이 조항에도 불구하고 "보장하지 않는 경우"를 모두 기술하시오. 7점

▌제42회 2019년 기출문제

Q. 해지계약을 부활(효력회복)하는 경우에 「준용 조항」을 모두 기술하시오. 6점

▌제42회 2019년 기출문제

Q. 질병·상해보험 표준약관 「보험료의 납입이 연체되는 경우 납입최고(독촉)와 계약의 해지」 조항에서 규정한 ① "납입최고(독촉) 기간"과 ② "보험회사가 납입최고(독촉)시 계약자에게 알려야 할 사항"을 기술하시오. 4점

제6관 계약의 해지 및 해약환급금 등

제31조 계약자의 임의해지 및 피보험자의 서면동의 철회

1 계약자의 임의해지

가. 임의해지 가능

계약자는 계약이 소멸하기 전에는 언제든지 계약을 해지할 수 있다.

나. 해약환급금의 지급

보험계약이 해지된 경우 회사는 보험료 및 해약환급금 산출방법서에 따라 계산한 해약환급금을 계약자에게 지급하여야 한다.

2 피보험자의 서면동의 철회

가. 피보험자의 서면동의

(1) 서면동의가 필요한 경우

타인의 사망을 보험금 지급사유로 하는 계약을 체결할 때에는, 계약을 체결할 때까지 피보험자의 서면(「전자서명법」 제2조 제2호에 따른 전자서명이 있는 경우로서 상법 시행령 제44조의2에 정하는 바에 따라 본인 확인 및 위조·변조 방지에 대한 신뢰성을 갖춘 전자문서를 포함)에 의한 동의를 얻어야 한다.

(2) 동의가 없는 경우

만약 피보험자의 서면동의를 얻지 않고 보험계약이 체결되었다면 해당 보험계약은 무효이다.

나. 서면동의 철회

(1) 장래에 향하여 철회

서면으로 동의를 한 피보험자는 계약의 효력이 유지되는 기간에는 언제든지 서면동의를 장래를 향하여 철회할 수 있다.

(2) 해약환급금의 지급

피보험자의 서면동의 철회로 계약이 해지되어 회사가 지급하여야 할 해약환급금이 있을 때에는 해당 해약환급금을 계약자에게 지급한다.

제31조의2 위법계약의 해지

1 계약자의 위법계약 해지권

가. 의의

「금융소비자 보호에 관한 법률」 제47조 및 관련규정이 정하는 바에 따라 계약체결에 대한 회사의 법 위반사항이 있는 경우 계약자는 계약해지 요구서에 증빙서류를 첨부하여 위법계약의 해지를 요구할 수 있다.

나. 기간

위법계약 해지권은 계약체결일부터 5년 이내의 범위에서 계약자가 위반사항을 안 날부터 1년 이내에 행사할 수 있다.

2 회사의 응답

가. 통지기간

회사는 해지요구를 받은 날부터 10일 이내에 수락여부를 계약자에 통지하여야 한다.

나. 거절하는 경우

(1) 거절 사유 통지

회사가 계약자의 위법계약 해지 요구를 거절하는 경우에는 거절 사유를 함께 통지하여야 한다.

(2) 정당한 사유없이 거절하는 경우

회사가 정당한 사유 없이 계약자의 위법계약 해지 요구를 따르지 않는 경우에는 계약자가 해당 계약을 해지할 수 있다.

3 해지시 지급하는 금액

가. 계약자적립액의 지급

위법계약 해지에 따라 계약이 해지된 경우 회사가 적립한 해지 당시의 계약자적립액을 계약자에게 지급한다.

나. 계약자적립액을 지급하는 이유

일반적인 해지시에는 해약환급금을 지급하나, 위법계약에 따른 계약의 해지는 금융소비자보호에 관한 법률 제47조의 규정에 의하여 수수료, 위약금 등 계약의 해지와 관련된 비용을 계약자에게 요구할 수 없기 때문이다. 즉 해지공제를 적용할 수 없으며 계약자적립액을 지급하여야 한다.

4 제척기간의 적용

계약자는 제척기간(계약 체결일부터 5년 이내의 범위에서 계약자가 위반사항을 안 날부터 1년 이내)에도 불구하고 민법 등 관계 법령에서 정하는 바에 따라 법률상의 권리를 행사할 수 있다.

> **시험출제 Point**
>
> ▶ 위법계약 해지 키워드 정리
>   1. 위법계약 해지는 계약체결일로부터 5년, 안 날로부터 1년 이내 가능
>   2. 회사는 10일 이내 수락 여부 통지해야 함
>   3. 해지시 계약자적립액을 지급함

제32조 중대사유로 인한 해지

1 의의

보험계약은 사행계약의 특성 때문에 최대선의의 원칙에 기초하여 당사자의 선의성이 강하게 요구되는 계약이므로, 만약 보험계약을 지속할 수 없는 중대한 사유가 발생하였다면 보험회사가 보험계약을 해지할 수 있도록 하여 사행계약화를 방지하는 조항이다.

2 중대사유

(1) 계약자, 피보험자 또는 보험수익자가 보험금을 지급받을 목적으로 고의로 보험금 지급사유를 발생시킨 경우

(2) 계약자, 피보험자 또는 보험수익자가 보험금 청구에 관한 서류에 고의로 사실과 다른 것을 기재하였거나 그 서류 또는 증거를 위조 또는 변조한 경우. 다만 이미 보험금 지급사유가 발생한 경우에는 보험금 지급에 영향을 미치지 않는다.

3 해지권 행사

가. 행사기간
회사는 중대사유가 있을 경우에는 안 날부터 1개월 이내에 계약을 해지할 수 있다.

나. 해약환급금의 지급
중대사유로 인하여 계약을 해지한 경우 회사는 그 취지를 계약자에게 통지하고 해약환급금을 지급한다.

4 위법계약 해지권과 비교

중대사유로 인한 보험회사의 해지권은 그 취지 및 법률효과 등을 고려하면 위법계약으로 인한 보험계약자의 해지권과 대비되는 것으로 파악할 수 있다.

> **예시**
>
> ▶ Case
> 입원을 보장하는 보험상품에 가입한 피보험자가 10일간 입원하였음에도 불구하고 입퇴원확인서를 변조하여 입원일수 30일에 해당하는 보험금을 청구한 경우
> → 중대사유로 인한 해지 조항의 의하여 회사는 그 사실을 안 날부터 1개월 이내에 보험계약을 해지할 수 있다.
> → 다만 이 경우에도 입원일수 10일을 기준으로 계산한 보험금은 지급하여야 한다.

제33조 회사의 파산선고와 해지

1 파산선고시 해지
회사가 파산의 선고를 받은 때에는 계약자는 계약을 해지할 수 있다.

2 해지하지 않은 경우
파산선고에도 불구하고 해지하지 않은 계약은 파산선고 후 3개월이 지난 때에는 그 효력을 잃는다.

3 해약환급금의 지급

계약이 해지되거나 효력을 잃는 경우에 회사는 해약환급금을 계약자에게 지급한다.

제34조 해약환급금

1 해약환급금의 계산

약관에 따른 해약환급금은 보험료 및 해약환급금 산출방법서에 따라 계산한다.

2 지급기일 및 이자 계산

가. 계약자의 청구

해약환급금의 지급사유가 발생한 경우 계약자는 회사에 해약환급금을 청구하여야 한다.

나. 회사의 지급

회사는 청구를 접수한 날부터 3영업일 이내에 해약환급금을 지급한다.

다. 이자의 계산

해약환급금 지급일까지의 기간에 대한 이자의 계산은 〈부표〉 '보험금을 지급할 때의 적립이율 계산'에 따르며, 구체적인 이율은 다음과 같다.

구분	기간	지급이자
만기환급금 및 해약환급금	지급사유가 발생한 날의 다음날부터 청구일까지의 기간	1년 이내: 평균공시이율의 50% 1년 초과기간: 평균공시이율의 40%
	청구일의 다음 날부터 지급일까지의 기간	보험계약대출이율

라. 해약환급금에 관한 표

회사는 경과기간별 해약환급금에 관한 표를 계약자에게 제공한다.

마. 보험회사가 해지하는 경우

보험사가 해지권을 행사하는 경우 위 표의 '청구일'은 보험사의 해지 의사표시(서면, 전자우편, 휴대전화 문자메시지 또는 이에 준하는 전자적 의사표시 포함)가 보험계약자 또는 그의 대리인에게 도달한 날로 본다.

3 위법계약의 해지시 지급금

위법계약의 해지 조항에 따라 위법계약이 해지되는 경우에는 회사가 적립한 해지 당시의 계약자적립액을 반환한다. 일반적인 해지시에 지급하는 해약환급금과는 달리 위법계약에 따른 계약의 해지는 금융소비자보호에 관한 법률 제47조의 규정에 의하여 수수료, 위약금 등 계약의 해지와 관련된 비용을 계약자에게 요구할 수 없기 때문이다.

제35조 보험계약대출

1 보험계약대출의 범위

가. 범위

계약자는 계약의 해약환급금 범위 내에서 회사가 정한 방법에 따라 대출(보험계약대출)을 받을 수 있다. 그러나 순수보장성보험 등 보험상품의 종류에 따라 보험계약대출이 제한될 수도 있다.

나. 원금과 이자의 상환

계약자는 보험계약대출금과 그 이자를 언제든지 상환할 수 있다. 만약 계약자가 금액을 상환하지 않은 때에는 회사는 보험금, 해약환급금 등의 지급사유가 발생한 날에 지급금에서 보험계약대출의 원금과 이자를 차감할 수 있다.

다. 계약이 해지되는 때

회사는 제2회 이후의 보험료 납입 연체에 따라 계약이 해지되는 때에는 즉시 해약환급금에서 보험계약대출의 원금과 이자를 차감한다.

2 보험수익자에 대한 통지

회사는 보험수익자에게 보험계약대출 사실을 통지할 수 있다.

제36조 배당금의 지급

1 배당금의 지급

회사는 보험업감독규정 및 보험업감독업무시행세칙에서 정하는 방법에 따라 회사가 결정한 배당금을 계약자에게 지급한다.

2 계약자에 대한 통보

회사는 배당금 지급이 결정되었을 때에는 그 내역을 계약자에게 알려 준다.

내용다지기 — 빈칸 채우기

1. 타인의 사망을 보험금 지급사유로 하는 계약에서 서면으로 동의를 한 피보험자는 계약의 효력이 유지되는 기간에는 언제든지 서면동의를 (　　) 철회할 수 있다.

   답 타인의 사망을 보험금 지급사유로 하는 계약에서 서면으로 동의를 한 피보험자는 계약의 효력이 유지되는 기간에는 언제든지 서면동의를 장래를 향하여 철회할 수 있다.

2. 계약자는 계약 체결에 대한 회사의 금융소비자보호법 위반사항이 있는 경우 계약체결일부터 (　　) 이내의 범위에서 계약자가 위반사항을 안 날부터 (　　) 이내에 계약해지요구서에 증빙서류를 첨부하여 위법계약의 해지를 요구할 수 있다.

   답 계약자는 계약 체결에 대한 회사의 금융소비자보호법 위반사항이 있는 경우 계약체결일부터 5년 이내의 범위에서 계약자가 위반사항을 안 날부터 1년 이내에 계약해지요구서에 증빙서류를 첨부하여 위법계약의 해지를 요구할 수 있다.

3. 계약자, 피보험자 또는 보험수익자가 보험금을 지급받을 목적으로 고의로 보험금 지급사유를 발생시키는 등 중대사유가 발생할 경우 회사는 안 날부터 (　　) 이내에 계약을 해지할 수 있다.

   답 계약자, 피보험자 또는 보험수익자가 보험금을 지급받을 목적으로 고의로 보험금 지급사유를 발생시키는 등 중대사유가 발생할 경우 회사는 안 날부터 1개월 이내에 계약을 해지할 수 있다.

4. 약관에 따른 해약환급금은 (　　)에 따라 계산한다.

   답 약관에 따른 해약환급금은 보험료 및 해약환급금 산출방법서에 따라 계산한다.

5. 위법계약이 해지되는 경우 회사가 적립한 해지 당시의 (　　)을 반환한다.

   답 위법계약이 해지되는 경우 회사가 적립한 해지 당시의 계약자적립액을 반환한다.

6. 계약자는 해약환급금 범위 내에서 회사가 정한 방법에 따라 대출을 받을 수 있다. 이를 (　　)이라고 한다.

   답 계약자는 해약환급금 범위 내에서 회사가 정한 방법에 따라 대출을 받을 수 있다. 이를 '보험계약대출'이라고 한다.

내용다지기 - 기출문제

제44회 2021년 기출문제

Q. 2021.7.1. 개정된 질병·상해보험 표준약관의 「위법계약의 해지」 조항에 관하여 아래의 질문에 답하시오. **10점**

(1) 금융소비자 보호에 관한 법률 제47조 및 관련 규정이 정하는 바에 따라 계약 체결에 대한 회사의 법위반 사항이 있는 경우 계약자가 위법계약의 해지를 요구할 수 있는 기간을 기술하시오. **· 4점**

(2) 보험회사는 위법계약의 해지요구를 받은 날부터 일정한 기간 내에 수락여부를 계약자에게 통지하여야 하는데 그 통지 기간을 기술하시오. **· 2점**

(3) 위법계약으로 인해 해지된 경우 회사가 계약자에게 지급해야 하는 해지환급금5) **· 4점**

제40회 2017년 기출문제

Q. 「계약자의 임의해지 및 서면동의 철회」 조항에서 정한 "서면동의 철회의 의의, 가능시기, 효과"에 대하여 기술하시오. **5점**

제44회 2021년 기출문제

Q. 아래 사례와 같이 피보험자가 보험계약을 유지할 의사가 없는 경우에 질병·상해보험 표준약관상 행사할 수 있는 권리와 그 행사로 인한 효과에 대해 약술하시오. **10점**

〈사례〉

이수일과 심순애는 결혼을 약속한 사이로 2021년 1월 4일 심순애가 본인을 보험계약자 및 수익자로 하고 이수일을 피보험자로 하는 계약을 체결하였다. 상기 계약은 이수일의 사망을 보험사고로 하는 계약이며, 이수일은 보험계약을 체결할 때 자필서명을 이행하였고, 해당 계약은 현재 유효한 보험계약이다. 2021년 5월 31일 이수일과 심순애는 헤어졌고, 보험계약자인 심순애는 해당 계약을 계속 유지하려고 하나 피보험자인 이수일은 해당 계약을 유지할 의사가 없다.

---

5) 문제 출제 당시 용어는 '해지환급금'이었다. 현재는 '해약환급금'으로 용어가 변경되었다.

제7관 분쟁의 조정 등

제37조 분쟁의 조정

1 분쟁 조정 신청

계약에 관하여 분쟁이 있는 경우 분쟁 당사자 또는 기타 이해관계인과 회사는 금융감독원장에게 분쟁의 조정을 신청할 수 있다.

2 자료 열람 요구

분쟁조정 과정에서 계약자는 관계 법령이 정하는 바에 따라 회사가 기록 및 유지·관리하는 자료의 열람(사본의 제공 또는 청취를 포함)을 요구할 수 있다.

3 회사의 소제기 금지

회사는 일반금융소비자인 계약자가 조정을 통하여 주장하는 권리나 이익의 가액이 「금융소비자 보호에 관한 법률」 제42조에서 정하는 일정 금액(현재는 2천만원) 이내인 분쟁사건에 대하여 조정절차가 개시된 경우에는 관계 법령이 정하는 경우를 제외하고는 소를 제기하지 않는다.

제38조 관할법원

1 원칙 – 계약자의 주소지

계약에 관한 소송 및 민사조정은 계약자의 주소지를 관할하는 법원으로 한다.

2 합의관할 인정

다만 회사와 계약자가 합의하여 관할법원을 달리 정할 수 있다.

제39조 소멸시효

1 청구권의 종류

보험금청구권, 만기환급금청구권, 보험료 반환청구권, 해약환급금청구권, 계약자적립액 반환청구권 및 배당금청구권이 규정되어 있다.

2 소멸시효

위의 청구권은 3년간 행사하지 않으면 소멸시효가 완성된다.

제40조 약관의 해석

1 신의성실의 원칙

회사는 신의성실의 원칙에 따라 공정하게 약관을 해석하여야 하며 계약자에 따라 다르게 해석하지 않는다.

2 작성자 불이익 해석의 원칙

회사는 약관의 뜻이 명백하지 않은 경우에는 계약자에게 유리하게 해석한다.

3 확대해석 금지의 원칙

회사는 보험금을 지급하지 않는 사유 등 계약자나 피보험자에게 불리하거나 부담을 주는 내용은 확대하여 해석하지 않는다.

제41조 설명서 교부 및 보험안내자료 등의 효력

1 설명의무

가. 의의
회사는 일반금융소비자에게 청약을 권유하거나 일반금융소비자가 설명을 요청하는 경우 보험상품에 관한 중요한 사항을 계약자가 이해할 수 있도록 설명하고 계약자가 이해하였음을 서명(「전자서명법」 제2조 제2호에 따른 전자서명을 포함), 기명날인 또는 녹취 등을 통해 확인받아야 하며, 설명서를 제공하여야 한다.

나. 설명의무의 대상
설명의무의 대상은 일반금융소비자이다. 전문금융소비자는 설명의무 대상이 아니니 주의하여야 한다.

다. 설명의 정도
보험상품의 중요한 사항을 계약자가 이해할 수 있도록 설명하여야 한다. 보험실무상 보험업법 규정에 따른 상품설명서를 이용하여 설명하는 경우가 대부분이다.

라. 확인 방법
계약자가 이해하였음을 서명(전자서명 포함), 기명날인 또는 녹취 등을 통해 확인받아야 한다.

2 증명책임 등

가. 증명책임
설명서, 약관, 계약자 보관용 청약서 및 보험증권의 제공 사실에 관하여 계약자와 회사간에 다툼이 있는 경우에는 회사가 이를 증명하여야 한다.

나. 약관의 내용과 다른 경우
보험설계사 등이 모집과정에서 사용한 회사 제작의 보험안내자료(계약의 청약을 권유하기 위해 만든 자료 등을 말한다)의 내용이 약관의 내용과 다른 경우에는 계약자에게 유리한 내용으로 계약이 성립된 것으로 본다.

> **시험출제 Point**
> 보험안내자료 규정의 적용을 받는 것은 '회사 제작의 보험안내자료'이다. 회사가 제작한 보험안내자료가 아니라, 보험설계사 등이 모집과정에서 본인이 임의로 직접 만든 자료를 사용하였다면 위의 규정을 적용받지 못한다.

제42조 회사의 손해배상책임

1 계약과 관련된 책임

회사는 계약과 관련하여 임직원, 보험설계사 및 대리점의 책임있는 사유로 계약자, 피보험자 및 보험수익자에게 발생된 손해에 대하여 관계 법령 등에 따라 손해배상의 책임을 진다.

2 소제기와 관련된 책임

회사는 보험금 지급 거절 및 지연지급의 사유가 없음을 알았거나 알 수 있었는데도 소를 제기하여 계약자, 피보험자 또는 보험수익자에게 손해를 가한 경우에는 그에 따른 손해를 배상할 책임을 진다.

3 현저하게 공정을 잃은 합의와 관련된 책임

회사가 보험금 지급여부 및 지급금액에 관하여 현저하게 공정을 잃은 합의로 보험수익자에게 손해를 가한 경우에도 회사는 손해를 배상할 책임을 진다.

제43조 개인정보보호

1 개인정보의 제공

가. 동의없는 수집, 이용, 조회, 제공 금지

회사는 계약과 관련된 개인정보를 계약의 체결, 유지, 보험금 지급 등을 위하여 「개인정보 보호법」, 「신용정보의 이용 및 보호에 관한 법률」 등 관계 법령에 정한 경우를 제외하고 계약자, 피보험자 또는 보험수익자의 동의없이 수집, 이용, 조회 또는 제공하지 않는다.

나. 동의가 있는 경우에만 제공 가능

회사는 계약의 체결, 유지, 보험금 지급 등을 위하여 위 관계 법령에 따라 계약자 및 피보험자의 동의를 받아 다른 보험회사 및 보험관련단체 등에 개인정보를 제공할 수 있다.

2 개인정보 관리책임

회사는 계약과 관련된 개인정보를 안전하게 관리하여야 한다.

제44조 준거법

계약은 대한민국 법에 따라 규율되고 해석되며, 약관에서 정하지 않은 사항은 「금융소비자 보호에 관한 법률」, 상법, 민법 등 관계 법령을 따른다.

제45조 예금보험에 의한 지급보장

회사가 파산 등으로 인하여 보험금 등을 지급하지 못할 경우에는 예금자보호법에서 정하는 바에 따라 그 지급을 보장한다.

용어설명

▶ **개인정보보호법**
국가나 공공기관, 법인, 단체 및 개인 등이 수집 및 관리하고 있는 개인정보를 보호하기 위한 법률이다. 정보통신서비스를 이용하는 자의 개인정보를 보호하고 개인정보의 처리 및 보호에 관한 사항을 정함으로써 개인의 자유와 권리를 보호하고, 나아가 개인의 존엄과 가치를 구현함을 목적으로 한다.

▶ **신용정보의 이용 및 보호에 관한 법률**
신용정보회사의 업무 영역 및 자기정보 통제권을 보강하여 개인의 사생활을 보호하기 위한 법률이다. 신용정보 관련 산업을 건전하게 육성하고 신용정보의 효율적 이용과 체계적 관리를 도모하며 신용정보의 오용·남용으로부터 사생활의 비밀 등을 적절히 보호함으로써 건전한 신용질서를 확립하고 국민경제의 발전에 이바지함을 목적으로 한다.

▶ **예금자보호법**
금융기관이 파산 등의 사유로 예금 등을 지급할 수 없는 상황이 발생했을 때에 이에 대처하기 위한 법률이다. 예금보험제도 등을 효율적으로 운영함으로써 예금자 등을 보호하고 금융제도의 안정성을 유지하는 데에 이바지함을 목적으로 한다.

알쓸삼잡 (알아두면 쓸모없는 제3보험 잡학지식)

▶ **예금자보호 대상**
- 2025년 9월 1일부터 금융기관 당 1억원까지 보호 가능하다.
- 보험계약의 경우에는 '납입원금'이 아니라 '해약환급금'이 예금자보호 대상이다.
- 또한 '연금저축'과 '사고보험금'은 별도의 한도 적용을 받는다.
- 즉 1개의 보험회사에 대하여, 해약환급금 1억원, 연금저축 1억원, 사고보험금 1억원을 각각 예금자보호 받을 수 있다.
- 다만 아래의 보험계약은 예금자보호대상에서 제외된다.
    1. 법인명의로 체결된 보험계약
    2. 보증보험
    3. 재보험
    4. 변액보험

내용다지기 — 빈칸 채우기

1. 계약에 관하여 분쟁이 있는 경우 분쟁 당사자 또는 기타 이해관계인과 회사는 (　　)에게 조정을 신청할 수 있다.

    답 계약에 관하여 분쟁이 있는 경우 분쟁 당사자 또는 기타 이해관계인과 회사는 금융감독원장에게 조정을 신청할 수 있다.

2. 계약에 관한 소송 및 민사조정은 (　　)의 주소지를 관할하는 법원으로 한다. 다만 회사와 계약자가 합의하여 관할 법원을 달리 정할 수 있다.

    답 계약에 관한 소송 및 민사조정은 계약자의 주소지를 관할하는 법원으로 한다. 다만 회사와 계약자가 합의하여 관할 법원을 달리 정할 수 있다.

3. 회사는 약관의 뜻이 명백하지 않은 경우에는 (　　)에게 유리하게 해석한다.

    답 회사는 약관의 뜻이 명백하지 않은 경우에는 계약자에게 유리하게 해석한다.

4. 설명서, 약관, 계약자 보관용 청약서 및 보험증권의 제공 사실에 관하여 계약자와 회사간에 다툼이 있는 경우에는 (　　)가 이를 증명하여야 한다.

    답 설명서, 약관, 계약자 보관용 청약서 및 보험증권의 제공 사실에 관하여 계약자와 회사간에 다툼이 있는 경우에는 회사가 이를 증명하여야 한다.

내용다지기 — 기출문제

▌제41회 2018년 기출문제

Q. 「약관의 해석」 조항에 규정된 해석원칙을 모두 기술하시오.　　6점

▌제43회 2020년 기출문제

Q. 「소멸시효」 조항에 규정된 "청구권(6가지)"과 "소멸시효 완성기간"을 기술하시오.　　7점

<부표 9-1> 보험금을 지급할 때의 적립이율 계산

구분	기간	지급이자
사망보험금, 후유장해보험금, 입원보험금, 간병보험금 등	지급기일의 다음 날부터 30일 이내 기간	보험계약대출이율
	지급기일의 31일 이후부터 60일 이내 기간	보험계약대출이율+가산이율(4.0%)
	지급기일의 61일 이후부터 90일 이내 기간	보험계약대출이율+가산이율(6.0%)
	지급기일의 91일 이후 기간	보험계약대출이율+가산이율(8.0%)
만기환급금 및 해약환급금	지급사유가 발생한 날의 다음날부터 청구일까지의 기간	1년 이내: 평균공시이율의 50%
		1년 초과기간: 평균공시이율의 40%
	청구일의 다음 날부터 지급일까지의 기간	보험계약대출이율

1 만기환급금

만기환급금은 회사가 보험금의 지급시기 도래 7일 이전에 지급할 사유와 금액을 알리지 않은 경우, 지급사유가 발생한 날의 다음 날부터 청구일까지의 기간은 평균공시이율을 적용한 이자를 지급한다.

2 지급이자의 계산

지급이자의 계산은 연단위 복리로 계산하며, 금리연동형보험은 일자 계산한다.

3 계약자 등의 책임있는 사유로 인한 지연

계약자 등의 책임 있는 사유로 보험금 지급이 지연된 때에는 그 해당기간에 대한 이자는 지급하지 않을 수 있다. 다만 계약자 등이 분쟁조정을 신청했다는 사유만으로 이자지급을 거절하지 않는다.

4 금리연동형보험

금리연동형보험의 경우 상기 평균공시이율은 적립순보험료에 대한 적립이율을 말한다.

5 가산이율 미적용 사유

가산이율 적용시 소송제기 등의 사유로 지연된 경우에는 해당기간에 대하여 가산이율을 적용하지 않는다. 또한 금융위원회 또는 금융감독원이 정당한 사유로 인정하는 경우에는 해당 기간에 대하여 가산이율을 적용하지 않는다.

6 보험회사가 해지하는 경우

보험사가 해지권을 행사하는 경우 위 표의 '청구일'은 보험사의 해지 의사표시(서면, 전자우편, 휴대전화 문자메시지 또는 이에 준하는 전자적 의사표시 포함)가 보험계약자 또는 그의 대리인에게 도달한 날로 본다.

제8관 참고-생명보험 표준약관

생명보험 표준약관

생명보험 표준약관은 「보험업감독업무시행세칙」 별표 15에서 정하고 있으며, 동 표준약관이 생명보험 회사에서 판매하는 보험상품 약관의 기준이 된다. 다만 생명보험 표준약관은 수차례 개정을 거쳐 앞서 공부한 질병상해보험 표준약관과 형태 및 구성 면에서 거의 유사하다. 이후에서는 질병상해보험 표준약관과의 차이점을 중심으로 설명하겠다.

1 상해와 재해

가. 질병상해보험

상해를 '급격하고도 우연한 외래의 사고'라고 정의한다. 즉 급격성, 우연성, 외래성의 3가지 요건을 상해의 기본적인 요소로 정의한다.

나. 생명보험

재해분류표를 사용하여 보장대상이 되는 재해를 아래의 2가지로 나열하고 있다.
(1) 한국표준질병·사인분류상의 (S00~Y84)에 해당하는 우발적인 외래의 사고
(2) 감염병의 예방 및 관리에 관한 법률 제2조 제2호에서 규정한 제1급 감염병

다. 차이점

질병상해보험에서는 상해의 정의를 "급격하고도 우연한 외래의 사고"라고 포괄위험담보방식(open risk policy)을 취하고 있으나, 생명보험의 재해는 재해분류표를 사용하여 보험사고의 종류를 구체적으로 나열하는 열거위험담보방식(named risk policy)을 취하고 있다. 또한 상해는 급격성, 우연성, 외래성을 요건으로 하므로 신체에 내재된 요인에 의하여 나타나는 질병 등은 보험사고로 보지 않지만, 재해분류표에서는 감염병의 예방 및 관리에 관한 법률에서 규정하는 제1급 감염병도 보장범위로 규정한다.

2 사고의 분류

가. 질병상해보험

보험사고를 질병과 상해로 이분법적으로 구분하고 있다. 둘을 구분하는 가장 큰 특징은 외래성의 인정 여부이다. 예를 들어 추간판탈출증이 외부의 충격으로부터 야기된 것이라면 상해로 인정될 수 있으나, 노화로 인한 퇴행성 질환이라면 질병으로 분류된다.

나. 생명보험

사망의 원인을 불문하고 피보험자가 사망할 경우에 지급하는 일반사망을 기본으로 하며, 재해를 원인으로 사망할 경우에 지급하는 재해사망을 특약으로 운영하는 것이 보통이다. 예를 들어 생명보험계약에서 주계약 일반사망 1억원, 특약 재해사망 1억원을 가입한 상태에서, 피보험자가 사망할 경우 사망의 원인을 불문하고 일반사망보험금 1억원을 지급하며, 재해로 인하여 사망하였다면 2억원(일반사망보험금 1억원＋재해사망보험금 1억원)을 지급한다.

질병상해보험	생명보험
질병사망, 상해사망	일반사망, 재해사망

3 보험금을 지급하지 않는 사유

가. 질병상해보험

① 다음 중 어느 한가지로 보험금 지급사유가 발생한 때에는 보험금을 지급하지 않는다.
  1. 피보험자가 고의로 자신을 해친 경우. 다만, 피보험자가 심신상실 등으로 자유로운 의사결정을 할 수 없는 상태에서 자신을 해친 경우에는 보험금을 지급한다.
  2. 보험수익자가 고의로 피보험자를 해친 경우. 다만, 그 보험수익자가 보험금의 일부 보험수익자인 경우에는 다른 보험수익자에 대한 보험금은 지급한다.
  3. 계약자가 고의로 피보험자를 해친 경우
  4. 피보험자의 임신, 출산(제왕절개를 포함), 산후기. 그러나, 회사가 보장하는 보험금 지급사유와 보장개시일부터 2년이 지난 후에 발생한 습관성 유산, 불임 및 인공수정 관련 합병증으로 인한 경우에는 보험금을 지급한다.
  5. 전쟁, 외국의 무력행사, 혁명, 내란, 사변, 폭동
② 회사는 다른 약정이 없으면 피보험자가 직업, 직무 또는 동호회 활동목적으로 아래에 열거된 행위로 인하여 상해 관련 보험금 지급사유가 발생한 때에는 해당 보험금을 지급하지 않는다.
  1. 전문등반(전문적인 등산용구를 사용하여 암벽 또는 빙벽을 오르내리거나 특수한 기술, 경험, 사전훈련을 필요로 하는 등반을 말한다), 글라이더 조종, 스카이다이빙, 스쿠버다이빙, 행글라이딩, 수상보트, 패러글라이딩

2. 모터보트, 자동차 또는 오토바이에 의한 경기, 시범, 흥행(이를 위한 연습을 포함) 또는 시운전. 다만, 공용도로상에서 시운전을 하는 동안 보험금 지급사유가 발생한 경우에는 보장한다.
3. 선박에 탑승하는 것을 직무로 하는 사람이 직무상 선박에 탑승하고 있는 동안

나. 생명보험

회사는 다음 중 어느 한 가지로 보험금 지급사유가 발생한 때에는 보험금을 지급하지 않는다.
1. 피보험자가 고의로 자신을 해친 경우. 다만 다음 중 어느 하나에 해당하면 보험금을 지급한다.
    (가) 피보험자가 심신상실 등으로 자유로운 의사결정을 할 수 없는 상태에서 자신을 해친 경우. 특히 그 결과 사망에 이르게 된 경우에는 재해사망보험금(약관에서 정한 재해사망보험금이 없는 경우에는 재해 이외의 원인으로 인한 사망보험금)을 지급한다.
    (나) 계약의 보장개시일(부활(효력회복)계약의 경우는 부활(효력회복)청약일)부터 2년이 지난 후에 자살한 경우에는 재해 이외의 원인에 해당하는 사망보험금을 지급한다.
2. 보험수익자가 고의로 피보험자를 해친 경우. 다만, 그 보험수익자가 보험금의 일부 보험수익자인 경우에는 다른 보험수익자에 대한 보험금은 지급한다.
3. 계약자가 고의로 피보험자를 해친 경우

다. 차이점

생명보험에서는 피보험자, 보험수익자, 계약자의 고의 3가지만을 면책사유로 규정하고 있으며 이른바 상대적 면책사유, 행위 면책사유는 규정하고 있지 않다. 즉 보험금을 지급한다. 또한 피보험자가 고의로 자신을 해친 경우라고 할지라도 계약의 보장개시일(부활청약일)로부터 2년이 경과하였다면 재해 이외의 원인에 해당하는 사망보험금(일반사망보험금)을 지급한다. 이는 피보험자의 사망을 담보한다는 생명보험의 특수성을 반영한 규정이다.

4 상해보험계약 후 알릴 의무

가. 질병상해보험

계약자 또는 피보험자는 보험기간 중에 피보험자의 직업 또는 직무, 운전 목적, 운전 여부 등이 변경되었을 경우에 이를 회사에 알려주어야 하는 상해보험계약 후 알릴 의무를 부담한다. 만약 의무를 위반했을 경우에는 보험계약은 해지되고 변경전 요율의 변경후 요율에 대한 비율로 보험금을 삭감하여 지급한다.

나. 생명보험

계약 후 알릴 의무가 규정되어 있지 않다.

다. 차이점

생명보험은 계약 후 알릴 의무 규정이 없다. 즉 피보험자의 직업 또는 직무 등이 변경되었다고 하더라도 이를 회사에 알리지 않아도 되며 당연히 그에 따른 불이익도 없다. 이는 사람의 생사(生死)를 보험요율(경험생명표, experience life table)로 사용하는 생명보험의 특성에 기인한 것이다. 다만 최근에는 생명보험회사에서도 상해보험 보험요율을 준용한 상품이 판매되는 경우가 있으며, 그런 경우라면 직업 또는 직무 변경에 따른 계약 후 알릴 의무를 규정하기도 한다.

5 지급기일

가. 질병상해보험

회사는 보험금 청구와 관련된 서류를 접수한 때에는 접수증을 주고 휴대전화 문자메시지 또는 전자우편 등으로도 송부하며, 그 서류를 접수한 날부터 3영업일 이내에 보험금을 지급한다.

나. 생명보험

회사는 보험금 청구와 관련된 서류를 접수한 때에는 접수증을 주고 휴대전화 문자메시지 또는 전자우편 등으로도 송부하며, 그 서류를 접수한 날부터 3영업일 이내에 보험금을 지급한다. 다만 보험금 지급사유의 조사나 확인이 필요한 때에는 접수 후 10영업일 이내에 지급한다.

다. 차이점

생명보험 표준약관에서는 보험금 지급사유의 조사나 확인이 필요한 때의 지급기일을 10영업일로 하는 추가적인 규정을 마련하고 있다.

6 보험가입금액 한도 제한

가. 질병상해보험

별도의 규정이 없다.

나. 생명보험

청약서에 피보험자의 직업 또는 직종별로 보험가입금액의 한도액이 명시되어 있음에도 그 한도액을 초과하여 청약을 하고 청약을 승낙하기 전에 보험금 지급사유가 발생한 경우에는 그 초과 청약액에 대하여는 보장을 하지 않는다.

다. 차이점

생명보험은 사람의 생사(生死)를 보장하므로 직업 또는 직종에 따른 보험요율 차이가 없다. 따라서 직업이 다르다고 하더라도 동일한 보험료를 납입한다. 비교하여 질병상해보험은 직업 또는 직종에 따라 보험요율의 차이가 있다. 위험직종에 종사하는 사람은 그렇지 않은 사람에 비하여 높은 보험요율을 적용받는다. 생명보험에서는 보험요율의 차이가 없는 대신에 보험회사가 마련한 인수기준에 따라 직업 또는 직종별로 보험가입금액의 한도액 제한이 있다. 만약 피보험자가 자신의 직업 또는 직종별 보험가입금액 한도를 초과하여 청약을 하고 그 청약을 승낙하기 전에 보험금 지급사유가 발생하였다면, 초과 청약액에 대해서는 보장을 제공하지 않는다. 즉 한도액까지만 보장한다.

별첨-재해분류표

1 보장대상이 되는 재해

다음 각 호에 해당하는 재해는 이 보험의 약관에 따라 보험금을 지급한다.
① 한국표준질병·사인분류상의 (S00~Y84)에 해당하는 우발적인 외래의 사고
② 감염병의 예방 및 관리에 관한 법률 제2조 제2호에서 규정한 제1급 감염병

2 보험금을 지급하지 않는 재해

다음 각 호에 해당하는 경우에는 재해분류에서 제외하여 보험금을 지급하지 않는다.
① 질병 또는 체질적 요인이 있는 자로서 경미한 외부 요인으로 발병하거나 그 증상이 더욱 악화된 경우
② 사고의 원인이 다음과 같은 경우
　- 과잉노력 및 격심한 또는 반복적 운동(X50)
　- 무중력 환경에서의 장시간 체류(X52)
　- 식량부족(X53)
　- 물 부족(X54)
　- 상세불명의 결핍(X57)
　- 고의적 자해(X60~X84)
　- 법적 개입 중 법적 처형(Y35.5)
③ '외과적 및 내과적 치료 중 환자의 재난(Y60~Y69)' 중 진료기관의 고의 또는 과실이 없는 사고(단, 처치 당시에는 재난의 언급이 없었으나 환자의 이상반응 또는 이후 합병증의 원인이 된 외과적 및 기타 내과적 처치(Y83~Y84)는 보장)
④ '자연의 힘에 노출(X30~X39)' 중 급격한 액체손실로 인한 탈수
⑤ '우발적 익사 및 익수(W65~W74), 호흡과 관련된 기타 불의의 위협(W75~W84), 눈 또는 인체의 개구부를 통하여 들어온 이물(W44)' 중 질병에 의한 호흡장해 및 삼킴장해
⑥ 한국표준질병·사인분류상의 (U00~U99)에 해당하는 질병

※ 1. (　) 안은 제8차 개정 한국표준질병·사인분류(통계청고시 제2020-175호, 2021.1.1. 시행)상의 분류번호이며, 제9차 개정 이후 상기 재해 이외에 추가로 위 1 및 2의 각 호에 해당하는 재해가 있는 경우에는 그 재해도 포함되는 것으로 한다.
　2. 위 1. 보장대상이 되는 재해 ②에 해당하는 감염병은 보험사고 발생당시 시행중인 법률을 적용하며, 2. 보험금을 지급하지 않는 재해 ⑥에 해당하더라도 보장대상에서 제외하지 않는다.

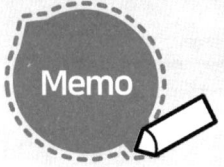

PART III

장해분류표

CHAPTER 1 총칙

제1절 총칙

1 장해의 정의

가. 장해의 뜻
'장해'라 함은 상해 또는 질병에 대하여 치유된 후 신체에 남아 있는 영구적인 정신 또는 육체의 훼손상태 및 기능상실 상태를 말한다.

나. 포함되지 않는 것
다만 질병과 부상의 주증상과 합병증상 및 이에 대한 치료를 받는 과정에서 일시적으로 나타나는 증상은 장해에 포함되지 않는다.

다. 영구적
'영구적'이라 함은 원칙적으로 치유하는 때 장래 회복할 가망이 없는 상태로서 정신적 또는 육체적 훼손상태임이 의학적으로 인정되는 경우를 말한다.

라. 치유된 후
'치유된 후'라 함은 상해 또는 질병에 대한 치료의 효과를 기대할 수 없게 되고 또한 그 증상이 고정된 상태를 말한다.

2 한시장해

가. 의의
본래 장해는 영구히 고정된 증상을 인정하는 것이 원칙이지만, 치료 종결 후 한시적으로 나타나는 장해에 대해서도 그 기간이 5년 이상이라면 해당 장해지급률의 일정 부분을 지급률로 인정한다.

나. 기간
치료 종결 후 한시적으로 나타나는 장해에 대하여 그 기간이 5년 이상인 경우에 인정한다.

다. 인정 지급률
해당 장해지급률의 20%를 장해지급률로 한다. 예를 들어 영구장해 지급률이 10%라면, 한시장해 5년 이상의 장해지급률은 2%이다.

3 악화된 장해

가. 의의
장해지급률이 결정되었으나 일정기간 내에 해당 장해가 악화된 경우에는 그 악화된 장해상태를 기준으로 장해지급률을 결정한다.

나. 인정기간

(1) 보장 기간 내
해당 보험계약의 보장받을 수 있는 기간 내에 장해가 악화되었을 때에 인정한다.

(2) 계약의 효력이 없어진 경우
계약의 효력이 없어진 경우에는 보험기간이 10년 이상인 계약은 상해 발생일 또는 질병의 진단 확정일부터 2년 이내로 하고, 보험기간이 10년 미만인 계약은 상해 발생일 또는 질병의 진단 확정일부터 1년 이내로 한다.

4 신체부위

가. 신체부위의 분류
눈, 귀, 코, 씹어먹거나 말하는 기능, 외모, 척추(등뼈), 체간골, 팔, 다리, 손가락, 발가락, 흉·복부장기 및 비뇨생식기, 신경계·정신행동의 13개 부위이며 이를 각각 동일한 신체부위라 한다.

나. 좌우 신체부위
좌우의 눈, 귀, 팔, 다리, 손가락, 발가락은 각각 다른 신체부위로 본다.

제2절 장해판정 세부사항

1 2가지 이상의 장해

가. 하나의 장해가 관찰 방법에 따라 2가지 이상의 장해로 평가되는 경우

하나의 장해가 관찰 방법에 따라서 장해분류표상 2가지 이상의 신체부위에서 장해로 평가되는 경우에는 그 중 높은 지급률을 적용한다.

나. 동일한 신체부위의 경우

(1) 동일한 신체부위에 2가지 이상의 장해가 발생한 경우에는 합산하지 않고 그 중 높은 지급률을 적용함을 원칙으로 한다.
(2) 그러나 각 신체부위별 판정기준에서 별도로 정한 경우에는 그 기준에 따른다.

다. 파생장해의 경우

(1) 하나의 장해가 다른 장해와 통상 파생하는 관계에 있는 경우에는 그 중 높은 지급률만을 적용한다.
(2) 하나의 장해로 둘 이상의 파생장해가 발생하는 경우 각 파생장해의 지급률을 합산한 지급률과 최초 장해의 지급률을 비교하여 그 중 높은 지급률을 적용한다.

> **시험출제 Point**
>
> ▶ 2가지 이상 장해 적용 정리
>   1. 하나의 장해가 2가지 이상의 신체부위에서 평가: 높은 지급률 적용
>   2. 하나의 신체부위에 2가지 이상의 장해 발생: 높은 지급률 적용
>   3. 파생장해: MAX[최초 장해지급률, 파생장해 지급률 합산]

> **관련판례**
>
> **대법원 2016. 10. 27. 선고 2013다90891, 90907 판결**
>
> 갑이 을 보험회사와 체결한 보험계약의 보통약관에서 같은 사고로 2가지 이상의 후유장해가 생긴 경우 후유장해 지급률을 합산하는 것을 원칙으로 하면서 동일한 신체부위에 2가지 이상의 장해가 발생한 경우에는 그중 높은 지급률을 적용하되, '하나의 장해와 다른 장해가 통상 파생하는 관계가 인정되거나, 신경계의 장해로 인하여 다른 신체부위에 장해가 발생한 경우 그중 높은 지급률만 적용한다'는 취지로 정하였는데, 갑이 계단에서 미끄러져 넘어지는 사고로 추간판탈출증을 입고, 그 외에 신경계 장해인 경추척수증 및 경추척수증의 파생 장해인 우측 팔, 우측 손가락, 좌측 손가락의 각 운동장해를 입은 사안
>
> 위 약관조항의 의미는 하나의 장해와 다른 장해 사이에 통상 파생하는 관계가 인정되거나 신경계의 장해로 인하여 다른 신체부위에 장해가 발생한 경우에 그러한 관계가 인정되는 장해 사이에 지급률을 비교하여 그중 높은 지급률만 적용한다는 것일 뿐이고, 신경계의 장해로 인하여 서로 다른 신체부위에 2가지 이상의 후유장해가 발생한 경우에는 특별한 사정이 없는 한 그들 신체부위 장해 사이에는 통상 파생하는 관계에 있다고 보기 어려

워, 이 경우에는 신경계의 장해와 그로 인하여 발생한 다른 신체부위 장해들 사이에서 그중 가장 높은 지급률만 위 각 장해 전체의 후유장해 지급률로 적용할 것이 아니라, **파생된 후유장해의 지급률을 모두 평가해 이를 합산**한 것을 신경계 장해의 지급률과 비교하여 그중 **높은 지급률을 후유장해 지급률로 적용**하는 것이 타당하므로, 위 사고로 인한 갑의 후유장해 지급률은 우측 팔, 우측 손가락 및 좌측 손가락 운동장해의 합산 지급률과 신경계 장해인 경추척수증의 지급률 중 더 높은 지급률을 구한 다음, 그 지급률에 추간판탈출증의 지급률을 합하여 산정하여야 한다.

2 뇌사 및 식물인간 상태

가. 뇌사상태

(1) 뇌사상태란 의학적으로 뇌사판정을 받고 호흡기능과 심장박동 기능을 상실하여 인공심박동기 등 장치에 의존하여 생명을 연장하고 있는 것을 말한다.
(2) 뇌사상태는 장해의 판정대상에 포함하지 않는다.

나. 식물인간상태

(1) 식물인간상태란 의식이 전혀 없고 사지의 자발적인 움직임이 불가능하여 일상생활에서 항시 간호가 필요한 상태를 말한다.
(2) 식물인간상태는 각 신체부위별 판정기준에 따라 평가한다.

3 장해진단서 기재사항

가. 필수 기재사항

(1) 장해진단명 및 발생시기
(2) 장해의 내용과 그 정도
(3) 사고와의 인과관계 및 사고의 관여도
(4) 향후 치료의 문제 및 호전도

나. 신경계·정신행동 장해의 경우 추가 기재사항

(1) 개호(장해로 혼자서 활동이 어려운 사람을 곁에서 돌보는 것)
(2) 객관적 이유 및 개호의 내용

시험출제 Point

▶ **총칙 중요 키워드**
1. 5년 이상 한시장해는 영구장해 지급률의 20%를 적용
2. 동일부위 장해는 높은 지급률을 적용
3. 파생장해: MAX[최초 장해지급률, 파생장해 지급률 합산]
4. 뇌사: 장해 × / 식물인간상태: 장해 ○

알쓸삼잡 (알아두면 쓸모없는 제3보험 잡학지식)

▶ **뇌사와 식물인간**
- 뇌사: 뇌간이 죽은 상태
- 식물인간: 뇌간은 살아 있는 상태

※ **차이점**
- 식물인간은 대뇌 기능이 저하. 뇌사는 뇌간까지 정지한 상태.
- 뇌사는 자발적인 호흡, 심장박동, 호르몬 분비 등이 모두 정지하여 자발적 생명유지 불가능.
- 식물인간은 호흡, 심장박동 등은 기능함. 다만 의식이 없는 상태.
- 전세계적으로 뇌사자가 의식을 회복한 사례는 없음. 식물인간은 간혹 발생함.
- 장기기증도 뇌사자만을 대상으로 함. 식물인간은 장기기증 불가.
- 우리나라에서는 심폐사를 사망으로 보나, 미국이나 유럽에서는 뇌사를 사망으로 보는 경우도 있음

※ **장기등 이식에 관한 법률 제3조**
- "살아있는 사람"이란 사람 중에서 뇌사자를 제외한 사람을 말한다.
- "뇌사자"란 뇌사판정기준 및 뇌사판정절차에 따라 뇌 전체의 기능이 되살아날 수 없는 상태로 정지되었다고 판정된 사람을 말한다.

CHAPTER 2 장해분류별 판정기준

1 눈의 장해

가. 장해의 분류

장해의 분류	지급률
1) 두 눈이 멀었을 때	100
2) 한 눈이 멀었을 때	50
3) 한 눈의 교정시력이 0.02 이하로 된 때	35
4) 한 눈의 교정시력이 0.06 이하로 된 때	25
5) 한 눈의 교정시력이 0.1 이하로 된 때	15
6) 한 눈의 교정시력이 0.2 이하로 된 때	5
7) 한 눈의 안구(눈동자)에 뚜렷한 운동장해나 뚜렷한 조절기능장해를 남긴 때	10
8) 한 눈에 뚜렷한 시야장해를 남긴 때	5
9) 한 눈의 눈꺼풀에 뚜렷한 결손을 남긴 때	10
10) 한 눈의 눈꺼풀에 뚜렷한 운동장해를 남긴 때	5

나. 장해판정기준

1) 시력장해의 경우 공인된 시력검사표에 따라 최소 3회 이상 측정한다.
2) '교정시력'이라 함은 안경(콘택트렌즈를 포함한 모든 종류의 시력 교정수단)으로 교정한 원거리 최대 교정시력을 말한다. 다만, 각막이식술을 받은 환자인 경우 각막이식술 이전의 시력상태를 기준으로 평가한다.
3) '한눈이 멀었을 때'라 함은 안구의 적출은 물론 명암을 가리지 못하거나('광각무') 겨우 가릴 수 있는 경우('광각유')를 말한다.
4) '한눈의 교정시력이 0.02이하로 된 때'라 함은 안전수동(Hand Movement)[1], 안전수지(Finger Counting)[2] 상태를 포함한다.
5) 안구(눈동자) 운동장해의 판정은 질병의 진단 또는 외상 후 1년 이상이 지난 뒤 그 장해 정도를 평가한다.
6) '안구(눈동자)의 뚜렷한 운동장해' 라 함은 아래의 두 경우 중 하나에 해당하는 경우를 말한다.
　　가) 한 눈의 안구(눈동자)의 주시야(머리를 움직이지 않고 눈만을 움직여서 볼 수 있는 범위)의 운동

---

[1] 안전수동: 물체를 감별할 정도의 시력상태가 아니며 눈앞에서 손의 움직임을 식별할 수 있을 정도의 시력상태
[2] 안전수지: 시표의 가장 큰 글씨를 읽을 수 있는 정도의 시력은 아니나 눈 앞 30cm 이내에서 손가락의 개수를 식별할 수 있을 정도의 시력상태

범위가 정상의 1/2 이하로 감소된 경우

　나) 중심 20도 이내에서 복시(물체가 둘로 보이거나 겹쳐 보임)를 남긴 경우

7) '안구(눈동자)의 뚜렷한 조절기능장해'라 함은 조절력이 정상의 1/2 이하로 감소된 경우를 말한다. 다만, 조절력의 감소를 무시할 수 있는 50세 이상(장해진단시 연령 기준)의 경우에는 제외한다.

8) '뚜렷한 시야 장해'라 함은 한 눈의 시야 범위가 정상시야 범위의 60% 이하로 제한된 경우를 말한다. 이 경우 시야검사는 공인된 시야검사방법으로 측정하며, 시야장해 평가 시 자동시야검사계(골드만 시야검사)를 이용하여 8방향 시야범위 합계를 정상범위와 비교하여 평가한다.

9) '눈꺼풀에 뚜렷한 결손을 남긴 때'라 함은 눈꺼풀의 결손으로 눈을 감았을 때 각막(검은 자위)이 완전히 덮이지 않는 경우를 말한다.

10) '눈꺼풀에 뚜렷한 운동장해를 남긴 때'라 함은 눈을 떴을 때 동공을 1/2 이상 덮거나 또는 눈을 감았을 때 각막을 완전히 덮을 수 없는 경우를 말한다.

11) 외상이나 화상 등으로 안구의 적출이 불가피한 경우에는 외모의 추상(추한 모습)이 가산된다. 이 경우 안구가 적출되어 눈자위의 조직요몰(凹沒) 등으로 의안마저 끼워 넣을 수 없는 상태이면 '뚜렷한 추상(추한 모습)'으로, 의안을 끼워 넣을 수 있는 상태이면 '약간의 추상(추한 모습)'으로 지급률을 가산한다.

12) '눈꺼풀에 뚜렷한 결손을 남긴 때'에 해당하는 경우에는 추상(추한 모습)장해를 포함하여 장해를 평가한 것으로 보고 추상(추한 모습)장해를 가산하지 않는다. 다만, 안면부의 추상(추한 모습)은 두 가지 장해평가 방법 중 피보험자에게 유리한 것을 적용한다.

용어설명

▶ **골드만 시야검사**

시야란 눈동자를 움직이지 않고 볼 수 있는 범위를 말하는 것으로 검사에 사용하는 시야계에는 평면시야계, 페르스텔 주변 시야계, 플리커 시야계, 튜빙거 시야계 등이 있다. 자동시야 검사 골드만 시야계는 정교한 시야검사가 가능한 검사로 환자로부터 일정한 거리에 위치하여 오목한 구형의 모습을 하고 있다. 다양한 크기의 강도와 빛이 제시되어 검사를 진행하며, 오랫동안 시야 측정의 주된 검사방법으로 사용되어 왔다.

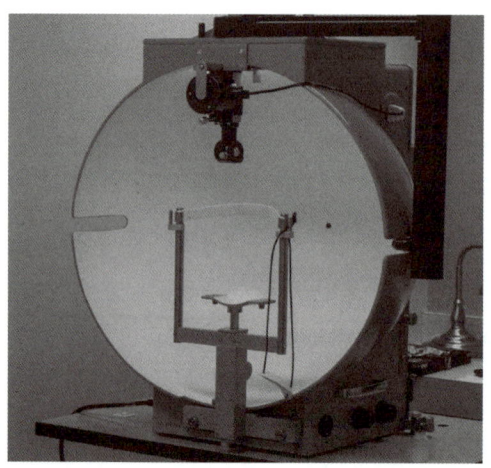

시험출제 Point

▶ 눈의 장해 중요 키워드
1. 광각무, 광각유: 한눈이 멀었을 때
2. 안전수동, 안전수지: 교정시력 0.02 이하
3. 안구의 운동장해는 진단 또는 외상 1년 후 평가
4. 안구 조절기능 장해는 50세 제외, 장해진단시 연령 기준
5. 시야장해는 정상시야 범위 60% 이하
6. 안구적출(50%)+의안삽입 불가(15%)=65%
7. 안구적출(50%)+의안삽입 가능(5%)=55%
8. 눈꺼풀 결손은 추상장해 가산 ×, 높은 것으로 적용

2 귀의 장해

가. 장해의 분류

장해의 분류	지급률
1) 두 귀의 청력을 완전히 잃었을 때	80
2) 한 귀의 청력을 완전히 잃고, 다른 귀의 청력에 심한 장해를 남긴 때	45
3) 한 귀의 청력을 완전히 잃었을 때	25
4) 한 귀의 청력에 심한 장해를 남긴 때	15
5) 한 귀의 청력에 약간의 장해를 남긴 때	5
6) 한 귀의 귓바퀴의 대부분이 결손된 때	10
7) 평형기능에 장해를 남긴 때	10

나. 장해판정기준

1) 청력장해는 순음청력검사 결과에 따라 데시벨(dB: decibel)로서 표시하고 3회 이상 청력검사를 실시한 후 적용한다. 다만, 각 측정치의 결과값 차이가 ±10dB 이상인 경우 청성뇌간반응검사(ABR)를 통해 객관적인 장해 상태를 재평가하여야 한다.
2) '한 귀의 청력을 완전히 잃었을 때'라 함은 순음청력검사 결과 평균순음역치가 90dB 이상인 경우를 말한다.
3) '심한 장해를 남긴 때'라 함은 순음청력검사 결과 평균순음역치가 80dB 이상인 경우에 해당되어, 귀에다 대고 말하지 않고는 큰 소리를 알아듣지 못하는 경우를 말한다.
4) '약간의 장해를 남긴 때'라 함은 순음청력검사 결과 평균순음역치가 70dB 이상인 경우에 해당되어, 50cm 이상의 거리에서는 보통의 말소리를 알아듣지 못하는 경우를 말한다.
5) 순음청력검사를 실시하기 곤란하거나(청력의 감소가 의심되지만 의사소통이 되지 않는 경우, 만 3세 미만의 소아 포함) 검사결과에 대한 검증이 필요한 경우에는 '언어청력검사, 임피던스 청력검사, 청성뇌간반응검사(ABR), 이음향방사검사' 등을 추가실시 후 장해를 평가한다.

> 용어설명
>
> ▶ **순음청력검사(Pure tone audiometry)**
> 인간이 들을 수 있는 범위 중에서 말 소리가 들리는 범위를 한 옥타브마다 한 개의 주파수의 순음을 들려주면서 청력이 어느 정도 손실되었는지 측정하는 검사이다. 전기적으로 순음(125, 250, 500, 1000, 2000, 4000, 8000Hz의 각 주파수)을 발생시켜 각 주파수마다 음의 강도를 조절하여 순음이 들리는 최소의 역치(閾值)를 측정한다. 난청의 정도를 파악하거나 난청의 유형을 평가할 수 있다.
>
> ▶ **언어청력검사(Speech audiometry)**
> 어음청력검사라고도 한다. 난청 정도가 일상적인 의사소통능력에 얼마나 영향을 주는지 파악하기 위한 검사이다. 회화어음에 대한 청력역치와 이해능력을 주로 평가한다. 청력장애 원인 진단을 위한 중요한 보조수단으로 이용된다.
>
> ▶ **임피던스 청력검사(Impedance audiometry)**
> 외이도를 밀폐한 상황에서 외이도 내의 압력을 변화시키면서 특정한 주파수와 강도의 음을 제시할 때 고막에서 반사되는 음향 에너지를 미세마이크로 측정하는 검사이다. 고막과 중이의 운동성과 반사를 확인할 수 있다.
>
> ▶ **청성뇌간반응검사(Auditory brainstem response test, ABR)**
> 소리 자극을 들려주고 이에 대한 청각계로부터의 전달과정을 측정하며, 와우의 모세포에서 발생되는 전기신경자극을 기록하는 검사이다. 신경체의 전기신경자극을 두피에서 기록하여 청력의 손실 유무 및 손실 정도, 유형, 부위를 객관적으로 평가할 수 있다.
>
> ▶ **이음향 방사검사(Otoacoustic emission, OAE)**
> 이음향 방사란 와우 내 외유모세포에서 자발적 혹은 소리 자극에 의하여 증폭되어 발생하는 소리 에너지를 의미한다. 이음향 방사검사는 외유모세포에서 증폭되어 발생된 소리 에너지를 중이와 외이도를 통해 전달되는 음향방사를 측정하는 검사이다. 소요시간이 짧고 간단하며 피검사자의 청각 기능에 영향을 주지 않으므로 신생아에게 주로 이용되며, 실제로 현재 국내에서는 대부분 신생아 출산 후 1개월 이내에 OAE를 시행하고 있다.

다. 귓바퀴의 결손

1) '귓바퀴의 대부분이 결손된 때'라 함은 귓바퀴의 연골부가 1/2 이상 결손된 경우를 말한다.
2) 귓바퀴의 연골부가 1/2 미만 결손이고 청력에 이상이 없으면 외모의 추상(추한 모습)장해로만 평가한다.

라. 평형기능의 장해

1) '평형기능에 장해를 남긴 때'라 함은 전정기관 이상으로 보행 등 일상생활이 어려운 상태로 아래의 평형장해 평가항목별 합산점수가 30점 이상인 경우를 말한다.

항목	내용	점수
검사소견	양측 전정기능 소실	14
	양측 전정기능 감소	10
	일측 전정기능 소실	4
치료병력	장기 통원치료(1년간 12회 이상)	6
	장기 통원치료(1년간 6회 이상)	4
	단기 통원치료(6개월간 6회 이상)	2
	단기 통원치료(6개월간 6회 미만)	0
기능장해 소견	두 눈을 감고 일어서기 곤란하거나 두 눈을 뜨고 10m 거리를 직선으로 걷다가 쓰러지는 경우	20
	두 눈을 뜨고 10m 거리를 직선으로 걷다가 중간에 균형을 잡으려 멈추어야 하는 경우	12
	두 눈을 뜨고 10m 거리를 직선으로 걸을 때 중앙에서 60cm 이상 벗어나는 경우	8

2) 평형기능의 장해는 장해판정 직전 1년 이상 지속적인 치료 후 장해가 고착되었을 때 판정하며, 뇌병변 여부, 전정기능 이상 및 장해상태를 평가하기 위해 아래의 검사들을 기초로 한다.
  가) 뇌영상검사(CT, MRI)
  나) 온도안진검사, 전기안진검사(또는 비디오안진검사) 등

용어설명

▶ 안진검사(tests for nystagmus)

안진(nystagmus)이란 반복적으로 움직이는 안구운동을 말한다. 안진이 발생하는 상황에서 눈을 주시점에서 한쪽으로 이동시키면 뇌가 무의식적으로 눈을 주시점으로 빠르게 다시 옮겨 놓는다. 이러한 현상이 빠르게 반복적으로 일어나면서 어지럼증이 나타난다. 온도안진검사는 외이도에 체온보다 따뜻하거나 찬물을 주입하여 안진을 촉발한 뒤 측정하는 검사이고, 전기안진검사(비디오안전건사)는 적외선 고글을 착용하여 스크린에 나타나는 물체를 바라보는 방법으로 안구의 움직임을 측정하는 검사이다.

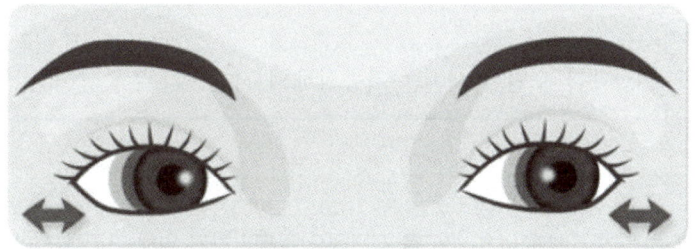

【안진(안구진탕)】

불수의적이고 율동적인 안구운동이 상반되는 2개의 방향으로 규칙적으로 왕복운동을 하는 것

시험출제 Point

▶ 귀의 장해 중요 키워드
1. 90dB: 완전히 잃었을 때
2. 80dB: 심한 장해
3. 70dB: 약간의 장해
4. 귓바퀴 1/2 미만 결손이고 청력 이상 없으면 추상으로만 평가
5. 평형기능장해는 30점 이상, 1년 이상 치료 후 평가

3 코의 장해

가. 장해의 분류

장해의 분류	지급률
1) 코의 호흡기능을 완전히 잃었을 때	15
2) 코의 후각기능을 완전히 잃었을 때	5

나. 장해판정기준

1) '코의 호흡기능을 완전히 잃었을 때'라 함은 일상생활에서 구강호흡의 보조를 받지 않는 상태에서 코로 숨쉬는 것만으로 정상적인 호흡을 할 수 없다는 것이 비강통기도검사 등 의학적으로 인정된 검사로 확인되는 경우를 말한다.
2) '코의 후각기능을 완전히 잃었을 때'라 함은 후각신경의 손상으로 양쪽 코의 후각기능을 완전히 잃은 경우를 말하며, 후각감퇴는 장해의 대상으로 하지 않는다.
3) 양쪽 코의 후각기능은 후각인지검사, 후각역치검사 등을 통해 6개월 이상 고정된 후각의 완전손실이 확인되어야 한다.
4) 코의 추상(추한 모습)장해를 수반한 때에는 기능장해의 지급률과 추상장해의 지급률을 합산한다.

용어설명

▶ 비강 통기도 검사
비강의 막힘을 호소하는 환자에게 막힘 정도를 객관적으로 평가하기 위해 가장 널리 사용되는 검사방법이다. 음파를 발생시키는 기구를 콧구멍에 대고 해당 음파가 반사되어 나오는 신호를 그래프로 그려 확인한다.

▶ 후각검사
후각인지검사(CC-SIT)는 한가지 향을 맡은 뒤에 4가지의 보기 중 1개를 선택하게 하여 정확하게 맞춘 점수를 측정하는 검사방법이다. 후각역치검사(Olfactory threshold test)는 아무런 냄새도 나지 않는 유리병과 각기 다른 농도의 용액(보통 13가지를 사용한다)이 들어있는 유리병을 번갈아 가며 냄새를 맡게 하여, 환자가 맡을 수 있는 가장 낮은 농도의 냄새를 알아보는 검사방법이다.

시험출제 Point

▶ 코의 장해 중요 키워드
1. 호흡 15%, 후각 5%
2. 후각은 6개월 이상 고정된 후각 손실
3. 코의 장해와 추상장해는 합산

4 씹어먹거나 말하는 장해

가. 장해의 분류

장해의 분류	지급률
1) 씹어먹는 기능과 말하는 기능 모두에 심한 장해를 남긴 때	100
2) 씹어먹는 기능에 심한 장해를 남긴 때	80
3) 말하는 기능에 심한 장해를 남긴 때	60
4) 씹어먹는 기능과 말하는 기능 모두에 뚜렷한 장해를 남긴 때	40
5) 씹어먹는 기능 또는 말하는 기능에 뚜렷한 장해를 남긴 때	20
6) 씹어먹는 기능과 말하는 기능 모두에 약간의 장해를 남긴 때	10
7) 씹어먹는 기능 또는 말하는 기능에 약간의 장해를 남긴 때	5
8) 치아에 14개 이상의 결손이 생긴 때	20
9) 치아에 7개 이상의 결손이 생긴 때	10
10) 치아에 5개 이상의 결손이 생긴 때	5

나. 장해의 평가기준

1) 씹어먹는 기능의 장해는 윗니(상악치아)와 아랫니(하악치아)의 맞물림(교합), 배열상태 및 아래턱의 개구운동, 삼킴(연하)운동 등에 따라 종합적으로 판단하여 결정한다.
2) '씹어먹는 기능에 심한 장해를 남긴 때'라 함은 심한 개구운동 제한이나 저작운동 제한으로 물이나 이에 준하는 음료 이외는 섭취하지 못하는 경우를 말한다.
3) '씹어먹는 기능에 뚜렷한 장해를 남긴 때' 라 함은 아래의 경우 중 하나 이상에 해당되는 때를 말한다.
    가) 뚜렷한 개구운동 제한 또는 뚜렷한 저작운동 제한으로 미음 또는 이에 준하는 정도의 음식물(죽 등)이외는 섭취하지 못하는 경우
    나) 위·아래턱(상·하악)의 가운데 앞니(중절치)간 최대 개구운동이 1cm 이하로 제한되는 경우
    다) 위·아래턱(상·하악)의 부정교합(전방, 측방)이 1.5cm 이상인 경우
    라) 1개 이하의 치아만 교합되는 상태
    마) 연하기능검사(비디오 투시검사)상 연하장애가 있고, 유동식 섭취 시 흡인이 발생하고 연식 외에는 섭취가 불가능한 상태
4) '씹어먹는 기능에 약간의 장해를 남긴 때'라 함은 아래의 경우 중 하나 이상에 해당되는 때를 말한다.

가) 약간의 개구운동 제한 또는 약간의 저작운동 제한으로 부드러운 고형식(밥, 빵 등)만 섭취 가능한 경우
　　나) 위·아래턱(상·하악)의 가운데 앞니(중절치)간 최대 개구운동이 2cm 이하로 제한되는 경우
　　다) 위·아래턱(상·하악)의 부정교합(전방, 측방)이 1cm 이상인 경우
　　라) 양측 각 1개 또는 편측 2개 이하의 치아만 교합되는 상태
　　마) 연하기능검사(비디오 투시검사)상 연하장애가 있고, 유동식 섭취시 간헐적으로 흡인이 발생하고 부드러운 고형식 외에는 섭취가 불가능한 상태
5) 개구장해는 턱관절의 이상으로 개구운동 제한이 있는 상태를 말하며, 최대 개구상태에서 위·아래턱(상·하악)의 가운데 앞니(중절치)간 거리를 기준으로 한다. 단, 가운데 앞니(중절치)가 없는 경우에는 측정가능한 인접 치아간 거리의 최대치를 기준으로 한다.
6) 부정교합은 위턱(상악)과 아래턱(하악)의 부조화로 윗니(상악치아)와 아랫니(하악치아)가 전방 및 측방으로 맞물림에 제한이 있는 상태를 말한다.
7) '말하는 기능에 심한 장해를 남긴 때'라 함은 아래의 경우 중 하나 이상에 해당되는 때를 말한다.
　　가) 언어평가상 자음정확도가 30% 미만인 경우
　　나) 전실어증, 운동성실어증(브로카실어증)으로 의사소통이 불가한 경우
8) '말하는 기능에 뚜렷한 장해를 남긴 때'라 함은 아래의 경우 중 하나 이상에 해당되는 때를 말한다.
　　가) 언어평가상 자음정확도가 50% 미만인 경우
　　나) 언어평가상 표현언어지수 25 미만인 경우
9) '말하는 기능에 약간의 장해를 남긴 때'라 함은 아래의 경우 중 하나 이상에 해당되는 때를 말한다.
　　가) 언어평가상 자음정확도가 75% 미만인 경우
　　나) 언어평가상 표현언어지수 65 미만인 경우
10) 말하는 기능의 장해는 1년 이상 지속적인 언어치료를 시행한 후 증상이 고착되었을 때 평가하며, 객관적인 검사를 기초로 평가한다.
11) 뇌·중추신경계 손상(정신·인지기능 저하, 편마비 등)으로 인한 말하는 기능의 장해(실어증, 구음장애) 또는 씹어먹는 기능의 장해는 신경계·정신행동 장해 평가와 비교하여 그 중 높은 지급률 하나만 인정한다.
12) '치아의 결손'이란 치아의 상실 또는 발치된 경우를 말하며, 치아의 일부 손상으로 금관치료(크라운 보철수복)를 시행한 경우에는 치아의 일부 결손을 인정하여 1/2개 결손으로 적용한다.
13) 보철치료를 위해 발치한 정상치아, 노화로 인해 자연 발치된 치아, 보철(복합레진, 인레이, 온레이 등)한 치아, 기존 의치(틀니, 임플란트 등)의 결손은 치아의 상실로 인정하지 않는다.
14) 상실된 치아의 크기가 크든지 또는 치간의 간격이나 치아 배열구조 등의 문제로 사고와 관계없이 새로운 치아가 결손된 경우에는 사고로 결손된 치아 수에 따라 지급률을 결정한다.
15) 어린이의 유치는 향후에 영구치로 대체되므로 후유장해의 대상이 되지 않으나, 선천적으로 영구치 결손이 있는 경우에는 유치의 결손을 후유장해로 평가한다.

16) 가철성 보철물(신체의 일부에 붙였다 떼었다 할 수 있는 틀니 등)의 파손은 후유장해의 대상이 되지 않는다.

용어설명

▶ **교합**
입을 다물었을 때 생기는 윗니와 아랫니의 접촉상태를 말한다.

▶ **실어증**
발성기관 또는 귀의 외상이 없는 상태에서 뇌의 병소나 손상으로 인하여 언어를 이해하거나 관념을 언어로 표현하는 능력이 상실된 상태를 말한다. 유형에 따라 다음과 같이 구분할 수 있다.
  1) 전실어증(총체적 실어증, Global aphasia): 말하는 능력, 이해하는 능력, 표현하는 능력이 모두 소실된 상태
  2) 운동성 실어증(브로카 실어증, Broca's aphasia): 무슨 말을 해야 할지는 알지만 운동능력이 상실되어 소리를 만들지 못하는 상태
  3) 감각성 실어증(베르니케 실어증, Wernicke's aphasia): 말은 유창하게 잘하나 다른 사람이 말하는 것을 알아듣지 못하고 엉뚱한 말을 계속 늘어놓는 상태. 운동성 실어증과 반대되는 개념으로 이해하면 된다. 몸짓 등 행동을 통한 의사소통은 가능하나 청각적인 처리(말소리)는 이해하지 못한다.
  4) 건망성 실어증(Anomic aphasia): 말을 듣고 이해할 수는 있으나 말을 하고자 할 때 사물의 이름 따위가 생각나지 않아 이것저것 말을 장황하게 늘어놓는 상태. 보통 실어증 중 경미한 유형으로 구분하며 실제로 언어 이해도 좋고 유창하게 말을 하는 것도 가능하다.

▶ **금관치료(크라운 보철수복)**
금(gold) 또는 금속(metal) 보철물을 치아에 끼우는 것을 말한다. 치아가 보이는 부분을 크라운이라고 부르며 크라운에 금관(gold or metal)으로 보철 치료를 하는 것으로 생각하면 된다.

▶ **복합레진**
유기질 고분자와 무기질 충진재로 구성된 혼합물질을 말한다. 예전에는 치과용 수복재로 씹는 기능의 높은 강도를 견디기 위해 금이나, 아말감 등을 사용했으나 이들 재료는 치아의 색이 자연스럽지 않아 어색하다는 단점이 있었다. 복합레진은 금에 비하여 저렴하며 심미적으로도 치아색과 유사하여 최근 많이 사용되고 있다.

▶ **인레이, 온레이**
치아의 손상된 부위를 대신하여 씹는 면의 일부분을 레진이나 도자기 등으로 채워 넣는 치료이다. 치아의 손상된 부분에만 채우면 인레이라고 하며, 씹는 교합면의 볼록한 부분까지 넓게 커버해야 한다면 온레이라고 부른다.

▶ **유치**
젖니라고도 하며 영구치가 나기 전에 유아 및 어린아이에게서 성인의 영구치와 같은 기능을 하는 치아이다. 총 20개이다. 유치는 영구치가 날 자리를 지켜주어 차후 영구치가 제자리에 날 수 있도록 도와주는 역할을 한다.

▶ **흡인(aspiration)**
인체의 기도(airway)와 식도(esophagus)는 그 기능이 다르나 해부학적으로는 매우 근접하여 위치하고 있다. 따라서 외부로부터 들어온 음식물 등이 식도가 아닌 기도로 넘어가는 경우가 간혹 발생한다. 이런 경우에 보통 기침 반사가 일어나서 해당 이물질이 폐로 들어가는 것을 방지하는데 이런 과정을 흡인(aspiration)이라고 한다. 흔히 '사레 들린다'라는 표현으로 이해하면 쉽다.

> **시험출제 Point**
>
> ▶ 씹어먹거나 말하는 장해 중요 키워드
> 1. 물 음료: 심한장해
> 2. 미음 죽: 뚜렷한 장해
> 3. 밥 빵: 약간의 장해
> 4. 자음정확도 30%, 실어증: 심한 장해
> 5. 자음정확도 50%, 언어지수 25: 뚜렷한 장해
> 6. 자음정확도 75%, 언어지수 65: 약간의 장해
> 7. 말하는 장해는 1년 이상 치료 후 평가
> 8. 치아 일부손상으로 금관치료 했으면 1/2 결손으로 적용

5 외모의 추상(추한 모습)장해

가. 장해의 분류

장해의 분류	지급률
1) 외모에 뚜렷한 추상(추한 모습)을 남긴 때	15
2) 외모에 약간의 추상(추한 모습)을 남긴 때	5

나. 장해판정기준

1) '외모'란 얼굴(눈, 코, 귀, 입 포함), 머리, 목을 말한다.
2) '추상(추한 모습)장해'라 함은 성형수술(반흔성형술, 레이저치료 등 포함)을 시행한 후에도 영구히 남게 되는 상태의 추상(추한 모습)을 말한다.
3) '추상(추한 모습)을 남긴 때'라 함은 상처의 흔적, 화상 등으로 피부의 변색, 모발의 결손, 조직(뼈, 피부 등)의 결손 및 함몰 등으로 성형수술을 하여도 더 이상 추상(추한 모습)이 없어지지 않는 경우를 말한다.
4) 다발성 반흔 발생시 각 판정부위(얼굴, 머리, 목) 내의 다발성 반흔의 길이 또는 면적은 합산하여 평가한다. 단, 길이가 5mm 미만의 반흔은 합산대상에서 제외한다.
5) 추상(추한 모습)이 얼굴과 머리 또는 목 부위에 걸쳐 있는 경우에는 머리 또는 목에 있는 흉터의 길이 또는 면적의 1/2을 얼굴의 추상(추한 모습)으로 보아 산정한다.

다. 뚜렷한 추상(추한 모습)

1) 얼굴

    가) 손바닥 크기 1/2 이상의 추상(추한 모습)
    나) 길이 10cm 이상의 추상 반흔(추한 모습의 흉터)
    다) 지름 5cm 이상의 조직함몰
    라) 코의 1/2 이상 결손

2) 머리

　가) 손바닥 크기 이상의 반흔(흉터) 및 모발결손
　나) 머리뼈의 손바닥 크기 이상의 손상 및 결손

3) 목

　손바닥 크기 이상의 추상(추한 모습)

라. 약간의 추상(추한 모습)

1) 얼굴

　가) 손바닥 크기 1/4 이상의 추상(추한 모습)
　나) 길이 5cm 이상의 추상반흔(추한 모습의 흉터)
　다) 지름 2cm 이상의 조직함몰
　라) 코의 1/4 이상 결손

2) 머리

　가) 손바닥 크기 1/2 이상의 반흔(흉터) 및 모발결손
　나) 머리뼈의 손바닥 크기 1/2 이상의 손상 및 결손

3) 목

　손바닥 크기 1/2 이상의 추상(추한 모습)

마. 손바닥 크기

'손바닥 크기'라 함은 해당 환자의 손가락을 제외한 손바닥의 크기를 말하며, 12세 이상의 성인에서는 8×10cm(1/2 크기는 40㎠, 1/4 크기는 20㎠), 6~11세의 경우는 6×8cm(1/2 크기는 24㎠, 1/4 크기는 12㎠), 6세 미만의 경우는 4×6cm(1/2 크기는 12㎠, 1/4 크기는 6㎠)로 간주한다.

 시험출제 Point

▶ 추상 장해 중요 키워드
　1. 다발성 반흔은 합산, 다만 5mm 미만은 제외
　2. 얼굴과 머리 목에 걸쳐 있는 경우, 머리 또는 목의 1/2를 얼굴에 합산
　3-1. 얼굴 뚜렷한 추상(15%): 손바닥 1/2, 길이 10cm, 지름 5cm, 코1/2
　3-2. 얼굴 약간의 추상(5%): 손바닥 1/4, 길이 5cm, 지름 2cm, 코1/4
　4-1. 머리 목 뚜렷한 추상(15%): 손바닥
　4-2. 머리 목 약간의 추상(5%): 손바닥 1/2

6 척추(등뼈)의 장해

가. 장해의 분류

장해의 분류	지급률
1) 척추(등뼈)에 심한 운동장해를 남긴 때	40
2) 척추(등뼈)에 뚜렷한 운동장해를 남긴 때	30
3) 척추(등뼈)에 약간의 운동장해를 남긴 때	10
4) 척추(등뼈)에 심한 기형을 남긴 때	50
5) 척추(등뼈)에 뚜렷한 기형을 남긴 때	30
6) 척추(등뼈)에 약간의 기형을 남긴 때	15
7) 추간판탈출증으로 인한 심한 신경 장해	20
8) 추간판탈출증으로 인한 뚜렷한 신경 장해	15
9) 추간판탈출증으로 인한 약간의 신경 장해	10

나. 장해판정기준

1) 척추(등뼈)는 경추에서 흉추, 요추, 제1천추까지를 동일한 부위로 한다. 제2천추 이하의 천골 및 미골은 체간골의 장해로 평가한다.
2) 척추(등뼈)의 기형장해는 척추체(척추뼈 몸통을 말하며, 횡돌기 및 극돌기는 제외한다. 이하 이 신체부위에서 같다)의 압박률 또는 척추체(척추뼈 몸통)의 만곡 정도에 따라 평가한다.
   가) 척추체(척추뼈 몸통)의 만곡변화는 객관적인 측정방법(Cobb's Angle)에 따라 골절이 발생한 척추체(척추뼈 몸통)의 상·하 인접 정상 척추체(척추뼈 몸통)를 포함하여 측정하며, 생리적 정상 만곡을 고려하여 평가한다.
   나) 척추(등뼈)의 기형장해는 척추체(척추뼈 몸통)의 압박률, 골절의 부위 등을 기준으로 판정한다. 척추체(척추뼈 몸통)의 압박률은 인접 상·하부[인접 상·하부 척추체(척추뼈 몸통)에 진구성 골절이 있거나, 다발성 척추골절이 있는 경우에는 골절된 척추와 가장 인접한 상·하부] 정상 척추체(척추뼈 몸통)의 전방 높이의 평균에 대한 골절된 척추체(척추뼈 몸통) 전방 높이의 감소비를 압박률로 정한다.
   다) 척추(등뼈)의 기형장해는 「산업재해보상보험법 시행규칙」상 경추부, 흉추부, 요추부로 구분하여 각각을 하나의 운동단위로 보며, 하나의 운동단위 내에서 여러 개의 척추체(척추뼈 몸통)에 압박골절이 발생한 경우에는 각 척추체(척추뼈 몸통)의 압박률을 합산하고, 두 개 이상의 운동단위에서 장해가 발생한 경우에는 그 중 가장 높은 지급률을 적용한다.
3) 척추(등뼈)의 장해는 퇴행성 기왕증 병변과 사고가 그 증상을 악화시킨 부분만큼, 즉 이 사고와의 관여도를 산정하여 평가한다.
4) 추간판탈출증으로 인한 신경 장해는 수술 또는 시술(비수술적 치료) 후 6개월 이상 지난 후에 평가한다.
5) 신경학적 검사상 나타난 저린감이나 방사통 등 신경자극증상의 원인으로 CT, MRI 등 영상검사에서

추간판탈출증이 확인된 경우를 추간판탈출증으로 진단하며, 수술 여부에 관계없이 운동장해 및 기형 장해로 평가하지 않는다.

6) 심한 운동장해란 다음 중 어느 하나에 해당하는 경우를 말한다.
    가) 척추체(척추뼈 몸통)에 골절 또는 탈구로 4개 이상의 척추체(척추뼈 몸통)를 유합(아물어 붙음) 또는 고정한 상태
    나) 머리뼈(두개골), 제1경추, 제2경추를 모두 유합 또는 고정한 상태
7) 뚜렷한 운동장해란 다음 중 어느 하나에 해당하는 경우를 말한다.
    가) 척추체(척추뼈 몸통)에 골절 또는 탈구로 3개의 척추체(척추뼈 몸통)를 유합(아물어 붙음) 또는 고정한 상태
    나) 머리뼈(두개골)와 제1경추 또는 제1경추와 제2경추를 유합 또는 고정한 상태
    다) 머리뼈(두개골)와 상위목뼈(상위경추: 제1, 2경추) 사이에 CT 검사 상, 두개 대후두공의 기저점(basion)과 축추 치돌기 상단사이의 거리(BDI: Basion-Dental Interval)에 뚜렷한 이상전위가 있는 상태
    라) 상위목뼈(상위경추: 제1, 2경추) CT 검사상, 환추 전방 궁(arch)의 후방과 치상돌기의 전면과의 거리(ADI: Atlanto-Dental Interval)에 뚜렷한 이상전위가 있는 상태
8) 약간의 운동장해
    머리뼈(두개골)와 상위목뼈(상위경추: 제1, 2경추)를 제외한 척추체(척추뼈 몸통)에 골절 또는 탈구로 2개의 척추체(척추뼈 몸통)를 유합(아물어 붙음) 또는 고정한 상태
9) 심한 기형이란 다음 중 어느 하나에 해당하는 경우를 말한다.
    가) 척추(등뼈)의 골절 또는 탈구 등으로 35° 이상의 척추전만증(척추가 앞으로 휘어지는 증상), 척추후만증(척추가 뒤로 휘어지는 증상) 또는 20° 이상의 척추측만증(척추가 옆으로 휘어지는 증상) 변형이 있을 때
    나) 척추체(척추뼈 몸통) 한 개의 압박률이 60% 이상인 경우 또는 한 운동단위 내에 두 개 이상 척추체(척추뼈 몸통)의 압박골절로 각 척추체(척추뼈 몸통)의 압박률의 합이 90% 이상일 때
10) 뚜렷한 기형이란 다음 중 어느 하나에 해당하는 경우를 말한다.
    가) 척추(등뼈)의 골절 또는 탈구 등으로 15° 이상의 척추전만증(척추가 앞으로 휘어지는 증상), 척추후만증(척추가 뒤로 휘어지는 증상) 또는 10° 이상의 척추측만증(척추가 옆으로 휘어지는 증상) 변형이 있을 때
    나) 척추체(척추뼈 몸통) 한 개의 압박률이 40% 이상인 경우 또는 한 운동단위 내에 두 개 이상 척추체(척추뼈 몸통)의 압박골절로 각 척추체(척추뼈 몸통)의 압박률의 합이 60% 이상일 때
11) 약간의 기형이란 다음 중 어느 하나에 해당하는 경우를 말한다.
    가) 1개 이상의 척추(등뼈)의 골절 또는 탈구로 경도(가벼운 정도)의 척추전만증(척추가 앞으로 휘어지는 증상), 척추후만증(척추가 뒤로 휘어지는 증상) 또는 척추측만증(척추가 옆으로 휘어지는 증상) 변형이 있을 때

나) 척추체(척추뼈 몸통) 한 개의 압박률이 20% 이상인 경우 또는 한 운동단위 내에 두 개 이상 척추체(척추뼈 몸통)의 압박골절로 각 척추체(척추뼈 몸통)의 압박률의 합이 40% 이상일 때

12) '추간판탈출증으로 인한 심한 신경 장해'란 추간판탈출증으로 추간판을 2마디 이상(또는 1마디 추간판에 대해 2회 이상) 수술하고도 마미신경증후군이 발생하여 하지의 현저한 마비 또는 대소변의 장해가 있는 경우

13) '추간판탈출증으로 인한 뚜렷한 신경 장해'란 추간판탈출증으로 추간판 1마디를 수술하고도 신경생리검사에서 명확한 신경근병증의 소견이 지속되고 척추신경근의 불완전 마비가 인정되는 경우

14) '추간판탈출증으로 인한 약간의 신경 장해'란 추간판탈출증이 확인되고 신경생리검사에서 명확한 신경근병증의 소견이 지속되는 경우

용어설명

▶ **척추(spine, vertebral column)**

척추는 7개의 목뼈(경추), 12개의 등뼈(흉추), 5개의 허리뼈(요추) 등으로 구분한다. 경추는 유연성은 뛰어나지만 크기가 작고 무거운 머리를 지탱해야 하기 때문에 뼈와 신경이 복잡하게 얽혀 있고 안정성이 약하므로 추간판이 튀어나올 확률이 높다. 흉추는 12개의 뼈로 다른 척추들에 비하여 움직임이 적고 안정적이어서 추간판 탈출 확률이 극히 적다. 요추는 상체의 무게를 지탱해야 하므로 추골 중 가장 굵고 크며 상체의 움직임을 위해 유연하므로 퇴행이 빠르게 진행된다. 그 밖에 엉치뼈라고 부르는 천추도 있다.

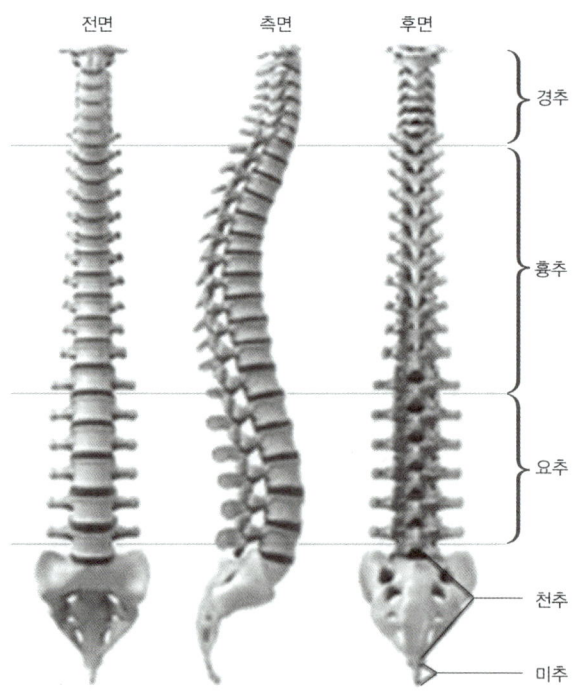

▶ **추간판탈출증(herniated intervertebral disc, HIVD)**
추간판은 흔히 디스크라고 부르는 것으로 척추의 뼈와 뼈 사이에 충격을 흡수하고 완충 역할을 한다. 추간판은 80%의 수분성분과 젤리처럼 생긴 수핵 및 섬유테로 구성되어 있다. 보통 나이가 들어감에 따라 수분 함량이 감소되어 탄력성이 떨어지고 퇴행성 변화를 겪게 되는데 이런 상태에서 외부적인 자극이 가해져 추간판이 제자리를 벗어나면 추간판탈출증이라고 한다. 제자리에서 이탈한 추간판은 주변의 신경근을 자극하여 통증(방사통)을 유발하는 경우가 많다.

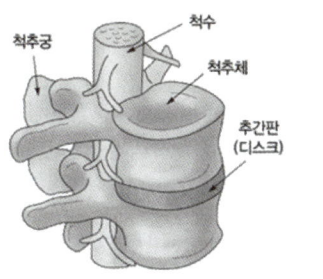

【척추뼈의 구조】　　　　【추간판 탈출증】

▶ **환추(제1번 경추, Atlas)**
고리뼈라고 부른다. 환추는 고리 모양으로 되어 있으며 두개골을 받치고 있는 뼈(그래서 평생 하늘을 떠받치는 형벌을 받고 있는 그리스 신화의 아틀라스, Atlas라고 부른다)이다. 다른 척추와는 달리 몸통이 없고 그 부분이 비어 있는 고리형태로 되어 있다. 머리를 끄덕이거나 좌우로 굽히는 운동에 관여한다.

▶ **축추(제2번 경추, Axis)**
중쇠뼈라고도 부른다. 축추를 뒤에서 보면 위쪽으로 솟아 있는 돌기가 있는데 이를 치돌기(치아돌기, Dens)라고 한다. 환추의 몸통 부분에 축추의 치돌기가 결합되어 머리를 회전할 수 있도록 한다.

▶ **대후두공(Occipital foramen, 大後頭孔)**
두개골 뒤쪽 아래 부분에 있는 큰 구멍이다. 뇌가 위치한 두개강, 척수가 위치한 척수관이 서로 이어져 있다.

▶ **콥스앵글(Cobb's Angle)**
척추의 변형(휘어짐)을 측정하는 방식으로 미국 정형외과 의사인 존 로버트 콥(John Robert Cobb)이 제안하였다. 척추의 곡면 중 가장 기울어진 상단과 하단에서 선을 긋고 그어진 선이 교차하는 부분(혹은 그어진 선의 수직점이 교차하는 부분)의 각도를 말한다. 척추의 만곡을 측정하는 또다른 방법에는 국소후만각 측정 방식도 있다. 국소후만각은 골절된 척추체 자체의 위아래 각도를 측정하는 방식이다. 장해분류표에서는 좀 더 객관적인 평가방법인 콥스앵글을 기준으로 장해를 평가하도록 규정하고 있다.

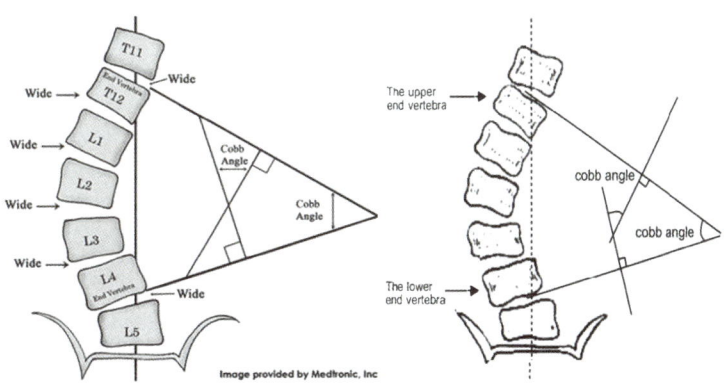

▶ **마미신경증후군(cauda equina syndrome, 馬尾症候群)**
요추 신경근이 압박되어 골반내 장기가 기능을 제대로 발휘하지 못하고, 하지의 감각이상과 운동마비를 가져오는 질환을 말한다. 제4-5번 요추 혹은 제5번 요추-제1번 천추 사이의 추간판탈출증이 가장 흔한 원인이다.

 시험출제 Point

▶ 척추의 장해 중요 키워드
1. 경추, 흉추, 요추, 제1천추가 척추 / 제2천추부터는 체간골
2. 기형장해는 경추, 흉추, 요추를 구분해서 하나의 단위 내에서는 합산, 다른 단위에서는 높은 것 적용
3. 척추에서는 사고 관여도 산정 가능. 즉 다른부위 장해는 관여도 산정 불가
4. 추간판탈출증 장해는 수술 또는 시술 후 6개월 지난 후 평가
5-1. 심한 운동장해(40%): 척추체 4개 or 머리뼈+제1경추+제2경추
5-2. 뚜렷한 운동장해(30%): 척추체 3개 or 머리뼈+제1경추 or 제1경추+제2경추
5-3. 약간의 운동장해(10%): 척추체 2개
6-1. 심한 기형(50%): 35도 전후만, 20도 측만, 하나 압박률 60%, 둘 이상 압박률 90%
6-2. 뚜렷한 기형(30%): 15도 전후만, 10도 측만, 하나 압박률 40%, 둘 이상 압박률 60%
6-3. 약간의 기형(15%): 변형 있으면, 하나 압박률 20%, 둘이상 압박률 40%
7-1. 심한 추간판탈출증(20%): 2개 척추체 수술
7-2. 뚜렷한 추간판탈출증(15%): 1개 척추체 수술
7-3. 약간의 추간판탈출증(10%): 탈출증 있으면

7 체간골의 장해

가. 장해의 분류

장해의 분류	지급률
1) 어깨뼈(견갑골)나 골반뼈(장골, 제2천추 이하의 천골, 미골, 좌골 포함)에 뚜렷한 기형을 남긴 때	15
2) 빗장뼈(쇄골), 가슴뼈(흉골), 갈비뼈(늑골)에 뚜렷한 기형을 남긴 때	10

나. 장해판정기준

1) '체간골'이라 함은 어깨뼈(견갑골), 골반뼈(장골, 제2천추 이하의 천골, 미골, 좌골 포함), 빗장뼈(쇄골), 가슴뼈(흉골), 갈비뼈(늑골)를 말하며 이를 모두 동일한 부위로 본다.
2) '골반뼈의 뚜렷한 기형'이라 함은 아래의 경우 중 하나에 해당하는 때를 말한다.
    가) 천장관절 또는 치골문합부가 분리된 상태로 치유되었거나 좌골이 2.5cm 이상 분리된 부정유합 상태
    나) 육안으로 변형(결손을 포함)을 명백하게 알 수 있을 정도로 방사선 검사로 측정한 각(角) 변형이 20° 이상인 경우
    다) 미골의 기형은 골절이나 탈구로 방사선 검사로 측정한 각(角) 변형이 70° 이상 남은 상태
3) '빗장뼈(쇄골), 가슴뼈(흉골), 갈비뼈(늑골), 어깨뼈(견갑골)에 뚜렷한 기형이 남은 때'라 함은 방사선 검사로 측정한 각(角) 변형이 20° 이상인 경우를 말한다.
4) 갈비뼈(늑골)의 기형은 그 개수와 정도, 부위 등에 관계없이 전체를 일괄하여 하나의 장해로 취급한다. 다발성늑골 기형의 경우 각각의 각(角) 변형을 합산하지 않고 그 중 가장 높은 각(角) 변형을 기준으로 평가한다.

> **용어설명**
>
> ▶ **천장관절(薦腸關節)**
> 천장관절은 골반에서 엉치뼈(천골)와 엉덩뼈(장골)가 만나는 부분이다. 임신과 출산 혹은 낙상으로 엉덩방아를 찧은 경우, 다리를 꼬는 자세 등으로 천장관절 주변의 인대가 손상되면 관절의 불안정성이 야기되고 이로 인해 허리 및 골반의 통증이 나타날 수 있으며, 이를 천장관절증후군이라고 부른다.
>
> ▶ **치골문합부**
> 엉덩뼈(장골)의 앞쪽에서 골반을 에워싸고 있는 좌우의 두덩뼈(치골)가 결합하는 부분이다. 평소에는 1~2mm의 간격으로 유지되었다가 임신 중에는 자궁 크기의 변화로 3~7mm까지 증가하며 분만시 최대로 벌어져 자연분만을 가능하게 한다.

시험출제 Point

▶ 체간골의 장해 중요 키워드
  1. 어깨, 골반: 15%
  2. 빗장, 가슴, 갈비: 10%
  3. 미골 기형은 70도 이상, 나머지는 20도 이상
  4. 다발성 갈비뼈 기형은 합산×, 높은 것만 적용

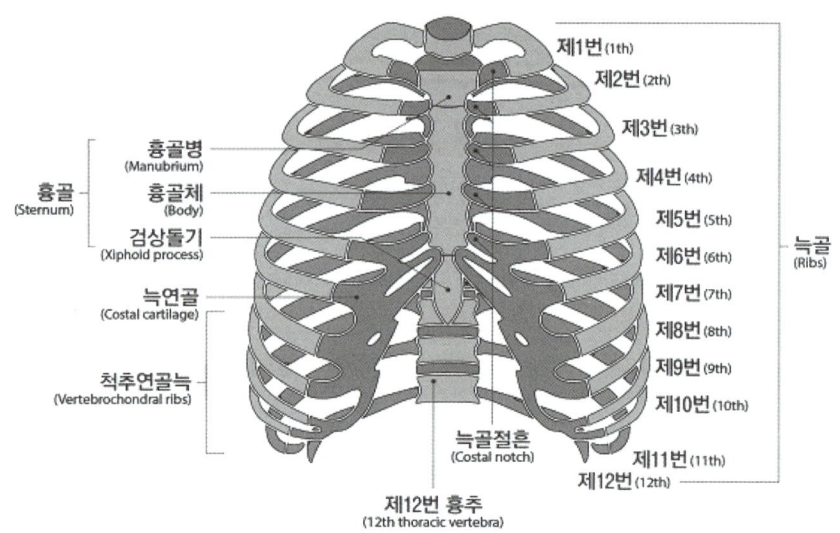

【가슴뼈】

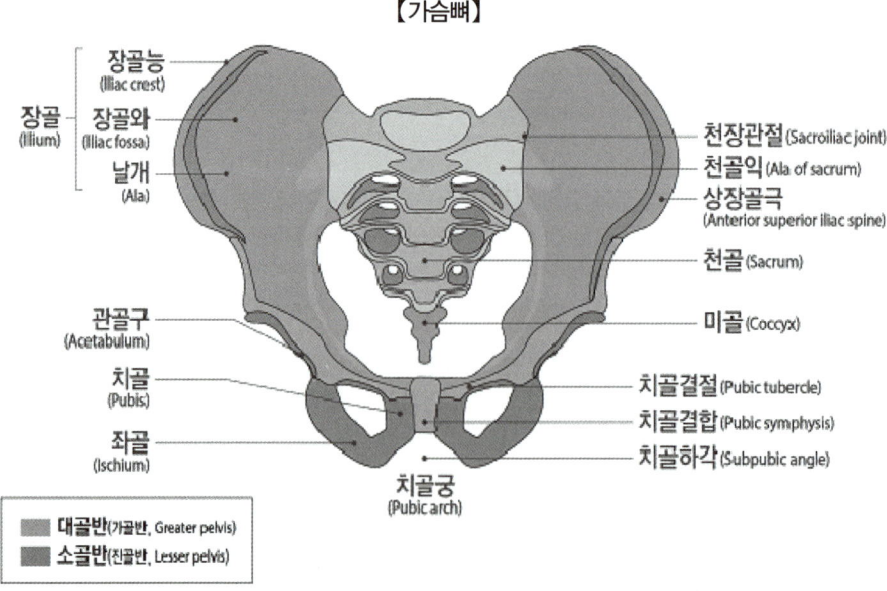

【골반뼈】

8 팔의 장해

가. 장해의 분류

장해의 분류	지급률
1) 두 팔의 손목 이상을 잃었을 때	100
2) 한 팔의 손목 이상을 잃었을 때	60
3) 한 팔의 3대 관절 중 관절 하나의 기능을 완전히 잃었을 때	30
4) 한 팔의 3대 관절 중 관절 하나의 기능에 심한 장해를 남긴 때	20
5) 한 팔의 3대 관절 중 관절 하나의 기능에 뚜렷한 장해를 남긴 때	10
6) 한 팔의 3대 관절 중 관절 하나의 기능에 약간의 장해를 남긴 때	5
7) 한 팔에 가관절이 남아 뚜렷한 장해를 남긴 때	20
8) 한 팔에 가관절이 남아 약간의 장해를 남긴 때	10
9) 한 팔의 뼈에 기형을 남긴 때	5

나. 장해판정기준

1) 골절부에 금속내고정물 등을 사용하였기 때문에 그것이 기능장해의 원인이 되는 때에는 그 내고정물 등이 제거된 후 장해를 평가한다. 단, 제거가 불가능한 경우에는 고정물 등이 있는 상태에서 장해를 평가한다.
2) 관절을 사용하지 않아 발생한 일시적인 기능장해(예를 들면 캐스트로 환부를 고정시켰기 때문에 치유 후의 관절에 기능장해가 발생한 경우)는 장해로 평가하지 않는다.
3) '팔'이라 함은 어깨관절(견관절)부터 손목관절(완관절)까지를 말한다.
4) '팔의 3대 관절'이라 함은 어깨관절(견관절), 팔꿈치관절(주관절), 손목관절(완관절)을 말한다.
5) '한 팔의 손목 이상을 잃었을 때'라 함은 손목관절(완관절)부터(손목관절 포함) 심장에 가까운 쪽에서 절단된 때를 말하며, 팔꿈치관절(주관절) 상부에서 절단된 경우도 포함한다.
6) 팔의 관절기능장해 평가는 팔의 3대 관절의 관절운동범위 제한 등으로 평가한다.
   가) 각 관절의 운동범위 측정은 장해평가시점의 「산업재해보상보험법 시행규칙」 제47조 제1항 및 제3항의 정상인의 신체 각 관절에 대한 평균 운동가능영역을 기준으로 정상각도 및 측정방법 등을 따른다.
   나) 관절기능장해를 표시할 경우 장해부위의 장해각도와 정상부위의 측정치를 동시에 판단하여 장해상태를 명확히 한다. 단, 관절기능장해가 신경손상으로 인한 경우에는 운동범위 측정이 아닌 근력 및 근전도 검사를 기준으로 평가한다.
7) '관절 하나의 기능을 완전히 잃었을 때'라 함은 아래의 경우 중 하나에 해당하는 경우를 말한다.
   가) 완전 강직(관절굳음)
   나) 근전도 검사상 완전손상(complete injury) 소견이 있으면서 도수근력검사(MMT)에서 근력이 '0등급(zero)'인 경우

8) '관절 하나의 기능에 심한 장해를 남긴 때'라 함은 아래의 경우 중 하나에 해당하는 경우를 말한다.
   가) 해당 관절의 운동범위 합계가 정상 운동범위의 1/4 이하로 제한된 경우
   나) 인공관절이나 인공골두를 삽입한 경우
   다) 근전도 검사상 완전손상(complete injury)소견이 있으면서 도수근력검사(MMT)에서 근력이 '1등급(trace)'인 경우
9) '관절 하나의 기능에 뚜렷한 장해를 남긴 때'라 함은 아래의 경우 중 하나에 해당하는 경우를 말한다.
   가) 해당 관절의 운동범위 합계가 정상 운동범위의 1/2 이하로 제한된 경우
   나) 근전도 검사상 불완전한 손상(incomplete injury) 소견이 있으면서 도수근력검사(MMT)에서 근력이 2등급(poor)인 경우
10) '관절 하나의 기능에 약간의 장해를 남긴 때'라 함은 아래의 경우 중 하나에 해당하는 때를 말한다.
    가) 해당 관절의 운동범위 합계가 정상 운동범위의 3/4 이하로 제한된 경우
    나) 근전도 검사상 불완전한 손상(incomplete injury)소견이 있으면서 도수근력검사(MMT)에서 근력이 3등급(fair)인 경우
11) '가관절이 남아 뚜렷한 장해를 남긴 때'라 함은 상완골에 가관절이 남은 경우 또는 요골과 척골의 2개 뼈 모두에 가관절이 남은 경우를 말한다.
    ※ 가관절이란, 충분한 경과 및 골이식술 등 골유합을 얻는데 필요한 수술적 치료를 시행하였음에도 불구하고 골절부의 유합이 이루어지지 않는 '불유합' 상태를 말하며, 골유합이 지연되는 지연유합은 제외한다.
12) '가관절이 남아 약간의 장해를 남긴 때'라 함은 요골과 척골 중 어느 한 뼈에 가관절이 남은 경우를 말한다.
13) '뼈에 기형을 남긴 때'라 함은 상완골 또는 요골과 척골에 변형이 남아 정상에 비해 부정유합된 각 변형이 15° 이상인 경우를 말한다.

다. 지급률의 결정

1) 한 팔의 3대 관절 중 관절 하나에 기능장해가 생기고 다른 관절 하나에 기능장해가 발생한 경우 지급률은 각각 적용하여 합산한다.
2) 1상지(팔과 손가락)의 후유장해지급률은 원칙적으로 각각 합산하되, 지급률은 60% 한도로 한다.

용어설명

▶ **근전도 검사(Electromygraphy)**

신경과 근육에서 발행하는 전기적 신호를 기계를 통해 분석해 말초신경이나 신경 주변 근육에 이상 여부를 판단하는 검사이다. 바늘로 근육을 찔러 시행하는 근육내 침근전도 검사와 피부에 전극을 붙여 검사하는 표면 근전도 검사가 있다.

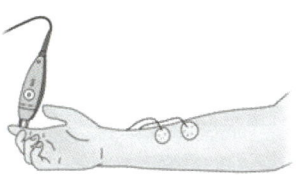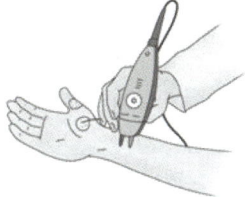

【근전도 검사】

▶ **도수근력검사(Manual Muscle Test, MMT)**

근육의 기능을 점검하는 검사방법으로 근력에 대한 객관적인 정보를 측정할 수 있어 많이 사용되고 있다. 도수근력검사는 아래의 6가지 등급으로 측정한다.

1) 5등급(Normal): 정상 근력, 중력과 저항이 작용하는 상태에서 관절 전범위 수행 가능
2) 4등급(Good): 중력과 약간의 저항이 작용하는 상태에서 원활한 관절 범위 수행 가능
3) 3등급(Fair): 중력만 있는 상태에서 원활한 관절 범위 수행 가능
4) 2등급(Poor): 중력이 작용하지 않는 상태에서 원활한 관절 범위 수행 가능
5) 1등급(Trace): 근육이 수축되기는 하지만 관절의 움직임 없음
6) 0등급(Zero): 아무런 움직임 없음

시험출제 Point

▶ **팔의 장해 중요 키워드**

1. 신경손상으로 인한 기능장해는 운동범위×, 근력과 근전도로만 평가
2. 관절 기능장해는 합산
3. 1상지(팔+손가락) 최대한도는 60%
4-1. 완전히(30%): 완전강직 or 완전손상+0등급
4-2. 심한(20%): 운동범위 1/4 or 완전손상+1등급 or 인공관절, 인공골두
4-3. 뚜렷한(10%): 운동범위 1/2 or 불완전손상+2등급
4-4. 약간의(5%): 운동범위 3/4 or 불완전손상+3등급
5-1. 뚜렷한 가관절(20%): 상완골 or 요골+척골
5-2. 약간의 가관절(10%): 요골 or 척골
6. 뼈의 기형(5%): 상완골 or 요골+척골

9 다리의 장해

가. 장해의 분류

장해의 분류	지급률
1) 두 다리의 발목 이상을 잃었을 때	100
2) 한 다리의 발목 이상을 잃었을 때	60
3) 한 다리의 3대 관절 중 관절 하나의 기능을 완전히 잃었을 때	30
4) 한 다리의 3대 관절 중 관절 하나의 기능에 심한 장해를 남긴 때	20
5) 한 다리의 3대 관절 중 관절 하나의 기능에 뚜렷한 장해를 남긴 때	10
6) 한 다리의 3대 관절 중 관절 하나의 기능에 약간의 장해를 남긴 때	5
7) 한 다리에 가관절이 남아 뚜렷한 장해를 남긴 때	20
8) 한 다리에 가관절이 남아 약간의 장해를 남긴 때	10
9) 한 다리의 뼈에 기형을 남긴 때	5
10) 한 다리가 5cm 이상 짧아지거나 길어진 때	30
11) 한 다리가 3cm 이상 짧아지거나 길어진 때	15
12) 한 다리가 1cm 이상 짧아지거나 길어진 때	5

나. 장해판정기준

1) 골절부에 금속내고정물 등을 사용하였기 때문에 그것이 기능장해의 원인이 되는 때에는 그 내고정물 등이 제거된 후 장해를 평가한다. 단, 제거가 불가능한 경우에는 고정물 등이 있는 상태에서 장해를 평가한다.
2) 관절을 사용하지 않아 발생한 일시적인 기능장해(예를 들면 캐스트로 환부를 고정시켰기 때문에 치유 후의 관절에 기능장해가 발생한 경우)는 장해로 평가하지 않는다.
3) '다리'라 함은 엉덩이관절(고관절)부터 발목관절(족관절)까지를 말한다.
4) '다리의 3대 관절'이라 함은 엉덩이관절(고관절), 무릎관절(슬관절), 발목관절(족관절)을 말한다.
5) '한 다리의 발목 이상을 잃었을 때'라 함은 발목관절(족관절)부터(발목관절 포함) 심장에 가까운 쪽에서 절단된 때를 말하며, 무릎관절(슬관절)의 상부에서 절단된 경우도 포함한다.
6) 다리의 관절기능장해 평가는 다리의 3대 관절의 관절운동범위 제한 및 무릎관절(슬관절)의 동요성 등으로 평가한다.
   가) 각 관절의 운동범위 측정은 장해평가시점의 「산업재해보상보험법 시행규칙」 제47조 제1항 및 제3항의 정상인의 신체 각 관절에 대한 평균 운동가능영역을 기준으로 정상각도 및 측정방법 등을 따른다.
   나) 관절기능장해가 신경손상으로 인한 경우에는 운동범위 측정이 아닌 근력 및 근전도 검사를 기준으로 평가한다.
7) 관절 하나의 기능을 완전히 잃었을 때'라 함은 아래의 경우 중 하나에 해당하는 때를 말한다.
   가) 완전 강직(관절굳음)
   나) 근전도 검사상 완전손상(complete injury) 소견이 있으면서 도수근력검사(MMT)에서 근력이 '0등급(zero)'인 경우

8) '관절 하나의 기능에 심한 장해를 남긴 때'라 함은 아래의 경우 중 하나에 해당하는 때를 말한다.
   가) 해당 관절의 운동범위 합계가 정상 운동범위의 1/4 이하로 제한된 경우
   나) 인공관절이나 인공골두를 삽입한 경우
   다) 객관적 검사(스트레스 엑스선)상 15mm 이상의 동요관절(관절이 흔들리거나 움직이는 것)이 있는 경우
   라) 근전도 검사상 완전손상(complete injury) 소견이 있으면서 도수근력검사(MMT)에서 근력이 '1등급(trace)'인 경우
9) '관절 하나의 기능에 뚜렷한 장해를 남긴 때'라 함은 아래의 경우 중 하나에 해당하는 때를 말한다.
   가) 해당 관절의 운동범위 합계가 정상 운동범위의 1/2 이하로 제한된 경우
   나) 객관적 검사(스트레스 엑스선)상 10mm 이상의 동요관절(관절이 흔들리거나 움직이는 것)이 있는 경우
   다) 근전도 검사상 불완전한 손상(incomplete injury)소견이 있으면서 도수근력검사(MMT)에서 근력이 2등급(poor)인 경우
10) '관절 하나의 기능에 약간의 장해를 남긴 때'라 함은 아래의 경우 중 하나에 해당하는 때를 말한다.
    가) 해당 관절의 운동범위 합계가 정상 운동범위의 3/4 이하로 제한된 경우
    나) 객관적 검사(스트레스 엑스선)상 5mm 이상의 동요관절(관절이 흔들리거나 움직이는 것)이 있는 경우
    다) 근전도 검사상 불완전한 손상(incomplete injury)소견이 있으면서 도수근력검사(MMT)에서 근력이 3등급(fair)인 경우
11) 동요장해 평가 시에는 정상측과 환측을 비교하여 증가된 수치로 평가한다.
12) '가관절이 남아 뚜렷한 장해를 남긴 때'라 함은 대퇴골에 가관절이 남은 경우 또는 경골과 종아리뼈의 2개 뼈 모두에 가관절이 남은 경우를 말한다.
    ※ 가관절이란, 충분한 경과 및 골이식술 등 골유합을 얻는데 필요한 수술적 치료를 시행하였음에도 불구하고 골절부의 유합이 이루어지지 않는 '불유합' 상태를 말하며, 골유합이 지연되는 지연유합은 제외한다.
13) '가관절이 남아 약간의 장해를 남긴 때'라 함은 경골과 종아리뼈 중 어느 한 뼈에 가관절이 남은 경우를 말한다.
14) '뼈에 기형을 남긴 때'라 함은 대퇴골 또는 경골에 기형이 남아 정상에 비해 부정유합된 각 변형이 15° 이상인 경우를 말한다.
15) 다리 길이의 단축 또는 과신장은 스캐노그램(scanogram)을 통하여 측정한다.

다. 지급률의 결정

1) 한 다리의 3대 관절 중 관절 하나에 기능장해가 생기고 다른 관절 하나에 기능장해가 발생한 경우 지급률은 각각 적용하여 합산한다.
2) 1하지(다리와 발가락)의 후유장해 지급률은 원칙적으로 각각 합산하되, 지급률은 60% 한도로 한다.

용어설명

▶ 스캐노그램(Scanogram)
골반에서부터 발끝까지의 길이를 정확히 측정할 수 있도록 X-ray를 찍는 검사이다. X-ray는 일반적으로 실제보다 확대되어 나오기 때문에 스캐노그램에는 측정 줄자가 반영되어 있으며 이를 통해 정확한 길이 측정이 가능하다. 환자의 입장에서 찍는 방식은 동일하다.

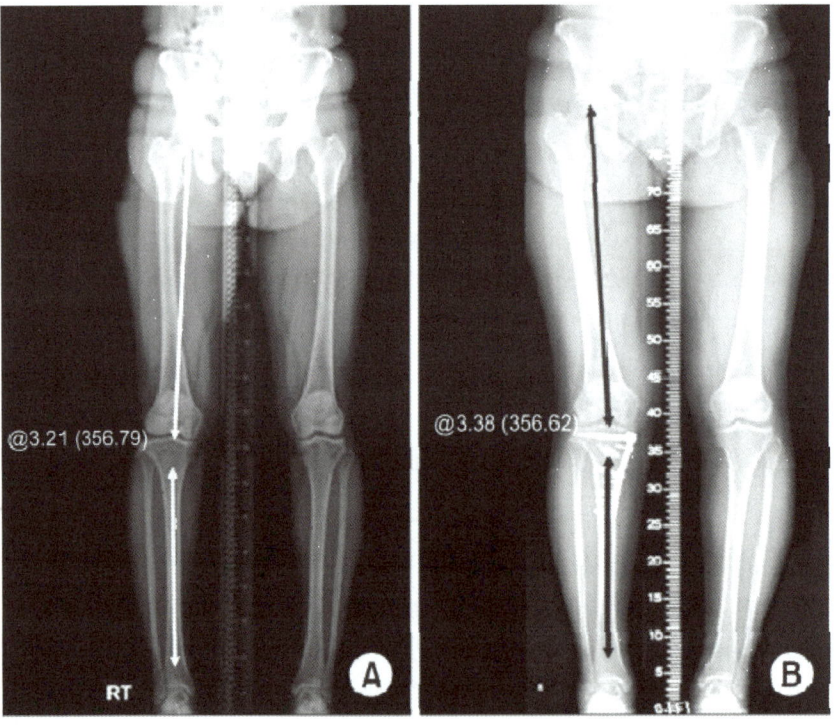

시험출제 Point

▶ 다리의 장해 중요 키워드
1. 신경손상으로 인한 기능장해는 운동범위×, 근력과 근전도로만 평가
2. 관절 기능장해는 합산
3. 1하지(다리+발가락) 최대한도는 60%
4-1. 완전히(30%): 완전강직 or 완전손상+0등급
4-2. 심한(20%): 운동범위 1/4 or 완전손상+1등급 or 인공관절, 인공골두 or 동요 15mm
4-3. 뚜렷한(10%): 운동범위 1/2 or 불완전손상+2등급 or 동요 10mm
4-4. 약간의(5%): 운동범위 3/4 or 불완전손상+3등급 or 동요 5mm
5-1. 뚜렷한 가관절(20%): 대퇴골 or 경골+종아리뼈
5-2. 약간의 가관절(10%): 경골 or 종아리뼈
6. 뼈의 기형(5%): 대퇴골 or 경골
7. 다리의 장단: cm, 지급률 모두 135 조합

10 손가락의 장해

가. 장해의 분류

장해의 분류	지급률
1) 한 손의 5개 손가락을 모두 잃었을 때	55
2) 한 손의 첫째 손가락을 잃었을 때	15
3) 한 손의 첫째 손가락 이외의 손가락을 잃었을 때(손가락 하나마다)	10
4) 한 손의 5개 손가락 모두의 손가락뼈 일부를 잃었을 때 또는 뚜렷한 장해를 남긴 때	30
5) 한 손의 첫째 손가락의 손가락뼈 일부를 잃었을 때 또는 뚜렷한 장해를 남긴 때	10
6) 한 손의 첫째 손가락 이외의 손가락의 손가락뼈 일부를 잃었을 때 또는 뚜렷한 장해를 남긴 때(손가락 하나마다)	5

나. 장해판정기준

1) 골절부에 금속내고정물 등을 사용하였기 때문에 그것이 기능장해의 원인이 되는 때에는 그 내고정물 등이 제거된 후에 장해를 평가한다. 단, 제거가 불가능한 경우에는 고정물 등이 있는 상태에서 장해를 평가한다.
2) 관절을 사용하지 않아 발생한 일시적인 기능장해(예를 들면 캐스트로 환부를 고정시켰기 때문에 치유 후의 관절에 기능장해가 발생한 경우)는 장해로 평가하지 않는다.
3) 손가락에는 첫째 손가락에 2개의 손가락관절이 있다. 그 중 심장에서 가까운 쪽부터 중수지관절, 지관절이라 한다.
4) 다른 네 손가락에는 3개의 손가락관절이 있다. 그 중 심장에서 가까운 쪽부터 중수지관절, 제1지관절(근위지관절) 및 제2지관절(원위지관절)이라 부른다.

5) '손가락을 잃었을 때'라 함은 첫째 손가락에서는 지관절부터 심장에서 가까운 쪽에서, 다른 네 손가락에서는 제1지관절(근위지관절)부터(제1지관절 포함) 심장에서 가까운 쪽으로 손가락이 절단되었을 때를 말한다.

6) '손가락뼈 일부를 잃었을 때'라 함은 첫째 손가락의 지관절, 다른 네 손가락의 제1지관절(근위지관절)부터 심장에서 먼 쪽으로 손가락 뼈의 일부가 절단된 경우를 말하며, 뼈 단면이 불규칙해진 상태나 손가락 길이의 단축 없이 골편만 떨어진 상태는 해당하지 않는다.

7) '손가락에 뚜렷한 장해를 남긴 때'라 함은 첫째 손가락의 경우 중수지관절 또는 지관절의 굴신(굽히고 펴기)운동영역이 정상 운동영역의 1/2 이하인 경우를 말하며, 다른 네 손가락에 있어서는 제1, 제2지관절의 굴신운동영역을 합산하여 정상운동영역의 1/2 이하이거나 중수지관절의 굴신(굽히고 펴기)운동영역이 정상운동영역의 1/2 이하인 경우를 말한다.

8) 한 손가락에 장해가 생기고 다른 손가락에 장해가 발생한 경우, 지급률은 각각 적용하여 합산한다.

9) 손가락의 관절기능장해 평가는 손가락 관절의 관절운동범위 제한 등으로 평가한다. 각 관절의 운동범위 측정은 장해평가시점의 「산업재해보상보험법 시행규칙」 제47조 제1항 및 제3항의 정상인의 신체 각 관절에 대한 평균 운동가능영역을 기준으로 정상각도 및 측정방법 등을 따른다.

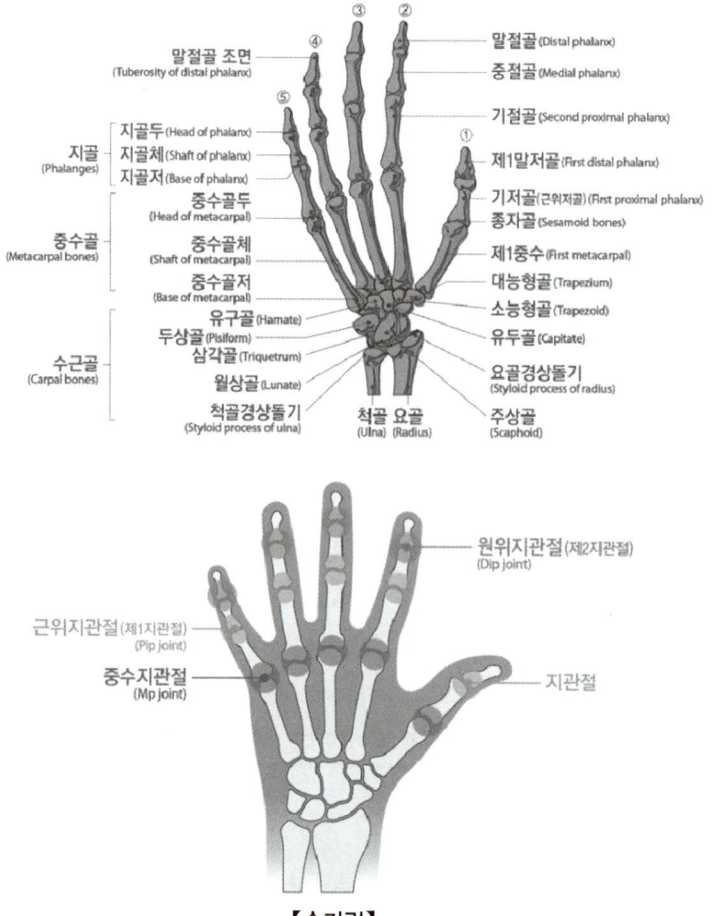

【손가락】

> **시험출제 Point**
>
> ▶ 손가락의 장해 중요 키워드
> 1-1. 첫째 손가락 잃었을 때: 지관절에서 심장에 가까운 쪽
> 1-2. 나머지 손가락 잃었을 때: 제1지관절에서 심장에 가까운 쪽
> 2-2. 첫째 손가락 일부 잃었을 때: 지관절에서 심장에 먼 쪽
> 2-2. 나머지 손가락 일부 잃었을 때: 제1지관절에서 심장에 먼 쪽
> 3-1. 첫째 손가락 뚜렷한 장해: 중수지관절 or 지관절 굴신 1/2 (주의: 발가락은 합산)
> 3-2. 나머지 손가락 뚜렷한 장해: 제1지관절+제2지관절 굴신 1/2 or 중수지관절 굴신 1/2
>   (주의: 발가락은 중족지관절 신전으로만 평가)

11 발가락의 장해

가. 장해의 분류

장해의 분류	지급률
1) 한 발의 리스프랑관절 이상을 잃었을 때	40
2) 한 발의 5개 발가락을 모두 잃었을 때	30
3) 한 발의 첫째 발가락을 잃었을 때	10
4) 한 발의 첫째 발가락 이외의 발가락을 잃었을 때(발가락 하나마다)	5
5) 한 발의 5개 발가락 모두의 발가락뼈 일부를 잃었을 때 또는 뚜렷한 장해를 남긴 때	20
6) 한 발의 첫째 발가락의 발가락뼈 일부를 잃었을 때 또는 뚜렷한 장해를 남긴 때	8
7) 한 발의 첫째 발가락 이외의 발가락의 발가락뼈 일부를 잃었을 때 또는 뚜렷한 장해를 남긴 때(발가락 하나마다)	3

나. 장해판정기준

1) 골절부에 금속내고정물 등을 사용하였기 때문에 그것이 기능장해의 원인이 되는 때에는 그 내고정물 등이 제거된 후에 장해를 평가한다. 단, 제거가 불가능한 경우에는 고정물 등이 있는 상태에서 장해를 평가한다.
2) 관절을 사용하지 않아 발생한 일시적인 기능장해(예를 들면 캐스트로 환부를 고정시켰기 때문에 치유 후의 관절에 기능장해가 발생한 경우)는 장해로 평가하지 않는다.
3) '발가락을 잃었을 때'라 함은 첫째 발가락에서는 지관절부터 심장에 가까운 쪽을, 나머지 네 발가락에서는 제1지관절(근위지관절)부터(제1지관절 포함) 심장에서 가까운 쪽을 잃었을 때를 말한다.
4) 리스프랑 관절 이상에서 잃은 때라 함은 족근-중족골간 관절 이상에서 절단된 경우를 말한다.
5) '발가락뼈 일부를 잃었을 때'라 함은 첫째 발가락의 지관절, 다른 네 발가락의 제1지관절(근위지관절)부터 심장에서 먼 쪽으로 발가락 뼈 일부가 절단된 경우를 말하며, 뼈 단면이 불규칙해진 상태나 발가락 길이의 단축 없이 골편만 떨어진 상태는 해당하지 않는다.

6) '발가락에 뚜렷한 장해를 남긴 때'라 함은 첫째 발가락의 경우에 중족지관절과 지관절의 굴신(굽히고 펴기)운동범위 합계가 정상 운동 가능영역의 1/2 이하가 된 경우를 말하며, 다른 네 발가락에 있어서는 중족지관절의 신전운동범위만을 평가하여 정상운동범위의 1/2 이하로 제한된 경우를 말한다.
7) 한 발가락에 장해가 생기고 다른 발가락에 장해가 발생한 경우, 지급률은 각각 적용하여 합산한다.
8) 발가락 관절의 운동범위 측정은 장해평가시점의 「산업재해보상보험법 시행규칙」 제47조 제1항 및 제3항의 정상인의 신체 각 관절에 대한 평균 운동가능영역을 기준으로 정상각도 및 측정방법 등을 따른다.

> **용어설명**
>
> ▶ 리스프랑 관절(Lisfranc joint)
> 중족부(발허리부)와 족근부(발목부)를 나누는 관절로 보행 역학에 있어서 중요한 역할을 담당한다. 리스프랑 관절은 걸을 때 땅에 닿는 순간 발 앞부분과 뒤꿈치 주변으로 힘이 전달되면서 견딜 수 있도록 지탱해주는 역할을 한다. 발바닥의 움푹 파인 부분을 생각하면 된다.

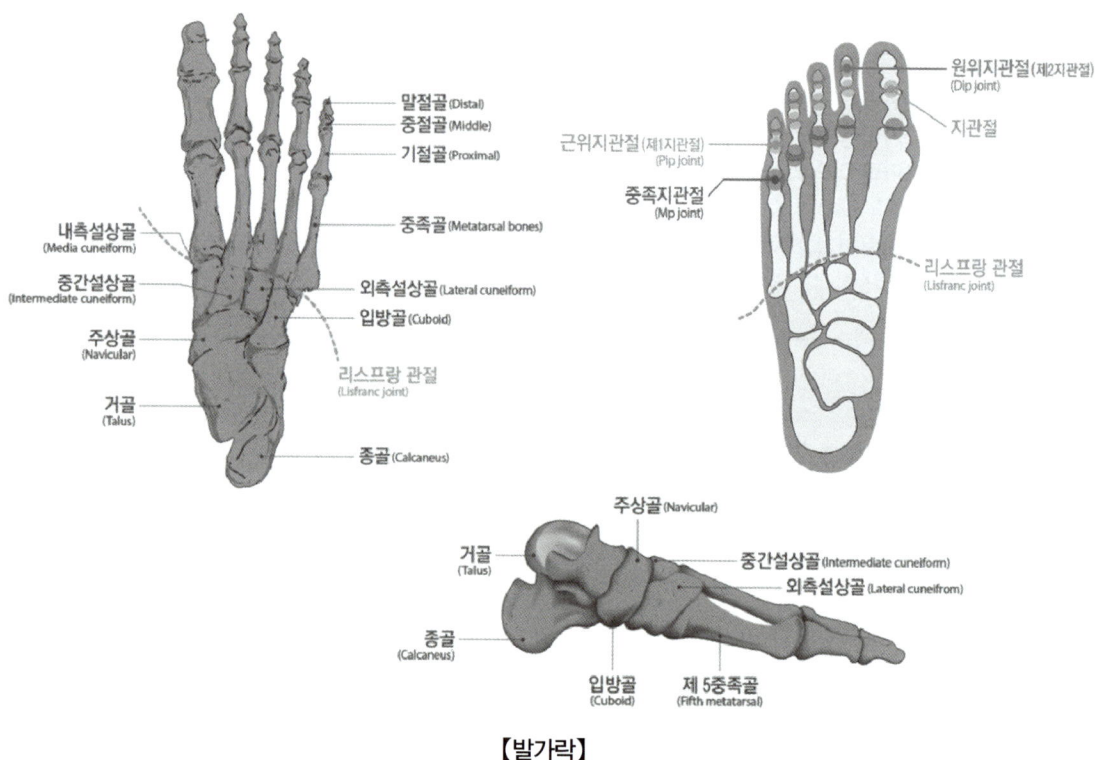

【발가락】

시험출제 Point

▶ 발가락의 장해 중요 키워드
1-1. 첫째 발가락 잃었을 때: 지관절에서 심장에 가까운 쪽
1-2. 나머지 발가락 잃었을 때: 제1지관절에서 심장에 가까운 쪽
2-2. 첫째 발가락 일부 잃었을 때: 지관절에서 심장에 먼 쪽
2-2. 나머지 발가락 일부 잃었을 때: 제1지관절에서 심장에 먼 쪽
3-1. 첫째 발가락 뚜렷한 장해: 중족지관절+지관절 굴신 1/2 (주의: 손가락은 or)
3-2. 나머지 발가락 뚜렷한 장해: 중족지관절 신전 1/2 (주의: 손가락에는 제1지관절+제2지관절도 있음, 손가락은 굴신으로 평가)

12 흉·복부장기 및 비뇨생식기의 장해

가. 장해의 분류

장해의 분류	지급률
1) 심장 기능을 잃었을 때	100
2) 흉복부장기 또는 비뇨생식기 기능을 잃었을 때	75
3) 흉복부장기 또는 비뇨생식기 기능에 심한 장해를 남긴 때	50
4) 흉복부장기 또는 비뇨생식기 기능에 뚜렷한 장해를 남긴 때	30
5) 흉복부장기 또는 비뇨생식기 기능에 약간의 장해를 남긴 때	15

나. 장해의 판정기준

1) '심장 기능을 잃었을 때'라 함은 심장 이식을 한 경우를 말한다.
2) '흉복부장기 또는 비뇨생식기 기능을 잃었을 때'라 함은 아래의 경우 중 하나에 해당하는 때를 말한다.
   가) 폐, 신장, 또는 간장의 장기이식을 한 경우
   나) 장기이식을 하지 않고서는 생명유지가 불가능하여 혈액투석, 복막투석 등 의료처치를 평생토록 받아야 할 때
   다) 방광의 저장기능과 배뇨기능을 완전히 상실한 때
3) '흉복부장기 또는 비뇨생식기 기능에 심한 장해를 남긴 때'라 함은 아래의 경우 중 하나에 해당하는 때를 말한다.
   가) 위, 대장(결장~직장) 또는 췌장의 전부를 잘라내었을 때
   나) 소장을 3/4 이상 잘라내었을 때 또는 잘라낸 소장의 길이가 3m 이상일 때
   다) 간장의 3/4 이상을 잘라내었을 때
   라) 양쪽 고환 또는 양쪽 난소를 모두 잃었을 때
4) '흉복부장기 또는 비뇨생식기 기능에 뚜렷한 장해를 남긴 때'라 함은 아래의 경우 중 하나에 해당하는 때를 말한다.

가) 한쪽 폐 또는 한쪽 신장을 전부 잘라내었을 때
나) 방광 기능상실로 영구적인 요도루, 방광루, 요관 장문합 상태
다) 위, 췌장을 50% 이상 잘라내었을 때
라) 대장절제, 항문 괄약근 등의 기능장해로 영구적으로 장루, 인공항문을 설치한 경우(치료과정에서 일시적으로 발생하는 경우는 제외)
마) 심장기능 이상으로 인공심박동기를 영구적으로 삽입한 경우
바) 요도괄약근 등의 기능장해로 영구적으로 인공요도괄약근을 설치한 경우

5) '흉복부장기 또는 비뇨생식기 기능에 약간의 장해를 남긴 때'라 함은 아래의 경우 중 하나에 해당하는 때를 말한다.
    가) 방광의 용량이 50cc 이하로 위축되었거나 요도협착, 배뇨기능 상실로 영구적인 간헐적 인공요도가 필요한 때
    나) 음경의 1/2 이상이 결손되었거나 질구 협착으로 성생활이 불가능한 때
    다) 폐질환 또는 폐 부분절제술 후 일상생활에서 호흡곤란으로 지속적인 산소치료가 필요하며, 폐기능검사(PFT)상 폐환기 기능(1초간 노력성 호기량, FEV1)이 정상예측치의 40% 이하로 저하된 때

6) 흉복부, 비뇨생식기계 장해는 질병 또는 외상의 직접 결과로 인한 장해를 말하며, 노화에 의한 기능장해 또는 질병이나 외상이 없는 상태에서 예방적으로 장기를 절제, 적출한 경우는 장해로 보지 않는다.

7) 상기 흉복부 및 비뇨생식기계 장해항목에 명기되지 않은 기타 장해상태에 대해서는 '〈붙임〉 일상생활 기본동작(ADLs) 제한 장해평가표'에 해당하는 장해가 있을 때 ADLs 장해 지급률을 준용한다.

8) 상기 장해항목에 해당되지 않는 장기간의 간병이 필요한 만성질환(만성간질환, 만성폐쇄성폐질환 등)은 장해의 평가 대상으로 인정하지 않는다.

용어설명

▶ **요도루**
요도는 방광에서 체외로 연결되는 관으로 남성은 약 20cm, 여성은 약 3cm이며 소변이 배출되는 최종 통로이다. 다양한 원인에 의하여 요도 폐색이 발생하면 요도를 대신할 수 있는 다른 통로를 조성(요도루 조성술)하는데 이것을 요도루라고 한다.

▶ **방광루**
방광이 역할을 제대로 하지 못할 경우 복부를 통해 방광에 작은 구멍을 만들고 도뇨관을 설치하여 소변을 배출할 수 있도록 한다. 이를 방광루라고 한다.

▶ **신부전(renal failure)**
신장(kidney)의 기능이 저하되어 신부전(renal failure) 상태에 빠지면, 질소화합물을 포함한 노폐물과 잉여의 수분이 신장으로 배출되지 못하고 체내에 잔류하기 때문에 이를 인공적으로 배출해주어야 한다. 가장 궁극적인 치료는 신장 이식이지만, 장기이식은 여러가지 여건상 쉽지 않으므로 많은 경우 신대체요법(혈액투석, 복막투석)을 실시한다.

▶ **혈액투석(HD)**

병원 내 투석실에서 인공 투석기(기계)를 이용하여 몸 속의 혈액을 뽑아 정화한 뒤에 다시 몸 속으로 넣어주는 방식이다. 주3회 정도 실시하며 1회에 약 4시간 정도가 소요된다. 의료진이 관리하므로 의학적으로 안정적이라는 장점이 있으나, 병원까지 이동이 필요하므로 일상생활에 제약이 있다.

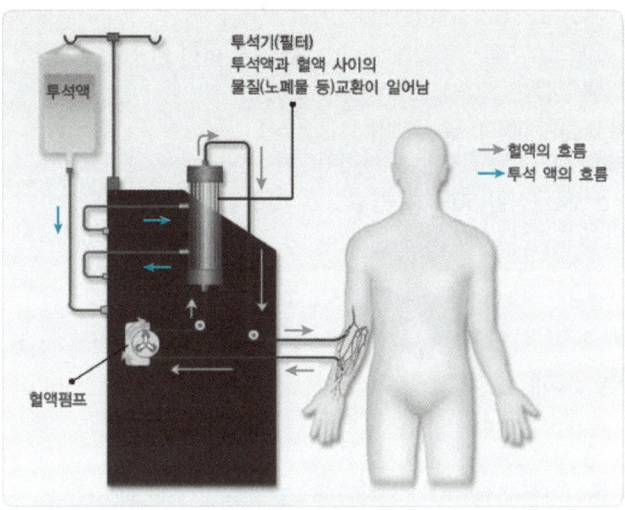

▶ **복막투석(PD)**

자신의 복막을 자연스러운 여과막으로 활용하여, 뱃속(복강)에 투석액을 넣어 노폐물을 흡수한 뒤 이를 배출하는 방식이다. 복부에 영구적인 카테터를 삽입하기 때문에 환자의 집에서 자가 시행이 가능하다는 장점이 있으나, 감염에 의한 복막염 발생 가능성도 높다. 하루에 4회 정도 실시하며 수면 중에는 자동기계를 사용하여 배출한다.

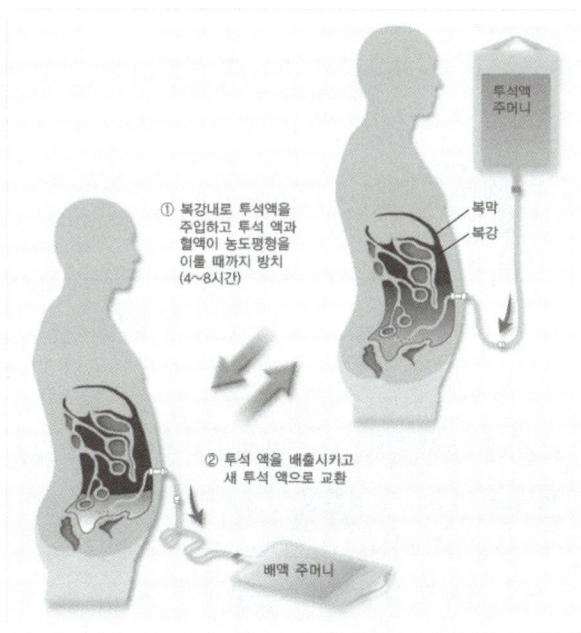

시험출제 Point

▶ 흉복부 비뇨생식기의 장해 중요 키워드
1. 심장: 이식(100%), 인공심박동기(뚜렷한 30%)
2. 폐, 신장: 이식(잃었을 때 75%), 한쪽(뚜렷한 30%), 폐기능 40% 저하(약간의 15%)
3. 간장: 이식(잃었을 때 75%), 3/4(심한 50%)
4. 방광: 완전 상실(잃었을 때 75%), 루 상태(뚜렷한 30%), 간헐적 인공요도(약간의 15%)
5. 위, 췌장: 전부 잘라낸 것(심한 50%), 1/2(뚜렷한 30%)
6. 대장: 전부 잘라낸 것(심한 50%), 루 상태(뚜렷한 30%)
7. 소장: 3/4 or 3m(심한 50%)
8. 생식기: 양측 고환 or 난소(심한 50%), 음경 1/2 or 질구 협착(약간의 15%)
9. 요도: 인공요도괄약근(뚜렷한 30%)

13 신경계 · 정신행동 장해

가. 장해의 분류

장해의 분류	지급률
1) 신경계에 장해가 남아 일상생활 기본동작에 제한을 남긴 때	10~100
2) 정신행동에 극심한 장해를 남긴 때	100
3) 정신행동에 심한 장해를 남긴 때	75
4) 정신행동에 뚜렷한 장해를 남긴 때	50
5) 정신행동에 약간의 장해를 남긴 때	25
6) 정신행동에 경미한 장해를 남긴 때	10
7) 극심한 치매: CDR척도 5점	100
8) 심한치매: CDR척도 4점	80
9) 뚜렷한 치매: CDR 척도 3점	60
10) 약간의 치매: CDR 척도 2점	40
11) 심한 뇌전증 발작이 남았을 때	70
12) 뚜렷한 뇌전증 발작이 남았을 때	40
13) 약간의 뇌전증 발작이 남았을 때	10

나. 장해판정기준

1) 신경계

가) "신경계에 장해를 남긴 때"라 함은 뇌, 척수 및 말초신경계 손상으로 "〈붙임〉일상생활 기본동작(ADLs) 제한 장해평가표"의 5가지 기본동작 중 하나 이상의 동작이 제한되었을 때를 말한다.

나) 위 가)의 경우 "〈붙임〉일상생활 기본동작(ADLs) 제한 장해평가표" 상 지급률이 10% 미만인 경우에는 보장대상이 되는 장해로 인정하지 않는다.

다) 신경계의 장해로 발생하는 다른 신체부위의 장해(눈, 귀, 코, 팔, 다리 등)는 해당 장해로도 평가

라) 뇌졸중, 뇌손상, 척수 및 신경계의 질환 등은 발병 또는 외상 후 12개월 동안 지속적으로 치료한 후에 장해를 평가한다. 그러나, 12개월이 지났다고 하더라도 뚜렷하게 기능 향상이 진행되고 있는 경우 또는 단기간내에 사망이 예상되는 경우는 6개월의 범위에서 장해 평가를 유보한다.

마) 장해진단 전문의는 재활의학과, 신경외과 또는 신경과 전문의로 한다.

2) 정신행동

가) 정신행동장해는 보험기간 중에 발생한 뇌의 질병 또는 상해를 입은 후 18개월이 지난 후에 판정함을 원칙으로 한다. 단, 질병발생 또는 상해를 입은 후 의식상실이 1개월 이상 지속된 경우에는 질병발생 또는 상해를 입은 후 12개월이 지난 후에 판정할 수 있다.

나) 정신행동장해는 장해판정 직전 1년 이상 충분한 정신건강의학과의 전문적 치료를 받은 후 치료에도 불구하고 장해가 고착되었을 때 판정하여야 하며, 그렇지 않은 경우에는 그로써 고정되거나 중하게 된 장해에 대해서는 인정하지 않는다.

다) '정신행동에 극심한 장해를 남긴 때'라 함은 장해판정 직전 1년 이상 지속적인 정신건강의학과의 치료를 받았으며 GAF 30점 이하인 상태를 말한다.

라) '정신행동에 심한 장해를 남긴 때'라 함은 장해판정 직전 1년 이상 지속적인 정신건강의학과의 치료를 받았으며 GAF 40점 이하인 상태를 말한다.

마) '정신행동에 뚜렷한 장해를 남긴 때'라 함은 장해판정 직전 1년 이상 지속적인 정신건강의학과의 치료를 받았으며, 보건복지부고시「장애정도판정기준」의 '능력장애측정기준' 상 6개 항목 중 3개 항목 이상에서 독립적 수행이 불가능하여 타인의 도움이 필요하고 GAF 50점 이하인 상태를 말한다.

※ 능력장애측정기준의 항목: ㉮ 적절한 음식섭취, ㉯ 대소변관리, 세면, 목욕, 청소 등의 청결 유지, ㉰ 적절한 대화기술 및 협조적인 대인관계, ㉱ 규칙적인 통원·약물 복용, ㉲ 소지품 및 금전관리나 적절한 구매행위, ㉳ 대중교통이나 일반 공공시설의 이용

바) '정신행동에 약간의 장해를 남긴 때'라 함은 장해판정 직전 1년 이상 지속적인 정신건강의학과의 치료를 받았으며, 보건복지부고시「장애정도판정기준」의 '능력장애측정기준' 상 6개 항목 중 2개 항목 이상에서 독립적 수행이 불가능하여 타인의 도움이 필요하고 GAF 60점 이하인 상태를 말한다.

사) '정신행동에 경미한 장해를 남긴 때'라 함은 장해판정 직전 1년 이상 지속적인 정신건강의학과의 치료를 받았으며, 보건복지부고시「장애정도판정기준」의 '능력장애측정기준' 상 6개 항목 중 2개 항목 이상에서 독립적 수행이 불가능하여 타인의 도움이 필요하고 GAF 70점 이하인 상태를 말한다.

아) 지속적인 정신건강의학과의 치료란 3개월 이상 약물치료가 중단되지 않았음을 의미한다.

자) 심리학적 평가보고서는 정신건강의학과 의료기관에서 실시되어져야 하며, 자격을 갖춘 임상심리전문가가 시행하고 작성하여야 한다.

차) 정신행동장해 진단 전문의는 정신건강의학과 전문의를 말한다.
카) 정신행동장해는 뇌의 기능 및 결손을 입증할 수 있는 뇌자기공명촬영, 뇌전산화촬영, 뇌파 등 객관적 근거를 기초로 평가한다. 다만, 보호자나 환자의 진술, 감정의의 추정 혹은 인정, 한국표준화가 이루어지지 않고 신빙성이 적은 검사들(뇌 SPECT 등)은 객관적 근거로 인정하지 않는다.
타) 각종 기질성 정신장해와 외상 후 간질에 한하여 보상한다.
파) 외상 후 스트레스장애, 우울증(반응성) 등의 질환, 정신분열증(조현병), 편집증, 조울증(양극성 장애), 불안장애, 전환장애, 공포장애, 강박장애 등 각종 신경증 및 각종 인격장애는 보상의 대상이 되지 않는다.

3) 치매

가) "치매"라 함은 정상적으로 성숙한 뇌가 질병이나 외상 후 기질성 손상으로 파괴되어 한번 획득한 지적기능이 지속적 또는 전반적으로 저하되는 것을 말한다.
나) 치매의 장해평가는 임상적인 증상 뿐 아니라 뇌영상검사(CT 및 MRI, SPECT등)를 기초로 진단되어져야 하며, 18개월 이상 지속적인 치료 후 평가한다. 다만, 진단시점에 이미 극심한 치매 또는 심한 치매로 진행된 경우에는 6개월간 지속적인 치료 후 평가한다.
다) 치매의 장해평가는 전문의(정신건강의학과, 신경과)에 의한 임상치매척도(한국판 Expanded Clinical Dementia Rating) 검사결과에 따른다.

4) 뇌전증

가) "뇌전증"이라 함은 돌발적 뇌파이상을 나타내는 뇌질환으로 발작(경련, 의식장해 등)을 반복하는 것을 말한다.
나) 뇌전증 발작의 빈도 및 양상은 지속적인 항뇌전증제(항경련제) 약물로도 조절되지 않는 뇌전증을 말하며, 진료기록에 기재되어 객관적으로 확인되는 뇌전증 발작의 빈도 및 양상을 기준으로 한다.
다) "심한 뇌전증 발작"이라 함은 월 8회 이상의 중증발작이 연 6개월 이상의 기간에 걸쳐 발생하고, 발작할 때 유발된 호흡장애, 흡인성 폐렴, 심한 탈진, 구역질, 두통, 인지장해 등으로 요양관리가 필요한 상태를 말한다.
라) "뚜렷한 뇌전증 발작"이라 함은 월 5회 이상의 중증발작 또는 월 10회 이상의 경증발작이 연 6개월 이상의 기간에 걸쳐 발생하는 상태를 말한다.
마) "약간의 뇌전증 발작"이라 함은 월 1회 이상의 중증발작 또는 월 2회 이상의 경증발작이 연 6개월 이상의 기간에 걸쳐 발생하는 상태를 말한다.
바) "중증발작"이라 함은 전신경련을 동반하는 발작으로써 신체의 균형을 유지하지 못하고 쓰러지는 발작 또는 의식장해가 3분 이상 지속되는 발작을 말한다.
사) "경증발작"이라 함은 운동장해가 발생하나 스스로 신체의 균형을 유지할 수 있는 발작 또는 3분 이내에 정상으로 회복되는 발작을 말한다.

용어설명

▶ **GAF(Global Assessment Functioning, 총괄기능척도)**
정신질환의 진단과 통계를 위해 만들어진 척도이다. 장애인복지법상의 정신장애 등급 기준으로 사용되는 등 국내에서 널리 사용되는 척도이다. 1부터 100까지의 숫자로 표현하며 숫자가 낮을 수록 중한 상태를 의미한다.

▶ **임상치매척도(Clinical Dementia Rating, CDR)**
치매의 진행상태를 확인하기 위하여, 기억력, 지남력, 판단력과 문제해결, 사회활동, 집안생활과 취미, 위생 및 몸치장 항목으로 세분화하여 점수를 측정하는 검사로 전세계적으로 널리 사용되고 있다. 점수가 높을 수록 치매가 많이 진행된 상태이다.

▶ **기질성 정신장해(organic psychosis)**
뇌와 척수의 기질적 병변에 의해서 야기되는 정신질환을 말한다. 즉 신체적 또는 생리학적 뇌손상을 원인으로 발생하는 정신질환이다. DSM-IV(미국 정신의학회 진단 및 통계 매뉴얼 제4판)에서는 뇌의 영구적 또는 일시적 손상이나 기능장애로 인해 발생하는 정신기능 및 행동장애라고 정의하며, 섬망(delirium), 치매(dementia), 기억장애(memory disorders) 및 기타 인지장애(cognitive disorders)로 분류한다. 주요증상은 인격변화와 치매이고 환각, 망상, 감정장애, 간질 등도 수반한다.

시험출제 Point

▶ **장해진단 전문의 정리**
1. 신경계 장해 진단 전문의는 재활의학과, 신경외과 또는 신경과 전문의로 한다.
2. 정신행동 장해 진단 전문의는 정신건강의학과 전문의로 한다.
3. 치매의 장해 평가 전문의는 정신건강의학과, 신경과 전문의로 한다.

알쓸삼잡 (알아두면 쓸모없는 제3보험 잡학지식)

1. **신경과**
   - 신경계 질환을 내과적인 방법으로 치료
     → 그래서, 신경계 장해, 치매 장해 판정

2. **신경외과**
   - 신경계 질환을 외과적인 방법으로 치료
     → 그래서, 신경계 장해 판정

3. **정신건강의학과**
   - 예전에는 신경과와 같이 있어서 신경정신과라고 불렸음
   - 지금은 신경계가 망가지면 신경과, 호르몬쪽 문제면 정신건강의학과에서 치료
     → 그래서, 치매 장해는 정신건강의학과와 신경과 모두에서 판정

> **시험출제 Point**

▶ 신경계 정신행동 장해 중요 키워드

1. ADLs 10% 미만은 장해평가 제외
2. 신경계는 12개월 치료 후 평가. 다만 기능향상 or 단기간 사망 예상되면 6개월 범위 내에서 장해평가 유보
3. 정신행동은 사고 18개월 후 장해평가. 다만 의식상실이 1개월 이상이라면 12개월 후 평가 가능. 정신행동은 1년간 치료 후 평가
4-1. GAF 30점: 극심한 100%
4-2. GAF 40점: 심한 75%
4-3. GAF 50점+능력장애 3개: 뚜렷한 50%
4-4. GAF 60점+능력장애 2개: 약간의 25%
4-5. GAF 70점+능력장애 2개: 경미한 10%
5. 치매는 18개월 치료 후 평가. 다만 극심한 치매 or 심한 치매는 6개월 치료 후 평가
6-1. CDR 5점: 극심한 100%
6-2. CDR 4점: 심한 80%
6-3. CDR 3점: 뚜렷한 60%
6-4. CDR 2점: 약간의 40%
7. 중증 발작: 3분 이상 / 경증 발작: 3분 이내
8-1. 중증 월8회: 심한 70%
8-2. 중증 월5회 or 경증 월10회: 뚜렷한 40%
8-3. 중증 월1회 or 경증 월2회: 약간의 10%

<붙임> 일상생활 기본동작(ADLs) 제한 장해평가표

유형	제한 정도에 따른 지급률
이동동작	- 특별한 보조기구를 사용함에도 불구하고 다른 사람의 계속적인 도움이 없이는 방 밖을 나올 수 없는 상태 또는 침대에서 휠체어로 옮기기를 포함하여 휠체어 이동시 다른 사람의 계속적인 도움이 필요한 상태(40%) - 휠체어 또는 다른 사람의 도움 없이는 방밖을 나올 수 없는 상태 또는 보행이 불가능하나 스스로 휠체어를 밀어 이동이 가능한 상태(30%) - 목발 또는 보행기(walker)를 사용하지 않으면 독립적인 보행이 불가능한 상태(20%) - 보조기구 없이 독립적인 보행은 가능하나 보행시 파행(절뚝거림)이 있으며, 난간을 잡지 않고는 계단을 오르내리기가 불가능한 상태 또는 평지에서 100m 이상을 걷지 못하는 상태(10%)
음식물 섭취	- 입으로 식사를 전혀 할 수 없어 계속적으로 튜브(비위관 또는 위루관)나 경정맥 수액을 통해 부분 혹은 전적인 영양공급을 받는 상태(20%) - 수저 사용이 불가능하여 다른 사람의 계속적인 도움이 없이는 식사를 전혀 할 수 없는 상태(15%) - 숟가락 사용은 가능하나 젓가락 사용이 불가능하여 음식물 섭취에 있어 부분적으로 다른 사람의 도움이 필요한 상태(10%) - 독립적인 음식물 섭취는 가능하나 젓가락을 이용하여 생선을 바르거나 음식물을 자르지는 못하는 상태(5%)
배변 배뇨	- 배설을 돕기 위해 설치한 의료장치나 외과적 시술물을 사용함에 있어 타인의 계속적인 도움이 필요한 상태, 또는 지속적인 유치도뇨관 삽입상태, 방광루, 요도루, 장루상태(20%) - 화장실에 가서 변기위에 앉는 일(요강을 사용하는 일 포함)과 대소변 후에 뒤처리시 다른 사람의 계속적인 도움이 필요한 상태, 또는 간헐적으로 자가 인공도뇨가 가능한 상태(CIC), 기저귀를 이용한 배뇨, 배변 상태(15%) - 화장실에 가는 일, 배변, 배뇨는 독립적으로 가능하나 대소변후 뒤처리에 있어 다른 사람의 도움이 필요한 상태(10%) - 빈번하고 불규칙한 배변으로 인해 2시간 이상 계속되는 업무를 수행하는 것이 어려운 상태, 또는 배변, 배뇨는 독립적으로 가능하나 요실금, 변실금이 있는 때(5%)
목욕	- 세안, 양치, 샤워, 목욕 등 모든 개인위생 관리시 타인의 지속적인 도움이 필요한 상태(10%) - 세안, 양치시 부분적인 도움 하에 혼자서 가능하나 목욕이나 샤워시 타인의 도움이 필요한 상태(5%) - 세안, 양치와 같은 개인위생관리를 독립적으로 시행 가능하나 목욕이나 샤워시 부분적으로 타인의 도움이 필요한 상태(3%)
옷입고 벗기	- 상·하의 의복 착탈시 다른 사람의 계속적인 도움이 필요한 상태(10%) - 상·하의 의복 착탈시 부분적으로 다른 사람의 도움이 필요한 상태 또는 상의 또는 하의 중 하나만 혼자서 착탈의가 가능한 상태(5%) - 상·하의 의복착탈시 혼자서 가능하나 미세동작(단추 잠그고 풀기, 지퍼 올리고 내리기, 끈 묶고 풀기 등)이 필요한 마무리는 타인의 도움이 필요한 상태(3%)

내용다지기 — 장해지급률

예시 1

1) 오른쪽 안구 적출하여 의안 삽입
2) 평형장해 평가항목별 합산점수 24점
3) 저작운동 제한으로 밥, 빵 등만 섭취 가능

예시답안

1) 오른쪽 안구 적출하여 의안 삽입
   - 한눈이 멀었을 때(50%)+의안 삽입은 약간의 추상 가산(5%)=55%
2) 평형장해 평가항목별 합산점수 24점
   - 평형장해 평가항목별 합산점수 30점 이상일 경우 평형기능에 장해를 남긴 때(10%)에 해당함
   - 24점으로 장해 해당무
3) 저작운동 제한으로 밥, 빵 등만 섭취 가능
   - 씹어먹는 기능에 약간의 장해를 남긴 때(5%)
4) 합산
   - 55%+5%=60%

예시 2

1) 오른쪽 눈 교정시력 0.02 이하
2) 왼쪽 눈의 안구 주시야 운동범위가 정상의 1/2 이하로 감소
3) 얼굴에 길이 11cm의 추상 반흔
4) 머리뼈의 손바닥 크기 1/2 이상의 손상 및 결손

예시답안

1) 오른쪽 눈 교정시력 0.02 이하
   - 한 눈의 교정시력이 0.02 이하로 된 때(35%)
2) 왼쪽 눈의 안구 주시야 운동범위가 정상의 1/2 이하로 감소
   - 한 눈의 안구(눈동자)에 뚜렷한 운동장해를 남긴 때(10%)
   - 좌우의 눈은 각각 다른 부위에 해당함
3) 얼굴에 길이 11cm의 추상 반흔
   - 얼굴에 길이 10cm 이상의 추상 반흔 → 뚜렷한 추상(15%)
4) 머리뼈의 손바닥 크기 1/2 이상의 손상 및 결손
   - 머리뼈의 손바닥 크기 1/2 이상의 손상 및 결손 → 약간의 추상(5%)
5) 합산
   - 3)과 4)는 동일부위에 해당하므로 높은 지급률 15% 적용함
   - 35%+10%+15%=60%

예시 3

1) 추간판탈출증으로 추간판 1마디를 2회 수술+마미신경증후군으로 하지의 현저한 마비, 상해기여도 30%
2) 우측 손목관절 운동범위 1/2 이하로 제한
3) 우측 팔꿈치관절 근전도 완전손상+도수근력검사 1등급

예시답안

1) 추간판탈출증으로 추간판 1마디를 2회 수술+마미신경증후군으로 하지의 현저한 마비, 상해기여도 30%
   - 척추 장해는 사고와의 관여도를 산정하여 평가한다.
   - 추간판탈출증으로 인한 심한 신경 장해(20%)×상해기여도(30%)=6%
2) 우측 손목관절 운동범위 1/2 이하로 제한
   - 한 팔의 관절 하나의 기능에 뚜렷한 장해를 남긴 때(10%)
3) 우측 팔꿈치관절 근전도 완전손상+도수근력검사 1등급
   - 한 팔의 관절 하나의 기능에 심한 장해를 남긴 때(20%)
4) 합산
   - 관절의 기능 장해는 각각 적용하여 합산함
   - 6%+10%+20%=36%

예시 4

1) 우측 엉덩이관절 인공관절 삽입
2) 우측 무릎관절 11mm 동요관절
3) 우측 발목관절 근전도 완전손상+도수근력검사 0등급
4) 우측 첫째 발가락의 지관절부터 심장에 가까운 쪽으로 절단

예시답안

1) 우측 엉덩이관절 인공관절 삽입
   - 한 다리의 관절 하나의 기능에 심한 장해를 남긴 때(20%)
2) 우측 무릎관절 11mm 동요관절
   - 한 다리의 관절 하나의 기능에 뚜렷한 장해를 남긴 때(10%)
3) 우측 발목관절 근전도 완전손상+도수근력검사 0등급
   - 한 다리의 관절 하나의 기능을 완전히 잃었을 때(30%)
4) 우측 첫째 발가락의 지관절부터 심장에 가까운 쪽으로 절단
   - 한 발의 첫째 발가락을 잃었을 때(10%)
5) 합계
   - 20%+10%+30%+10%=70%
   - 1하지(다리와 발가락)의 지급률 한도 60% 적용

예시 5

다음을 같은 신체부위 or 다른 신체부위로 구분하시오.
1. 좌우의 손가락
2. 신경계와 정신행동
3. 흉복부장기와 비뇨생식기
4. 좌우의 갈비뼈
5. 좌측 귀와 평형기능
6. 제1천추와 제2천추

◆ 예시답안

신체부위의 분류

눈, 귀, 코, 씹어먹거나 말하는 기능, 외모, 척추(등뼈), 체간골, 팔, 다리, 손가락, 발가락, 흉·복부장기 및 비뇨생식기, 신경계·정신행동의 13개 부위이며 이를 각각 동일한 신체부위라 한다. 다만 좌우의 눈, 귀, 팔, 다리, 손가락, 발가락은 각각 다른 신체부위로 본다.

정답
1. 좌우의 손가락: 다른 신체부위(좌우 손가락은 다른 부위)
2. 신경계와 정신행동: 같은 신체부위(신경계·정신행동)
3. 흉복부장기와 비뇨생식기: 같은 신체부위(흉비)
4. 좌우의 갈비뼈: 같은 신체부위(체간골)
5. 좌측 귀와 평형기능: 같은 신체부위(귀)
6. 제1천추와 제2천추: 다른 신체부위(척추와 체간골)

예시 6

1) 신경계 장해로 일상생활 기본동작(ADLs) 30%
2) 좌측 팔목 근전도 완전손상+도수근력검사 1등급
3) 좌측 발목 근전도 불완전손상+도수근력검사 2등급
4) 개구운동 및 저작운동 제한으로 부드러운 고형식(밥, 빵 등)만 섭취 가능
5) 담당 주치의 소견상 1)장해와 2)~4)장해는 파생장해에 해당함

◆ 예시답안

1) 일상생활 기본동작(ADLs) (30%)
2) 좌측 팔목 근전도 완전손상+도수근력검사 1등급
   - 한 팔의 관절 하나의 기능에 심한 장해를 남긴 때(20%)
3) 좌측 발목 근전도 불완전손상+도수근력검사 2등급
   - 한 다리의 관절 하나의 기능에 뚜렷한 장해를 남긴 때(10%)
4) 개구운동 및 저작운동 제한으로 부드러운 고형식(밥, 빵 등)만 섭취 가능
   - 씹어먹는 기능에 약간의 장해(5%)
5) 합계
   - 파생장해의 경우, 최초장해의 지급률과 각 파생장해의 지급률의 합산을 비교하여 높은 지급률을 적용한다.
   - 담당 주치의 소견상 1)장해와 2)~4)장해가 파생장해라고 하였으므로, 아래와 같이 비교하여 높은 지급률을 적용한다.
   - 최초장해(30%) vs 파생장해 합산(20%+10%+5%=35%)=35%

PART IV

실손의료보험

CHAPTER 1 의료비의 개요

제1절 의료 체계 관련 기초 지식

1 의료인

"의료인"이란 보건복지부장관의 면허를 받은 의사·치과의사·한의사·조산사 및 간호사를 말한다.

2 의료기관

가. 구분

(1) **의원급 의료기관**: 의사, 치과의사 또는 한의사가 주로 외래환자를 대상으로 각각 그 의료행위를 하는 의료기관으로서 그 종류는 다음과 같다.
 (가) 의원
 (나) 치과의원
 (다) 한의원
(2) **조산원**: 조산사가 조산과 임산부 및 신생아를 대상으로 보건활동과 교육·상담을 하는 의료기관을 말한다.
(3) **병원급 의료기관**: 의사, 치과의사 또는 한의사가 주로 입원환자를 대상으로 의료행위를 하는 의료기관으로서 그 종류는 다음과 같다.
 (가) 병원
 (나) 치과병원
 (다) 한방병원
 (라) 요양병원
 (마) 정신병원
 (바) 종합병원

나. 병원등

병원·치과병원·한방병원 및 요양병원(이하 "병원등"이라 한다)은 30개 이상의 병상(병원·한방병원만 해당한다) 또는 요양병상(요양병원만 해당하며, 장기입원이 필요한 환자를 대상으로 의료행위를 하기 위하여 설치한 병상을 말한다)을 갖추어야 한다.

다. 종합병원

(1) 100개 이상의 병상을 갖출 것
(2) 100병상 이상 300병상 이하인 경우에는 내과·외과·소아청소년과·산부인과 중 3개 진료과목, 영상의학과, 마취통증의학과와 진단검사의학과 또는 병리과를 포함한 7개 이상의 진료과목을 갖추고 각 진료과목마다 전속하는 전문의를 둘 것
(3) 300병상을 초과하는 경우에는 내과, 외과, 소아청소년과, 산부인과, 영상의학과, 마취통증의학과, 진단검사의학과 또는 병리과, 정신건강의학과 및 치과를 포함한 9개 이상의 진료과목을 갖추고 각 진료과목마다 전속하는 전문의를 둘 것

라. 상급종합병원

보건복지부장관은 다음 각 호의 요건을 갖춘 종합병원 중에서 중증질환에 대하여 난이도가 높은 의료행위를 전문적으로 하는 종합병원을 상급종합병원으로 지정할 수 있다.
(1) 보건복지부령으로 정하는 20개 이상의 진료과목을 갖추고 각 진료과목마다 전속하는 전문의를 둘 것
(2) 전문의가 되려는 자를 수련시키는 기관일 것
(3) 보건복지부령으로 정하는 인력·시설·장비 등을 갖출 것
(4) 질병군별(疾病群別) 환자구성 비율이 보건복지부령으로 정하는 기준에 해당할 것

3 진단서등의 발급

가. 발급 권한

의료업에 종사하고 직접 진찰하거나 검안(檢案)한 의사, 치과의사, 한의사가 아니면 진단서·검안서·증명서를 작성하여 환자 또는「형사소송법」에 따라 검시(檢屍)를 하는 지방검찰청검사에게 교부하지 못한다. 다만 환자가 사망하거나 의식이 없는 경우에는 직계존속·비속, 배우자 또는 배우자의 직계존속에게 교부할 수 있으며, 환자가 사망하거나 의식이 없는 경우로서 환자의 직계존속·비속, 배우자 및 배우자의 직계존속이 모두 없는 경우에는 형제자매에게 교부할 수 있다.

나. 사망의 경우

진료 중이던 환자가 최종 진료 시부터 48시간 이내에 사망한 경우에는 다시 진료하지 아니하더라도 진단서나 증명서를 내줄 수 있으며, 환자 또는 사망자를 직접 진찰하거나 검안한 의사·치과의사 또는 한의사가 부득이한 사유로 진단서·검안서 또는 증명서를 내줄 수 없으면 같은 의료기관에 종사하는 다른 의사·치과의사 또는 한의사가 환자의 진료기록부 등에 따라 내줄 수 있다.

다. 정당한 사유 없는 거부 금지

의사·치과의사 또는 한의사는 자신이 진찰하거나 검안한 자에 대한 진단서·검안서 또는 증명서 교부를 요구받은 때에는 정당한 사유 없이 거부하지 못한다.

4 처방전

의사나 치과의사는 환자에게 의약품을 투여할 필요가 있다고 인정하면 「약사법」에 따라 자신이 직접 의약품을 조제할 수 있는 경우가 아니면 보건복지부령으로 정하는 바에 따라 처방전을 작성하여 환자에게 내주거나 발송(전자처방전만 해당된다)하여야 한다.

5 진료기록 열람

가. 진료기록부등의 작성

의료인은 각각 진료기록부, 조산기록부, 간호기록부, 그 밖의 진료에 관한 기록(이하 "진료기록부등"이라 한다)을 갖추어 두고 환자의 주된 증상, 진단 및 치료 내용 등 보건복지부령으로 정하는 의료행위에 관한 사항과 의견을 상세히 기록하고 서명하여야 한다.

나. 보존 및 거짓 작성 금지

의료인이나 의료기관 개설자는 진료기록부등을 보건복지부령으로 정하는 바에 따라 보존하여야 한다. 또한 진료기록부등을 거짓으로 작성하거나 고의로 사실과 다르게 추가기재·수정하여서는 아니 된다.

다. 기록 열람

환자는 의료인, 의료기관의 장 및 의료기관 종사자에게 본인에 관한 기록의 전부 또는 일부에 대하여 열람 또는 그 사본의 발급 등 내용의 확인을 요청할 수 있다. 이 경우 의료인, 의료기관의 장 및 의료기관 종사자는 정당한 사유가 없으면 이를 거부하여서는 아니 된다.

라. 기록 이관

의료기관 개설자는 폐업 또는 휴업 신고를 할 때 기록·보존하고 있는 진료기록부등의 수량 및 목록을 확인하고 진료기록부등을 관할 보건소장에게 넘겨야 한다. 다만, 의료기관 개설자가 보건복지부령으로 정하는 바에 따라 진료기록부등의 보관계획서를 제출하여 관할 보건소장의 허가를 받은 경우에는 직접 보관할 수 있다.

6 국민건강보험

가. 국민건강보험법 및 의료급여법

(1) 국민건강보험법

국민의 질병·부상에 대한 예방·진단·치료·재활과 출산·사망 및 건강증진에 대하여 보험급여를 실시함으로써 국민보건 향상과 사회보장 증진에 이바지함을 목적으로 한다.

(2) 의료급여법

생활이 어려운 사람에게 의료급여를 함으로써 국민보건의 향상과 사회복지의 증진에 이바지함을 목적으로 한다. 이하 교재에서는 특별한 언급이 없는한 국민건강보험을 기초로 설명하되, 의료급여법의 설명이 필요할 경우에는 따로 언급을 하겠다.

나. 적용 제외

아래 사람을 제외하고 국내에 거주하는 국민은 국민건강보험의 가입자가 된다.
(1) 「의료급여법」에 따른 수급권자
(2) 「독립유공자예우에 관한 법률」 및 「국가유공자 등 예우 및 지원에 관한 법률」에 따라 의료보호를 받는 사람

다. 요양급여 및 비급여

(1) 구분

국민건강보험법에 따른 보험급여는 크게 요양급여와 비급여로 나눌 수 있다.

(2) 요양급여대상

진찰·검사 등의 비용으로 보건복지부장관이 비급여대상으로 정한 것을 제외한 일체의 것과 약제의 경우 요양급여대상으로 보건복지부장관이 결정하여 고시한 것

(3) 비급여대상

보건복지부장관이 요양급여의 기준을 정할 때 업무나 일상생활에 지장이 없는 질환에 대한 치료 등 보건복지부령으로 요양급여대상에서 제외되는 사항으로 정하는 것

라. 급여의 구성

급여는 국민건강보험공단이 부담하는 부분(공단부담분)과 본인이 부담하는 부분(본인부담분)으로 구성된다. 공단부담분과 본인부담분은 미리 정해진 일정한 비율에 따라 결정된다. 예를 들어 의료비가 100만원이고 공단부담비율이 80%라고 한다면, 국민건강보험공단은 80만원을 부담하며, 환자가 실질적으로 의료기관에 납부하는 금액은 20만원이다. 실손의료보험은 환자가 실질적으로 의료기관에 납부하는 20만원을 대상으로 한다.

제2절 실손의료보험의 개요

1 의의

실손의료보험은 사람의 상해 또는 질병으로 발생하는 의료비를 보장하는 상품이다. 피보험자가 의료기관에 지출한 의료비(입·통원, 처방조제) 중 급여 본인부담금과 비급여를 보상대상으로 하고 있다. 2001년 국민건강보험의 재정 위기[1] 이후 정부가 민간보험회사에게 보장률의 일부를 부담시키고자 하였고 손해보험회사도 이를 환영하여 본격적으로 도입되었다. 이후 생명보험회사에서도 2003년 11월부터 단체 실손의료보험, 2005년부터는 개인 실손의료보험을 판매하였다. 가입시기 및 담보범위에 따라 1세대, 2세대, 3세대, 4세대로 구분한다. 2021년 7월 4세대 실손의료보험이 도입되어 현재까지 판매되고 있다.

〈실손의료보험의 보장범위〉

국민건강보험 급여	건강보험 보장률(65.3%)
	법정 본인부담률(19.5%)
국민건강보험 비급여	비급여 본인부담률(15.2%)

※ 붉은색 부분이 실손의료보험의 보장범위에 해당함
※ 괄호의 숫자는 2020년 기준 전체의료비 중 점유율

2 실손의료보험과 국민건강보험

구분	실손의료보험	국민건강보험
보장범위	보험회사가 피보험자의 질병 또는 상해로 인한 의료비를 보상하는 보험상품	국민의 질병·부상에 대한 예방·진단·치료·재활과 출산·사망 및 건강증진에 대하여 보험급여 실시
가입대상	임의 가입	국내에 거주하는 국민
관장	민영보험회사	보건복지부
보장내용	「국민건강보험법」에서 정한 요양급여 또는 「의료급여법」에서 정한 의료급여 중 본인부담금'과 '비급여'를 합한 금액의 일정비율에 해당하는 금액	가입자와 피부양자의 질병, 부상, 출산 등에 대하여 요양급여를 실시 1. 진찰·검사 2. 약제(藥劑)·치료재료의 지급 3. 처치·수술 및 그밖의 치료 4. 예방·재활 5. 입원 6. 간호 7. 이송

---

1) 1999년~2000년 의약분업 시행 과정에서 의료수가가 대폭 인상되었고 그 결과 건강보험 재정이 심각한 위기를 맞았다. 2002년에 「국민건강보험재정건전화특별법」이 시행되었을 정도로 당시 건강보험의 재정 문제는 심각한 상태였다(정형선, 비급여 진료비의 문제점과 바람직한 관리방안, 2012).

3 실손의료보험과 정액보험의 차이

구분	실손의료보험	정액보험
보험의 목적	상해·질병으로 실제 발생한 의료비 손해액(금액으로 측정 가능)	질병 또는 상해(금액으로 측정 불가)
보상요건	입·통원, 처방·조제로 「국민건강보험법」상 요양급여 또는 「의료급여법」상 의료급여 등으로 발생한 본인부담금 및 요양급여에 해당하지 않는 비급여 의료비	입원·수술 등 특정 의료행위
지급보험금	실제 지불한 의료비에서 일부 자기부담금을 차감한 금액	사고 별 정액(定額) 보험금
다수보험	각 계약 별 지급액 합이 실제로 부담한 금액을 초과하지 않도록 회사 별 비례 보상	중복과 무관하게 각 계약의 사전 약정금액 보상

4 종류

가. 실손의료보험(4세대)

피보험자가 질병 또는 상해로 의료기관에 입원 또는 통원하여 치료를 받거나 처방조제를 받은 경우에 본인이 실제로 부담한 의료비를 보상한다. 기본형과 특별약관으로 구성되어 있다. 기본형에서는 상해급여, 질병급여를 보장하며, 특별약관에서는 상해비급여, 질병비급여, 3대비급여를 보장한다.

나. 해외여행 실손의료보험

피보험자가 해외여행 중 상해 또는 질병으로 의료기관에서 치료를 받아 발생한 의료비를 보장하기 위한 실손의료보험이다. 기본형과 특별약관으로 구성되어 있다. 기본형은 상해의료비, 질병의료비의 2가지 보장종목으로 구분하며 각각의 보장종목은 다시 해외, 국내(급여)의 2가지 세부 구성항목으로 구분한다. 특별약관은 상해비급여(국내), 질병비급여(국내), 3대비급여(국내)의 3개 보장종목으로 구성되어 있다.

다. 노후실손의료보험

50세부터 90세까지의 고령층을 대상으로 하는 실손의료보험이다. 기본형과 선택계약으로 구성되어 있다. 기본형에서는 상해와 질병을 보장하며, 선택계약에서는 요양병원의료비를 보장한다.

라. 유병력자 실손의료보험

치료 이력이 있거나 만성질환을 가진 유병력자를 대상으로 하는 실손의료보험이다. 상해입원, 상해통원, 질병입원, 질병통원으로 구성되어 있다.

5 실손의료보험의 역사

가. 2003년 10월 이전 실손의료보험

각 보험회사마다 보장내용이 상이한 실손의료보험을 판매했다. 보장 범위와 기준이 제각각 달랐기 때문에 혼란이 있는 시기였다. 이후에 2003년 10월부터 정리된 실손의료보험이 판매되면서 이러한 혼란이 사라졌다.

나. 1세대 실손의료보험

2003년 10월부터 2009년 7월까지 판매된 실손의료보험이다. 자기부담금이 없거나 소액이므로 흔히 100% 보장 실손의료보험이라고 부른다. 자기부담금이 거의 없고 보장범위도 굉장히 넓다는 장점이 있지만 그 때문에 갱신 때마다 보험료 상승률이 상당하다. 아직까지는 실손의료보험의 보장범위가 완전히 통일되지 못하였고 보험회사마다 약간씩 다르다는 특징이 있다.

다. 2세대 실손의료보험

2009년 8월부터 2017년 3월까지 판매된 실손의료보험이다. 다만 2009년 8월~9월은 1세대와 2세대 병행 판매기간이었다. 이 때부터 보험회사 전체가 실손의료보험에 대한 보장범위와 기준을 통일하였기 때문에 표준화 실손의료보험이라고 부른다. 판매기간 중 여러차례 개정되었으며 따라서 같은 2세대 실손의료보험이라고 하더라도 가입시기에 따라 보장내용이 다른 경우가 많다. 일반적으로 입원의료비는 급여, 비급여 상관없이 자기부담금 10%이고, 통원의료비는 병원 규모에 따라 1만원~2만원, 약제비는 8천원의 공제를 적용한다. 다만 앞서 말한대로 가입시기에 따라 보장내용은 조금씩 다르다.

라. 3세대 실손의료보험

2017년 4월부터 2021년 6월까지 판매된 실손의료보험이다. 착한 실손의료보험이라는 별칭으로 불렸고 손해율 악화의 문제점으로 꼽혔던 3대비급여를 별도의 선택특약으로 분리하였다. 입원의료비를 기준으로 자기부담금 급여 10%, 비급여 20%, 선택특약 30%를 적용한다.

마. 4세대 실손의료보험

2021년 7월부터 현재까지 판매되고 있는 실손의료보험이다. 비급여를 모두 특약으로 분리하였고 보험금을 많이 지급받은 사람의 보험료는 할증되고, 보험금을 지급받지 않은 사람의 보험료는 할인되는 방식으로 상품이 설계되었다. 입원의료비를 기준으로 자기부담금 급여 20%, 비급여 30%, 선택특약 30%를 적용한다.

6 실손의료보험의 현황 [2]

가. 손해율 악화

실손의료보험은 표준화된 단일 상품으로 판매된 이후 지속적으로 제도 개선과 상품구조 개편을 실시해 왔음에도 불구하고, 여전히 손해율은 100%를 훨씬 상회하고 있다. 오랜 기간 동안 손해율이 100%를 하회한 시기가 한 번도 없었으며, 그 결과 보험료가 인하된 적도 없었던 점은, 실손의료보험과 같이 대중성과 제도권 상품, 그리고 실손형 보상이라는 공통점을 가지고 있는 자동차보험과 비교해 보더라도 보험상품 중에서 유일무이한 경우라고 볼 수 있다.

연도	발생손해액(단위: 조)	보험료 인상률	위험손해율
2016	7.0	22.4%	131.3%
2017	7.5	21.9%	121.3%
2018	8.7	동결	121.2%
2019	11.0	10.1%	133.9%
2020	11.8	9.9%	129.9%
2021	13.2	11.0%	130.4%
2022	15.3	14.2%	117.2%

나. 보험료의 계속적인 인상

실손의료보험은 매년 말에 그해 위험손해율 수준을 반영하여 그 다음해 갱신보험료의 조정률이 결정되는데, 2022년 보험업계 평균 14%대 인상률을 포함하여 최근 7개년 동안 두 자리 수의 높은 인상률이 적용되었다. 이러한 높은 수준의 보험료 인상에도 불구하고 손해율은 여전히 심각한 수준에 해당한다.

다. 보험회사의 판매 중지

실손의료보험 시장에 대한 정상화 기대가 약해지면서 최근 10년간 12개 보험회사가 실손의료보험 판매를 중지하는 등 보험상품 공급이 위축되고 있다. 특히 생명보험회사들의 실손의료보험 판매 중지는 두드러진다. 이러한 현상은 보험시장 뿐만 아니라 보험소비자(실손 가입자)에게도 결코 우호적인 상황은 아니라고 할 수 있다.

2012.04	AXA손보	2018.06	KB생명
2013.04	ACE손보	2019.03	DB생명
2017.04	AIG손보	2020.12	신한생명
2017.08	푸본현대생명	2021.03	미래에셋생명
2018.01	KDB생명	2021.07	동양생명
2018.05	DGB생명	2021.07	ABL생명

---

[2] 정성희 외 5인, 실손의료보험 지속성 강화와 역할 정립에 대한 연구, 보험연구원, 2022

7 제5세대 실손의료보험의 논의

가. 현황

위와 같이 수차례 개정을 거쳐왔음에도 실손의료보험은 과다 의료서비스 유발 및 국민건강보험의 지속가능성을 저해한다는 지적이 계속 있어왔고, 실제 실손의료보험의 보험료는 지속적으로 인상되어 보험가입자의 부담이 급증되는 문제가 제기되어 왔다. 특히 비급여 의료비 관리수단의 제도적 장치가 부족한 가운데 1) 불필요한 비급여 치료가 확대되고, 2) 의료인력의 비급여 쏠림 현상이 발생하며, 3)국민건강보험의 본인부담금 정책의 효과를 저해한다는 지적이 사회적으로 지속 제기되었다.

> ▶ 실손의료보험 관련 주요 문제점
> 1. 비급여 보험금 지속 확대
>   - 2017년: 4.8조원 → 2023년: 8.2조원(6년간 약 70% 증가)
>   - 우리나라 총 비급여 의료비(20.2조원) 중 약 40%를 실손의료보험(8.2조원)이 보장
> 2. 의료인력 쏠림 현상
>   - 비급여 과다 진료로 인하여 의료인력들이 급여 중심의 필수의료 기피현상이 발생
>   - 2024년 상반기 레지던트 1년차 지원율(보건복지부)
>   • 안과: 172.6%, 재활의학과: 158.8%, 정형외과: 150.7%
>   • 소아청소년과: 25.9%, 심장혈관흉부: 38.1%, 산부인과: 67.4%
> 3. 국민건강보험 정책 효과 저해
>   - 국민건강보험은 의료 수요 조절을 위해 급여 부분의 본인부담금을 운영 중이나, 실손의료보험이 이러한 본인부담금을 보상하여 정책 효과가 저해됨
>   - (사례): 보건당국은 경증환자의 응급실 이용시 본인부담금을 90%까지 확대하고 있으나, 실손의료보험이 이러한 본인부담금의 상당액을 보상하여 정책의 효과 저해

나. 보험가입자의 부담

실손의료보험에 가입한 보험가입자의 다수가 보험료만 납입하고, 일부 소수만이 보험금을 지급받는 구조적인 문제도 제기되고 있다. 실제로 실손의료보험 가입자 중 65%정도는 보험금을 전혀 지급받지 않고 보험료만 납부하고 있으며, 상위 9%가 전체 실손의료보험 보험금의 80%를 지급받고 있다. 이러한 가운데 지급보험금의 지속적인 증가로 매년 실손의료보험의 보험료가 가파르게 상승하고 있어, 다수 보험가입자의 부담으로 다가오고 있다.

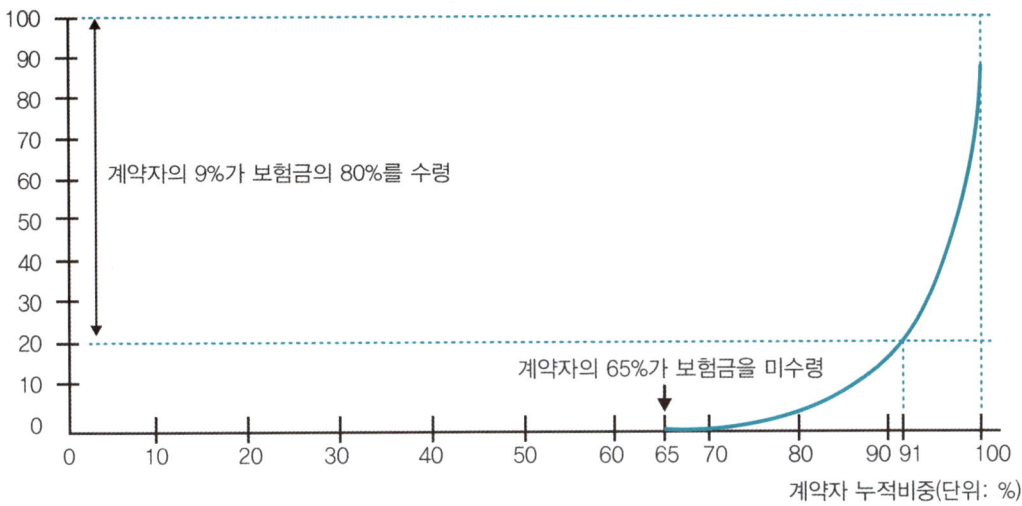

다. 5세대 실손의료보험 개혁방안[3]

(1) 급여의료비

급여는 입원과 외래(통원)로 구분하여 실손보험의 자기부담률을 차등화한다. 급여 입원은 중증질환인 경우가 많고 의료비 부담이 높으며 남용 우려가 크지 않다는 점을 반영하여 현행 4세대와 같이 자기부담률을 일괄 20%로 적용한다. 외래의 경우 건강보험 본인부담제도의 정책 효과 제고를 위해 실손보험 자기부담률과 건강보험 본인부담률을 연동한다.

> ▶ 급여 자기부담률 비교
> - 현재(4세대)
>   1) 입원: 20%
>   2) 외래: MAX[1만원 or 2만원, (보장대상의료비의 20%)]
> - 변경(5세대)
>   1) 입원: 20%
>   2) 외래: MAX[1만원 or 2만원, (보장대상의료비의 20%), <u>국민건강보험 본인부담률</u>]

(2) 비급여의료비

1) 개요

중증 비급여(특약1)와 비중증 비급여(특약2)로 구분하여 보상한도, 자기부담 등을 차등화하여 보장을 합리화한다. 여기서 말하는 중증이란 암, 뇌혈관·심장질환, 희귀난치성질환, 중증화상·외상 등 건강보험 산정특례 대상 질환을 말한다. 따라서 보건당국이 대상 질환을 조정할 때에 자동 연동하는 구조이다.

---

[3] 2025년 04월 01일 금융위원회 및 금융감독원 공동 보도자료 중 발췌

2) 중증 비급여(특약1)

중증환자의 해당 질환 치료를 위한 의료비를 보장하는 것으로서 중증 치료인 만큼 실손보험이 사회안전망 기능을 다할 수 있도록 현행 보장(한도, 자기부담 등)을 유지하되, 상급종합·종합병원 입원시 연간 자기부담 한도(500만원)를 신설하여 중증에 대한 보장을 강화한다. 현행 4세대에는 비급여 의료비의 연간 자기부담금이 없다.

3) 비중증 비급여(특약2)

의료체계 왜곡 및 보험료 상승의 주원인으로 지목되는 만큼 과다 보상으로 인한 의료체계 왜곡 및 과도한 보험료 부담 문제 해결을 위해 보장한도·범위 축소, 자기부담 상향 등을 통해 보장을 합리화한다. 또한 비급여 할인·할증제도는 비중증 비급여(특약2)에만 적용하며, 중증 비급여(특약1)는 적용하지 않는다.

> ▶ **비급여 의료비 비교**
> - **현재(4세대)**
>   1) 보상한도: 연간 5천만원, 통원 회당 20만원, 입원 한도 없음
>   2) 자기부담률: 입원 30%, 외래 MAX[3만원, (보장대상의료비의 30%)]
>   3) 자기부담한도: 없음
>   4) 할인·할증제도: 적용
> - **변경(5세대)**
>   1) 보상한도
>   1-1) 중증(특약1): 4세대 동일
>   1-2) 비중증(특약2): <u>연간 1천만원, 통원 하루당 20만원, 입원 회당 300만원</u>
>   2) 자기부담률
>   2-1) 중증(특약1): 4세대 동일
>   2-2) 비중증(특약2): <u>입원 50%, 외래 MAX[5만원, (보장대상의료비의 50%)]</u>
>   3) 자기부담한도
>   3-1) 중증(특약1): <u>입원 500만원</u>
>   3-2) 비중증(특약2): 4세대 동일(없음)
>   4) 할인·할증제도
>   4-1) 중증(특약1): 제외
>   4-2) 비중증(특약2): 4세대 동일(적용)

라. 향후 계획

5세대 실손의료보험은 보험업감독규정·시행세칙 개정 및 실무 준비 등을 거쳐 2026년 출시를 목표로 하고 있다.

<별첨> - 진료비 계산서 영수증 샘플

■ 국민건강보험 요양급여의 기준에 관한 규칙 [별지 제6호서식]
[　]외래 [　]입원 ([　]퇴원[　]중간) 진료비 계산서 · 영수증

환자등록번호		환자 성명		진료기간		야간(공휴일)진료	
				...부터 ...까지		[ ] 야간 [ ] 공휴일	
진료과목		질병군(DRG)번호		병실	환자구분	영수증번호(연월-일련번호)	

항목		급여			비급여	금액산정내용	
		일부 본인부담		전액 본인부담			
		본인부담금	공단부담금				
기본 항목	진 찰 료					⑥ 진료비 총액 (①+②+③+④)	
	입 원 료 / 1인실					⑦ 공단부담 총액 (②+⑤)	
	2 · 3인실						
	4인실 이상					⑧ 환자부담 총액 (①-⑤)+③+④	
	식대						
	투약 및 조제료 / 행위료					⑨ 이미 납부한 금액	
	약품비						
	주사료 / 행위료					⑩ 납부할 금액 (⑧-⑨)	
	약품비					⑪ 납부한 금액 / 카드	
	마취료					현금영수증	
	처치 및 수술료					현금	
	검사료					합계	
	영상진단료					납부하지 않은 금액 (⑩-⑪)	
	방사선치료료					현금영수증( )	
	치료재료대					신분확인번호	
	재활 및 물리치료료					현금영수증 승인번호	
	정신요법료						
	전혈 및 혈액성분제제료						
선택 항목	CT 진단료						
	MRI 진단료						
	PET 진단료						
	초음파 진단료					* 요양기관 임의활용공간	
	보철 · 교정료						
	제증명수수료						
선별급여							
65세 이상 등 정액							
정액수가(요양병원)							
정액수가(완화의료)							
질병군 포괄수가							
합계		①	②	③	④		
상한액 초과금		⑤		-			
요양기관 종류		[ ] 의원급 · 보건기관 [ ] 병원급 [ ] 종합병원 [ ] 상급종합병원					
사업자등록번호			상호			전화번호	
사업장 소재지					대표자		[인]

년　월　일

항목별 설명	일반사항 안내
1. 일부 본인부담: 일반적으로 다음과 같이 본인부담률을 적용하나, 요양기관 지역, 요양기관의 종별, 환자 자격, 「국민건강보험법」 제41조의4에 따른 요양급여 여부, 병실종류 등에 따라 달라질 수 있습니다. 　- 외래 본인부담률: 요양기관 종별에 따라 30% ~ 60%(의료급여는 수급권자 종별 및 의료급여기관 유형 등에 따라 0원 ~ 2500원, 0% ~ 15%) 등 　- 입원 본인부담률: 20%(의료급여는 수급권자 종별 및 의료급여기관 유형 등에 따라 0% ~ 10%) 등 　※ 식대: 50%(의료급여는 20%) / CT·MRI·PET: 외래 본인부담률(의료급여는 입원 본인부담률과 동일) / 선별급여(「국민건강보험법」 제41조의4에 따른 요양급여): 보건복지부장관이 고시한 항목별 본인부담률(50%, 80%, 90%) 　※ 상급종합병원 입원료: 2인실 50%, 3인실 40%, 4인실 30% / 치과병원을 제외한 병원급 의료기관 입원료: 2인실 40%, 3인실 30% 2. 전액 본인부담: 「국민건강보험법 시행규칙」 별표 6 또는 「의료급여법 시행규칙」 별표 1의2에 따라 적용되는 항목으로 건강보험(의료급여)에서 금액을 정하고 있으나 진료비 전액을 환자 본인이 부담합니다. 3. 상한액 초과금: 「국민건강보험법 시행령」 별표 3 제1호에 따른 본인부담상한액의 최고 금액을 초과하는 본인부담금이 발생한 경우[단, 「의료법」 제3조 제2항 제3호 라목에 따른 요양병원(「장애인복지법」 제58조 제1항 제4호에 따른 장애인 의료재활시설로서 「의료법」 제3조의2의 요건을 갖춘 의료기관인 요양병원은 제외)에 입원한 기간이 같은 연도에 120일을 초과하는 경우는 제외], 공단이 부담하는 초과분 중 사전 정산하는 금액을 말합니다. 　※ 전액 본인부담 및 선별급여(「국민건강보험법」 제41조의4에 따른 요양급여)의 본인부담금 등은 본인부담 상한액 산정시 제외합니다. 4. "질병군 포괄수가"란 「국민건강보험법 시행령」 제21조 제3항 제2호 및 「국민건강보험 요양급여의 기준에 관한 규칙」 제8조 제3항에 따라 보건복지부장관이 고시한 질병군 입원진료에 대하여 해당 입원진료와 관련되는 여러 의료행위를 하나의 행위로 정하여 요양급여비용을 결정한 것을 말합니다. 다만, 해당 질병군의 입원진료와 관련되는 의료행위라도 비급여대상이나 이송처치료 등 포괄수가에서 제외되는 항목은 위 표의 기본항목 및 선택항목란에 합산하여 표기됩니다.	1. 이 계산서·영수증에 대한 세부 내용은 요양기관에 요구하여 제공받을 수 있습니다. 2. 「국민건강보험법」 제48조 또는 「의료급여법」 제11조의3에 따라 환자가 전액 부담한 비용과 비급여로 부담한 비용의 타당성 여부를 건강보험심사평가원(☎1644-2000, 홈페이지: www.hira.or.kr)에 확인 요청하실 수 있습니다. 3. 계산서·영수증은 「소득세법」에 따른 의료비 공제신청 또는 「조세특례제한법」에 따른 현금영수증 공제신청(현금영수증 승인번호가 적힌 경우만 해당합니다)에 사용할 수 있습니다. 다만 지출증빙용으로 발급된 "현금영수증(지출증빙)"은 공제신청에 사용할 수 없습니다.(현금영수증 문의 126 인터넷 홈페이지: http://현금영수증.kr)

주(註):
1. 진료항목 중 선택항목은 요양기관의 특성에 따라 추가 또는 생략할 수 있으며, 야간(공휴일)진료 시 진료비가 가산될 수 있습니다.
2. 환자가 「위기 임신 및 보호출산 지원과 아동 보호에 관한 특별법」 제2조 제3호에 따른 비식별화된 가명을 부여받은 경우에는 환자의 성명 대신 가명을 기재할 수 있습니다.

CHAPTER 2 기본형 실손의료보험(급여 실손의료비)

실손의료보험의 구성

1 상품구조

가. 주계약 – 급여

(1) 구성

2021년 7월부터 도입된 4세대 실손의료보험은 기본형 실손의료보험에서 급여 항목만 보장하고, 비급여 항목은 특별약관에서 보장한다. 기본형 실손의료보험상품의 주계약은 상해급여형, 질병급여형의 2개 보장종목으로 구성되어 있다.

(2) 상해급여

피보험자가 상해로 인하여 의료기관에 입원 또는 통원하여 급여 치료를 받거나 급여 처방조제를 받은 경우에 보상한다.

(3) 질병급여

피보험자가 질병으로 인하여 의료기관에 입원 또는 통원하여 급여 치료를 받거나 급여 처방조제를 받은 경우에 보상한다.

나. 특약 – 비급여

(1) 비급여의 정의

「국민건강보험법」 또는 「의료급여법」에 따라 보건복지부장관이 정한 비급여 대상을 말한다. 「국민건강보험법」에서 정한 요양급여 또는 「의료급여법」에서 정한 의료급여 절차를 거쳤지만 급여항목이 발생하지 않은 경우로 「국민건강보험법」 또는 「의료급여법」에 따른 비급여 항목을 포함한다.

(2) 상해비급여

피보험자가 상해로 인하여 의료기관에 입원 또는 통원하여 비급여 치료를 받거나 비급여 처방조제를 받은 경우에 보상한다. 다만 3대 비급여는 제외한다.

(3) 질병비급여

피보험자가 질병으로 의료기관에 입원 또는 통원하여 비급여 치료를 받거나 비급여 처방조제를 받은 경우에 보상한다. 다만 3대 비급여는 제외한다.

다. 특약 – 3대 비급여

(1) 3대 비급여의 정의

(가) 도수치료, 체외충격파 치료, 증식치료
(나) 주사료
(다) 자기공명영상진단

(2) 3대 비급여 특약

피보험자가 상해 또는 질병의 치료목적으로 의료기관에 입원 또는 통원하여 3대비급여 치료를 받은 경우에 보상한다.

2 보상내용 – 상해급여

가. 상해의 정의

상해란 보험기간 중 발생한 급격하고 우연한 외래의 사고를 말한다. 상해에는 유독가스 또는 유독물질을 우연히 일시에 흡입, 흡수 또는 섭취한 결과로 생긴 중독 증상도 포함한다. 다만 유독가스 또는 유독물질을 상습적으로 흡입, 흡수 또는 섭취한 결과로 생긴 중독 증상과 세균성 음식물 중독은 상해로 보지 않는다.

나. 보상하는 손해

회사는 피보험자가 상해로 인하여 의료기관에 입원 또는 통원(외래 및 처방조제)하여 치료를 받은 경우에는 급여의료비를 연간 보험가입금액(5,000만원 한도로 계약자가 정한 금액)의 한도 내에서 보상한다.

다. 보상금액

구분	보상금액
입원(입원실료, 입원제비용, 입원수술비)	「국민건강보험법」에서 정한 요양급여 또는 「의료급여법」에서 정한 의료급여 중 본인부담금(본인이 실제로 부담한 금액으로서 요양급여 비용 또는 의료급여 비용의 일부를 본인이 부담하는 일부본인부담금과 요양급여 비용 또는 의료급여 비용의 전부를 본인이 부담하는 전액본인부담금을 말한다)의 80%에 해당하는 금액
통원(외래제비용, 외래수술비, 처방조제비)	통원 1회당(외래 및 처방조제 합산) 「국민건강보험법」에서 정한 요양급여 또는 「의료급여법」에서 정한 의료급여 중 본인부담금(본인이 실제로 부담한 금액으로서 요양급여 비용 또는 의료급여 비용의 일부를 본인이 부담하는 일부본인부담금과 요양급여 비용 또는 의료급여 비용의 전부를 본인이 부담하는 전액본인부담금을 말한다)에서 〈표1〉의 '통원항목별 공제금액'을 뺀 금액

〈표1〉 통원항목별 공제금액

항목	공제금액
「의료법」 제3조 제2항에 의한 의료기관(동법 제3조의3에 의한 종합병원은 제외), 「국민건강보험법」 제42조 제1항 제4호에 의한 보건소·보건의료원·보건지소, 동법 제42조 제1항 제5호에 의한 보건진료소에서의 외래 및 「국민건강보험법」 제42조 제1항 제2호에 의한 약국, 동법 제42조 제1항 제3호에 의한 한국희귀·필수의약품센터에서의 처방·조제(의약분업 예외지역 등에서의 약사의 직접 조제 포함)	1만원과 보장대상 의료비의 20% 중 큰 금액
「국민건강보험법」 제42조 제2항에 의한 전문요양기관, 「의료법」 제3조의4에 의한 상급종합병원, 동법 제3조의3에 의한 종합병원에서의 외래 및 그에 따른 「국민건강보험법」 제42조 제1항 제2호에 의한 약국, 동법 제42조 제1항 제3호에 의한 한국희귀·필수의약품센터에서의 처방·조제	2만원과 보장대상 의료비의 20% 중 큰 금액

시험출제 Point

▶ 입원 지급보험금 정리
  1. 급여: 급여 중 본인부담금×80%
  2-1. 비급여: 비급여 의료비(비급여 병실료 제외)×70%
  2-2. 상급병실료 차액: 비급여 병실료×50%

▶ 급여 통원 공제금액 정리
  1. 의원, 병원급: 1만원과 보장대상의료비 20% 중 큰 금액
  2. 종합병원 이상: 2만원과 보장대상의료비 20% 중 큰 금액

▶ 비급여 통원 공제금액 정리
  병원 규모에 관계없이 3만원과 보장대상의료비 30% 중 큰 금액

라. 의료비를 감면받거나 요양급여 또는 의료급여를 적용받지 못하는 경우

피보험자가 「국민건강보험법」 제5조, 제53조, 제54조에 따라 요양급여 또는 「의료급여법」 제4조, 제15조, 제17조에 따라 의료급여를 적용받지 못하는 경우에는 다음과 같이 보상한다.

(1) 의료비(「국민건강보험 요양급여의 기준에 관한 규칙」에 따라 보건복지부장관이 정한 급여의료비 항목만 해당한다) 중 본인이 실제로 부담한 금액(통원의 경우 본인이 실제로 부담한 금액에서 〈표1〉의 '통원항목별 공제금액'을 뺀 금액)의 40%를 보험가입금액 한도 등에서 정한 연간 보험가입금액의 한도 내에서 보상한다.

(2) 법령 등에 따라 의료비를 감면받거나 의료기관으로부터 의료비를 감면받은 경우(의료비를 납부하는 대가로 수수한 금액 등은 감면받은 의료비에 포함)에는 감면 후 실제 본인이 부담한 의료비 기준으로 계산하며, 감면받은 의료비가 근로소득에 포함된 경우, 「국가유공자 등 예우 및 지원에 관한 법률」 및 「독립유공자 예우에 관한 법률」에 따라 의료비를 감면받은 경우에는 감면 전 의료비로 급여의료비를 계산한다.

시험출제 Point

▶ 의료비 감면받는 경우 정리
1. 원칙: 감면 후 의료비 기준
2. 예외: 아래 경우에는 감면 전 의료비 기준
2-1. 근로소득에 포함된 경우
2-2. 국가유공자, 독립유공자

국민건강보험법 관련 규정

제5조(적용 대상 등) 제1항 국내에 거주하는 국민은 건강보험의 가입자(이하 "가입자"라 한다) 또는 피부양자가 된다. 다만, 다음 각 호의 어느 하나에 해당하는 사람은 제외한다.
1. 「의료급여법」에 따라 의료급여를 받는 사람(이하 "수급권자"라 한다)
2. 「독립유공자예우에 관한 법률」 및 「국가유공자 등 예우 및 지원에 관한 법률」에 따라 의료보호를 받는 사람(이하 "유공자등 의료보호대상자"라 한다). 다만, 다음 각 목의 어느 하나에 해당하는 사람은 가입자 또는 피부양자가 된다.
   가. 유공자등 의료보호대상자 중 건강보험의 적용을 보험자에게 신청한 사람
   나. 건강보험을 적용받고 있던 사람이 유공자등 의료보호대상자로 되었으나 건강보험의 적용배제신청을 보험자에게 하지 아니한 사람

제53조(급여의 제한) 제1항 공단은 보험급여를 받을 수 있는 사람이 다음 각 호의 어느 하나에 해당하면 보험급여를 하지 아니한다.
1. 고의 또는 중대한 과실로 인한 범죄행위에 그 원인이 있거나 고의로 사고를 일으킨 경우
2. 고의 또는 중대한 과실로 공단이나 요양기관의 요양에 관한 지시에 따르지 아니한 경우
3. 고의 또는 중대한 과실로 제55조에 따른 문서와 그 밖의 물건의 제출을 거부하거나 질문 또는 진단을 기피한 경우
4. 업무 또는 공무로 생긴 질병·부상·재해로 다른 법령에 따른 보험급여나 보상(報償) 또는 보상(補償)을 받게 되는 경우

제54조(급여의 정지) 보험급여를 받을 수 있는 사람이 다음 각 호의 어느 하나에 해당하면 그 기간에는 보험급여를 하지 아니한다. 다만, 제3호 및 제4호의 경우에는 제60조에 따른 요양급여를 실시한다.
1. 삭제 〈2020. 4. 7.〉
2. 국외에 체류하는 경우
3. 제6조 제2항 제2호에 해당하게 된 경우
4. 교도소, 그 밖에 이에 준하는 시설에 수용되어 있는 경우

마. 입원 치료 중 보험계약의 종료

피보험자가 입원하여 치료를 받던 중 보험계약이 종료되더라도 그 계속 중인 입원에 대해서는 보험계약 종료일 다음날부터 180일까지 보상한다. 다만 종전 계약을 자동갱신하거나 같은 회사의 보험상품에 재가입하는 경우에는 종전 계약의 보험기간을 연장하는 것으로 보아 본 내용을 적용하지 않는다.

바. 통원 치료 중 보험계약의 종료

피보험자가 통원하여 치료를 받던 중 보험계약이 종료되더라도 그 계속 중인 통원에 대해서는 보험계약 종료일 다음날부터 180일 이내의 통원을 보상하며 최대 90회 한도 내에서 보상한다. 다만 종전 계약을 자동갱신하거나 같은 회사의 보험상품에 재가입하는 경우에는 종전 계약의 보험기간을 연장하는 것으로 보아 본 내용을 적용하지 않는다.

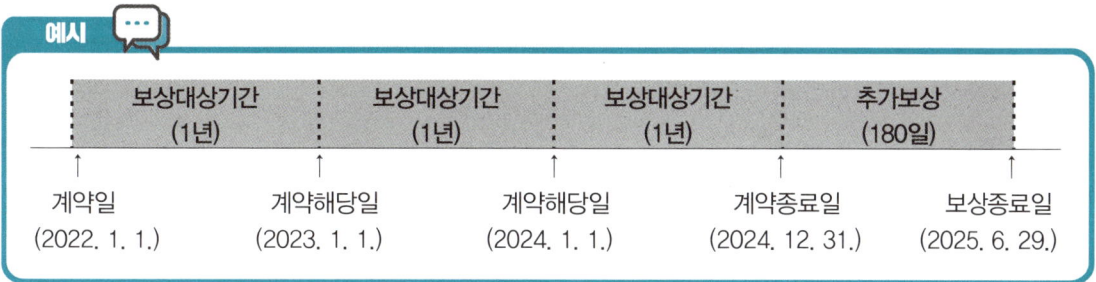

사. 처방조제의 적용 기준

하나의 상해로 동일한 의료기관에서 같은 날 외래 및 처방을 함께 받은 경우 처방일자를 기준으로 외래 및 처방조제를 합산하되(조제일자가 다른 경우도 동일하게 적용) 통원 1회로 보아 보상금액 및 보험계약의 종료 조항을 적용한다.

아. 공제금액의 적용 기준

하나의 상해로 하루에 같은 치료를 목적으로 2회 이상 통원치료(외래 및 처방조제 합산)를 받은 경우 1회의 통원으로 보아 보상금액 및 보험계약의 종료 조항을 적용한다. 이 때 공제금액은 2회 이상의 중복 방문 의료기관 중 가장 높은 공제금액을 적용한다.

> **시험출제 Point**
> ▶ 2회 이상 통원 치료 공제금액
>   1. 급여: 1회로 보아 계산. 공제금액은 중복 방문 의료기관 중 높은 공제금액 적용
>   2. 비급여: 1회로 보아 계산(*높은 공제금액을 적용한다는 내용 없음에 주의할 것)

자. 장기이식

회사는 피보험자가 상해로 인하여 의료기관에서 본인의 장기등(「장기등 이식에 관한 법률」 제4조에 의한 "장기등"을 의미한다)의 기능회복을 위하여 「장기등 이식에 관한 법률」 제42조 및 관련 고시에 따라 장기등의 적출 및 이식에 드는 비용(공여적합성 여부를 확인하기 위한 검사비, 뇌사장기기증자 관리료 및 이에 속하는 비용항목 포함)은 보상한다.

3 보상내용 – 질병급여

가. 질병의 정의

질병이란 심신(心身)의 전체 또는 일부가 일차적 혹은 계속적으로 장애를 일으켜서 정상적인 기능을 할 수 없는 상태를 말한다. 실손의료보험은 질병과 상해를 이분법적으로 구분하고 있으므로, 상해에 해당하지 않는 것을 질병으로 보아도 무방하다. 질병과 상해를 구분하는 가장 큰 특징은 외래성의 인정 여부이다. 예를 들어 추간판탈출증이 외부의 충격으로부터 야기된 것이라면 상해로 인정될 수 있으나, 노화로 인한 퇴행성 질환이라면 질병으로 분류된다.

나. 보상하는 손해

회사는 피보험자가 질병으로 의료기관에 입원 또는 통원(외래 및 처방조제)하여 치료를 받은 경우에는 급여의료비를 연간 보험가입금액(5,000만원 한도로 계약자가 정한 금액)의 한도 내에서 보상한다.

다. 보상금액

구분	보상금액
입원 (입원실료, 입원제비용, 입원수술비)	「국민건강보험법」에서 정한 요양급여 또는 「의료급여법」에서 정한 의료급여 중 본인부담금(본인이 실제로 부담한 금액으로서 요양급여 비용 또는 의료급여 비용의 일부를 본인이 부담하는 일부본인부담금과 요양급여 비용 또는 의료급여 비용의 전부를 본인이 부담하는 전액본인부담금을 말한다)의 80%에 해당하는 금액
통원(외래제비용, 외래수술비, 처방조제비)	통원 1회당(외래 및 처방조제 합산) 「국민건강보험법」에서 정한 요양급여 또는 「의료급여법」에서 정한 의료급여 중 본인부담금(본인이 실제로 부담한 금액으로서 요양급여 비용 또는 의료급여 비용의 일부를 본인이 부담하는 일부본인부담금과 요양급여 비용 또는 의료급여 비용의 전부를 본인이 부담하는 전액본인부담금을 말한다)에서 〈표1〉의 '통원항목별 공제금액'을 뺀 금액

〈표1〉 통원항목별 공제금액

항목	공제금액
「의료법」 제3조 제2항에 의한 의료기관(동법 제3조의3에 의한 종합병원은 제외), 「국민건강보험법」 제42조 제1항 제4호에 의한 보건소·보건의료원·보건지소, 동법 제42조 제1항 제5호에 의한 보건진료소에서의 외래 및 「국민건강보험법」 제42조 제1항 제2호에 의한 약국, 동법 제42조 제1항 제3호에 의한 한국희귀·필수의약품센터에서의 처방·조제(의약분업 예외지역 등에서의 약사의 직접 조제 포함)	1만원과 보장대상 의료비의 20% 중 큰 금액
「국민건강보험법」 제42조 제2항에 의한 전문요양기관, 「의료법」 제3조의4에 의한 상급종합병원, 동법 제3조의3에 의한 종합병원에서의 외래 및 그에 따른 「국민건강보험법」 제42조 제1항 제2호에 의한 약국, 동법 제42조 제1항 제3호에 의한 한국희귀·필수의약품센터에서의 처방·조제	2만원과 보장대상 의료비의 20% 중 큰 금액

시험출제 Point

▶ 입원 지급보험금 정리
1. 급여: 급여 중 본인부담금×80%
2-1. 비급여: 비급여 의료비(비급여 병실료 제외)×70%
2-2. 상급병실료 차액: 비급여 병실료×50%

▶ 급여 통원 공제금액 정리
1. 의원, 병원급: 1만원과 보장대상의료비 20% 중 큰 금액
2. 종합병원 이상: 2만원과 보장대상의료비 20% 중 큰 금액

▶ 비급여 통원 공제금액 정리
병원 규모에 관계없이 3만원과 보장대상의료비 30% 중 큰 금액

라. 의료비를 감면받거나 요양급여 또는 의료급여를 적용받지 못하는 경우

피보험자가「국민건강보험법」제5조, 제53조, 제54조에 따라 요양급여 또는「의료급여법」제4조, 제15조, 제17조에 따라 의료급여를 적용받지 못하는 경우에는 다음과 같이 보상한다.

(1) 의료비(「국민건강보험 요양급여의 기준에 관한 규칙」에 따라 보건복지부장관이 정한 급여의료비 항목만 해당한다) 중 본인이 실제로 부담한 금액(통원의 경우 본인이 실제로 부담한 금액에서 〈표1〉의 '통원항목별 공제금액'을 뺀 금액)의 40%를 보험가입금액 한도 등에서 정한 연간 보험가입금액의 한도 내에서 보상한다.

(2) 법령 등에 따라 의료비를 감면받거나 의료기관으로부터 의료비를 감면받은 경우(의료비를 납부하는 대가로 수수한 금액 등은 감면받은 의료비에 포함)에는 감면 후 실제 본인이 부담한 의료비 기준으로 계산하며, 감면받은 의료비가 근로소득에 포함된 경우,「국가유공자 등 예우 및 지원에 관한 법률」및「독립유공자 예우에 관한 법률」에 따라 의료비를 감면받은 경우에는 감면 전 의료비로 급여의료비를 계산한다.

시험출제 Point

▶ 의료비 감면받는 경우 정리
1. 원칙: 감면 후 의료비 기준
2. 예외: 아래 경우에는 감면 전 의료비 기준
2-1. 근로소득에 포함된 경우
2-2. 국가유공자, 독립유공자

> **국민건강보험법 관련 규정**
>
> **제5조(적용 대상 등) 제1항** 국내에 거주하는 국민은 건강보험의 가입자(이하 "가입자"라 한다) 또는 피부양자가 된다. 다만, 다음 각 호의 어느 하나에 해당하는 사람은 제외한다.
> 1. 「의료급여법」에 따라 의료급여를 받는 사람(이하 "수급권자"라 한다)
> 2. 「독립유공자예우에 관한 법률」 및 「국가유공자 등 예우 및 지원에 관한 법률」에 따라 의료보호를 받는 사람(이하 "유공자등 의료보호대상자"라 한다). 다만, 다음 각 목의 어느 하나에 해당하는 사람은 가입자 또는 피부양자가 된다.
>   가. 유공자등 의료보호대상자 중 건강보험의 적용을 보험자에게 신청한 사람
>   나. 건강보험을 적용받고 있던 사람이 유공자등 의료보호대상자로 되었으나 건강보험의 적용배제신청을 보험자에게 하지 아니한 사람
>
> **제53조(급여의 제한) 제1항** 공단은 보험급여를 받을 수 있는 사람이 다음 각 호의 어느 하나에 해당하면 보험급여를 하지 아니한다.
> 1. 고의 또는 중대한 과실로 인한 범죄행위에 그 원인이 있거나 고의로 사고를 일으킨 경우
> 2. 고의 또는 중대한 과실로 공단이나 요양기관의 요양에 관한 지시에 따르지 아니한 경우
> 3. 고의 또는 중대한 과실로 제55조에 따른 문서와 그 밖의 물건의 제출을 거부하거나 질문 또는 진단을 기피한 경우
> 4. 업무 또는 공무로 생긴 질병·부상·재해로 다른 법령에 따른 보험급여나 보상(報償) 또는 보상(補償)을 받게 되는 경우
>
> **제54조(급여의 정지)** 보험급여를 받을 수 있는 사람이 다음 각 호의 어느 하나에 해당하면 그 기간에는 보험급여를 하지 아니한다. 다만, 제3호 및 제4호의 경우에는 제60조에 따른 요양급여를 실시한다.
> 1. 삭제 〈2020. 4. 7.〉
> 2. 국외에 체류하는 경우
> 3. 제6조 제2항 제2호에 해당하게 된 경우
> 4. 교도소, 그 밖에 이에 준하는 시설에 수용되어 있는 경우

마. 입원 치료 중 보험계약의 종료

피보험자가 입원하여 치료를 받던 중 보험계약이 종료되더라도 그 계속 중인 입원에 대해서는 보험계약 종료일 다음날부터 180일까지 보상한다. 다만 종전 계약을 자동갱신하거나 같은 회사의 보험상품에 재가입하는 경우에는 종전 계약의 보험기간을 연장하는 것으로 보아 본 내용을 적용하지 않는다.

바. 통원 치료 중 보험계약의 종료

피보험자가 통원하여 치료를 받던 중 보험계약이 종료되더라도 그 계속 중인 통원에 대해서는 보험계약 종료일 다음날부터 180일 이내의 통원을 보상하며 최대 90회 한도 내에서 보상한다. 다만 종전 계약을 자동갱신하거나 같은 회사의 보험상품에 재가입하는 경우에는 종전 계약의 보험기간을 연장하는 것으로 보아 본 내용을 적용하지 않는다.

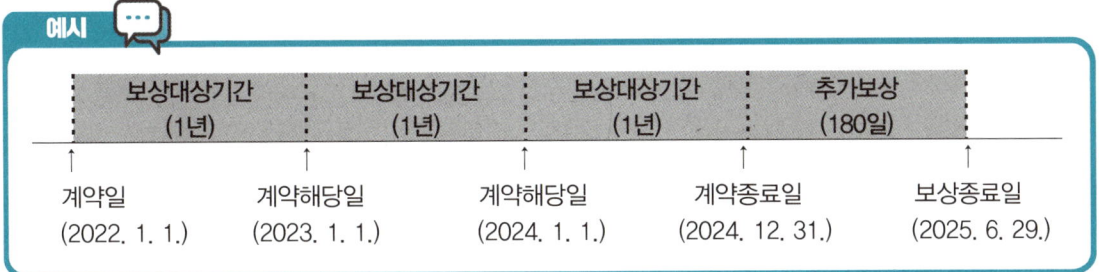

사. 처방조제의 적용 기준

하나의 질병으로 동일한 의료기관에서 같은 날 외래 및 처방을 함께 받은 경우 처방일자를 기준으로 외래 및 처방조제를 합산하되(조제일자가 다른 경우도 동일하게 적용) 통원 1회로 보아 보상금액 및 보험계약의 종료 조항을 적용한다.

> **시험출제 Point**
>
> ▶ 하나의 질병이란?
> 하나의 질병이란 발생 원인이 동일한 질병(의학상 중요한 관련이 있는 질병은 하나의 질병으로 간주하며, 하나의 질병으로 2회 이상 치료를 받는 경우에는 이를 하나의 질병으로 본다)을 말하며, 질병의 치료 중에 발생된 합병증 또는 새로 발견된 질병의 치료가 병행되거나 의학상 관련이 없는 여러 종류의 질병을 갖고 있는 상태에서 입원 또는 통원한 경우에는 하나의 질병으로 간주한다

아. 공제금액의 적용 기준

하나의 질병으로 하루에 같은 치료를 목적으로 2회 이상 통원치료(외래 및 처방조제 합산)를 받은 경우 1회의 통원으로 보아 보상금액 및 보험계약의 종료 조항을 적용한다. 이 때 공제금액은 2회 이상의 중복 방문 의료기관 중 가장 높은 공제금액을 적용한다.

> **시험출제 Point**
>
> ▶ 2회 이상 통원 치료 공제금액
> 1. 급여: 1회로 보아 계산. 공제금액은 중복 방문 의료기관 중 높은 공제금액 적용
> 2. 비급여: 1회로 보아 계산(*높은 공제금액을 적용한다는 내용 없음에 주의할 것)

자. 장기이식

회사는 피보험자가 질병으로 인하여 의료기관에서 본인의 장기등(「장기등 이식에 관한 법률」 제4조에 의한 "장기등"을 의미한다)의 기능회복을 위하여 「장기등 이식에 관한 법률」 제42조 및 관련 고시에 따라 장기등의 적출 및 이식에 드는 비용(공여적합성 여부를 확인하기 위한 검사비, 뇌사장기기증자 관리료 및 이에 속하는 비용항목 포함)은 보상한다.

4 보상하지 않는 사항

가. 상해급여

① 회사는 다음의 사유로 인하여 생긴 급여의료비는 보상하지 않는다.
   1. 피보험자가 고의로 자신을 해친 경우. 다만, 피보험자가 심신상실 등으로 자유로운 의사결정을 할 수 없는 상태에서 자신을 해친 사실이 증명된 경우에는 보상한다.
   2. 보험수익자가 고의로 피보험자를 해친 경우. 다만, 그 보험수익자가 보험금의 일부 보험수익자인 경우에는 다른 보험수익자에 대한 보험금은 지급한다.
   3. 계약자가 고의로 피보험자를 해친 경우
   4. 피보험자가 임신, 출산(제왕절개를 포함한다), 산후기로 입원 또는 통원한 경우. 다만, 회사가 보상하는 상해로 인하여 입원 또는 통원한 경우에는 보상한다.
   5. 전쟁, 외국의 무력행사, 혁명, 내란, 사변, 폭동으로 인한 경우
   6. 피보험자가 정당한 이유없이 입원기간 중 의사의 지시를 따르지 않거나 의사가 통원치료가 가능하다고 인정함에도 피보험자 본인이 자의적으로 입원하여 발생한 입원의료비
   7. 피보험자가 정당한 이유없이 통원기간 중 의사의 지시를 따르지 않아 발생한 통원의료비

② 회사는 다른 약정이 없으면 피보험자가 직업, 직무 또는 동호회 활동 목적으로 한 다음의 어느 하나에 해당하는 행위로 인하여 생긴 상해에 대해서는 보상하지 않는다.
   1. 전문등반(전문적인 등산용구를 사용하여 암벽 또는 빙벽을 오르내리거나 특수한 기술, 경험, 사전 훈련이 필요한 등반을 말한다), 글라이더 조종, 스카이다이빙, 스쿠버다이빙, 행글라이딩, 수상보트, 패러글라이딩
   2. 모터보트·자동차 또는 오토바이에 의한 경기, 시범, 행사(이를 위한 연습을 포함한다) 또는 시운전(다만, 공용도로에서 시운전을 하는 동안 발생한 상해는 보상한다)
   3. 선박에 탑승하는 것을 직무로 하는 사람이 직무상 선박에 탑승하고 있는 동안

③ 회사는 다음의 급여의료비에 대해서는 보상하지 않는다.
   1. 「국민건강보험법」에 따른 요양급여 중 본인부담금의 경우 국민건강보험 관련 법령에 따라 국민건강보험공단으로부터 사전 또는 사후 환급이 가능한 금액(본인부담금 상한제)
   2. 「의료급여법」에 따른 의료급여 중 본인부담금의 경우 의료급여 관련 법령에 따라 의료급여기금 등으로부터 사전 또는 사후 환급이 가능한 금액(「의료급여법」에 따른 본인부담금 보상제 및 본인부담금 상한제)
   3. 자동차보험(공제를 포함한다)에서 보상받는 치료관계비(과실상계 후 금액을 기준으로 한다) 또는 산재보험에서 보상받는 의료비. 다만, 본인부담의료비(자동차보험 진료수가에 관한 기준 및 산재보험 요양급여 산정기준에 따라 발생한 실제 본인 부담의료비)는 보상한다.
   4. 「응급의료에 관한 법률」 및 동법 시행규칙에서 정한 응급환자에 해당하지 않는 자가 동법 제26조 권역응급의료센터 또는 「의료법」 제3조의4에 따른 상급종합병원 응급실을 이용하면서 발생한 응급의료관리료로서 전액본인부담금에 해당하는 의료비

나. 질병급여

① 회사는 다음의 사유로 인하여 생긴 급여의료비는 보상하지 않는다.

1. 피보험자가 고의로 자신을 해친 경우. 다만, 피보험자가 심신상실 등으로 자유로운 의사결정을 할 수 없는 상태에서 자신을 해친 사실이 증명된 경우에는 보상한다.
2. 보험수익자가 고의로 피보험자를 해친 경우. 다만, 그 보험수익자가 보험금의 일부 보험수익자인 경우에는 다른 보험수익자에 대한 보험금은 지급한다.
3. 계약자가 고의로 피보험자를 해친 경우
4. 피보험자가 정당한 이유 없이 입원기간 중 의사의 지시를 따르지 않거나 의사가 통원치료가 가능하다고 인정함에도 피보험자 본인이 자의적으로 입원하여 발생한 입원의료비
5. 피보험자가 정당한 이유 없이 통원기간 중 의사의 지시를 따르지 않아 발생한 통원의료비

② 회사는 '한국표준질병사인분류'에 따른 다음의 의료비에 대해서는 보상하지 않는다.

1. 정신 및 행동장애(F04~F99). 다만, F04~F09, F20~F29, F30~F39, F40~F48, F51, F90~F98과 관련한 치료에서 발생한 「국민건강보험법」에 따른 요양급여에 해당하는 의료비는 보상한다.
2. 여성생식기의 비염증성 장애로 인한 습관성 유산, 불임 및 인공수정관련 합병증(N96~N98)으로 발생한 의료비 중 전액본인부담금 및 보험가입일로부터 2년 이내에 발생한 의료비
3. 피보험자가 임신, 출산(제왕절개를 포함한다), 산후기로 입원 또는 통원한 경우(O00~O99)
4. 선천성 뇌질환(Q00~Q04). 다만, 피보험자가 보험가입당시 태아인 경우에는 보상한다.
5. 요실금(N39.3, N39.4, R32)

③ 회사는 다음의 급여의료비에 대해서는 보상하지 않는다.

1. 「국민건강보험법」에 따른 요양급여 중 본인부담금의 경우 국민건강보험 관련 법령에 따라 국민건강보험공단으로부터 사전 또는 사후 환급이 가능한 금액(본인부담금 상한제)
2. 「의료급여법」에 따른 의료급여 중 본인부담금의 경우 의료급여 관련 법령에 따라 의료급여기금 등으로부터 사전 또는 사후 환급이 가능한 금액(「의료급여법」에 따른 본인부담금 보상제 및 본인부담금 상한제)
3. 성장호르몬제 투여에 소요된 비용으로 부담한 전액본인부담금
4. 산재보험에서 보상받는 의료비. 다만, 본인부담의료비(산재보험 요양급여 산정기준에 따라 발생한 실제 본인 부담의료비)는 보상한다.
5. 사람면역결핍바이러스(HIV) 감염으로 인한 치료비(다만, 「의료법」에서 정한 의료인의 진료상 또는 치료 중 혈액에 의한 HIV 감염은 해당 진료기록을 통해 객관적으로 확인되는 경우는 보상한다)
6. 「응급의료에 관한 법률」 및 동법 시행규칙에서 정한 응급환자에 해당하지 않는 자가 동법 제26조 권역응급의료센터 또는 「의료법」 제3조의4에 따른 상급종합병원 응급실을 이용하면서 발생한 응급의료관리료로서 전액본인부담금에 해당하는 의료비

다. 특별약관에서 보상하는 사항

다음 각 호에 해당하는 의료비는 특별약관에서 보상하는 사항으로, 기본형 실손의료보험에서 보상하지 않는다. 만약 이러한 의료비와 다른 의료비가 함께 청구되어 각 항목별 의료비가 구분되지 않는 경우 회사는 보험금 지급금액 결정을 위해 계약자, 피보험자 또는 보험수익자에게 각각의 의료비에 대한 확인을 요청할 수 있다.

1. 비급여 의료비
2. 비급여 의료비와 관련하여 자동차보험(공제를 포함한다) 또는 산재보험에서 발생한 본인부담의료비

5 보험가입금액 한도 등

가. 연간 보험가입금액

(1) 급여 항목

상해급여에 대하여 입원과 통원의 보상금액을 합산하여 5천만원 이내, 질병급여에 대하여 입원과 통원의 보상금액을 합산하여 5천만원 이내에서 회사가 정한 금액 중 계약자가 선택한 금액을 말한다. 급여의료비를 이 금액 한도 내에서 보상한다.

(2) 비급여 항목

상해비급여에 대하여 입원과 통원의 보상금액을 합산하여 5천만원 이내에서, 질병비급여에 대하여 입원과 통원의 보상금액을 합산하여 5천만원 이내에서 회사가 정한 금액 중 계약자가 선택한 금액을 말한다. 비급여의료비를 이 금액 한도 내에서 보상한다. 다만 3대비급여는 약관에서 별도로 정한 연간 보상한도를 적용한다.

> **시험출제 Point**
>
> ▶ 상해급여
>   ① [입원실료, 입원제비용, 입원수술비]: 80% 보상
>   ② [외래제비용, 외래수술비, 처방조제비]: 통원 1회당 공제금액을 뺀 금액을 통원 보험가입금액 한도로 보상
>   ①+② 의료비를 연간 보험가입금액 한도 내에서 보상
>
> ▶ 질병급여
>   ① [입원실료, 입원제비용, 입원수술비]: 80% 보상
>   ② [외래제비용, 외래수술비, 처방조제비]: 통원 1회당 공제금액을 뺀 금액을 통원 보험가입금액 한도로 보상
>   ①+② 의료비를 연간 보험가입금액 한도 내에서 보상

나. 연간

연간이라 함은 계약일로부터 매1년 단위로 도래하는 계약해당일 전일까지의 기간을 말하며, 입원 또는 통원 치료시 해당일이 속한 보험연도의 보험가입금액 한도를 적용한다.

다. 본인부담금 상한제 등

국민건강보험법에 따른 본인부담금 상한제 또는 의료급여법에 따른 본인부담금 보상제 및 본인부담금 상한제 적용 항목은 실제 본인이 부담한 금액을 한도로 보상한다. 다만 관련 법령에서 사전 또는 사후 환급이 가능한 금액은 제외하여 보상하지 않는다.

라. 급여 입원 초과금액

입원의 경우 급여의료비 중 보상금액을 제외한 나머지 금액(국민건강보험법에서 정한 요양급여 또는 의료급여법에서 정한 의료급여 중 본인부담금의 20% 해당 금액)이 계약일 또는 매년 계약해당일부터 기산하여 연간 200만원을 초과하는 경우 그 초과금액은 연간 보험가입금액 한도 내에서 보상한다.

> **시험출제 Point**
> 상해급여 및 질병급여 합산 본인부담금의 20%가 계약일 또는 매년 계약해당일부터 기산하여 연간 200만원을 초과하는 경우 그 초과금액은 보상한다.

마. 통원 보상한도

통원의 경우 상해급여, 질병급여, 상해비급여, 질병비급여 각각에 대하여 통원 1회당 20만원 이내에서 회사가 정한 금액 중 계약자가 선택한 금액의 한도 내에서 보상한다.

바. 계속 중인 경우

계속 중인 입원 또는 통원의 보상한도는 연간 보험가입금액에서 직전 보험기간 종료일까지 지급한 금액을 차감한 잔여 금액을 한도로 적용한다.

6 보험가입금액 한도 등에 대한 설명의무

가. 설명의무

보험가입금액 한도 등의 내용도 함께 설명하며, 이 때 본인부담 상한제 및 본인부담 보상제에 대한 사항도 구체적으로 설명하여야 한다.

나. 본인부담금 상한제

보험가입금액 한도 등을 설명할 때에 본인부담금 상한제 및 본인부담금 보상제에 대한 사항을 구체적으로 설명하여야 한다.

다. 국민건강보험법에 따른 본인부담금 상한제

요양급여 비용 중 본인이 부담한 비용의 연간 총액이 일정 상한액(관련 법령에서 정한 금액)을 초과하는 경우 그 초과액을 국민건강보험공단이 부담하는 제도이다.

라. 의료급여법에 따른 본인부담금 보상제

수급권자의 급여대상 본인부담금이 매30일간 일정한 금액을 초과하는 경우, 초과금액의 50%에 해당하는 금액을 의료급여기금 등이 부담하는 제도이다.

마. 의료급여법에 따른 본인부담금 상한제

본인부담금 보상제에 따라 지급받은 금액을 차감한 급여대상 본인부담금이 일정한 금액을 초과하는 경우, 그 초과액 전액을 의료급여기금 등이 부담하는 제도이다.

시험출제 Point

▶ **국민건강보험법에 따른 본인부담금 상한제란?**
과도한 의료비로 인한 가계 부담을 덜기 위하여 환자가 부담한 건강보험 본인 부담금이 개인별 상한액을 초과하는 경우 그 초과금액을 건강보험공단에서 부담하는 제도이다. 해당 연도에 환자가 부담한 연간 본인부담금을 다음해 8월 말경에 최종 합산하여 소득에 따른 일정한 상한액을 초과하는 경우, 그 초과액을 환자에게 돌려준다.

▶ **의료급여법에 따른 본인부담금 보상제, 상한제란?**
의료급여 본인부담금이 일정한 기준액을 초과하는 경우에 의료급여 수급권자에게 해당 금액을 다시 환급하는 제도이다. 1종 수급자와 2종 수급자의 적용기준이 상이하다.

1. **1종 수급자**
   (1) 본인부담금 보상제: 매30일간 2만원 초과시 초과금액의 50% 지급
   (2) 본인부담금 상한제: 매30일간 5만원 초과시 초과금액의 전액 지급

2. **2종 수급자**
   (1) 본인부담금 보상제: 매30일간 20만원 초과시 초과금액의 50% 지급
   (2) 본인부담금 상한제: 연간 80만원 초과시 초과금액 전액 지급

바. 확인 요청

회사는 계약자, 피보험자 또는 보험수익자에게 「국민건강보험법」에 따른 본인부담금 상한제, 「의료급여법」에 따른 본인부담금 상한제 및 보상제와 관련한 확인요청을 할 수 있다.

7 재가입

가. 재가입 조건

계약이 다음 각 호의 조건을 충족하고 계약자가 재가입 의사를 표시한 때에는 "보험계약의 성립" 및 "약관 교부 및 설명 의무 등"을 준용하여 회사가 정한 절차에 따라 계약자는 기존 계약에 이어 재가입할 수 있다. 이 경우 회사는 기존계약의 가입 이후 발생한 상해 또는 질병을 사유로 가입을 거절할 수 없다.
(1) 재가입일에 있어서 피보험자의 나이가 회사가 최초가입 당시 정한 재가입 나이의 범위 내일 것
(2) 재가입 전 계약의 보험료가 정상적으로 납입완료 되었을 것

나. 회사의 거절 금지

계약의 자동갱신 종료 후 계약자가 재가입을 원하는 경우 계약자는 재가입 시점에서 회사가 판매하는 실손의료보험 상품으로 가입을 할 수 있으며, 회사는 이를 거절할 수 없다.

다. 회사의 알릴 의무

(1) 회사는 계약자에게 보장내용 변경주기가 끝나는 날 이전까지 2회 이상 재가입 요건, 보장내용 변경 내역, 보험료 수준, 재가입 절차 및 재가입 의사 여부를 확인하는 내용 등을 서면(등기우편 등), 전화(음성녹음), 전자문서, 휴대전화 문자메시지 또는 이에 준하는 전자적 의사표시 등으로 알려주어야 한다.

(2) 또한 계약자의 재가입 의사를 전화(음성녹음), 직접 방문 또는 전자적 의사표시, 통신판매계약의 경우 통신수단을 통해 확인한다.

라. 재가입 의사표시

계약자는 재가입 안내와 재가입 여부 확인 요청을 받은 경우 재가입 의사를 표시하여야 한다.

마. 확인하지 못한 경우

회사가 계약자의 재가입 의사를 확인하지 못한 경우(계약자와의 연락두절로 회사의 안내가 계약자에게 도달하지 못한 경우 포함)에는 직전계약과 동일한 조건으로 보험계약을 연장한다.

바. 계약자의 자동연장 취소

직전 계약과 동일한 조건으로 자동 연장된 경우 계약자는 그 연장된 날로부터 90일 이내에 그 계약을 취소할 수 있으며, 회사는 연장된 날 이후 계약자가 납입한 보험료 전액을 환급한다.

사. 보험계약의 연장일

(1) 직전 계약과 동일한 조건으로 자동 연장된 경우 보험계약의 연장일은 회사가 계약자의 재가입의사를 확인한 날(계약자 등이 회사에 보험금을 청구함으로써 계약자에게 연락이 닿아 회사가 계약자의 재가입의사를 확인한 날 등)까지로 한다.

(2) 계약자의 재가입 의사가 확인된 경우에는 회사가 재가입 의사를 확인한 날에 판매 중인 상품으로 다시 재가입하는 것으로 하며, 기존 계약은 해지된다. 다만, 계약자가 재가입을 원하지 않는 경우에는 해당 시점으로부터 계약은 해지된다.

아. 자동연장 후 재가입 의사가 확인된 경우

직전 계약과 동일한 조건으로 자동 연장된 경우 계약자는 회사에 재가입 의사를 표시할 수 있다. 계약자의 재가입 의사가 확인되었을 때에는 회사가 재가입 의사를 확인한 날에 판매 중인 상품으로 재가입하는 것으로 하며, 기존 계약은 해지된다.

자. 해약환급금의 지급

계약이 해지된 경우 회사는 해약환급금을 계약자에게 지급한다.

8 보험료의 계산

가. 갱신계약

(1) 보험기간이 종료되어 갱신되는 계약의 보험료는 갱신일 현재의 보험요율에 관한 제도를 반영하여 계산한 보험료를 적용한다.
(2) 보험료는 나이의 증가, 보험료 산출에 관한 기초율의 변동 등의 사유로 인하여 인상 또는 인하될 수 있다.

나. 최대 범위

(1) 갱신계약의 보험료는 매년 최대 25% 범위 내에서 인상 또는 인하될 수 있다. 다만 나이의 증가로 인한 보험료 증감분은 제외한다.
(2) 다만 회사가 금융위원회로부터 경영개선권고, 경영개선요구 또는 경영개선명령을 받은 경우는 예외이다.

9 다수보험의 처리

가. 처리방법

다수보험이 체결된 경우 각 계약의 보장대상의료비 및 보장책임액에 따라 별도로 정한 방법으로 계산된 각 계약의 비례분담액을 지급한다.

나. 처리대상

각 계약의 보장책임액 합계액이 각 계약의 보장대상의료비 중 최고액에서 각 계약의 피보험자 부담 공제금액 중 최소액을 차감한 금액을 초과한 다수보험이 대상이다.

다. 비례분담액 계산

각 계약별 비례분담액은 아래의 계산 방식에 따른다.

〈계산 방식〉

각 계약별 비례분담액 = (각 계약의 보장대상의료비 중 최고액 − 각 계약의 피보험자 부담 공제금액 중 최소액)
$\times \dfrac{\text{각 계약별 보장책임액}}{\text{각 계약별 보장책임액을 합한 금액}}$

> **용어설명**
>
> ▶ **보장대상의료비**
>   실제 부담액 − 보장제외금액(비급여 특약에서는 비급여 병실료 중 회사가 보장하지 않는 금액도 제외한다)
>
> ▶ **보장제외금액**
>   약관에 따라 회사가 보장하지 않는 사항에 따른 금액
>
> ▶ **보장책임액**
>   (보장대상의료비−피보험자부담 공제금액)과 보험가입금액 중 작은 금액
>
> ▶ **다수보험**
>   실손의료보험계약(우체국보험, 각종 공제, 상해·질병·간병보험 등 제3보험, 개인연금·퇴직보험 등 의료비를 실손으로 보상하는 보험·공제계약을 포함)이 동시에 또는 순차적으로 2개 이상 체결되었고, 그 계약이 동일한 보험사고에 대하여 각 계약별 보장책임액이 있는 여러 개의 실손의료보험계약을 말한다.

10 연대책임

가. 적용대상

2009년 10월 1일 이후로 신규로 체결된 보험수익자가 동일한 다수보험을 대상으로 한다.

나. 연대책임 부담

보험수익자는 보험금 전부 또는 일부의 지급을 다수계약이 체결되어 있는 회사 중 한 회사에 청구할 수 있다. 청구를 받은 회사는 해당 보험금을 보험가입금액 한도 내에서 지급한다.

다. 청구권 취득

보험금을 지급한 회사는 보험수익자가 다른 회사에 대하여 가지는 해당 보험금 청구권을 대신하여 취득한다.

라. 보험금의 일부인 경우

회사가 지급한 금액이 보험수익자가 다른 회사에 청구할 수 있는 보험금의 일부인 경우에는 해당 보험수익자의 보험금 청구권을 침해하지 않는 범위에서 그 권리를 취득한다.

11 용어의 정의

가. 급여

용어	정의
계약	보험계약
진단계약	계약을 체결하기 위하여 피보험자가 건강진단을 받아야 하는 계약
보험증권	계약의 성립과 계약내용을 증명하기 위하여 회사가 계약자에게 드리는 증서
계약자	보험회사와 계약을 체결하고 보험료를 납입하는 사람
피보험자	보험금지급사유 또는 보험사고 발생의 대상(객체)이 되는 사람
보험수익자	보험금을 수령하는 사람
보험기간	회사가 계약에서 정한 보상책임을 지는 기간
회사	보험회사
보험연도	당해연도 계약해당일부터 차년도 계약해당일 전일까지 매1년 단위의 연도. 예를 들어 보험계약일이 2021년 7월 1일인 경우 보험연도는 2021년 7월 1일부터 2022년 6월 30일까지 1년이 된다.
연단위복리	회사가 지급할 금전에 대한 이자를 줄 때 1년마다 마지막 날에 그 이자를 원금에 더한 금액을 다음 1년의 원금으로 하는 이자 계산방법
평균공시이율	전체 보험회사 공시이율의 평균으로, 이 계약 체결 시점의 이율을 말함
해약환급금	계약이 해지되는 때에 회사가 계약자에게 돌려주는 금액
영업일	회사가 영업점에서 정상적으로 영업하는 날을 말하며, 토요일, 「관공서의 공휴일에 관한 규정」에 따른 공휴일과 근로자의 날은 제외
상해	보험기간 중 발생한 급격하고 우연한 외래의 사고
상해보험계약	상해를 보장하는 계약
의사	「의료법」 제2조(의료인)에서 정한 의사, 한의사 및 치과의사의 자격을 가진 사람
약사	「약사법」 제2조(정의)에서 정한 약사 및 한약사의 자격을 가진 사람
의료기관	다음 각호의 의료기관 1.「의료법」 제3조(의료기관) 제2항에서 정하는 의료기관을 말하며, 종합병원·병원·치과병원·한방병원·요양병원·의원·치과의원·한의원(조산원 제외) 2.「국민건강보험법」 제42조 제1항 제4호에 의한 보건소·보건의료원·보건지소 및 동법 제42조 제1항 제5호에 의한 보건진료소
약국	「약사법」 제2조 제3호에 따른 장소로서, 약사가 수여(授與)할 목적으로 의약품 조제업무를 하는 장소를 말하며, 의료기관의 조제실은 제외하며 「국민건강보험법」 제42조 제1항 제3호에 의한 한국 희귀·필수의약품센터를 포함함
입원	의사가 피보험자의 질병 또는 상해로 인하여 치료가 필요하다고 인정한 경우로서 자택 등에서 치료가 곤란하여 의료기관 또는 이와 동등하다고 인정되는 의료기관에 입실하여 계속하여 6시간 이상 체류하면서 의사의 관찰 및 관리 하에 치료를 받는 것
입원의 정의 중 '이와 동등하다고 인정되는 의료기관'	보건소, 보건의료원 및 보건지소 등 「의료법」 제3조(의료기관) 제2항에서 정한 의료기관에 준하는 의료기관으로서 군의무대, 치매요양원, 노인요양원 등에 속해 있는 요양원, 요양시설, 복지시설 등과 같이 의료기관이 아닌 곳은 이에 해당되지 않음

입원실료	입원치료 중 발생한 기준병실 사용료, 환자 관리료, 식대 등
입원제비용	입원치료 중 발생한 진찰료, 검사료, 방사선료, 투약 및 처방료(퇴원시 의사로부터 치료목적으로 처방받은 약제비 포함), 주사료, 이학요법(물리치료, 재활치료)료, 정신요법료, 처치료, 치료재료, 석고붕대료(cast), 지정진료비 등
입원수술비	입원치료 중 발생한 수술료, 마취료, 수술재료비 등
입원의료비	입원실료, 입원제비용, 입원수술비
통원	의사가 피보험자의 질병 또는 상해로 치료가 필요하다고 인정하는 경우로서, 의료기관에 입원하지 않고 의료기관을 방문하여 의사의 관리하에 치료에 전념하는 것.
처방조제	의사 및 약사가 피보험자의 질병 또는 상해로 치료가 필요하다고 인정하는 경우로서, 통원으로 인하여 발행된 의사의 처방전으로 약국의 약사가 조제하는 것. 이 경우 「국민건강보험법」 제42조 제1항 제3호에 따른 한국희귀의약품센터에서의 처방조제 및 의약분업 예외지역에서의 약사의 직접조제를 포함
외래제비용	통원치료 중 발생한 진찰료, 검사료, 방사선료, 투약 및 처방료, 주사료, 이학요법(물리치료, 재활치료)료, 정신요법료, 처치료, 치료재료, 석고붕대료(cast), 지정진료비 등
외래수술비	통원치료 중 발생한 수술료, 마취료, 수술재료비 등
처방조제비	의료기관 의사의 처방전에 따라 조제되는 약국의 처방조제비 및 약사의 직접조제비
통원의료비	외래제비용, 외래수술비, 처방조제비
요양급여	「국민건강보험법」 제41조(요양급여)에 따른 가입자 및 피부양자의 질병·부상 등에 대한 다음의 요양급여 1. 진찰·검사 2. 약제·치료재료의 지급 3. 처치·수술 또는 그 밖의 치료 4. 예방·재활 5. 입원 6. 간호 7. 이송
의료급여	「의료급여법」 제7조(의료급여의 내용 등)에 따른 가입자 및 피부양자의 질병·부상 등에 대한 다음 각 호의 의료급여 1. 진찰·검사 2. 약제·치료재료의 지급 3. 처치·수술 또는 그 밖의 치료 4. 예방·재활 5. 입원 6. 간호 7. 이송 8. 그 밖에 의료 목적의 달성을 위한 조치
「국민건강보험법」에 따른 본인부담금 상한제	「국민건강보험법」에 따른 요양급여 중 연간 본인부담금 총액이 「국민건강보험법 시행령」 별표3에서 정하는 금액을 넘는 경우에 그 초과한 금액을 공단에서 부담하는 제도를 말하며, 국민건강보험 관련 법령의 변경에 따라 환급기준이 변경될 경우에는 회사는 변경되는 기준에 따름

「의료급여법」에 따른 본인부담금 보상제 및 본인부담금 상한제	「의료급여법」에 따른 의료급여 중 본인부담금이 「의료급여법 시행령」 제13조(급여비용의 부담)에서 정하는 금액을 넘는 경우에 그 초과한 금액을 의료급여기금 등에서 부담하는 제도를 말하며, 의료급여 관련 법령의 변경에 따라 환급기준이 변경될 경우에는 회사는 변경된 기준에 따름
보장대상의료비	실제 부담액 – 보장제외금액* * 제3관 회사가 보장하지 않는 사항에 따른 금액
보장책임액	(보장대상의료비 – 피보험자부담 공제금액)과 보험가입금액 중 작은 금액
다수보험	실손의료보험계약(우체국보험, 각종 공제, 상해·질병·간병보험 등 제3보험, 개인연금·퇴직보험 등 의료비를 실손으로 보상하는 보험·공제계약을 포함)이 동시에 또는 순차적으로 2개 이상 체결되었고, 그 계약이 동일한 보험사고에 대하여 각 계약별 보장책임액이 있는 여러 개의 실손의료보험계약을 말함

나. 비급여

도수치료	치료자가 손(정형용 교정장치 장비 등의 도움을 받는 경우를 포함한다)을 이용해서 환자의 근골격계통(관절, 근육, 연부조직, 림프절 등)의 기능 개선 및 통증감소를 위하여 실시하는 치료행위 * 의사 또는 의사의 지도하에 물리치료사가 도수치료를 하는 경우에 한함
체외충격파치료	체외에서 충격파를 병변에 가해 혈관 재형성을 돕고 건(힘줄) 및 뼈의 치유 과정을 자극하거나 재활성화 시켜 기능개선 및 통증감소를 위하여 실시하는 치료행위(체외충격파쇄석술은 제외)
증식치료	근골격계 통증이 있는 부위의 인대나 건(힘줄), 관절, 연골 등에 증식물질을 주사하여 통증이 소실되거나 완화되는 것을 유도하는 치료행위
주사료	주사치료시 사용된 행위, 약제 및 치료재료대
항암제	식품의약품안전처가 「의약품등 분류번호에 관한 규정」에 따라 지정하는 '조직세포의 기능용 의약품' 중 '종양용약'과 '조직세포의 치료 및 진단 목적제제'* * 「의약품등 분류번호에 관한 규정」에 따른 의약품분류표가 변경되는 경우 치료시점의 의약품분류표에 따름.
항생제 (항진균제 포함)	식품의약품안전처가 「의약품등 분류번호에 관한 규정」에 따라 지정하는 '항병원생물성 의약품' 중 '항생물질제제', '화학요법제' 및 '기생동물에 대한 의약품 중 항원충제'* * 「의약품등 분류번호에 관한 규정」에 따른 의약품분류표가 변경되는 경우 치료시점의 의약품분류표에 따름.
희귀의약품	식품의약품안전처장이 「희귀의약품 지정에 관한 규정」에 따라 지정하는 의약품* * 「희귀의약품 지정에 관한 규정」에 따른 희귀의약품 지정 항목이 변경되는 경우 치료시점의 희귀의약품 지정 항목에 따름.
자기공명영상진단	자기공명영상 장치를 이용하여 고주파 등을 통한 신호의 차이를 영상화하여 조직의 구조를 분석하는 검사(MRI/MRA) * 자기공명영상진단 결과를 다른 의료기관에서 판독하는 경우 포함 (보건복지부에서 고시하는 「건강보험 행위 급여·비급여 목록 및 급여 상대가치 점수」상의 MRI 범주에 따름)

입원의료비	입원실료, 입원제비용, 입원수술비, 비급여 병실료
보장대상의료비	실제 부담액 – 보장제외금액* * 제3관 회사가 보장하지 않는 사항에 따른 금액 및 비급여 병실료 중 회사가 보장하지 않는 금액
상급병실료 차액	상급병상을 이용함에 따라 요양급여 대상인 입원료 외에 추가로 부담하는 입원실 이용비용

※ 여기에서 정하지 않은 용어의 뜻은 급여 용어의 정의를 준용함

알쓸삼잡 (알아두면 쓸모없는 제3보험 잡학지식)

1. 조산원
   - 법적으로 출산을 도울 수 있는 의료인(조산사)이 개원한 의료기관
   - 병원(산부인과)보다 건강보험 지원비율이 적어서, 실제 환자가 부담하는 금액은 높은 경우가 많음

2. 요양병원
   - 의료법에서 규정하고 있음. 그래서 의료기관 ○
   - 의사가 있음
   - 입원에 제한이 없음

3. 요양원
   - 노인장기요양보험법에서 규정하고 있음. 그래서 의료기관 ×
   - 의사가 없음 / 이용금액이 요양병원보다 저렴함
   - 장기요양보험 등급을 받아야 함

CHAPTER 3 실손의료보험 특별약관(비급여 실손의료비)

제1절 보장종목

1 상품구조

실손의료보험 특별약관은 상해비급여형, 질병비급여형, 3대비급여형의 3개의 보장종목으로 구성되어 있다. 특별약관의 명칭에는 '비급여 실손의료비'라는 문구를 포함하여 사용하여야 한다.

2 보상하는 내용

가. 상해비급여

피보험자가 상해로 인하여 의료기관에 입원 또는 통원하여 비급여 치료를 받거나 비급여 처방조제를 받은 경우에 보상(3대 비급여 제외)한다.

나. 질병비급여

피보험자가 질병으로 인하여 의료기관에 입원 또는 통원하여 비급여 치료를 받거나 비급여 처방조제를 받은 경우에 보상(3대 비급여 제외)한다.

다. 3대비급여

피보험자가 상해 또는 질병의 치료목적으로 의료기관에 입원 또는 통원하여 3대비급여 치료를 받은 경우에 보상한다.

> **시험출제 Point**
>
> ▶ 비급여의 정의
> 「국민건강보험법」 또는 「의료급여법」에 따라 보건복지부장관이 정한 비급여 대상을 말한다. 「국민건강보험법」에서 정한 요양급여 또는 「의료급여법」에서 정한 의료급여 절차를 거쳤지만 급여 항목이 발생하지 않은 경우로 「국민건강보험법」 또는 「의료급여법」에 따른 비급여 항목 포함한다. 즉 「국민건강보험법」 또는 「의료급여법」에 따른 비급여 대상 또는 비급여 항목이 아니라면 실손의료보험 비급여 특별약관에서 보상하지 않는다.

제2절 보상내용

1 보상내용 – 상해비급여

가. 상해의 정의

상해란 보험기간 중 발생한 급격하고 우연한 외래의 사고를 말한다. 상해에는 유독가스 또는 유독물질을 우연히 일시에 흡입, 흡수 또는 섭취한 결과로 생긴 중독 증상도 포함한다. 다만 유독가스 또는 유독물질을 상습적으로 흡입, 흡수 또는 섭취한 결과로 생긴 중독 증상과 세균성 음식물 중독은 상해로 보지 않는다.

나. 보상하는 손해

회사는 피보험자가 상해로 인하여 의료기관에 입원 또는 통원(외래 및 처방조제)하여 치료를 받은 경우에는 비급여의료비(3대비급여는 제외)를 연간 보험가입금액(5,000만원 한도로 계약자가 정한 금액)의 한도 내에서 보상한다.

다. 보상금액

구분	보상금액
입원(입원실료, 입원제비용, 입원수술비)	'비급여 의료비(비급여병실료는 제외한다)'(본인이 실제로 부담한 금액을 말한다)의 70%에 해당하는 금액
상급병실료 차액	비급여 병실료의 50%. 다만, 1일 평균금액 10만원을 한도로 하며, 1일 평균금액은 입원기간 동안 비급여 병실료 전체를 총 입원일수로 나누어 산출한다.
통원(외래제비용, 외래수술비, 처방조제비)	통원 1회당(외래 및 처방·조제비 합산) '비급여 의료비(비급여병실료는 제외한다)'(본인이 실제로 부담한 금액을 말한다)에서 〈표1〉의 '통원항목별 공제금액'을 뺀 금액(매년 계약해당일부터 1년간 통원 100회를 한도로 한다)

〈표1〉 통원항목별 공제금액

항목	공제금액
「국민건강보험법」 제42조 제1항 제1호에 의한 의료기관, 동법 제42조 제1항 제4호에 의한 보건소·보건의료원·보건지소, 동법 제42조 제1항 제5호에 의한 보건진료소에서의 외래 및 「국민건강보험법」 제42조 제1항 제2호에 의한 약국, 동법 제42조 제1항 제3호에 의한 한국희귀·필수의약품센터에서의 처방·조제)	3만원과 보장대상 의료비의 30% 중 큰 금액

시험출제 Point

▶ **입원 지급보험금 정리**
1. 급여: 급여 중 본인부담금×80%
2-1. 비급여: 비급여 의료비(비급여 병실료 제외)×70%
2-2. 상급병실료 차액: 비급여 병실료×50%

▶ **급여 통원 공제금액 정리**
1. 의원, 병원급: 1만원과 보장대상의료비 20% 중 큰 금액
2. 종합병원 이상: 2만원과 보장대상의료비 20% 중 큰 금액

▶ **비급여 통원 공제금액 정리**
병원 규모에 관계없이 3만원과 보장대상의료비 30% 중 큰 금액

라. 의료비를 감면받거나 요양급여 또는 의료급여를 적용받지 못하는 경우

피보험자가 「국민건강보험법」 제5조, 제53조, 제54조에 따라 요양급여 또는 「의료급여법」 제4조, 제15조, 제17조에 따라 의료급여를 적용받지 못하는 경우에는 다음과 같이 보상한다.

(1) 의료비(「국민건강보험 요양급여의 기준에 관한 규칙」에 따라 보건복지부장관이 정한 비급여의료비 항목만 해당한다) 중 본인이 실제로 부담한 금액(통원의 경우 본인이 실제로 부담한 금액에서 〈표1〉의 '통원항목별 공제금액'을 뺀 금액)의 40%를 보험가입금액 한도 등에서 정한 연간 보험가입금액의 한도 내에서 보상한다.

(2) 법령 등에 따라 의료비를 감면받거나 의료기관으로부터 의료비를 감면받은 경우(의료비를 납부하는 대가로 수수한 금액 등은 감면받은 의료비에 포함)에는 감면 후 실제 본인이 부담한 의료비 기준으로 계산하며, 감면받은 의료비가 근로소득에 포함된 경우, 「국가유공자 등 예우 및 지원에 관한 법률」 및 「독립유공자 예우에 관한 법률」에 따라 의료비를 감면받은 경우에는 감면 전 의료비로 급여 의료비를 계산한다.

 시험출제 Point

▶ **의료비 감면받는 경우 정리**
1. 원칙: 감면 후 의료비 기준
2. 예외: 아래 경우에는 감면 전 의료비 기준
2-1. 근로소득에 포함된 경우
2-2. 국가유공자, 독립유공자

> **국민건강보험법 관련 규정**
>
> **제5조(적용 대상 등) 제1항** 국내에 거주하는 국민은 건강보험의 가입자(이하 "가입자"라 한다) 또는 피부양자가 된다. 다만, 다음 각 호의 어느 하나에 해당하는 사람은 제외한다.
> 1. 「의료급여법」에 따라 의료급여를 받는 사람(이하 "수급권자"라 한다)
> 2. 「독립유공자예우에 관한 법률」 및 「국가유공자 등 예우 및 지원에 관한 법률」에 따라 의료보호를 받는 사람(이하 "유공자등 의료보호대상자"라 한다). 다만, 다음 각 목의 어느 하나에 해당하는 사람은 가입자 또는 피부양자가 된다.
>   가. 유공자등 의료보호대상자 중 건강보험의 적용을 보험자에게 신청한 사람
>   나. 건강보험을 적용받고 있던 사람이 유공자등 의료보호대상자로 되었으나 건강보험의 적용배제신청을 보험자에게 하지 아니한 사람
>
> **제53조(급여의 제한) 제1항** 공단은 보험급여를 받을 수 있는 사람이 다음 각 호의 어느 하나에 해당하면 보험급여를 하지 아니한다.
> 1. 고의 또는 중대한 과실로 인한 범죄행위에 그 원인이 있거나 고의로 사고를 일으킨 경우
> 2. 고의 또는 중대한 과실로 공단이나 요양기관의 요양에 관한 지시에 따르지 아니한 경우
> 3. 고의 또는 중대한 과실로 제55조에 따른 문서와 그 밖의 물건의 제출을 거부하거나 질문 또는 진단을 기피한 경우
> 4. 업무 또는 공무로 생긴 질병·부상·재해로 다른 법령에 따른 보험급여나 보상(報償) 또는 보상(補償)을 받게 되는 경우
>
> **제54조(급여의 정지)** 보험급여를 받을 수 있는 사람이 다음 각 호의 어느 하나에 해당하면 그 기간에는 보험급여를 하지 아니한다. 다만, 제3호 및 제4호의 경우에는 제60조에 따른 요양급여를 실시한다.
> 1. 삭제 〈2020. 4. 7.〉
> 2. 국외에 체류하는 경우
> 3. 제6조 제2항 제2호에 해당하게 된 경우
> 4. 교도소, 그 밖에 이에 준하는 시설에 수용되어 있는 경우

마. 입원 치료 중 보험계약의 종료

피보험자가 입원하여 치료를 받던 중 보험계약이 종료되더라도 그 계속 중인 입원에 대해서는 보험계약 종료일 다음날부터 180일까지 보상한다. 다만 종전 계약을 자동갱신하거나 같은 회사의 보험상품에 재가입하는 경우에는 종전 계약의 보험기간을 연장하는 것으로 보아 본 내용을 적용하지 않는다.

바. 통원 치료 중 보험계약의 종료

피보험자가 통원하여 치료를 받던 중 보험계약이 종료되더라도 그 계속 중인 통원에 대해서는 보험계약 종료일 다음날부터 180일 이내의 통원을 보상하며 최대 90회 한도 내에서 보상한다. 다만 종전 계약을 자동갱신하거나 같은 회사의 보험상품에 재가입하는 경우에는 종전 계약의 보험기간을 연장하는 것으로 보아 본 내용을 적용하지 않는다.

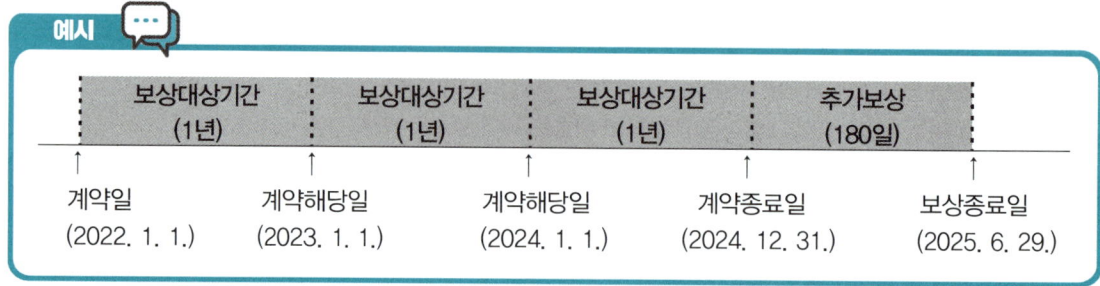

사. 처방조제의 적용 기준

하나의 상해로 동일한 의료기관에서 같은 날 외래 및 처방을 함께 받은 경우 처방일자를 기준으로 외래 및 처방조제를 합산하되(조제일자가 다른 경우도 동일하게 적용) 통원 1회로 보아 보상금액 및 보험계약의 종료 조항을 적용한다.

아. 공제금액의 적용 기준

하나의 상해로 하루에 같은 치료를 목적으로 2회 이상 통원치료(외래 및 처방조제 합산)를 받은 경우 1회의 통원으로 보아 보상금액 및 보험계약의 종료 조항을 적용한다.

> **시험출제 Point**
>
> ▶ 2회 이상 통원 치료 공제금액
>   1. 급여: 1회로 보아 계산. 공제금액은 중복 방문 의료기관 중 높은 공제금액 적용
>   2. 비급여: 1회로 보아 계산. (*높은 공제금액을 적용한다는 내용 없음에 주의할 것)

자. 장기이식

회사는 피보험자가 상해로 인하여 의료기관에서 본인의 장기등(「장기등 이식에 관한 법률」 제4조에 의한 "장기등"을 의미한다)의 기능회복을 위하여 「장기등 이식에 관한 법률」 제42조 및 관련 고시에 따라 장기등의 적출 및 이식에 드는 비용(공여적합성 여부를 확인하기 위한 검사비, 뇌사장기기증자 관리료 및 이에 속하는 비용항목 포함)은 보상한다.

2 보상내용 – 질병비급여

가. 질병의 정의

질병이란 심신(心身)의 전체 또는 일부가 일차적 혹은 계속적으로 장애를 일으켜서 정상적인 기능을 할 수 없는 상태를 말한다. 실손의료보험은 질병과 상해를 이분법적으로 구분하고 있으므로, 상해에 해당하지 않는 것을 질병으로 보아도 무방하다. 질병과 상해를 구분하는 가장 큰 특징은 외래성의 인정 여부이다. 예를 들어 추간판탈출증이 외부의 충격으로부터 야기된 것이라면 상해로 인정될 수 있으나, 노화로 인한 퇴행성 질환이라면 질병으로 분류된다.

나. 보상하는 손해

회사는 피보험자가 질병으로 의료기관에 입원 또는 통원(외래 및 처방조제)하여 치료를 받은 경우에는 비급여의료비를 연간 보험가입금액(5,000만원 한도로 계약자가 정한 금액)의 한도 내에서 보상한다.

다. 보상금액

구분	보상금액
입원(입원실료, 입원제비용, 입원수술비)	'비급여 의료비(비급여병실료는 제외한다)'(본인이 실제로 부담한 금액을 말한다)의 70%에 해당하는 금액
상급병실료 차액	비급여 병실료의 50%. 다만, 1일 평균금액 10만원을 한도로 하며, 1일 평균금액은 입원기간 동안 비급여 병실료 전체를 총 입원일수로 나누어 산출한다.
통원(외래제비용, 외래수술비, 처방조제비)	통원 1회당(외래 및 처방·조제비 합산) '비급여 의료비(비급여병실료는 제외한다)'(본인이 실제로 부담한 금액을 말한다)에서 〈표1〉의 '통원항목별 공제금액'을 뺀 금액(매년 계약해당일부터 1년간 통원 100회를 한도로 한다)

〈표1〉 통원항목별 공제금액

항목	공제금액
「국민건강보험법」 제42조 제1항 제1호에 의한 의료기관, 동법 제42조 제1항 제4호에 의한 보건소·보건의료원·보건지소, 동법 제42조 제1항 제5호에 의한 보건진료소에서의 외래 및 「국민건강보험법」 제42조 제1항 제2호에 의한 약국, 동법 제42조 제1항 제3호에 의한 한국희귀·필수의약품센터에서의 처방·조제	3만원과 보장대상 의료비의 30% 중 큰 금액

 시험출제 Point

▶ 입원 지급보험금 정리
1. 급여: 급여 중 본인부담금×80%
2-1. 비급여: 비급여 의료비(비급여 병실료 제외)×70%
2-2. 상급병실료 차액: 비급여 병실료×50%

▶ 급여 통원 공제금액 정리
1. 의원, 병원급: 1만원과 보장대상의료비 20% 중 큰 금액
2. 종합병원 이상: 2만원과 보장대상의료비 20% 중 큰 금액

▶ 비급여 통원 공제금액 정리
병원 규모에 관계없이 3만원과 보장대상의료비 30% 중 큰 금액

라. 의료비를 감면받거나 요양급여 또는 의료급여를 적용받지 못하는 경우

피보험자가 「국민건강보험법」 제5조, 제53조, 제54조에 따라 요양급여 또는 「의료급여법」 제4조, 제15조, 제17조에 따라 의료급여를 적용받지 못하는 경우에는 다음과 같이 보상한다.

(1) 의료비(「국민건강보험 요양급여의 기준에 관한 규칙」에 따라 보건복지부장관이 정한 비급여의료비 항목만 해당한다) 중 본인이 실제로 부담한 금액(통원의 경우 본인이 실제로 부담한 금액에서 〈표1〉의 '통원항목별 공제금액'을 뺀 금액)의 40%를 보험가입금액 한도 등에서 정한 연간 보험가입금액의 한도 내에서 보상한다.

(2) 법령 등에 따라 의료비를 감면받거나 의료기관으로부터 의료비를 감면받은 경우(의료비를 납부하는 대가로 수수한 금액 등은 감면받은 의료비에 포함)에는 감면 후 실제 본인이 부담한 의료비 기준으로 계산하며, 감면받은 의료비가 근로소득에 포함된 경우, 「국가유공자 등 예우 및 지원에 관한 법률」 및 「독립유공자 예우에 관한 법률」에 따라 의료비를 감면받은 경우에는 감면 전 의료비로 급여 의료비를 계산한다.

시험출제 Point

▶ 의료비 감면받는 경우 정리
1. 원칙: 감면 후 의료비 기준
2. 예외: 아래 경우에는 감면 전 의료비 기준
2-1. 근로소득에 포함된 경우
2-2. 국가유공자, 독립유공자

국민건강보험법 관련 규정

제5조(적용 대상 등) 제1항 국내에 거주하는 국민은 건강보험의 가입자(이하 "가입자"라 한다) 또는 피부양자가 된다. 다만, 다음 각 호의 어느 하나에 해당하는 사람은 제외한다.
1. 「의료급여법」에 따라 의료급여를 받는 사람(이하 "수급권자"라 한다)
2. 「독립유공자예우에 관한 법률」 및 「국가유공자 등 예우 및 지원에 관한 법률」에 따라 의료보호를 받는 사람(이하 "유공자등 의료보호대상자"라 한다). 다만, 다음 각 목의 어느 하나에 해당하는 사람은 가입자 또는 피부양자가 된다.
    - 가. 유공자등 의료보호대상자 중 건강보험의 적용을 보험자에게 신청한 사람
    - 나. 건강보험을 적용받고 있던 사람이 유공자등 의료보호대상자로 되었으나 건강보험의 적용배제신청을 보험자에게 하지 아니한 사람

제53조(급여의 제한) 제1항 공단은 보험급여를 받을 수 있는 사람이 다음 각 호의 어느 하나에 해당하면 보험급여를 하지 아니한다.
1. 고의 또는 중대한 과실로 인한 범죄행위에 그 원인이 있거나 고의로 사고를 일으킨 경우
2. 고의 또는 중대한 과실로 공단이나 요양기관의 요양에 관한 지시에 따르지 아니한 경우
3. 고의 또는 중대한 과실로 제55조에 따른 문서와 그 밖의 물건의 제출을 거부하거나 질문 또는 진단을 기피한 경우
4. 업무 또는 공무로 생긴 질병·부상·재해로 다른 법령에 따른 보험급여나 보상(報償) 또는 보상(補償)을 받게 되는 경우

> **제54조(급여의 정지)** 보험급여를 받을 수 있는 사람이 다음 각 호의 어느 하나에 해당하면 그 기간에는 보험급여를 하지 아니한다. 다만, 제3호 및 제4호의 경우에는 제60조에 따른 요양급여를 실시한다.
> 1. 삭제 〈2020. 4. 7.〉
> 2. 국외에 체류하는 경우
> 3. 제6조 제2항 제2호에 해당하게 된 경우
> 4. 교도소, 그 밖에 이에 준하는 시설에 수용되어 있는 경우

마. 입원 치료 중 보험계약의 종료

피보험자가 입원하여 치료를 받던 중 보험계약이 종료되더라도 그 계속 중인 입원에 대해서는 보험계약 종료일 다음날부터 180일까지 보상한다. 다만 종전 계약을 자동갱신하거나 같은 회사의 보험상품에 재가입하는 경우에는 종전 계약의 보험기간을 연장하는 것으로 보아 본 내용을 적용하지 않는다.

바. 통원 치료 중 보험계약의 종료

피보험자가 통원하여 치료를 받던 중 보험계약이 종료되더라도 그 계속 중인 통원에 대해서는 보험계약 종료일 다음날부터 180일 이내의 통원을 보상하며 최대 90회 한도 내에서 보상한다. 다만 종전 계약을 자동갱신하거나 같은 회사의 보험상품에 재가입하는 경우에는 종전 계약의 보험기간을 연장하는 것으로 보아 본 내용을 적용하지 않는다.

예시

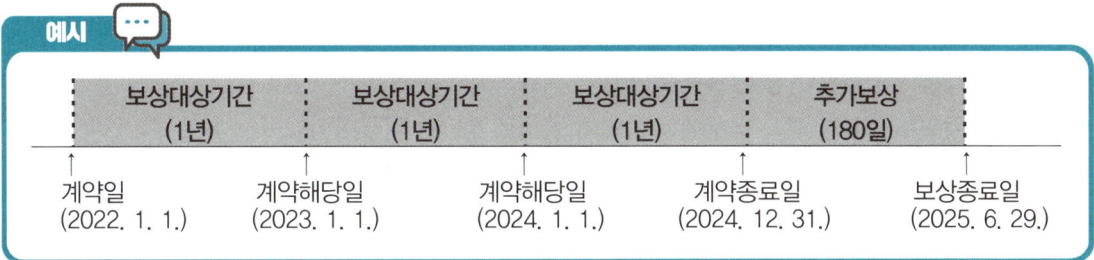

사. 처방조제의 적용 기준

하나의 질병으로 동일한 의료기관에서 같은 날 외래 및 처방을 함께 받은 경우 처방일자를 기준으로 외래 및 처방조제를 합산하되(조제일자가 다른 경우도 동일하게 적용) 통원 1회로 보아 보상금액 및 보험계약의 종료 조항을 적용한다.

 시험출제 Point

▶ **하나의 질병이란?**
하나의 질병이란 발생 원인이 동일한 질병(의학상 중요한 관련이 있는 질병은 하나의 질병으로 간주하며, 하나의 질병으로 2회 이상 치료를 받는 경우에는 이를 하나의 질병으로 본다)을 말하며, 질병의 치료 중에 발생된 합병증 또는 새로 발견된 질병의 치료가 병행되거나 의학상 관련이 없는 여러 종류의 질병을 갖고 있는 상태에서 통원한 경우에는 하나의 질병으로 간주한다.

아. 공제금액의 적용 기준

하나의 질병으로 하루에 같은 치료를 목적으로 2회 이상 통원치료(외래 및 처방조제 합산)를 받은 경우 1회의 통원으로 보아 보상금액 및 보험계약의 종료 조항을 적용한다.

> **시험출제 Point**
>
> ▶ 2회 이상 통원 치료 공제금액
>   1. 급여: 1회로 보아 계산. 공제금액은 중복 방문 의료기관 중 높은 공제금액 적용
>   2. 비급여: 1회로 보아 계산(* 높은 공제금액을 적용한다는 내용 없음에 주의할 것).

자. 장기이식

회사는 피보험자가 질병으로 인하여 의료기관에서 본인의 장기등(「장기등 이식에 관한 법률」 제4조에 의한 "장기등"을 의미한다)의 기능회복을 위하여 「장기등 이식에 관한 법률」 제42조 및 관련 고시에 따라 장기등의 적출 및 이식에 드는 비용(공여적합성 여부를 확인하기 위한 검사비, 뇌사장기기증자 관리료 및 이에 속하는 비용항목 포함)은 보상한다.

3 보상내용 – 3대비급여

가. 보상하는 손해

회사는 특별약관의 보험기간 중 상해 또는 질병의 치료목적으로 의료기관에 입원 또는 통원하여 아래의 비급여 의료행위로 치료를 받은 경우에는 본인이 실제로 부담한 비급여의료비(행위료, 약제비, 치료재료대, 조영제, 판독료 포함)에서 공제금액을 뺀 금액을 아래의 보장한도 범위 내에서 각각 보상한다. 다만 법령 등에 따라 의료비를 감면받거나 의료기관으로부터 의료비를 감면받은 경우(의료비를 납부하는 대가로 수수한 금액 등은 감면받은 의료비에 포함)에는 감면 후 실제 본인이 부담한 의료비 기준으로 계산하며, 감면받은 의료비가 근로소득에 포함된 경우, 「국가유공자 등 예우 및 지원에 관한 법률」 및 「독립유공자 예우에 관한 법률」에 따라 의료비를 감면받은 경우에는 감면 전 의료비로 비급여 의료비를 계산한다.

나. 공제금액 및 보장한도

구분		공제금액	보장한도
도수치료·체외충격파치료·증식치료	"도수치료·체외충격파치료·증식치료"로 인하여 본인이 실제로 부담한 비급여의료비(행위료, 약제비, 치료재료대 포함)	1회당 3만원과 보장대상의료비의 30% 중 큰 금액	계약일 또는 매년 계약해당일부터 1년 단위로 각 상해·질병 치료행위를 합산하여 350만원 이내에서 50회까지 보상
주사료	주사치료를 받아 본인이 실제로 부담한 비급여의료비	1회당 3만원과 보장대상의료비의 30% 중 큰 금액	계약일 또는 매년 계약해당일부터 1년 단위로 각 상해·질병 치료행위를 합산하여 250만원 이내에서 50회까지 보상
자기공명영상진단	자기공명영상진단을 받아 본인이 실제로 부담한 비급여의료비(조영제, 판독료 포함)	1회당 3만원과 보장대상의료비의 30% 중 큰 금액	계약일 또는 매년 계약해당일부터 1년 단위로 각 상해·질병 치료행위를 합산하여 300만원 이내에서 보상

다. 도수치료·체외충격파치료·증식치료의 확인절차

(1) 확인 절차

도수치료·체외충격파치료·증식치료의 각 치료횟수를 합산하여 최초 10회 보장하고, 이후 객관적이고 일반적으로 인정되는 검사결과 등을 토대로 증상의 개선, 병변호전 등이 확인된 경우에 한하여 10회 단위로 연간 50회까지 보상한다.

(2) 판단결과에 합의하지 못하는 경우

보험수익자와 회사가 판단결과를 합의하지 못한 때는 보험수익자와 회사가 함께 제3자를 정하고 그 제3자의 의견에 따를 수 있다. 제3자는 의료법 제3조(의료기관)의 종합병원 소속 전문의 중에 정하며, 보험금 지급사유 판정에 드는 의료비용은 회사가 전액 부담한다.

라. 항암제 등의 경우

주사료에서 항암제, 항생제(항진균제 포함), 희귀의약품을 위해 사용된 비급여 주사료는 상해비급여 또는 질병비급여에서 보상한다.

마. 2회 이상 치료시 공제금액 및 보상한도 적용기준

의료기관을 1회 통원(또는 1회 입원)하여 2종류(회) 이상 치료를 받거나 동일한 치료를 2회 이상 받은 경우는 다음과 같이 1회당 공제금액 및 보상한도를 적용한다.

(1) 도수치료, 체외충격파치료, 증식치료 중 2종류 이상의 치료를 받거나 동일한 치료를 2회 이상 받는 경우 각 치료행위를 1회로 보고 각각 1회당 공제금액 및 보상한도를 적용한다.
(2) 의료기관을 1회 통원(또는 1회 입원)하여 치료목적으로 2회 이상 주사치료를 받더라도 1회로 보고 공제금액 및 보상한도를 적용한다.
(3) 의료기관을 1회 통원(또는 1회 입원)하여 2개 이상 부위에 걸쳐 자기공명영상진단을 받거나 동일한

부위에 대해 2회 이상 이 특별약관에서 정한 자기공명영상진단을 받는 경우 각 진단행위를 1회로 보아 각각 1회당 공제금액 및 보상한도를 적용한다.

> **시험출제 Point**
>
> ▶ **1회 입원의 뜻**
> 1회 입원이라 함은 퇴원없이 계속 중인 입원(동일한 상해 또는 질병 치료목적으로 퇴원 당일 다른 의료기관으로 옮겨 입원하는 경우 포함)을 말한다. 동일한 상해 또는 질병으로 인한 입원이라고 하더라도 퇴원 후 재입원하는 경우에는 퇴원 전후 입원기간을 각각 1회 입원으로 본다.

바. 치료 중 보험계약의 종료

피보험자가 입원 또는 통원하여 치료를 받던 중 보험계약이 종료되더라도 그 계속 중인 치료에 대해서는 보험계약 종료일 다음날부터 180일까지 보상한다. 이 경우 보상한도는 연간 보상한도(금액)에서 직전 보험계약 종료일까지 지급한 금액을 차감한 잔여 금액과 연간 보상한도(횟수)에서 직전 보험계약 종료일까지 보상한 횟수를 차감한 잔여 횟수를 한도로 적용한다. 다만, 종전 계약을 자동갱신하거나 같은 회사의 보험상품에 재가입하는 경우에는 종전 계약의 보험기간을 연장하는 것으로 보아 본 내용을 적용하지 않는다.

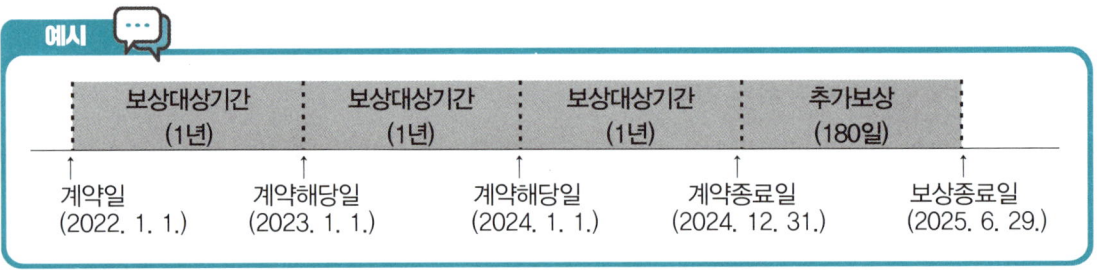

4 보상하지 않는 사항

가. 상해비급여

① 회사는 다음의 사유로 인하여 생긴 비급여 의료비는 보상하지 않는다.
  1. 피보험자가 고의로 자신을 해친 경우. 다만, 피보험자가 심신상실 등으로 자유로운 의사결정을 할 수 없는 상태에서 자신을 해친 사실이 증명된 경우에는 보상한다.
  2. 보험수익자가 고의로 피보험자를 해친 경우. 다만, 그 보험수익자가 보험금의 일부 보험수익자인 경우에는 다른 보험수익자에 대한 보험금은 지급한다.
  3. 계약자가 고의로 피보험자를 해친 경우
  4. 피보험자가 임신, 출산(제왕절개를 포함한다), 산후기로 입원 또는 통원한 경우. 다만, 회사가 보상하는 상해로 인하여 입원 또는 통원한 경우에는 보상한다.

5. 전쟁, 외국의 무력행사, 혁명, 내란, 사변, 폭동으로 인한 경우
6. 피보험자가 정당한 이유없이 입원기간 중 의사의 지시를 따르지 않거나 의사가 통원치료가 가능하다고 인정함에도 피보험자 본인이 자의적으로 입원하여 발생한 입원의료비
7. 피보험자가 정당한 이유없이 통원기간 중 의사의 지시를 따르지 않아 발생한 통원의료비

② 회사는 다른 약정이 없으면 피보험자가 직업, 직무 또는 동호회 활동 목적으로 한 다음의 어느 하나에 해당하는 행위로 인하여 생긴 상해에 대해서는 보상하지 않는다.
1. 전문등반(전문적인 등산용구를 사용하여 암벽 또는 빙벽을 오르내리거나 특수한 기술, 경험, 사전 훈련이 필요한 등반을 말한다), 글라이더 조종, 스카이다이빙, 스쿠버다이빙, 행글라이딩, 수상보트, 패러글라이딩
2. 모터보트·자동차 또는 오토바이에 의한 경기, 시범, 행사(이를 위한 연습을 포함한다) 또는 시운전(다만, 공용도로에서 시운전을 하는 동안 발생한 상해는 보상한다)
3. 선박에 탑승하는 것을 직무로 하는 사람이 직무상 선박에 탑승하고 있는 동안

③ 회사는 다음의 비급여 의료비에 대해서는 보상하지 않는다.
1. 치과치료(다만, 안면부 골절로 발생한 의료비는 치아관련 치료를 제외하고 보상한다)·한방치료(다만「의료법」제2조에 따른 한의사를 제외한 '의사'의 의료행위에 의해서 발생한 의료비는 보상한다)
2. 영양제, 비타민제 등의 약제와 관련하여 소요된 비용. 다만 약관상 보상하는 상해를 치료함에 있어 아래 각목에 해당하는 경우는 치료 목적으로 보아 보상한다.
   가. 약사법령에 의하여 약제별 허가사항 또는 신고된 사항(효능/효과 및 용법/용량 등)대로 사용된 경우
   나. 요양급여 약제가 관련 법령 또는 고시 등에서 정한 별도의 적용기준대로 비급여 약제로 사용된 경우
   다. 요양급여 약제가 관련 법령에 따라 별도의 비급여사용승인 절차를 거쳐 그 승인 내용대로 사용된 경우
   라. 상기 가목부터 다목의 약제가 두 가지 이상 함께 사용된 경우(함께 사용된 약제 중 어느 하나라도 상기 가목부터 다목에 해당하지 않는 경우 제외)
3. 호르몬 투여, 보신용 투약, 의약외품과 관련하여 소요된 비용
4. 의치, 의수족, 의안, 안경, 콘택트렌즈, 보청기, 목발, 팔걸이(Arm Sling), 보조기 등 진료 재료의 구입 및 대체 비용. 다만, 인공장기 등 신체에 이식되어 그 기능을 대신하는 경우에는 보상한다.
5. 진료와 무관한 각종 비용(TV시청료, 전화료, 각종 증명료 등을 말한다), 의사의 임상적 소견과 관련이 없는 검사비용, 간병비
6. 자동차보험(공제를 포함한다)에서 보상받는 치료관계비(과실상계 후 금액을 기준으로 한다) 또는 산재보험에서 보상받는 의료비. 다만, 본인부담의료비(자동차보험 진료수가에 관한 기준 및 산재보험 요양급여 산정기준에 따라 발생한 실제 본인 부담의료비)는 보상한다.

7. 「국민건강보험법」 제42조의 요양기관이 아닌 외국에 있는 의료기관에서 발생한 의료비
8. 「응급의료에 관한 법률」 및 동법 시행규칙에서 정한 응급환자에 해당하지 않는 자가 동법 제26조 권역응급의료센터 또는 「의료법」 제3조의4에 따른 상급종합병원 응급실을 이용하면서 발생한 응급의료관리료

나. 질병비급여

① 회사는 다음의 사유로 인하여 생긴 비급여 의료비는 보상하지 않는다.
  1. 피보험자가 고의로 자신을 해친 경우. 다만, 피보험자가 심신상실 등으로 자유로운 의사결정을 할 수 없는 상태에서 자신을 해친 사실이 증명된 경우에는 보상한다.
  2. 보험수익자가 고의로 피보험자를 해친 경우. 다만, 그 보험수익자가 보험금의 일부 보험수익자인 경우에는 다른 보험수익자에 대한 보험금은 지급한다.
  3. 계약자가 고의로 피보험자를 해친 경우
  4. 피보험자가 정당한 이유 없이 입원기간 중 의사의 지시를 따르지 않거나 의사가 통원치료가 가능하다고 인정함에도 피보험자 본인이 자의적으로 입원하여 발생한 입원의료비
  5. 피보험자가 정당한 이유 없이 통원기간 중 의사의 지시를 따르지 않아 발생한 통원의료비

② 회사는 '한국표준질병사인분류'에 따른 다음의 비급여 의료비에 대해서는 보상하지 않는다.
  1. 정신 및 행동장애(F04~F99)
  2. 여성생식기의 비염증성 장애로 인한 습관성 유산, 불임 및 인공수정관련 합병증(N96~N98)
  3. 피보험자가 임신, 출산(제왕절개를 포함한다), 산후기로 입원 또는 통원한 경우(O00~O99)
  4. 선천성 뇌질환(Q00~Q04)
  5. 비만(E66)
  6. 요실금(N39.3, N39.4, R32)
  7. 직장 또는 항문 질환(K60~K62, K64)

③ 회사는 다음의 비급여 의료비에 대해서는 보상하지 않는다.
  1. 치과치료(K00~K08) 및 한방치료(다만, 「의료법」 제2조에 따른 한의사를 제외한 '의사'의 의료행위에 의해서 발생한 의료비는 보상한다)
  2. 영양제, 비타민제 등의 약제와 관련하여 소요된 비용. 다만 약관상 보상하는 질병을 치료함에 있어 아래 각목에 해당하는 경우는 치료 목적으로 보아 보상한다.
     가. 약사법령에 의하여 약제별 허가사항 또는 신고된 사항(효능/효과 및 용법/용량 등)대로 사용된 경우
     나. 요양급여 약제가 관련 법령 또는 고시 등에서 정한 별도의 적용기준대로 비급여 약제로 사용된 경우
     다. 요양급여 약제가 관련 법령에 따라 별도의 비급여사용승인 절차를 거쳐 그 승인 내용대로 사용된 경우

라. 상기 가목부터 다목의 약제가 두 가지 이상 함께 사용된 경우(함께 사용된 약제 중 어느 하나라도 상기 가목부터 다목에 해당하지 않는 경우 제외)
3. 호르몬 투여, 보신용 투약, 의약외품과 관련하여 소요된 비용
4. 의치, 의수족, 의안, 안경, 콘택트렌즈, 보청기, 목발, 팔걸이(Arm Sling), 보조기 등 진료 재료의 구입 및 대체 비용. 다만, 인공장기 등 신체에 이식되어 그 기능을 대신하는 경우에는 보상한다.
5. 진료와 무관한 각종 비용(TV시청료, 전화료, 각종 증명료 등을 말한다), 의사의 임상적 소견과 관련이 없는 검사비용, 간병비
6. 산재보험에서 보상받는 의료비. 다만, 본인부담의료비(산재보험 요양급여 산정기준에 따라 발생한 실제 본인 부담의료비)는 보상한다.
7. 사람면역결핍바이러스(HIV) 감염으로 인한 치료비(다만, 「의료법」에서 정한 의료인의 진료상 또는 치료 중 혈액에 의한 HIV 감염은 해당 진료기록을 통해 객관적으로 확인되는 경우는 보상한다)
8. 「국민건강보험법」 제42조의 요양기관이 아닌 외국에 있는 의료기관에서 발생한 의료비
9. 「응급의료에 관한 법률」 및 동법 시행규칙에서 정한 응급환자에 해당하지 않는 자가 동법 제26조 권역응급의료센터 또는 「의료법」 제3조의4에 따른 상급종합병원 응급실을 이용하면서 발생한 응급의료관리료

다. 3대비급여

① 회사는 다음의 사유로 인하여 생긴 비급여 의료비는 보상하지 않는다.
1. 피보험자가 고의로 자신을 해친 경우. 다만, 피보험자가 심신상실 등으로 자유로운 의사결정을 할 수 없는 상태에서 자신을 해친 사실이 증명된 경우에는 보상한다.
2. 보험수익자가 고의로 피보험자를 해친 경우. 다만, 그 보험수익자가 보험금의 일부 보험수익자인 경우에는 다른 보험수익자에 대한 보험금은 지급한다.
3. 계약자가 고의로 피보험자를 해친 경우
4. 전쟁, 외국의 무력행사, 혁명, 내란, 사변, 폭동으로 인한 경우
5. 피보험자가 정당한 이유없이 입원 또는 통원 기간 중 의사의 지시를 따르지 않아 발생한 의료비
② 회사는 다른 약정이 없으면 피보험자가 직업, 직무 또는 동호회 활동 목적으로 한 다음의 어느 하나에 해당하는 행위로 인하여 생긴 상해에 대해서는 보상하지 않는다.
1. 전문등반(전문적인 등산용구를 사용하여 암벽 또는 빙벽을 오르내리거나 특수한 기술, 경험, 사전 훈련이 필요한 등반을 말한다), 글라이더 조종, 스카이다이빙, 스쿠버다이빙, 행글라이딩, 수상보트, 패러글라이딩
2. 모터보트·자동차 또는 오토바이에 의한 경기, 시범, 행사(이를 위한 연습을 포함한다) 또는 시운전(다만, 공용도로에서 시운전을 하는 동안 발생한 상해는 보상한다)
3. 선박에 탑승하는 것을 직무로 하는 사람이 직무상 선박에 탑승하고 있는 동안
③ 회사는 '한국표준질병사인분류'에 따른 다음의 비급여 의료비에 대해서는 보상하지 않는다.

1. 정신 및 행동장애(F04~F99)
2. 여성생식기의 비염증성 장애로 인한 습관성 유산, 불임 및 인공수정관련 합병증(N96~N98)
3. 피보험자가 임신, 출산(제왕절개를 포함한다), 산후기로 입원 또는 통원한 경우(O00~O99). 다만, 회사가 보상하는 상해로 인하여 입원 또는 통원한 경우에는 보상한다.
4. 선천성 뇌질환(Q00~Q04)
5. 비만(E66)
6. 요실금(N39.3, N39.4, R32)
7. 직장 또는 항문 질환(K60~K62, K64)

④ 회사는 다음의 비급여 의료비에 대해서는 보상하지 않는다.
1. 치과치료(다만, 안면부 골절로 발생한 의료비는 치아관련 치료를 제외하고 보상하며, K00~K08과 무관한 질병으로 인한 의료비는 보상한다) · 한방치료(다만, 「의료법」 제2조에 따른 한의사를 제외한 '의사'의 의료행위에 의해서 발생한 의료비는 보상한다)
2. 영양제, 비타민제 등의 약제와 관련하여 소요된 비용. 다만 약관상 보상하는 상해 또는 질병을 치료함에 있어 아래 각목에 해당하는 경우는 치료 목적으로 보아 보상한다.
    가. 약사법령에 의하여 약제별 허가사항 또는 신고된 사항(효능/효과 및 용법/용량 등)대로 사용된 경우
    나. 요양급여 약제가 관련 법령 또는 고시 등에서 정한 별도의 적용기준대로 비급여 약제로 사용된 경우
    다. 요양급여 약제가 관련 법령에 따라 별도의 비급여사용승인 절차를 거쳐 그 승인 내용대로 사용된 경우
    라. 상기 가목부터 다목의 약제가 두 가지 이상 함께 사용된 경우(함께 사용된 약제 중 어느 하나라도 상기 가목부터 다목에 해당하지 않는 경우 제외)
3. 호르몬 투여, 보신용 투약, 의약외품과 관련하여 소요된 비용
4. 의치, 의수족, 의안, 안경, 콘택트렌즈, 보청기, 목발, 팔걸이(Arm Sling), 보조기 등 진료 재료의 구입 및 대체 비용. 다만, 인공장기 등 신체에 이식되어 그 기능을 대신하는 경우에는 보상한다.
5. 진료와 무관한 각종 비용(TV시청료, 전화료, 각종 증명료 등을 말한다), 의사의 임상적 소견과 관련이 없는 검사비용, 간병비
6. 자동차보험(공제를 포함한다)에서 보상받는 치료관계비(과실상계 후 금액을 기준으로 한다) 또는 산재보험에서 보상받는 의료비. 다만, 본인부담의료비(자동차보험 진료수가에 관한 기준 및 산재보험 요양급여 산정기준에 따라 발생한 실제 본인 부담의료비)는 보상한다.
7. 사람면역결핍바이러스(HIV) 감염으로 인한 치료비(다만, 「의료법」에서 정한 의료인의 진료상 또는 치료 중 혈액에 의한 HIV 감염은 해당 진료기록을 통해 객관적으로 확인되는 경우는 보상한다)
8. 「국민건강보험법」 제42조의 요양기관이 아닌 외국에 있는 의료기관에서 발생한 의료비
9. 「응급의료에 관한 법률」 및 동법 시행규칙에서 정한 응급환자에 해당하지 않는 자가 동법 제26조

권역응급의료센터 또는 「의료법」제3조의4에 따른 상급종합병원 응급실을 이용하면서 발생한 응급의료관리료

라. 공통(상해비급여, 질병비급여, 3대비급여 공통적으로 적용)

회사는 「국민건강보험 요양급여의 기준에 관한 규칙」 제9조 제1항([별표2]비급여대상)에 따른 아래 각 호의 비급여 의료비에 대해서는 보상하지 않는다.

1. 다음 각 목의 질환으로서 업무 또는 일상생활에 지장이 없는 경우에 실시 또는 사용되는 치료로 인하여 발생한 비급여 의료비
   가. 단순한 피로 또는 권태
   나. 주근깨, 다모, 무모, 백모증, 딸기코(주사비), 점, 모반(피보험자가 보험 가입 당시 태아인 경우 화염상모반 등 선천성 비신생물성모반(Q82.5)은 보상한다), 사마귀, 여드름, 노화현상으로 인한 탈모 등 피부질환
   다. 발기부전(impotence)·불감증
   라. 단순 코골음(수면무호흡증(G47.3)은 보상한다)
   마. 치료를 동반하지 않는 단순포경(phimosis)
   바. 검열반 등 안과질환
   사. 그 밖에 일상생활에 지장이 없는 경우로 국민건강보험 비급여 대상에 해당하는 치료

2. 다음 각 목의 진료로서 신체의 필수 기능 개선 목적이 아닌 경우에 실시 또는 사용되는 치료로 인하여 발생한 비급여 의료비
   가. 쌍꺼풀수술(이중검수술), 성형수술(융비술), 유방 확대(다만, 유방암 환자의 환측 유방재건술은 보상한다)·축소술, 지방흡입술, 주름살 제거술 등 미용목적의 성형수술과 그로 인한 후유증치료
   나. 사시교정, 안와격리증(양쪽 눈을 감싸고 있는 뼈와 뼈 사이의 거리가 넓은 증상)의 교정 등 시각계 수술로서 시력개선 목적이 아닌 외모개선 목적의 수술
   다. 치과교정
   라. 씹는 기능 및 발음 기능의 개선 목적이 아닌 외모개선 목적의 턱얼굴(안면)교정술
   마. 관절운동 제한이 없는 반흔구축성형술 등 외모개선 목적의 반흔제거술
   바. 안경, 콘택트렌즈 등을 대체하기 위한 시력교정술(국민건강보험 요양급여 대상 수술방법 또는 치료재료가 사용되지 않은 부분은 시력교정술로 본다)
   사. 질병 치료가 아닌 단순히 키 성장(성장촉진)을 목적으로 하는 진료
   아. 외모개선 목적의 다리정맥류 수술
   자. 그 밖에 외모개선 목적의 치료로 국민건강보험 비급여 대상에 해당하는 치료

3. 다음 각 목의 예방진료로서 질병·부상의 진료를 직접목적으로 하지 아니하는 경우에 실시 또는 사용으로 인하여 발생한 비급여 의료비
   가. 본인의 희망에 의한 건강검진(다만, 검사결과 이상 소견에 따라 건강검진센터 등에서 발생한 추

가 의료비용은 보상한다)
나. 예방접종(파상풍 혈청주사 등 치료목적으로 사용하는 예방주사 제외)
다. 그 밖에 예방진료로서 국민건강보험 비급여 대상에 해당하는 치료
4. 다음 각 목의 진료로서 보험급여시책상 요양급여로 인정하기 어려운 경우 및 그 밖에 건강보험급여 원리에 부합하지 아니하는 경우 발생한 비급여 의료비
가. 친자확인을 위한 진단
나. 불임검사, 불임수술, 불임복원술
다. 보조생식술(체내, 체외 인공수정을 포함한다)
라. 인공유산에 든 비용(다만, 회사가 보상하는 상해 또는 질병으로 임신상태를 유지하기 어려워 의사의 권고에 따라 불가피하게 시행한 경우는 제외)
마. 그 밖에 요양급여를 함에 있어서 비용효과성 등 진료상의 경제성이 불분명하여 국민건강보험 비급여 대상에 해당하는 치료

5 보험가입금액 한도 등

가. 연간 보험가입금액

연간 보험가입금액은 (1) 상해비급여에 대하여 입원과 통원의 보상금액을 합산하여 5천만원 이내에서, (2) 질병비급여에 대하여 입원과 통원의 보상금액을 합산하여 5천만원 이내에서 회사가 정한 금액 중 계약자가 선택한 금액을 말하며, 비급여의료비를 이 금액 한도 내에서 보상한다. 다만 3대비급여의 보험가입금액은 (3) 3대비급여 특약에서 별도로 정한 연간 보상한도로 한다.

나. 연간의 뜻

'연간'이라 함은 계약일로부터 매1년 단위로 도래하는 계약해당일 전일까지의 기간을 말하며, 입원 또는 통원 치료시 해당일이 속한 연도의 보험가입금액 한도를 적용한다.

다. 통원의 경우

통원의 경우 (1) 상해비급여 또는 (2) 질병비급여 각각에 대하여 통원 1회당 20만원 이내에서 회사가 정한 금액 중 계약자가 선택한 금액으로 하며, (3) 3대 비급여의 경우 각 비급여의료비별 보상한도로 한다.

라. 계속 중인 입원 또는 통원

(1) 상해비급여, (2) 질병비급여 및 (3) 3대비급여에 따른 계속 중인 입원 또는 통원의 보상한도는 연간 보상한도(보험가입금액)에서 직전 보험기간 종료일까지 지급한 금액을 차감한 잔여 금액과 연간 보상한도(횟수)에서 직전 보험기간 종료일까지 보상한 횟수를 차감한 잔여 횟수를 한도로 적용한다.

6 보험료의 계산

가. 갱신계약의 보험료

보험기간이 종료되어 갱신되는 계약(이하 '갱신계약'이라 한다)의 보험료는 갱신일 현재의 보험요율에 관한 제도를 반영하여 계산된 보험료를 적용한다. 그 보험료는 나이의 증가, 보험료 산출에 관한 기초율의 변동, 요율 상대도(할인·할증요율) 적용 등의 사유로 인하여 인상 또는 인하될 수 있다.

나. 요율 상대도의 변경 범위

갱신계약의 「요율 상대도(할인·할증요율) 적용 전 보험료」는 매년 최대 25% 범위(나이의 증가로 인한 보험료 증감분은 제외) 내에서 인상 또는 인하될 수 있다. 다만 회사가 금융위원회로부터 경영개선권고, 경영개선요구 또는 경영개선명령을 받은 경우는 예외로 한다.

다. 요율 상대도의 적용

요율 상대도(할인·할증요율)는 보험료 갱신 전 12개월 이내 기간 동안의 비급여 특별약관에 따른 보험금 지급 실적을 고려하여 보험료 갱신시 순보험료(특별약관의 순보험료 총액을 대상으로 한다)에 아래와 같이 적용할 수 있다.

다만 국민건강보험법상 산정특례대상질환(암질환, 뇌혈관질환, 심장질환, 희귀난치성질환 등)으로 인한 비급여의료비 및 노인장기요양보험법상 장기요양대상자 중 1등급 또는 2등급으로 판정받은 자에 대한 비급여의료비는 요율 상대도 계산시 보험금 지급실적에서 제외한다.

구분	1단계	2단계	3단계	4단계	5단계
보험료 갱신 전 12개월 이내 기간 동안 보험금 지급실적(원)	0원 (보험금 지급실적 없음)	0원 초과~ 100만원 미만	100만원 이상~ 150만원 미만	150만원 이상~ 300만원 미만	300만원 이상
요율 상대도	할인	100%	200%	300%	400%

라. 할증 적용 대상

요율 상대도의 할증은 보험금 지급실적이 연간 100만원 이상인 계약에 한하여 적용하며 매년 상대도 적용 전·후의 총 보험료 수준이 일치하도록 할인요율을 조정함을 원칙으로 한다.

읽을거리 (2024.06.07 금융위원회, 금융감독원 공동 보도자료에서 발췌)

▶ 비급여 보험료의 할인 또는 할증

4세대 실손의료보험은 상품구조를 「급여」와 「비급여」로 분류하여 각각의 손해율에 따라 보험료를 매년 조정한다. 전체 보험계약자의 보험료가 일률적으로 조정되는 「급여」와 달리 「비급여」의 경우 비급여 보험금과 연계하여 보험료가 차등 적용(할인·할증)된다. 비급여 보험료 차등 적용은 충분한 통계 확보 등을 위하여 상품 출시('21.7월) 이후 3년간 유예되어 왔으며, '24.7.1일 이후 보험료 갱신 시점부터 적용된다.

* 4세대 실손의료보험 계약구조: (주계약) 「급여」 + (특약) 「비급여」

4세대 실손의료보험의 가입자는 보험료 갱신 전 1년간 수령한 비급여 보험금에 따라 5개의 구간(1등급~5등급)으로 구분된다. 비급여 보험금 수령액이 없는 경우 할인 대상이 되며, 비급여 보험금 수령액이 100만원 미만인 경우, 할인·할증이 적용되지 않는다(기본 비급여 보험료 부과).

반면 비급여 보험금 수령액이 100만원 이상(100~150/150~300/300만원 이상)인 경우 비급여 보험료가 +100/200/300% 할증된다. 할증대상자의 할증금액으로 할인대상자의 보험료를 할인하며, 할인율은 약 5% 내외일 것으로 예상된다(보험사별 상이).

아울러 의료취약계층의 의료 접근성이 제한되지 않도록 국민건강보험법상 산정특례대상질환 및 노인장기요양보험법상 장기요양등급 1·2등급 판정자에 대한 의료비는 비급여 보험료 할인·할증등급 산정시 제외한다.

[비급여 보험금 수령액에 따른 보험료 할인할증 구간]

구분	1등급(할인)	2등급(유지)	3등급(할증)	4등급(할증)	5등급(할증)
할인할증률	-5%	-	+100%	+200%	+300%
직전 1년간 비급여 수령액	보험금 無	100만원 미만	100만원 이상 150만원 미만	150만원 이상 300만원 미만	300만원 이상
대상 건수 비율	62.1%	36.6%	1.3%		

CHAPTER 4
제3세대 실손의료보험과 제4세대 실손의료보험의 비교

1 담보 구성 방식

가. 제3세대 실손의료보험

기본형에서 상해입원과 상해통원, 질병입원, 질병통원으로 크게 보장종목을 구분한 뒤에 입원 보장종목 안에서 급여와 비급여를 나누며, 통원 보장종목 안에서 급여와 비급여를 나누어 보상하는 방식이다. 특별약관으로 비급여 도수치료·체외충격파치료·증식치료 특별약관, 비급여 주사료 특별약관, 비급여 자기공명영상진단 특별약관이 각각 있다.

기본형	상해	입원(급여+비급여)
		통원(급여+비급여)
	질병	입원(급여+비급여)
		통원(급여+비급여)
특별약관		비급여 도수치료·체외충격파치료·증식치료
		비급여 주사료
		비급여 자기공명영상진단(MRI/MRA)

나. 제4세대 실손의료보험

기본형에서 상해급여와 질병급여를 보장하며 특별약관에서 상해비급여, 질병비급여와 3대비급여를 보상하는 방식이다. 기본형 급여 보장종목 안에서 입원과 통원을 나누어 보상하며, 비급여 특별약관에서 입원과 통원을 나누어 보상한다. 3대비급여는 비급여 도수치료·체외충격파치료·증식치료, 비급여 주사료, 비급여 자기공명영상진단을 보상한다.

기본형		상해급여(입원+통원)
		질병급여(입원+통원)
특별약관		상해비급여(입원+통원)
		질병비급여(입원+통원)
	3대비급여	비급여 도수치료·체외충격파치료·증식치료
		비급여 주사료
		비급여 자기공명영상진단

2 처방조제비 적용 기준

가. 제3세대 실손의료보험

외래와 처방조제비를 각각 따로 처리한다. 하루에 외래의료비 5만원, 처방조제비 3만원이 발생하였다면 각각 따로 5만원과 3만원으로 처리한다.

나. 제4세대 실손의료보험

처방일자를 기준으로 외래와 처방조제비를 합산하여 통원의료비로 처리한다. 하루에 외래의료비 5만원, 처방조제비 3만원이 발생하였다면 통원의료비를 합산하여 8만원으로 처리한다.

3 입원의료비 자기부담금 비율

가. 제3세대 실손의료보험

표준형과 선택형으로 구분된다. 표준형은 급여와 비급여를 합산한 금액에서 20%의 자기부담금 비율을 적용(즉 80% 보상)하며, 선택형은 급여와 비급여를 합산한 금액에서 10%의 자기부담금 비율을 적용(즉 90% 보상)한다. 상급병실료 차액은 이와는 별도로 50%를 보상한다.

나. 제4세대 실손의료보험

급여는 20%의 자기부담금 비율을 적용(즉 80% 보상)하며, 비급여는 30%의 자기부담금 비율을 적용(즉 70% 보상)한다. 상급병실료 차액은 이와는 별도로 50%를 보상한다.

4 통원의료비 자기부담금 비율

가. 제3세대 실손의료보험

(1) **표준형**

급여와 비급여를 합산한 금액에서 다음의 공제금액을 적용한다.
- (가) **의원급**: 1만원과 보상대상의료비 20% 중 큰 금액
- (나) **병원, 종합병원급**: 1만 5천원과 보상대상의료비 20% 중 큰 금액
- (다) **상급종합병원급**: 2만원과 보상대상의료비 20% 중 큰 금액
- (라) **약국**: 8천원과 보상대상의료비 20% 중 큰 금액

(2) **선택형**

급여와 비급여를 합산한 금액에서 다음의 공제금액을 적용한다.
- (가) **의원급**: 1만원
- (나) **병원, 종합병원급**: 1만 5천원

(다) 상급종합병원급: 2만원
(라) 약국: 8천원

나. 제4세대 실손의료보험

(1) 급여

급여의료비에서 다음의 공제금액을 적용한다.
(가) 의원, 병원급: 1만원과 보상대상의료비 20% 중 큰 금액
(나) 종합병원급 이상: 2만원과 보상대상의료비 20% 중 큰 금액

(2) 비급여

비급여의료비에서 공제금액은 병원 규모 불문하고 3만원과 보상대상의료비 30% 중 큰 금액을 적용한다.

5 3대비급여

가. 제3세대 실손의료보험

비급여 도수치료·체외충격파치료·증식치료 특별약관, 비급여 주사료 특별약관, 비급여 자기공명영상진단 특별약관이 각각 별도의 특약으로 구성되었다. 계약자는 3개 모두 가입할 수도 있고, 원하는 특약만을 가입할 수도 있다. 공제금액 및 보상한도는 다음과 같다.

(1) 비급여 도수치료·체외충격파치료·증식치료 특별약관

공제금액	1회당 2만원과 보상대상의료비 30% 중 큰 금액
보상한도	1년 단위로 350만원 이내에서 50회까지 보상

(2) 비급여 주사료 특별약관

공제금액	1회당 2만원과 보상대상의료비 30% 중 큰 금액
보상한도	1년 단위로 250만원 이내에서 50회까지 보상

(3) 비급여 자기공명영상진단 특별약관

공제금액	1회당 2만원과 보상대상의료비 30% 중 큰 금액
보상한도	1년 단위로 300만원 이내에서 보상

나. 제4대 실손의료보험

3대비급여 하나의 특약으로 판매되고 있다. 공제금액 및 보상한도는 다음과 같다.

항목	공제금액	보상한도
도수치료 · 체외충격파치료 · 증식치료	1회당 3만원과 보장대상의료비의 30%중 큰 금액	계약일 또는 매년 계약해당일부터 1년 단위로 각 상해 · 질병 치료행위를 합산하여 350만원 이내에서 50회까지 보상
주사료	1회당 3만원과 보장대상의료비의 30%중 큰 금액	계약일 또는 매년 계약해당일부터 1년 단위로 각 상해 · 질병 치료행위를 합산하여 250만원 이내에서 50회까지 보상
자기공명영상진단	1회당 3만원과 보장대상의료비의 30%중 큰 금액	계약일 또는 매년 계약해당일부터 1년 단위로 각 상해 · 질병 치료행위를 합산하여 300만원 이내에서 보상

6 도수치료 등에 대한 확인절차

가. 제3세대 실손의료보험

별도의 규정이 없다.

나. 제4세대 실손의료보험

도수치료 등에 대하여 10회 단위로 확인 절차를 시행한다. 도수치료 · 체외충격파치료 · 증식치료의 각 치료횟수를 합산하여 최초 10회 보장하고, 이후 객관적이고 일반적으로 인정되는 검사결과 등을 토대로 증상의 개선, 병변호전 등이 확인된 경우에 한하여 10회 단위로 연간 50회까지 보상한다.

내용다지기 — 제3세대와 제4세대

예시 1

■ 상해사고로 아래와 같이 의료비 발생
- AA의원 통원치료: 급여 5만원, 비급여 10만원
- BB약국 처방조제비: 급여 4만원, 비급여 6만원(AA의원 처방을 조제)

▶ 제3세대(표준형) 지급보험금
- 상해통원(외래): (5만원＋10만원)－MAX[1만원, 15만원×20%]＝12만원
- 상해통원(처방조제): (4만원＋6만원)－MAX[8천원, 10만원×20%]＝8만원

▶ 제4세대 지급보험금
- 상해급여: (5만원＋4만원)－MAX[1만원, 9만원×20%]＝7만 2천원
- 상해비급여: (10만원＋6만원)－MAX[3만원, 16만원×30%]＝11만 2천원

예시 2

■ 질병으로 아래와 같이 의료비 발생
- AA종합병원 입원치료: 급여 20만원, 비급여 50만원, 별도로 상급병실료차액 10만원

▶ 제3세대(표준형) 지급보험금
- 질병입원: (20만원＋50만원)×80%＝56만원
- 상급병실료차액: 10만원×50%＝5만원

▶ 제4세대 지급보험금
- 질병급여: 20만원×80%＝16만원
- 질병비급여: 50만원×70%＝35만원
- 상급병실료차액: 10만원×50%＝5만원

예시 3

- ■ 질병으로 아래와 같이 의료비 발생
  - AA종합병원 통원치료: 급여 2만원, 비급여 4만원
  - BB약국 처방조제: 급여 1만원, 비급여 1만원 (AA종합병원 처방을 조제)
  - CC의원 도수치료 1회: 비급여 8만원

- ▶ 제3세대(표준형) 지급보험금
  - 질병통원(외래): (2만원+4만원)−MAX[1만5천원, 6만원×20%]=4만5천원
  - 질병통원(처방조제): (1만원+1만원)−MAX[8천원, 2만원×20%]=1만2천원
  - 도수치료 특약: 8만원−MAX[2만원, 8만원×30%]=5만6천원

- ▶ 제4세대 지급보험금
  - 질병급여: (2만원+1만원)−MAX[2만원, 3만원×20%]=1만원
  - 질병비급여: (4만원+1만원)−MAX[3만원, 5만원×30%]=2만원
  - 3대비급여 특약: 8만원−MAX[3만원, 8만원×30%]=5만원

CHAPTER 5 해외여행 실손의료보험

1 개요

해외여행 실손의료보험은 해외여행 중에 피보험자의 상해 또는 질병으로 인한 의료비를 보상하는 보험상품이다. 기본형은 크게 "상해의료비형", "질병의료비형" 2가지의 보험종목으로 구성되어 있고, 각각의 보장종목은 다시 "해외", "국내(급여)"로 세부 구분된다. 특별약관에는 "상해비급여(국내)", "질병비급여(국내)", "3대비급여(국내)"의 3가지 보장종목이 있다.

기본형	상해의료비	해외
		국내(급여)
	질병의료비	해외
		국내(급여)
특별약관	상해비급여(국내)	
	질병비급여(국내)	
	3대비급여(국내)	비급여 도수치료·체외충격파치료·증식치료
		비급여 주사료
		비급여 자기공명영상진단

시험출제 Point

▶ 해외의료기관의 뜻
해외의료기관은 해외소재 의료기관을 말하며, 해외소재약국을 포함한다.

2 보상하는 사항

기본형 "상해의료비 국내(급여)", "질병의료비 국내(급여)"와 특별약관 "상해비급여(국내)", "질병비급여(국내)", "3대비급여(국내)"의 보장내용 및 공제기준 등은 일반 실손의료보험과 거의 동일하다. "상해의료비 해외", "질병의료비 해외"보장은 별도의 공제를 적용하지 않고 피보험자가 해외의료기관에서 부담한 실제 의료비 전액을 보장한다는 특징을 가지고 있다.

보장종목		보상하는 사항
기본형	상해의료비 – 해외	해외의료기관에서 부담한 실제 의료비 전액 보장
	상해의료비 – 국내(급여)	일반 실손의료보험과 동일
	질병의료비 – 해외	해외의료기관에서 부담한 실제 의료비 전액 보장
	질병의료비 – 국내(급여)	일반 실손의료보험과 동일
특별약관	상해비급여(국내)	일반 실손의료보험과 동일
	질병비급여(국내)	일반 실손의료보험과 동일
	3대비급여(국내)	일반 실손의료보험과 동일

3 보험기간이 끝났을 경우

가. 상해의료비 – 해외

해외여행 중에 피보험자가 입은 상해로 인해 치료를 받던 중 보험기간이 끝났을 경우에는 보험기간 종료일부터 180일까지(보험기간 종료일은 제외) 보상한다.

나. 상해의료비 – 국내(급여)

보험기간이 1년 미만인 경우에는 해외여행 중에 피보험자가 입은 상해로 보험기간 종료 후 30일(보험기간 종료일은 제외) 이내에 의사의 치료를 받기 시작했을 때에는 의사의 치료를 받기 시작한 날부터 180일(통원은 180일 동안 90회)까지만(보험기간 종료일은 제외) 보상한다.

다. 질병의료비 – 해외

해외여행 중에 피보험자가 입은 질병으로 인해 치료를 받던 중 보험기간이 끝났을 경우에는 보험기간 종료일부터 180일까지(보험기간 종료일은 제외) 보상한다.

라. 질병의료비 – 국내(급여)

보험기간이 1년 미만인 경우에는 해외여행 중에 질병을 원인으로 하여 보험기간 종료 후 30일(보험기간 종료일은 제외) 이내에 의사의 치료를 받기 시작했을 때에는 의사의 치료를 받기 시작한 날부터 180일(통원은 180일 동안 90회)까지만(보험기간 종료일은 제외) 보상한다.

마. 상해비급여(국내)

(1) 입원 치료

피보험자가 입원하여 치료를 받던 중 보험계약이 종료되더라도 그 계속 중인 입원에 대해서는 보험계약 종료일 다음날부터 180일까지 보상한다.

(2) 통원 치료

피보험자가 통원하여 치료를 받던 중 보험계약이 종료되더라도 그 계속 중인 통원에 대해서는 보험계약 종료일 다음날부터 180일 이내의 통원을 보상하며 최대 90회 한도 내에서 보상한다.

바. 질병비급여(국내)

(1) 입원 치료

피보험자가 입원하여 치료를 받던 중 보험계약이 종료되더라도 그 계속 중인 입원에 대해서는 보험계약 종료일 다음날부터 180일까지 보상한다.

(2) 통원 치료

피보험자가 통원하여 치료를 받던 중 보험계약이 종료되더라도 그 계속 중인 통원에 대해서는 보험계약 종료일 다음날부터 180일 이내의 통원을 보상하며 최대 90회 한도 내에서 보상한다.

사. 3대비급여(국내)

피보험자가 입원 또는 통원하여 치료를 받던 중 보험계약이 종료되더라도 그 계속 중인 치료에 대하여는 보험계약 종료일 다음날부터 180일까지 보상한다. 이 경우 보상한도는 연간 보상한도(금액)에서 직전 보험계약 종료일까지 지급한 금액을 차감한 잔여 금액과 연간 보상한도(횟수)에서 직전 보험계약 종료일까지 보상한 횟수를 차감한 잔여 횟수를 한도로 적용한다.

4 보상하지 않는 사항

가. 상해의료비 - 해외

① 회사는 다음의 사유로 인하여 생긴 의료비는 보상하지 않는다.
  1. 피보험자가 고의로 자신을 해친 경우. 다만, 피보험자가 심신상실 등으로 자유로운 의사결정을 할 수 없는 상태에서 자신을 해친 사실이 증명된 경우에는 보상한다.
  2. 보험수익자가 고의로 피보험자를 해친 경우. 다만, 그 보험수익자가 보험금의 일부 보험수익자인 경우에는 다른 보험수익자에 대한 보험금은 지급한다.
  3. 계약자가 고의로 피보험자를 해친 경우
  4. 피보험자가 임신, 출산(제왕절개를 포함), 산후기로 치료한 경우. 다만 회사가 보상하는 상해로 인한 경우에는 보상한다.
  5. 전쟁, 외국의 무력행사, 혁명, 내란, 사변, 폭동으로 인한 경우
  6. 피보험자가 정당한 이유 없이 입원기간 중 의사의 지시를 따르지 않거나 의사가 통원치료가 가능하다고 인정함에도 피보험자 본인이 자의적으로 입원하여 발생한 입원의료비
  7. 피보험자가 정당한 이유 없이 통원기간 중 의사의 지시를 따르지 않아 발생한 통원의료비

② 회사는 다른 약정이 없으면 피보험자가 직업, 직무 또는 동호회 활동 목적으로 한 다음의 어느 하나에 해당하는 행위로 인하여 생긴 상해에 대해서는 보상하지 않는다.
1. 전문등반(전문적인 등산용구를 사용하여 암벽 또는 빙벽을 오르내리거나 특수한 기술, 경험, 사전 훈련이 필요한 등반을 말한다), 글라이더 조종, 스카이다이빙, 스쿠버다이빙, 행글라이딩, 수상보트, 패러글라이딩
2. 모터보트, 자동차 또는 오토바이에 의한 경기, 시범, 행사(이를 위한 연습을 포함) 또는 시운전(다만, 공용도로에서 시운전을 하는 동안 발생한 상해는 보상)
3. 선박에 탑승하는 것을 직무로 하는 사람이 직무상 선박에 탑승하고 있는 동안

③ 회사는 아래의 의료비에 대하여는 보상하지 않는다.
1. 건강검진(단, 검사결과 이상 소견에 따라 건강검진센터 등에서 발생한 추가 의료비용은 보상), 예방접종, 인공유산에 든 비용. 다만, 회사가 보상하는 상해 치료를 목적으로 하는 경우에는 보상한다.
2. 영양제, 비타민제, 호르몬 투여, 보신용 투약, 친자 확인을 위한 진단, 불임검사, 불임수술, 불임복원술, 보조생식술(체내, 체외 인공수정을 포함), 성장촉진, 의약외품과 관련하여 소요된 비용. 다만, 회사가 보상하는 상해 치료를 목적으로 하는 경우에는 보상한다.
3. 의치, 의수족, 의안, 안경, 콘택트렌즈, 보청기, 목발, 팔걸이(Arm Sling), 보조기 등 진료재료의 구입 및 대체비용. 다만, 인공장기 등 신체에 이식되어 그 기능을 대신하는 경우에는 보상한다.
4. 외모개선 목적의 치료로 인하여 발생한 의료비
   가. 쌍꺼풀수술(이중검수술. 다만, 안검하수, 안검내반 등을 치료하기 위한 시력개선 목적의 이중검수술은 보장), 코성형수술(융비술), 유방확대(다만, 유방암 환자의 유방재건술은 보장)·축소술, 지방흡입술, 주름살제거술 등
   나. 사시교정, 안와격리증(양쪽 눈을 감싸고 있는 뼈와 뼈 사이의 거리가 넓은 증상)의 교정 등 시각계 수술로써 시력개선 목적이 아닌 외모개선 목적의 수술
   다. 안경, 콘택트렌즈 등을 대체하기 위한 시력교정술(국민건강보험 요양급여 대상 수술방법 또는 치료재료가 사용되지 않은 부분은 시력교정술로 본다)
   라. 외모개선 목적의 다리정맥류 수술
   마. 그 밖에 외모개선 목적의 치료로 국민건강보험 비급여대상에 해당하는 치료
5. 진료와 무관한 각종 비용(TV시청료, 전화료, 각종 증명료 등을 말한다), 의사의 임상적 소견과 관련이 없는 검사비용, 간병비

나. 상해의료비 – 국내(급여)

일반 실손의료보험과 동일하다.

다. 질병의료비 – 해외

① 회사는 아래의 사유를 원인으로 하여 생긴 의료비는 보상하지 않는다.

1. 피보험자가 고의로 자신을 해친 경우. 다만, 피보험자가 심신상실 등으로 자유로운 의사결정을 할 수 없는 상태에서 자신을 해친 사실이 증명된 경우에는 보상한다.
2. 보험수익자가 고의로 피보험자를 해친 경우. 다만, 그 보험수익자가 보험금의 일부 보험수익자인 경우에는 다른 보험수익자에 대한 보험금은 지급한다.
3. 계약자가 고의로 피보험자를 해친 경우
4. 피보험자가 정당한 이유 없이 입원기간 중 의사의 지시를 따르지 않거나 의사가 통원치료가 가능하다고 인정함에도 피보험자 본인이 자의적으로 입원하여 발생한 입원의료비
5. 피보험자가 정당한 이유 없이 통원기간 중 의사의 지시를 따르지 않아 발생한 통원의료비

② 회사는 한국표준질병사인분류에 있어서 아래의 의료비에 대하여는 보상하지 않는다.
1. 정신 및 행동장애(F04~F99) 다만, F04~F09, F20~F29, F30~F39, F40~F48, F51, F90~F98과 관련한 치료에서 발생한 「국민건강보험법」에 따른 요양급여에 해당하는 의료비는 보상한다.
2. 여성생식기의 비염증성 장애로 인한 습관성 유산, 불임 및 인공수정관련 합병증(N96~N98)
3. 피보험자가 임신, 출산(제왕절개를 포함한다), 산후기로 치료한 경우(O00~O99)
4. 선천성 뇌질환(Q00~Q04)
5. 비만(E66)
6. 요실금(N39.3, N39.4, R32)
7. 직장 또는 항문질환 중 「국민건강보험법」에 따른 요양급여에 해당하지 않는 부분(I84, K60~K62, K64)

③ 회사는 다음의 의료비에 대하여는 보상하지 않는다.
1. 건강검진(단, 검사결과 이상 소견에 따라 건강검진센터 등에서 발생한 추가 의료비용은 보상), 예방접종, 인공유산에 든 비용. 다만, 회사가 보상하는 질병 치료를 목적으로 하는 경우에는 보상한다.
2. 영양제, 비타민제, 호르몬 투여(다만, 국민건강보험의 요양급여 기준에 해당하는 성조숙증을 치료하기 위한 호르몬 투여는 보상), 보신용 투약, 친자 확인을 위한 진단, 불임검사, 불임수술, 불임복원술, 보조생식술(체내, 체외 인공수정을 포함), 성장촉진, 의약외품과 관련하여 소요된 비용. 다만, 회사가 보상하는 질병 치료를 목적으로 하는 경우에는 보상한다.
3. 다음의 어느 하나에 해당하는 치료로 인하여 발생한 의료비
    가. 단순한 피로 또는 권태
    나. 주근깨, 다모, 무모, 백모증, 딸기코(주사비), 점, 모반(피보험자가 보험가입 당시 태아인 경우 화염상모반 등 선천성 비신생물성모반(Q82.5)은 보상), 사마귀, 여드름, 노화현상으로 인한 탈모 등 피부질환
    다. 발기부전(impotence)·불감증, 단순 코골음(수면무호흡증(G47.3)은 보상), 치료를 동반하지 않는 단순포경(phimosis)

4. 의치, 의수족, 의안, 안경, 콘택트렌즈, 보청기, 목발, 팔걸이(Arm Sling), 보조기 등 진료재료의 구입 및 대체비용. 다만, 인공장기 등 신체에 이식되어 그 기능을 대신하는 경우에는 보상한다.
5. 아래에 열거된 국민건강보험 비급여 대상으로 신체의 필수 기능개선 목적이 아닌 외모개선 목적의 치료로 인하여 발생한 의료비
   - 가. 쌍꺼풀수술(이중검수술. 다만, 안검하수, 안검내반 등을 치료하기 위한 시력개선 목적의 이중검수술은 보상), 코성형수술(융비술), 유방확대(다만, 유방암 환자의 유방재건술은 보상)·축소술, 지방흡입술, 주름살제거술 등
   - 나. 사시교정, 안와격리증(양쪽 눈을 감싸고 있는 뼈와 뼈 사이의 거리가 넓은 증상)의 교정 등 시각계 수술로서 시력개선 목적이 아닌 외모개선 목적의 수술
   - 다. 안경, 콘택트렌즈 등을 대체하기 위한 시력교정술(국민건강보험 요양급여 대상 수술방법 또는 치료재료가 사용되지 않은 부분은 시력교정술로 본다)
   - 라. 외모개선 목적의 다리정맥류 수술
   - 마. 그 밖에 외모개선 목적의 치료로 국민건강보험 비급여대상에 해당하는 치료
6. 진료와 무관한 각종 비용(TV시청료, 전화료, 각종 증명료 등을 말한다), 의사의 임상적 소견과 관련이 없는 검사비용, 간병비
7. 사람면역결핍바이러스(HIV)감염으로 인한 치료비. 다만,「의료법」에서 정한 의료인의 진료상 또는 치료 중 혈액에 의한 HIV감염은 해당진료기록을 통해 객관적으로 확인되는 경우는 제외한다.

라. 질병의료비 – 국내(급여): 일반 실손의료보험과 동일하다.

마. 상해비급여(국내): 일반 실손의료보험과 동일하다.

바. 질병비급여(국내): 일반 실손의료보험과 동일하다.

사. 3대비급여(국내): 일반 실손의료보험과 동일하다.

CHAPTER 6
노후 실손의료보험 및 유병력자 실손의료보험

제1절 노후 실손의료보험

1 개요

기존의 일반 실손의료보험은 가입가능 연령이 통상 70세까지로 제한되어 있으나, 노후실손의료보험은 50세부터 90세까지의 고령층을 대상으로 하는 실손의료보험이다. 기본형과 선택계약으로 구분되어 있다. 기본형에서는 상해와 질병을 보장하며, 선택계약에서는 요양병원 실손의료비와 상급병실료 차액을 보장한다. 재가입시에는 상품 내용의 주기적인 안내를 위해서 매3년마다 가입절차를 다시 진행하여야 한다. 재가입 나이는 53세~109세이며 재가입을 통해 보장받을 수 있는 최대 기간은 보험나이 110세 계약해당일까지이다.

구분		보험기간	보장내용 변경주기
기본계약	[갱신형] 노후실손의료비(상해형) [갱신형] 노후실손의료비(질병형)	1년	3년
선택계약	[갱신형] 요양병원 실손의료비 특별약관 [갱신형] 상급병실료 차액보장 특별약관		

2 특징

입원과 통원을 구분하지 않고 연간 1억원을 한도로 하며, 통원은 횟수 제한없이 회당 최고 100만원 한도로 보상한다. 공제방식은 일반 실손의료보험과 다르게, 정액 공제 후 정률 공제하는 2단계 공제방식을 적용한다. 입원당 30만원, 통원당 3만원을 일괄 공제하되, 비급여 부분부터 우선 공제한 후 나머지 금액은 급여 본인부담금에서 공제한다. 그리고 급여 부분은 급여 본인부담금에서 공제금액을 차감한 나머지 금액에 대하여 80%를 보장하고, 비급여 부분은 비급여 본인부담금에서 공제금액을 차감한 나머지 부분에 대해서 70%(보험회사별로 차이가 있음)를 보장한다.

예시 1

- **통원 치료**
    1. 급여의료비: 5만원
    2. 비급여의료비: 8만원
- **지급보험금**
    1. 급여의료비: (5만원−0원)×80%=4만원
    2. 비급여의료비: (8만원−3만원)×70%=3.5만원

예시 2

- **통원 치료**
    1. 급여의료비: 11만원
    2. 비급여의료비: 2만원
- **지급보험금**
    1. 급여의료비: (11만원−1만원)×80%=8만원
    2. 비급여의료비: (2만원−2만원)=0원

예시 3

- **입원 치료**
    1. 급여의료비: 10만원
    2. 비급여의료비: 40만원
- **지급보험금**
    1. 급여의료비: (10만원−0원)×80%=8만원
    2. 비급여의료비: (40만원−30만원)×70%=7만원

예시 4

- **입원 치료**
    1. 급여의료비: 30만원
    2. 비급여의료비: 20만원
- **지급보험금**
    1. 급여의료비: (30만원−10만원)×80%=16만원
    2. 비급여의료비: (20만원−20만원)=0원

3 보험가입금액

보장항목	보험가입금액
노후실손의료비(상해형)	1억원. 다만 통원은 회당 최고 100만원
노후실손의료비(질병형)	1억원. 다만 통원은 회당 최고 100만원
요양병원 실손의료비	5천만원. 다만 통원은 회당 최고 100만원
상급병실료 차액보장	2천만원

4 보상하는 사항

가. 노후실손의료비(상해형)

피보험자가 상해로 인하여 의료기관(요양병원은 제외)에서 입원 또는 통원하여 치료를 받거나 처방조제를 받은 경우에 보상한다.

나. 노후실손의료비(질병형)

피보험자가 질병으로 인하여 의료기관(요양병원은 제외)에서 입원 또는 통원하여 치료를 받거나 처방조제를 받은 경우에 보상한다.

다. 요양병원 실손의료비

피보험자가 질병 또는 상해로 인하여 요양병원에서 입원 또는 통원하여 치료를 받거나 처방조제를 받은 경우에 보상한다.

라. 상급병실료 차액보장

피보험자가 질병 또는 상해로 인하여 상급병실에 입원하여 치료를 받은 경우에 보상한다.

5 보험금 계산 방식

가. 노후실손의료비(상해형)

구분	내용
의료비(대상금액)	1) 급여 본인부담금: 「국민건강보험법」에서 정한 요양급여 또는 「의료급여법」에서 정한 의료급여 중 본인이 실제로 부담한 의료비 2) 비급여 본인부담금: 「국민건강보험법」 또는 「의료급여법」에 따라 보건복지부장관이 정한 비급여 대상(상급병실료 차액은 제외) 중 본인이 실제로 부담한 의료비
공제금액	입원당 30만원, 통원당 3만원. 다만, 비급여 본인부담금에서 우선 공제한 후 급여 본인부담금에서 공제한다.
보상비율	1) 급여 본인부담금에서 공제금액을 뺀 금액에 대해 80% 2) 비급여 본인부담금에서 공제금액을 뺀 금액에 대해 70%

나. 노후실손의료비(질병형)

구분	내용
의료비(대상금액)	1) 급여 본인부담금: 「국민건강보험법」에서 정한 요양급여 또는 「의료급여법」에서 정한 의료급여 중 본인이 실제로 부담한 의료비 2) 비급여 본인부담금: 「국민건강보험법 」 또는 「의료급여법」에 따라 보건복지부장관이 정한 비급여 대상(상급병실료 차액은 제외) 중 본인이 실제로 부담한 의료비
공제금액	입원당 30만원, 통원당 3만원. 다만, 비급여 본인부담금에서 우선 공제한 후 급여 본인부담금에서 공제한다.
보상비율	1) 급여 본인부담금에서 공제금액을 뺀 금액에 대해 80% 2) 비급여 본인부담금에서 공제금액을 뺀 금액에 대해 70%

다. 요양병원 실손의료비

구분	내용
의료비(대상금액)	1) 급여 본인부담금: 「국민건강보험법」에서 정한 요양급여 또는 「의료급여법」에서 정한 의료급여 중 본인이 실제로 부담한 의료비 2) 비급여 본인부담금: 「국민건강보험법 」 또는 「의료급여법」에 따라 보건복지부장관이 정한 비급여 대상(상급병실료 차액은 제외) 중 본인이 실제로 부담한 의료비
공제금액	입원당 30만원, 통원당 3만원. 다만, 비급여 본인부담금에서 우선 공제한 후 급여 본인부담금에서 공제한다.
보상비율	1) 급여 본인부담금에서 공제금액을 뺀 금액에 대해 80% 2) 비급여 본인부담금에서 공제금액을 뺀 금액에 대해 50%

라. 상급병실료 차액보장

구분	내용
보상비율	상급병실을 이용함에 따라 요양급여 대상인 입원료 외에 추가로 부담하는 입원실 이용 비용에서 50%를 뺀 금액을 계약일 또는 매년 계약해당일로부터 기산하여 1년 단위로 보험가입금액을 연간한도로 보상하며, 상해 · 질병 합산하여 연간 2천만원 한도로 한다. ※ 다만, 1일당 평균금액 10만원 한도로 하며 1일 평균금액은 입원기간 동안 상급병실료 차액 전체를 총 입원일수로 나누어 산출한다.

6 입원 초과금액의 보상

입원의 경우 피보험자가 부담하는 금액을 합한 금액이 계약일 또는 매년 계약해당일부터 기산하여 연간 500만원을 초과하는 경우에는 그 초과금액은 보상한다. 상해와 질병 각각 따로 적용한다.

7 계속 입원하는 경우

피보험자가 보험기간 내에 발생한 상해 또는 질병으로 인하여 입원일로부터 365일 넘어 계속 입원하여 의료비가 발생하는 경우 공제금액을 365일 단위로 계속 차감하며, 상해와 질병을 복합적으로 치료하고 하나의 영수증으로 청구할 경우 공제금액은 1회만 적용한다. 또한 응급상황 중 피보험자가 입원 후 불가피하게 의료기관을 옮긴 경우 이를 하나의 입원으로 보아 공제금액을 1회만 적용한다.

8 2회 이상 통원

가. 상해형

하나의 상해로 인해 하루에 같은 치료를 목적으로 의료기관에서 2회 이상 통원치료를 받거나 하나의 상해로 약국에서 2회 이상의 처방조제를 받은 경우 각각 1회의 외래 및 1건의 처방으로 보아 보상기준을 적용한다.

나. 질병형

하나의 질병으로 하루에 같은 치료를 목적으로 의료기관에서 2회 이상 통원치료를 받거나 하나의 질병으로 약국에서 2회 이상의 처방조제를 받은 경우 각각 1회의 외래 및 1건의 처방으로 보아 보상기준을 적용한다.

> **시험출제 Point**
>
> ▶ 하나의 질병이란?
> 하나의 질병이란 발생 원인이 동일한 질병(의학상 중요한 관련이 있는 질병은 하나의 질병으로 간주하며, 하나의 질병으로 2회 이상 치료를 받는 경우에는 이를 하나의 질병으로 본다)을 말하며, 질병의 치료 중에 발생된 합병증 또는 새로 발견된 질병의 치료가 병행되거나 의학상 관련이 없는 여러 종류의 질병을 갖고 있는 상태에서 입원 또는 통원한 경우에는 하나의 질병으로 간주한다

9 연간한도

보상금액을 합한 금액이 연간한도를 초과하는지 여부의 계산은 보험금 청구일에 관계없이 실제 의료비가 발생한 일자를 기준으로 한다.

10 국민건강보험법 또는 의료급여법을 적용받지 못한 경우

보장항목	보상기준
노후실손의료비(상해형)	의료비 중 본인이 실제로 부담한 금액에서 공제금액을 뺀 금액의 40%를 연간 1억원 한도로 보상
노후실손의료비(질병형)	의료비 중 본인이 실제로 부담한 금액에서 공제금액을 뺀 금액의 40%를 연간 1억원 한도로 보상
요양병원 실손의료비	의료비 중 본인이 실제로 부담한 금액에서 공제금액을 뺀 금액의 40%를 연간 5천만원 한도로 보상
상급병실료 차액보장	보상하지 않음

제2절 유병력자 실손의료보험

1 개요

치료이력이 있거나 경증 만성질환을 가진 유병력자를 대상으로 하는 실손의료보험이다. 2018년 4월부터 판매되었으며 기존의 일반 실손의료보험에서 인수 거절되던 유병력자도 실손의료보험의 혜택을 누릴 수 있도록 설계한 정책적 보험상품이다. 유병력자가 가입할 수 있도록 일반 실손의료보험의 고지내용을 축소하여 운영하고 있으며 가입심사 요건도 완화하였다. 기본계약만 있으며 특별약관은 별도로 운영하지 않는다. 기본계약은 "상해입원", "상해통원", "질병입원", "질병통원"의 4가지 보장종목으로 구분되어 있다. 보험가입 가입 가능 나이는 5세~90세이고 재가입 나이는 8세~109세이다. 재가입을 통해 보장받을 수 있는 최대 기간은 보험나이 110세 계약해당일까지이다.

구분		보험기간	보장내용 변경주기
기본계약 선택계약	[갱신형] 유병력자 실손의료비 상해입원 [갱신형] 유병력자 실손의료비 상해통원 [갱신형] 유병력자 실손의료비 질병입원 [갱신형] 유병력자 실손의료비 질병통원	1년	3년

2 특징

입원의료비의 공제금액은 10만원과 보장대상 의료비의 30%에 해당하는 금액 중 큰 금액을 적용하며, 상급병실료 차액은 별도로 50%(1일 평균금액 10만원 한도)를 보상한다. 입원의료비는 공제금액만 적용하며 따로 보상비율을 적용하지는 않는다. 통원의료비의 공제금액은 2만원과 보장대상 의료비의 30%에 해당하는 금액 중 큰 금액을 적용하며, 의원 병원급에 따른 공제금액은 구분하지 않는다. 처방조제비를 보상하지 않으며, 일반 실손의료보험에서 담보하는 3대비급여 특약도 별도로 운영하지 않는다.

3 보험가입금액

보장항목	보험가입금액
유병력자 실손의료비 상해입원	5천만원
유병력자 실손의료비 상해통원	회당 20만원, 연간 180회
유병력자 실손의료비 질병입원	5천만원
유병력자 실손의료비 질병통원	회당 20만원, 연간 180회

4 보상하는 사항

가. 유병력자 실손의료비 상해입원

피보험자가 상해로 인하여 의료기관에 입원하여 치료를 받은 경우에 보상한다.

나. 유병력자 실손의료비 상해통원

피보험자가 상해로 인하여 의료기관에 통원하여 치료를 받은 경우에 보상한다. 다만, 처방조제비는 제외한다.

다. 유병력자 실손의료비 질병입원

피보험자가 질병으로 인하여 의료기관에 입원하여 치료를 받은 경우에 보상한다.

라. 유병력자 실손의료비 질병통원

피보험자가 질병으로 인하여 의료기관에 통원하여 치료를 받은 경우에 보상한다. 다만, 처방조제비는 제외한다.

5 보험금 계산 방식

가. 유병력자 실손의료비 상해입원

구분	내용
입원실료, 입원제비용, 입원수술비	「국민건강보험법」에서 정한 요양급여 또는 「의료급여법」에서 정한 의료급여 중 본인부담금'과 '비급여'를 합한 금액에서 10만원과 보장대상 의료비의 30% 중 큰 금액을 뺀 금액을 보상한다. 다만 상급병실료 차액은 제외한다.
상급병실료 차액	비급여 병실료의 50%. 다만, 1일 평균금액 10만원을 한도로 하며, 1일 평균금액은 입원기간 동안 비급여 병실료 전체를 총 입원일수로 나누어 산출한다.

나. 유병력자 실손의료비 상해통원

구분	내용
통원의료비	방문 1회당 「국민건강보험법」에서 정한 요양급여 또는 「의료급여법」에서 정한 의료급여 중 본인부담금'과 '비급여'를 합한 금액에서 2만원과 보장대상 의료비의 30% 중 큰 금액을 뺀 금액을 보험가입금액의 한도 내에서 보상한다. 매년 계약해당일부터 1년간 방문 180회를 한도로 한다. ※ 다만 처방조제비는 보상하지 않는다.

다. 유병력자 실손의료비 질병입원

구분	내용
입원실료, 입원제비용, 입원수술비	「국민건강보험법」에서 정한 요양급여 또는 「의료급여법」에서 정한 의료급여 중 본인부담금'과 '비급여'를 합한 금액에서 10만원과 보장대상 의료비의 30% 중 큰 금액을 뺀 금액을 보상한다. 다만 상급병실료 차액은 제외한다.
상급병실료 차액	비급여 병실료의 50%. 다만, 1일 평균금액 10만원을 한도로 하며, 1일 평균금액은 입원기간 동안 비급여 병실료 전체를 총 입원일수로 나누어 산출한다.

라. 유병력자 실손의료비 질병통원

구분	내용
통원의료비	방문 1회당 「국민건강보험법」에서 정한 요양급여 또는 「의료급여법」에서 정한 의료급여 중 본인부담금'과 '비급여'를 합한 금액에서 2만원과 보장대상 의료비의 30% 중 큰 금액을 뺀 금액을 보험가입금액의 한도 내에서 보상한다. 매년 계약해당일부터 1년간 방문 180회를 한도로 한다. ※ 다만 처방조제비는 보상하지 않는다.

6 입원 초과금액의 보상

입원의 경우 피보험자가 부담하는 금액을 합한 금액이 계약일 또는 매년 계약해당일부터 기산하여 연간 200만원을 초과하는 경우에는 그 초과금액은 보상한다. 상해와 질병 각각 따로 적용한다.

7 계속 입원하는 경우

하나의 상해 또는 질병(같은 상해 또는 질병으로 2회 이상 치료를 받는 경우에도 이를 하나의 상해 또는 질병으로 본다)로 인한 입원의료비를 보험가입금액까지 보상한 경우에는 보상한도 종료일부터 90일이 경과한 날부터 최초 입원한 것과 동일한 기준으로 다시 보상한다(계속입원을 포함). 다만, 최초 입원일부터 275일(365일 - 90일) 이내에 보상한도 종료일이 있는 경우에는 최초 입원일부터 365일이 경과되는 날부터 최초 입원한 것과 동일한 기준으로 다시 보상한다.

시험출제 Point

▶ 하나의 질병이란?

하나의 질병이란 발생 원인이 동일한 질병(의학상 중요한 관련이 있는 질병은 하나의 질병으로 간주하며, 하나의 질병으로 2회 이상 치료를 받는 경우에는 이를 하나의 질병으로 본다)을 말하며, 질병의 치료 중에 발생된 합병증 또는 새로 발견된 질병의 치료가 병행되거나 의학상 관련이 없는 여러 종류의 질병을 갖고 있는 상태에서 입원 또는 통원한 경우에는 하나의 질병으로 간주한다

8 2회 이상 통원

가. 상해형

하나의 상해로 인해 하루에 같은 치료를 목적으로 의료기관에서 2회 이상 통원치료를 받은 경우 각각 1회의 통원으로 보아 보상기준을 적용한다.

나. 질병형

하나의 질병으로 인해 하루에 같은 치료를 목적으로 의료기관에서 2회 이상 통원치료를 받은 경우 각각 1회의 통원으로 보아 보상기준을 적용한다.

9 국민건강보험법 또는 의료급여법을 적용받지 못한 경우

보장항목	보상방식
입원	입원의료비(「국민건강보험 요양급여의 기준에 관한 규칙」에 따라 보건복지부장관이 정한 급여 및 비급여의료비 항목만 해당) 중 본인이 실제로 부담한 금액에서 10만원과 보장대상 의료비의 30% 중 큰 금액을 뺀 금액의 40%를 보험가입금액 한도 내에서 보상한다.
통원	통원의료비(「국민건강보험 요양급여의 기준에 관한 규칙」에 따라 보건복지부장관이 정한 급여 및 비급여의료비 항목만 해당) 중 본인이 실제로 부담한 금액에서 공제금액을 뺀 금액의 40%를 보험가입금액 한도 내에서 보상한다.

<참고사항> - 노후 및 유병력자 실손의료보험

1 노후 실손의료보험

고령층에 특화하여 만들어진 실손의료보험으로 고액의료비를 보장하기 위하여 높은 보장한도를 설정한다. 따라서 입통원 구분없이 연간 1억원(통원은 횟수 제한없이 회당 100만원)을 한도로 한다.

2 유병력자 실손의료보험

일반 실손의료보험에 대비하여 가입심사 항목을 축소하여 경증 만성질환 등도 보험 가입이 가능하도록 만들어진 상품이다. 일반 실손의료보험은 18개 항목에 대하여 가입심사를 진행하지만, 유병력자 실손의료보험은 6개 항목만을 심사한다.

〈상품구조 비교〉

구분			4세대 실손	노후 실손	유병력자 실손
가입대상			70세 이하 표준체	90세 이하 표준체	90세 이하 유병력자
상품구조			급여+비급여	의료비+2개 특약	상해입원 상해통원 질병입원 질병통원
입원	자기부담률	급여	20%	20%	30%
		비급여	30%	30%	30%
	최소 자기부담금		-	-	10만원
	우선공제		-	30만원	-
	보장한도		상해 질병 각각 연간 5천만원(입통원 합산)	상해 질병 각각 연간 1억원(입통원 합산)	동일한 상해 질병당 연간 5천만원
	자기부담금 연간 한도		200만원(급여 입원, 상해 질병 합산)	500만원(상해 질병 각각)	200만원(입원, 상해 질병 각각)
통원	보장범위		외래+처방조제	외래+처방조제	외래(처방조제 미보장)
	자기부담률	급여	20%	20%	30%
		비급여	30%	30%	30%
	최소자기부담금		급여 1만원, 2만원 비급여 3만원	-	2만원
	우선공제		-	3만원	-
	보장한도		회당 20만원 비급여 연간 100회	회당 100만원	회당 20만원, 연간 180회
변경 주기	보험료		1년	1년	1년
	상품구조		5년	3년	3년

<읽을거리> - KCD

1 의의

한국표준질병사인분류(KCD)는 질병 또는 사망 관련 통계 자료의 정확성 및 비교성을 확보하기 위하여 작성된 것으로, 의무기록자료, 사망원인통계조사, 질병이환 및 사망자료 등을 위해 그 성질의 유사성에 따라 체계적으로 유형화한 것이다. 모든 형태의 보건, 질병 및 기타 문제를 분류하는 목적으로 사용되고 있다.

2 연혁

우리나라에서 질병사인분류가 사용되기 시작한 것은 제4차 개정 국제사인표(1929년)를 채택하여 인구동태조사를 시작한 1938년부터이며, 제8차 개정에서는 WHO에서 권고한 국제질병분류(ICD-10) 업데이트 내용을 반영하고 우리나라 다빈도 질병에 대한 세분화 분류를 정비하였으며, 한의분류를 재정비하고 분류 가능한 희귀질환을 반영하였으며 의학계 의견을 반영하여 질병용어를 한글용어로 정비하였다. 제8차 KCD는 2020년 7월 1일 개정 고시(통계청 고시 제2020-175호)하였으며, 2021년 1월 1일부터 시행하였다.

3 분류체계

제8차 개정 기준으로 대분류 22개, 중분류 267개, 소분류 2,093개, 세분류 12,603개, 세세분류 6,335개로 분류되어 있으며, 신생물에 대해서는 조직학적 형태 분류를 따로 규정하고 있다. 대략적인 분류체계는 다음과 같다.

▶ 한국표준질병사인분류
  Ⅰ. 특정 감염성 및 기생충성 질환(A00-B99)
  Ⅱ. 신생물(C00-D48)
  Ⅲ. 혈액 및 조혈기관의 질환과 면역메커니즘을 침범한 특정 장애(D50-D89)
  Ⅳ. 내분비, 영양 및 대사 질환(E00-E90)
  Ⅴ. 정신 및 행동 장애(F00-F99)
  Ⅵ. 신경계통의 질환(G00-G99)
  Ⅶ. 눈 및 눈 부속기의 질환(H00-H59)
  Ⅷ. 귀 및 유돌의 질환(H60-H95)
  Ⅸ. 순환계통의 질환(I00-I99)
  Ⅹ. 호흡계통의 질환(J00-J99)
  Ⅺ. 소화계통의 질환(K00-K93)
  Ⅻ. 피부 및 피하조직의 질환(L00-L99)
  XIII. 근골격계통 및 결합조직의 질환(M00-M99)
  XIV. 비뇨생식계통의 질환(N00-N99)
  XV. 임신, 출산 및 산후기(O00-O99)
  XVI. 출생전후기에 기원한 특정 병태(P00-P96)
  XVII. 선천기형, 변형 및 염색체 이상(Q00-Q99)
  XVIII. 달리 분류되지 않은 증상, 징후와 임상 및 검사의 이상소견(R00-R99)
  XIX. 손상, 중독 및 외인에 의한 특정 기타 결과(S00-T98)
  XX. 질병이환 및 사망의 외인(V01-Y98)
  XXI. 건강상태 및 보건서비스 접촉에 영향을 주는 요인(Z00-Z99)
  XXII. 특수목적 코드(U00-U99)

▶ 신생물 형태학적 분류
  신생물형태분류(M800-M958)

PART V

질병보험

CHAPTER 1 입원, 수술

제1절 입원

1 입원의 정의

가. 의학적 정의[1]

환자, 임산욕부 등이 병원, 의원 등에 들어가는 것을 말한다. 병원, 의원이 아니라 요양소에 들어가는 것이라면 입소라고 한다. 보통 입원은 시설장과 환자의 자유계약에 의한 것이다. 입원의 형태에는 예약입원, 응급입원이 있으며, 정신위생법에서는 특별한 입원의 형태를 정하고 있으며, 동의입원, 조치입원, 긴급조치입원, 가입원의 4종류가 있다. 결핵 예방법에서는 명령입소를 정하고 있기도 한다.

나. 질병상해보험에서의 정의

의사, 치과의사 또는 한의사의 면허를 가진 자(이하 '의사')가 피보험자의 질병 또는 상해로 인한 치료를 직접적인 목적으로 필요하다고 인정한 경우로서 자택 등에서 치료가 곤란하여 의료법 제3조(의료기관)의 규정에 의한 국내의 병원이나 의원 또는 국외의 의료관련법에서 정한 의료기관에 입실하여 의사의 관리 하에 치료에 전념하는 것을 말한다.

다. 실손의료보험에서의 정의

(1) 입원의 정의

의사가 피보험자의 질병 또는 상해로 인하여 치료가 필요하다고 인정한 경우로서 자택 등에서 치료가 곤란하여 의료기관 또는 이와 동등하다고 인정되는 의료기관에 입실하여 계속하여 6시간 이상 체류하면서 의사의 관찰 및 관리 하에 치료를 받는 것을 말한다.

(2) 이와 동등하다고 인정되는 의료기관

보건소, 보건의료원 및 보건지소 등 「의료법」 제3조(의료기관) 제2항에서 정한 의료기관에 준하는 의료기관으로서 군의무대, 치매요양원, 노인요양원 등에 속해 있는 요양원, 요양시설, 복지시설 등과 같이 의료기관이 아닌 곳은 이에 해당되지 않는다.

---

[1] 간호학대사전, 대한간호학회, 1996.03

2 입원보험금의 필요성

입원보험금(입원급여금, 입원일당)은 피보험자가 병원 등에서 입실하여 입원 치료받음으로 발생하는 위험을 보장하는 담보이다. 피보험자는 입원하여 치료받는 기간 동안 경제활동이 제한되므로 생활비가 감소하는 위험이 발생하며, 병원에서 치료를 받기 위해 소요되는 의료비로 경제적 위험도 발생할 수 있다. 이러한 경제적 위험을 보장하고 소득을 보전하기 위한 담보에는, 정액보장하는 방식(입원일당)과 실제 발생한 치료비를 보장하는 방식(실손보상)이 있는데, 입원보험금은 정액보장하는 방식에 해당한다. 또한 입원보험금은 질병상해보험(손해보험)과 생명보험 약관의 보장방식이 다소 다르다. 대표적인 차이로 질병상해보험은 입원하는 첫날부터 보장이 시작되는 방식이지만, 생명보험은 3일 초과 1일당 보장(즉 4일째부터 보장)하는 방식을 취해왔다. 다만 최근에는 이러한 경계가 많이 무너지고 있는 추세이다.

3 보상규정

가. 보상한도

생명보험은 주로 120일을 보상한도로 하며, 손해보험은 180일을 한도로 한다. 그러나 최근에는 생명보험에서도 180일 한도를 적용하거나 손해보험에서 120일 한도를 적용하는 상품도 많이 판매되고 있으므로 이 차이는 절대적인 것은 아니다. 이하 교재에서는 별다른 언급이 없으면 180일을 한도로 가정하여 설명하겠다.

나. 3일 공제

1일 이상 입원했을 때에 보험금을 지급하는 담보와 4일 이상 입원했을 때에 지급하는 담보가 있다. 지급한도도 180일을 한도로 하는 경우와 120일을 한도로 하는 경우가 있다. 주로 손해보험에서는 1일 이상 입원한 경우에 180일을 한도로 지급하며, 생명보험에서는 4일 이상 입원한 경우에 120일을 한도로 지급하는 경우가 많다.

다. 2회 이상 입원

피보험자가 동일한 질병 또는 상해로 인하여 2회 이상 입원한 경우에는 이를 1회 입원으로 보아 각 입원일수를 더하여 합산한다. 만약 입원 중 병원 또는 의원을 이전하여 입원한 경우에도 계속 입원한 것으로 본다. 따라서 약관상 최초 3일 공제조항이 있다고 하더라도 동일한 질병 또는 상해로 2회 이상 입원하였거나 또는 병원을 전원하여 입원한 경우에는 최초 1회에 한하여 3일 공제를 적용하며, 두번째 입원한 경우나 전원하여 입원한 때에는 3일 공제를 적용하지 않고 입원한 기간 전체에 대하여 보험금을 지급한다.

라. 최종입원의 퇴원일로부터 180일이 경과하여 개시한 입원

동일한 질병 또는 상해에 대한 입원이라도 입원보험금이 지급된 최종입원의 퇴원일로부터 180일이 경과하여 개시한 입원은 새로운 입원으로 본다. 또한 최종입원일부터 180일이 경과하도록 퇴원없이 계속 입원 중인 경우에는 입원보험금이 지급된 최종입원일의 그 다음날을 퇴원일로 본다. 손해보험에서 판매하는 상해입원보험금 중에는 새로운 입원이 인정되지 않으며 추가적인 보장이 없이 사고일로부터 180일까지만 보상하는 경우도 있으며, 추가적인 보장은 하되 180일이 경과한 새로운 입원을 인정하지 않고 총 입원보험금 180일 한도로만 보장하는 경우도 있다.

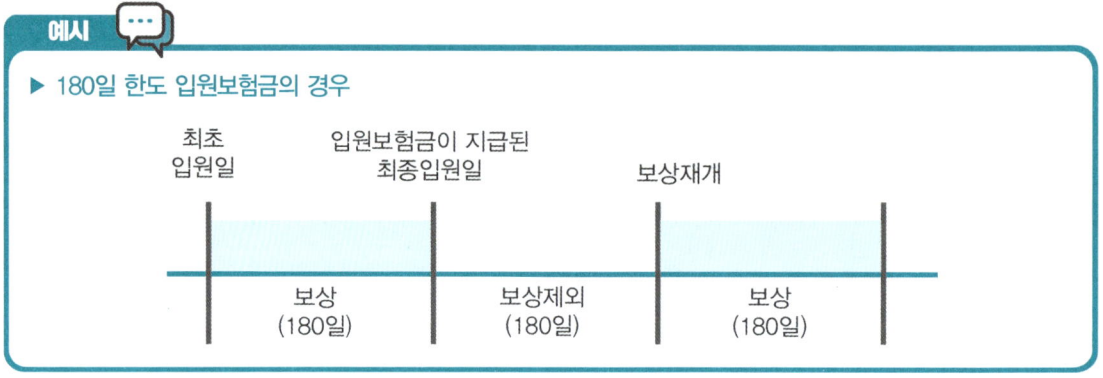

마. 입원 치료 중 보험기간의 만료

피보험자가 입원 치료를 받던 중 보험기간이 만료되었을 경우에도 계속 중인 입원에 대하여는 보험기간 만료 전 입원일로부터 180일을 한도로 보상한다.

바. 입원의 불인정

피보험자가 입원 기간 중 정당한 이유없이 의사의 지시에 따르지 아니한 때에는 입원보험금의 전부 또는 일부를 지급하지 않는다.

사. 질병입원보험금 면책사항

약관마다 약간의 차이가 있으나 보통 다음의 질환으로 인한 입원은 보험금을 지급하지 않는다.
(1) 보통약관에서 보험금을 지급하지 않는 사유에 해당하는 경우
(2) 피보험자의 치매를 제외한 정신적 기능장해, 선천성 뇌질환 및 심신상실
(3) 성병
(4) 알콜중독, 습관성 약품 또는 환각제의 복용 및 사용
(5) 질병을 원인으로 하지 않는 신체검사, 예방접종, 인공유산, 불임시술, 제왕절개수술
(6) 피로, 권태, 심신허약 등을 치료하기 위한 안정치료
(7) 위생관리, 미모를 위한 성형수술
(8) 정상분만, 치과질환

내용다지기 빈칸 채우기

1. 실손의료보험에서 입원이란 의사가 피보험자의 질병 또는 상해로 인하여 치료가 필요하다고 인정한 경우로서 자택 등에서 치료가 곤란하여 의료기관 또는 이와 동등하다고 인정되는 의료기관에 입실하여 계속하여 (　　) 이상 체류하면서 의사의 관찰 및 관리 하에 치료를 받는 것을 말한다.

    답 실손의료보험에서 입원이란 의사가 피보험자의 질병 또는 상해로 인하여 치료가 필요하다고 인정한 경우로서 자택 등에서 치료가 곤란하여 의료기관 또는 이와 동등하다고 인정되는 의료기관에 입실하여 계속하여 6시간 이상 체류하면서 의사의 관찰 및 관리 하에 치료를 받는 것을 말한다.

2. 동일한 질병 또는 상해에 대한 입원이라도 입원보험금이 지급된 최종입원의 퇴원일로부터 (　　)이 경과하여 개시한 입원은 새로운 입원으로 본다.

    답 동일한 질병 또는 상해에 대한 입원이라도 입원보험금이 지급된 최종입원의 퇴원일로부터 180일이 경과하여 개시한 입원은 새로운 입원으로 본다.

3. 피보험자가 동일한 질병 또는 상해로 인하여 2회 이상 입원한 경우에는 이를 (　　) 입원으로 보아 각 입원일수를 더하여 합산한다.

    답 피보험자가 동일한 질병 또는 상해로 인하여 2회 이상 입원한 경우에는 이를 1회 입원으로 보아 각 입원일수를 더하여 합산한다.

제2절 수술

1 수술의 정의

가. 의학적 정의
치료를 목적으로 피부를 절개하여 의학적 처리를 취하는 외과적인 치료 행위이다. 사람의 신체를 절개하여 신체 내부의 장기 등의 부위에 의학적인 처리를 하는 것이기 때문에 주로 외과에서 시행하는 의료 행위이다.

나. 질병상해보험에서의 정의
의사, 치과의사 또는 한의사의 면허를 가진 자(이하 '의사')가 피보험자의 질병 또는 상해로 인한 치료를 직접적인 목적으로 필요하다고 인정한 경우로서 의료법 제3조(의료기관)의 규정에 의한 국내의 병원이나 의원 또는 국외의 의료관련법에서 정한 의료기관에서 의사의 관리 하에 기구를 사용하여 생체(生體)에 절단(切斷, 특정부위를 잘라 내는 것), 절제(切除, 특정부위를 잘라 없애는 것) 등의 조작을 가하는 것을 말한다.

다. 수술에 포함되는 것
수술에는 보건복지부 산하 신의료기술평가위원회(향후 제도변경 시에는 동 위원회와 동일한 기능을 수행하는 기관)로부터 안전성과 치료효과를 인정받은 최신 수술기법으로 생체에 절단, 절제 등의 조작을 가하는 것을 포함한다. 또한 레이저(Laser)를 이용하여 생체에 절단, 절제 등의 조작을 가하는 것을 포함한다.

라. 수술에서 제외하는 것
흡인(吸引, 주사기 등으로 빨아들이는 것), 천자(穿刺, 바늘 또는 관을 꽂아 체액 또는 조직을 뽑아내거나 약물을 주입하는 것) 등의 조치 및 신경(神經) BLOCK(신경의 차단), 미용 성형 목적의 수술, 피임(避妊) 목적의 수술 및 검사 및 진단을 위한 수술(생검[生檢], 복강경검사 등), 기타 수술의 정의에 해당하지 않는 시술은 제외된다.

> **시험출제 Point**
>
> ▶ 수술에 포함되는 것
>   1. 절단
>   2. 절제
>
> ▶ 수술에 제외되는 것
>   1. 흡인
>   2. 천자
>   3. 신경 BLOCK(신경의 차단)

2 보상방식

가. 횟수에 따라

피보험자가 보험기간 중 질병 또는 상해의 치료를 직접적인 목적으로 수술을 받은 경우에 약관의 내용에 따라 1회 한도로 보장하는 경우가 있고, 수술시마다 보장하는 경우가 있다. 예를 들어 하나의 상해로 인하여 2회 이상 수술을 받았다면, 1회 한도 보장특약에서는 한 번의 수술보험금만 지급하며, 수술시마다 보장특약에서는 수술보험금을 두번 지급한다.

나. 보장방식에 따라

수술의 정의를 나열한 뒤에 수술을 하였을 경우에 보장하는 방식이 있고, 수술의 종류를 나열(주로 수술분류표를 사용)한 뒤 피보험자가 받은 수술에 해당하는 보험금을 지급하는 방식이 있다. 수술분류표는 주로 생명보험회사에서 많이 사용되며, 종별 수술비(1~3종, 1~5종, 1~7종 등)를 지급한다.

다. 지급기준

피보험자가 동시에 두 종류 이상의 수술을 받은 경우에는 그 수술 중 가장 높은 보험금에 해당하는 한 종류의 수술에 대해서만 수술보험금을 지급한다. 동일한 수술을 2회 이상 받았을 경우 그 때마다 해당 수술보험금을 지급한다. 만약 수술의 시기가 각기 다르다면 수술의 원인이 한 가지인지 여부와 관계없이 수술시마다 보험금을 지급한다. 다만 동시에 두 종류 이상의 수술을 받은 경우라고 하더라도 동일한 신체부위가 아닌 경우로서 의학적으로 치료목적이 다른 독립적인 수술을 받은 경우라면 각각의 수술보험금을 인정한다.

라. 상해수술비

손해보험회사에서 판매하는 상해수술비 지급담보 중에는 동일한 상해사고를 직접적인 원인으로 두 종류 이상의 수술을 받거나 같은 종류의 수술을 2회 이상 받은 경우에는 하나의 상해수술비만 지급하는 담보가 있다. 즉 해당 담보에서는 하나의 사고당 한번의 상해수술비만 지급한다.

3 봉합술 – 실무상 쟁점

가. 창상봉합술(단순봉합술)

칼 등의 날카로운 물건에 의하여 피부가 손상을 입었을 때에 상처로 벌어진 부위를 봉합하는 것을 말한다. 수술의 정의에 해당하지 않아 수술보험금을 지급하지 않는다.

나. 창상봉합술 – 변연절제술 동반

상처로 인하여 피부가 손상을 받아 오염되었거나 죽어버렸을 때에 괴사(오염되거나 죽어버린 조직)된 부분을 잘라내고 상처 부위를 봉합하는 것을 말한다. 금융감독원 분쟁조정례(조정번호 제2021-8호)에 의하여 수술보험금을 지급한다.

다. 근봉합술

상처로 인하여 손상된 부위가 피부층을 넘어 근육층까지 침범한 상태로, 근육을 복구하고 기능을 회복하기 위하여 근육 조직을 봉합하는 것을 말한다. 피부를 절개하고 해당 근육을 실로 단단히 봉합하는 과정을 거친다. 수술의 정의에 해당하므로 수술보험금을 지급한다.

4 수술보험금 유의사항

가. 수술의 정의에 해당하지 않는 경우

관상동맥 조영술은 질병의 진단을 위하여 심장의 관상동맥 혹은 심혈관에 조영제를 주입하여 검사하는 방법으로, 이러한 검사기법은 질병의 치료를 위해 생체에 절단, 절제 등의 조작을 가하는 행위로 보기 어렵다. 따라서 수술의 정의에 해당하지 않는바, 수술보험금 지급 대상이 아니다. 다만 조영술 시행 도중 혈류를 개선하기 위하여 관상동맥 우회로 이식술 등 생체에 절단, 절제 등의 조작이 병행된 경우라면 해당 부분에 대해서는 수술보험금을 보장받을 수 있다.

나. 체외충격파 치료(ESWT)

체외충격파 치료(ESWT)란 어깨에 발생한 석회성 힘줄염 등의 치료를 위하여 해당 어깨 부위에 충격파를 가하여 염증 반응을 유발한 뒤 석회성분이 흡수되도록 고안된 치료법이다. 이는 생체에 절단, 절제 등의 조작을 가하는 행위로 보기 어려우므로 수술의 정의에 해당하지 않는다. 다만 명칭이 유사한 체외충격파쇄석술(ESWL)은 약관에서 규정한 수술에 해당한다. 체외충격파쇄석술(ESWL)은 몸 밖에서 충격파를 가하여 신장이나 요관에 발생한 결석을 부수어 소변과 함께 자연 배출하게 하는 비침습적 치료법을 말한다(금융분쟁조정위원회 조정번호 제2009-31호 및 제2011-33호).

다. 아바스틴(약제) 주입술

아바스틴 주입술이란 황반변성(망막의 중심부가 퇴화하여 빛을 보는 기능이 소실하는 질병) 치료를 위해 안구 전용 주사침을 이용하여 유리체강(안구의 중심부분으로 투명한 젤리 같은 물질이 채워져 있는 부위)에 아바스틴 약제를 주입하는 치료를 말한다. 이러한 주사 주입술은 수술의 정의에서 제외하고 있는 천자에 해당하므로 수술보험금 지급대상이 아니다.

라. 자가골수 흡인 농축물 관절강 내 주사(무릎주사)

무릎 관절염 치료를 위하여 자신의 자가골수를 채취한 뒤 원심분리하고 농축된 골수 줄기세포를 무릎 관절강에 주사하는 치료법이다. 자가골수 채취 과정은 흡인에 가깝고, 관절강내 주사 과정은 천자 행위에 가까우므로 수술의 정의에 해당하지 않는다. 다만 이와 명칭이 유사한 자가 골수 줄기세포 치료술은 약관에서 규정한 수술에 해당한다. 자가 골수 줄기세포 치료술은 외상 등으로 인한 무릎 연골 손상에 시행하는 것으로 연골 부위에 드릴로 구멍을 뚫어 줄기세포를 삽입하는 치료술이다.

내용다지기 — 빈칸 채우기

1. 수술이란 의사, 치과의사 또는 한의사의 면허를 가진 자(이하 '의사')가 피보험자의 질병으로 인한 치료를 직접적인 목적으로 필요하다고 인정한 경우로서 의료법 제3조(의료기관)의 규정에 의한 국내의 병원이나 의원 또는 국외의 의료관련법에서 정한 의료기관에서 의사의 관리 하에 기구를 사용하여 생체(生體)에 (   ), (   ) 등의 조작을 가하는 것을 말한다.

   답 수술이란 의사, 치과의사 또는 한의사의 면허를 가진 자(이하 '의사')가 피보험자의 질병으로 인한 치료를 직접적인 목적으로 필요하다고 인정한 경우로서 의료법 제3조(의료기관)의 규정에 의한 국내의 병원이나 의원 또는 국외의 의료관련법에서 정한 의료기관에서 의사의 관리 하에 기구를 사용하여 생체(生體)에 절단(切斷, 특정부위를 잘라 내는 것), 절제(切除, 특정부위를 잘라 없애는 것) 등의 조작을 가하는 것을 말한다.

2. 피보험자가 동시에 두 종류 이상의 수술을 받은 경우에는 그 수술 중 가장 (   ) 보험금에 해당하는 한 종류의 수술에 대해서만 수술보험금을 지급한다.

   답 피보험자가 동시에 두 종류 이상의 수술을 받은 경우에는 그 수술 중 가장 높은 보험금에 해당하는 한 종류의 수술에 대해서만 수술보험금을 지급한다.

3. (   ), (   ) 등의 조치 및 신경(神經) BLOCK(신경의 차단), 미용 성형 목적의 수술, 피임(避妊) 목적의 수술 및 검사 및 진단을 위한 수술(생검[生檢], 복강경검사 등), 기타 수술의 정의에 해당하지 않는 시술은 제외된다.

   답 흡인(吸引, 주사기 등으로 빨아들이는 것), 천자(穿刺, 바늘 또는 관을 꽂아 체액 또는 조직을 뽑아내거나 약물을 주입하는 것) 등의 조치 및 신경(神經) BLOCK(신경의 차단), 미용 성형 목적의 수술, 피임(避妊) 목적의 수술 및 검사 및 진단을 위한 수술(생검[生檢], 복강경검사 등), 기타 수술의 정의에 해당하지 않는 시술은 제외된다.

내용다지기 | 입원

- **가입담보**
    - **입원특약**: 1만원(질병 상해 모두 보장, 3일 공제, 120일 한도)

예시 1

- 2024.01.01~2024.01.10(10일) 폐렴으로 입원
- 2024.01.21~2024.01.25(5일) 폐렴으로 재입원
- 2024.02.01~2024.02.10(10일) 넘어지는 사고로 입원
- 2024.02.16~2024.02.20(5일) 폐렴으로 재입원

예시답안

▶ 지급보험금: 폐렴
  - 2024.01.01~2024.01.10(10일): (10일 − 3일)×1만원 = 7만원
    ※ 최초 입원 3일 공제 적용
  - 2024.01.21~2024.01.25(5일): 5일×1만원 = 5만원
    ※ 같은 병명으로 입원, 최종 퇴원일로부터 180일 미경과하여 동일 입원 처리
  - 2024.02.16~2024.02.20(5일): 5일×1만원 = 5만원
    ※ 같은 병명으로 입원, 최종 퇴원일로부터 180일 미경과하여 동일 입원 처리
  - 합계: 7만원+5만원+5만원 = 17만원

▶ 지급보험금: 넘어지는 사고
  - 2024.02.01~2024.02.10(10일): (10일 − 3일)×1만원 = 7만원
    ※ 최초 입원 3일 공제 적용

▶ 합계: 17만원+7만원 = 24만원

예시 2

- 2024.01.01~2024.01.10(10일) 폐렴으로 입원
- 2024.01.21~2024.01.25(5일) 폐렴으로 재입원
- 2024.10.01~2024.10.05(5일) 폐렴으로 재입원

예시답안

▶ 지급보험금: 폐렴
  - 2024.01.01~2024.01.10(10일): (10일 − 3일)×1만원 = 7만원
    ※ 최초 입원 3일 공제 적용
  - 2024.01.21~2024.01.25(5일): 5일×1만원 = 5만원
    ※ 같은 병명으로 입원, 최종 퇴원일로부터 180일 미경과하여 동일 입원 처리
  - 2024.10.01~2024.10.05(5일): (5일 − 3일)×1만원 = 2만원
    ※ 같은 병명으로 입원, 최종 퇴원일로부터 180일 경과하여 새로운 입원 처리

▶ 합계: 7만원+5만원+2만원 = 14만원

예시 3

- 2024.01.01~2024.01.10(10일) 넘어지는 사고(1사고)로 입원
- 2024.01.21~2024.01.25(5일) 교통사고(2사고)로 입원
- 2024.02.01~2024.02.05(5일) 계단에서 구르는 사고(3사고)로 입원

예시답안

▶ 지급보험금: 1사고
  - 2024.01.01~2024.01.10 (10일): (10일 − 3일)×1만원 = 7만원
    ※ 최초 입원 3일 공제 적용
▶ 지급보험금: 2사고
  - 2024.01.21~2024.01.25 (5일): (5일 − 3일)×1만원 = 2만원
    ※ 최초 입원 3일 공제 적용
▶ 지급보험금: 3사고
  - 2024.02.01~2024.02.05 (5일): (5일 − 3일)×1만원 = 2만원
    ※ 최초 입원 3일 공제 적용
▶ 합계: 7만원 + 2만원 + 2만원 = 11만원

내용다지기 — 수술

- 가입담보
    - 암수술: 1회당 100만원
    - 질병수술: 1회당 10만원
    - 상해수술: 1회당 20만원(동일사고로 2회 이상 수술은 하나의 상해수술비만 지급)

예시 1

- 2024.01.01 위암으로 위절제술 시행
- 2024.01.10 낙상사고로 골절 수술 시행
- 2024.01.12 낙상사고(01.10)로 재수술 시행

예시답안

▶ 지급보험금: 2024.01.01 위절제술
　- 100만원(암수술비)+10만원(질병수술비)=110만원
▶ 지급보험금: 2024.01.10 골절수술
　- 20만원(상해수술비)
▶ 지급보험금: 2024.01.12 재수술
　- 하나의 사고는 1회만 지급인바, 해당무

예시 2

- 2024.01.01 위암으로 위절제술 시행
- 2024.01.05 위암으로 위절제술 재시행
- 2024.01.10 대장용종 제거술 시행

예시답안

▶ 지급보험금: 2024.01.01 위절제술
　- 100만원(암수술비)+10만원(질병수술비)=110만원
▶ 지급보험금: 2024.01.05 위절제술
　- 100만원(암수술비)+10만원(질병수술비)=110만원
▶ 지급보험금: 2024.01.10 대장용종 제거술
　- 10만원(질병수술비)

예시 3

- 2024.01.01 간암으로 간동맥색전술 시행(보험금 지급사유에 해당)
- 2024.01.05 복수 천자 시행
- 2024.01.10 넘어지는 사고로 단순봉합술(변연절제 X) 시행

예시답안

▶ 지급보험금: 2024.01.01 간동맥색전술
  - 100만원(암수술비)+10만원(질병수술비)=110만원

▶ 지급보험금: 2024.01.05 복수 천자
  - 수술의 정의에 해당하지 않아 해당무

▶ 지급보험금: 2024.01.10 단순봉합술(변연절제 X)
  - 수술의 정의에 해당하지 않아 해당무

CHAPTER 2 암보험

제1절 암보험의 개요

1 암의 정의

가. 의학적 정의[1]

암이란 악성신생물(malignant neoplasm) 또는 악성종양(malignant tumor)이라고 하며, 세포가 정상적인 사멸 주기를 무시하고 비정상적으로 증식하여 인체의 기능을 훼손하는 질병을 말한다. 보통 '종양(tumor)'이라고 하면 신체 조직의 자율적인 과잉 성장에 의해 비정상적으로 자라난 덩어리를 말하며, 양성종양(benign tumor)과 악성종양(malignant tumor)으로 구분할 수 있다. 양성종양이 비교적 성장 속도가 느리고 전이(metastasis; 종양이 원래 발생한 곳에서 멀리 떨어진 곳으로 이동하는 것)되지 않는 것에 반해 악성종양은 주위 조직에 침윤하면서 빠르게 성장하고 신체 각 부위에 확산되거나 전이되어 생명을 위협한다. 일반적으로 악성종양을 암과 동일한 의미로 생각하면 된다.

나. 보험에서의 정의

"암"이라 함은 한국표준질병사인분류 중 악성신생물(암)분류표에서 정한 질병을 말한다. 다만, 분류번호 C44(기타 피부의 악성신생물(암)), 분류번호 C73(갑상선의 악성신생물(암), 대장점막내암 및 전암(前癌) 상태(암으로 변하기 이전 상태)(premalignant condition or condition with malignant potential)는 제외한다.

※ 이전까지는 모든 보험회사의 암의 정의가 동일했으나, 최근에는 보험회사에 따라 암의 정의를 달리하는 경우가 많다. 예를 들어 비침습방광암을 암에서 제외하거나, 갑상선암 중 중증 갑상선암은 암에 포함하는 상품도 판매되고 있다.

다. 용어의 개념

(1) **원발암**: 최초 발생한 암
(2) **전이암**: 기존의 암세포가 혈관이나 림프절 등을 타고 전이되어 다른 부위에 발생한 암
(3) **재발암**: 기존의 암세포와 조직 해부학적 형태가 같은 암세포가 기존 암세포 완치 후 동일한 부위에 다시 발생함 암
(4) **잔류암**: 처음 진단된 암세포가 동일한 부위에 계속 남아 있는 암

---

[1] 서울대학교병원 의학정보, 서울대학교병원 홈페이지

2 일반적 규정

가. 무효

피보험자가 암보장개시일의 이전에 암으로 진단 확정되어 있는 경우에는 해당 계약은 무효로 하고 이미 납입한 보험료를 반환한다. 다만 회사의 고의 또는 과실로 계약이 무효로 된 경우와 회사가 승낙 전에 무효임을 알았거나 알 수 있었음에도 불구하고 보험료를 반환하지 않은 경우에는 보험료를 납입한 날의 다음 날부터 반환일까지의 기간에 대하여 보험계약대출이율을 연단위 복리로 계산한 금액을 더하여 돌려준다.

나. 보장개시일

(1) 암의 보장개시일은 보험계약일로부터 그 날을 포함하여 90일이 지난 날의 다음날
(2) 「기타피부암」, 「갑상선암」, 「제자리암」 및 「경계성종양」의 보장개시일은 보험계약일
(3) 보험나이 15세 미만자의 보장개시일은 보험계약일
(4) 갱신계약의 경우에는 갱신일

※ 이전까지는 모든 보험회사의 암 보장개시일이 동일했으나, 최근에는 보험회사에 따라 암 보장개시일을 달리하는 경우가 많다. 예를 들어 "보험계약일부터 그 날을 포함하여 60일이 지난 날의 다음날"로 하거나, "보험계약일부터"로 정한 상품도 판매되고 있다.

다. 암진단 사실을 숨기고 가입한 경우

계약자 또는 피보험자가 청약일 이전에 암의 진단 확정을 받은 후 이를 숨기고 가입하는 등의 뚜렷한 사기의사에 의하여 계약이 성립되었음을 회사가 증명하는 경우에는 보장개시일부터 5년 이내(사기사실을 안 날부터는 1개월 이내)에 계약을 취소할 수 있다.

제2절 암진단보험금

1 암의 진단

가. 암의 정의

"암"이라 함은 한국표준질병사인분류 중 악성신생물(암)분류표에서 정한 질병을 말한다. 다만, 분류번호 C44(기타 피부의 악성신생물(암)), 분류번호 C73(갑상선의 악성신생물(암), 대장점막내암, 및 전암(前癌)상태(암으로 변하기 이전 상태)(premalignant condition or condition with malignant potential)는 제외한다.

나. 진단확정

암의 진단확정은 병리 또는 진단검사 의학의 전문의 자격증을 가진 자에 의하여 내려져야 하며, 이 진단은

조직(fixed tissue)검사, 미세바늘흡인검사(fine needle aspiration) 또는 혈액검사(hemic system)에 대한 현미경 소견을 기초로 하여야 한다. 그러나, 상기의 진단이 가능하지 않을 때에는 피보험자가 암으로 진단 또는 치료를 받고 있음을 증명할 만한 문서화된 기록 또는 증거가 있어야 한다.

 시험출제 Point

▶ 진단이 가능하지 않을 경우 예시
1. 피보험자가 조직검사 등 병리학적 검사를 받을 여유없이 급속한 병증 악화로 사망한 경우
2. 종양의 발생부위 및 피보험자의 신체상태 등의 이유로 조직을 추출하는 경우 생명의 위험을 초래할 수 있어 병리학적 검사를 시행할 수 없는 경우

다. 암 진단 확정의 조건
(1) 병리 또는 진단검사 의학의 전문의 자격증을 가진 자에 의하여 내려져야 한다.
(2) 조직(fixed tissue)검사, 미세바늘흡인검사(fine needle aspiration) 또는 혈액검사(hemic system)에 대한 현미경 소견을 기초로 하여야 한다.
(3) 상기 (1), (2) 조건이 가능하지 않을 때에는 피보험자가 암으로 진단 또는 치료를 받고 있음을 증명할 만한 문서화된 기록 또는 증거가 있어야 한다.

 시험출제 Point

▶ 암의 진단확정 방법으로 인정되는 것
1. 조직검사
2. 미세바늘흡인검사
3. 혈액검사에 대한 현미경 소견
4. 1~3의 검사가 가능하지 않을 때에는 문서화된 기록 또는 증거, 즉 1~3의 검사가 가능하다면 이를 기초로 암진단이 이루어져야 한다.

라. 진단일
암의 진단일자는 해당 검사의 보고일자를 기준으로 한다. 예를 들어 1월 1일에 조직검사를 시행하여 1월 3일에 해당 조직검사의 결과가 보고되었다면, 조직검사 보고일자인 1월 3일을 암의 진단일자로 한다.

 예시

조직검사 결과지가 다음과 같을 때 암 진단일자는?
- 검체 채취일: 2024년 01월 01일
- 검사 의뢰일: 2024년 01월 02일
- 검사 보고일: 2024년 01월 03일
  → 암 진단일자: 2024년 01월 03일

2 유사암의 진단

가. 기타피부암의 정의

"기타피부암"이라 함은 한국표준질병사인분류 중 C44(기타 피부의 악성신생물)에 해당하는 질병을 말한다.

나. 갑상선암의 정의

"갑상선암"이라 함은 한국표준질병사인분류 중 C73(갑상선의 악성신생물)에 해당하는 질병을 말한다.

다. 대장점막내암의 정의

"대장점막내암"이라 함은 한국표준질병사인분류 중 분류번호 C18~C20(대장의 악성신생물)에 해당하는 질병 중에서 대장의 상피세포층(epithelium)에서 발생한 악성종양 세포가 기저막(basement membrane)을 뚫고 내려가서 점막고유층(lamina propria) 또는 점막근층(muscularis mucosae)을 침범하였으나 점막하층(submucosa)까지는 침범하지 않은 상태의 질병을 말하며, 대장은 맹장, 충수, 결장, 직장을 말한다.

● 대장점막내암 예시

| 상피세포층(epithelium) |
| 점막고유층(lamina propria) |
| 점막근층(muscularis mucosa) |
| 점막하층(submucosa) |

← 기저막 (basement membrane)

(　 악성종양세포 침범깊이)

ⓐ 악성종양세포가 점막고유층을 침범한 경우　　ⓑ 악성종양세포가 점막근층을 침범한 경우

라. 제자리암의 정의

"제자리암"이라 함은 한국표준질병사인분류 중 제자리의 신생물 분류표에서 정한 질병을 말한다.

마. 경계성종양의 정의

"경계성종양"이라 함은 한국표준질병사인분류 중 행동양식 불명 또는 미상의 신생물 분류표에서 정한 질병을 말한다.

3 종양의 형태학적 분류

가. 의의

종양학에 대한 국제질병분류(ICD-O)에 따라 한국표준질병사인분류(KCD)에서도 종양의 특정 부위 및 특정 형태에 따라 종양의 형태학적 분류방식을 사용하고 있다. 형태 분류번호는 M으로 시작하며 이후 5자리 숫자로 구성된다. 숫자 부분의 처음 4자리는 신생물의 조직학적 형태를 표시하고 사선 뒤의

5번째 자리는 그 행동양식을 표시한다. 보험금 지급 결정을 위해서는 일반적으로 5번째 자리 분류번호를 기준으로 판단한다.

나. 분류번호

5번째 자리 분류번호	형태학적 분류
/0	양성신생물
/1	경계성종양
/2	제자리암(상피내암)
/3	악성신생물(원발부위)
/6	악성신생물(속발부위)
/9	악성, 속발성으로 추정되는 악성신생물

4 TNM 병기 분류

가. 의의

1954년 드노이(Pierre Denoix)가 임상 및 병리소견을 참고하여 만든 이후 미국 암위원회(AJCC)가 체계화 시킨 종양의 병기분류 방법을 말한다. 세계적으로 인정받는 암의 진행 정도를 분류하기 위한 표준으로, 종양과 암을 해부학적 범위에 따라 분류한 시스템이다. 많은 고형(solid) 종양, 암에 대해 국제적으로 널리 인정을 받았지만 백혈병이나 중추신경계의 종양에는 적용할 수 없다는 단점도 있다. 대부분의 일반적인 종양에는 고유한 TNM 분류 체계가 있다. 때로는 AJCC 시스템이라고도 불린다. 현재 국제암통제연합(UICC)에서 개발 및 유지 관리를 담당하고 있다.

나. 분류방법

T (tumor)	Tx	원발성 종양의 침윤정도를 파악할 수 없음
	T0	종양의 존재 여부를 확인할 수 없음
	Tis	제자리암(상피내암)
	T1~T4	종양의 크기와 침범 정도에 따라 증가
N (Lymph Nodes)	Nx	림프절 전이를 파악할 수 없음
	N0	림프절 전이가 없음
	N1~N3	림프절 전이에 따라 증가
M (Metastasis)	Mx[2]	원격 전이를 파악할 수 없음
	M0	원격 전이가 없음
	M1	원격 전이가 있음

---

[2] Mx는 AJCC/UICC 7판에서는 삭제되었지만, 우리나라에서는 사용되는 경우가 많다.

- T1N1M1: 크기가 작고 림프절 전이와 원격 전이가 이루어진 종양
- T4N1M0: 크기가 크고 림프절 전이가 있으나 원격 전이는 없는 종양

5 양성종양과 악성종양

가. 의의

종양이란 비정상적으로 계속 증식하는 세포조직을 말한다. 크게 양성종양(Benign tumor)과 악성종양(Malignant tumor)으로 구분할 수 있다.

나. 특징

구분	양성종양	악성종양
성장속도	느리다	빠르다
전이	없다	있다
조직파괴	적다	많다
기능파괴	적다	많다
재발 정도	드물다	많다
세포의 모양	정형적	비정형적
조직형태	adenoma papilloma fibroma lipoma leiomyoma	adenocarcinoma squamous cell carcinoma fibrosarcoma liposarcoma leiomyosarcoma

※ 일반적으로 종양의 조직 이름 뒤에 -carcinoma나 -sarcoma가 붙으면 악성종양의 의미로 이해하면 된다. 실제로 암을 암종(carcinoma)과 육종(sarcoma)으로 구분하기도 한다.[3]

암종(carcinoma)은 점막이나 피부 같은 상피성 세포에서 발생한 악성종양을 의미하고, 육종(sarcoma)은 근육, 결합조직, 뼈, 연골, 혈관 등(근골격 조직)의 비상피성 세포에서 발생한 악성종양을 의미한다.

---

3) 암의 종류, 암의 정의, 국가암정보센터

6 원발암(일차성 암)과 속발암(이차성 암)

가. 원발암 기준 진단

최초로 암이 발생하여 전이된 경우, 원발암(일차성 암)이 확인되는 경우에는 원발부위(최초 발생한 부위)를 기준으로 분류한다. 하지만 일차성 암 발생부위를 알 수 없거나 상세불명인 경우에는 진단받은 한국표준질병사인분류대로 보험금을 지급한다. 이차성암으로 진단시 이차성암의 원인이 되는 원발암이 확인된 경우 원발암을 기준으로 보험금을 지급하며, 이차성암에 대한 보험금은 별도로 지급하지 않는다.

예를 들어, '갑상선암(C73)'과 '갑상선암의 림프절 전이로 인해 림프절의 이차성 및 상세 불명의 악성신생물(C77)'로 진단된 경우, 원발암인 '갑상선암(C73)'이므로 '갑상선암(C73)'에 해당하는 보험금을 지급한다. 다만 원발암이 확인되지 않은 경우에는 이차성암이 발생된 부위의 암을 기준으로 보험금을 지급한다.

나. 이차성암 진단시점

다만 원발암이 완치된 이후에 이차성암이 확인되는 경우에는 이차성암의 진단 확정시점은 원발암 진단 확정시점으로 변경되지 않는다.

예를 들어, 2015년 01월 원발암 완치 후 암보험에 가입(고지의무 위반 無)한 피보험자가 2017년 01월 이차성암으로 진단 확정되었다면, 이차성암의 진단시점은 암 보장개시 이후이므로 암진단보험금을 지급한다. (다만 원발암이 완치되지 않은 상태에서 이차성암으로 진단되었다면 이미 발생한 보험사고이므로 보험금을 지급하지 않는다.)

내용다지기 — 빈칸 채우기

1. "암"이라 함은 한국표준질병사인분류 중 악성신생물(암)분류표에서 정한 질병을 말한다. 다만 분류번호 C44(   ), 분류번호 C73(   ), 대장점막내암 및 전암(前癌)상태(premalignant condition or condition with malignant potential)는 제외한다.

    답 "암"이라 함은 한국표준질병사인분류 중 악성신생물(암)분류표에서 정한 질병을 말한다. 다만 분류번호 C44(기타 피부의 악성신생물(암)), 분류번호 C73(갑상선의 악성신생물(암), 대장점막내암 및 전암(前癌)상태 (premalignant condition or condition with malignant potential)는 제외한다.

2. 계약자 또는 피보험자가 청약일 이전에 암의 진단 확정을 받은 후 이를 숨기고 가입하는 등의 뚜렷한 사기의사에 의하여 계약이 성립되었음을 회사가 증명하는 경우에는 보장개시일부터 (   ) 이내(사기사실을 안 날부터는 1개월 이내)에 계약을 취소할 수 있다.

    답 계약자 또는 피보험자가 청약일 이전에 암의 진단 확정을 받은 후 이를 숨기고 가입하는 등의 뚜렷한 사기의사에 의하여 계약이 성립되었음을 회사가 증명하는 경우에는 보장개시일부터 5년 이내(사기사실을 안 날부터는 1개월 이내)에 계약을 취소할 수 있다.

3. "대장점막내암"이라 함은 한국표준질병사인분류 중 분류번호 C18~C20(대장의 악성신생물)에 해당하는 질병 중에서 대장의 상피세포층에서 발생한 악성종양 세포가 기저막을 뚫고 내려가서 점막고유층 또는 점막근층을 침범하였으나 (   )까지는 침범하지 않은 상태의 질병을 말하며, 대장은 맹장, 충수, 결장, 직장을 말한다.

    답 "대장점막내암"이라 함은 한국표준질병사인분류 중 분류번호 C18~C20(대장의 악성신생물)에 해당하는 질병 중에서 대장의 상피세포층(epithelium)에서 발생한 악성종양 세포가 기저막(basement membrane)을 뚫고 내려가서 점막고유층(lamina propria) 또는 점막근층(muscularis mucosae)을 침범하였으나 점막하층(submucosa)까지는 침범하지 않은 상태의 질병을 말하며, 대장은 맹장, 충수, 결장, 직장을 말한다.

악성신생물 분류표

약관에 규정하는 악성신생물로 분류되는 질병은 제8차 개정 한국표준질병·사인분류(통계청 고시 제2020-175호, 2021. 1. 1 시행) 중 다음에 적은 질병을 말하며, 이후 한국표준질병·사인분류가 개정되는 경우는 개정된 기준에 따라 이 약관에서 보장하는 질병의 해당 여부를 판단한다.

분류항목	분류번호
1. 입술, 구강 및 인두의 악성신생물	C00~C14
2. 소화기관의 악성신생물	C15~C26
3. 호흡기 및 흉곽내기관의 악성신생물	C30~C39
4. 골 및 관절연골의 악성신생물	C40~C41
5. 흑색종 및 기타 피부의 악성신생물	C43~C44
6. 중피성 및 연조직의 악성신생물	C45~C49
7. 유방의 악성신생물	C50
8. 여성생식기관의 악성신생물	C51~C58
9. 남성생식기관의 악성신생물	C60~C63
10. 요로의 악성신생물	C64~C68
11. 눈, 뇌 및 중추신경계통의 기타 부분의 악성신생물	C69~C72
12. 갑상선 및 기타 내분비선의 악성신생물	C73~C75
13. 불명확한, 이차성 및 상세불명 부위의 악성신생물	C76~C80
14. 림프, 조혈 및 관련 조직의 악성신생물	C81~C96
15. 독립된(원발성) 여러 부위의 악성신생물	C97
16. 진성 적혈구증가증	D45
17. 골수형성이상증후군	D46
18. 만성 골수증식질환	D47.1
19. 본태성(출혈성) 혈소판혈증	D47.3
20. 골수섬유증	D47.4
21. 만성 호산구성 백혈병[과호산구증후군]	D47.5

1. 대상질병 분류표의 분류번호와 상당한 연관성이 있어, 한국표준질병·사인분류의 기준에 따라 분류번호를 동시에 부여 가능한 경우 대상질병 분류에 포함한다. 다만 별도의 규정이 있는 경우 해당 조항을 우선 적용한다.
2. 제9차 개정 이후 약관에서 보장하는 질병의 해당 여부는 피보험자가 진단된 당시 시행되고 있는 한국표준질병·사인분류에 따라 판단한다.
3. 진단 당시의 한국표준질병·사인분류에 따라 약관에서 보장하는 질병에 대한 보험금 지급여부가 판단된 경우, 이후 한국표준질병·사인분류 개정으로 질병분류가 변경되더라도 약관에서 보장하는 질병 해당 여부를 다시 판단하지 않는다.
4. C77~C80(불명확한, 이차성 및 상세불명 부위의 악성신생물(암))의 경우 일차성 악성신생물(암)이 확인되는 경우에는 원발부위(최초 발생한 부위)를 기준으로 분류한다. 다만 이 경우에도 이차성 및 상세불명 부위의 악성신생물(암)(C77 ~ C80)의 진단확정 시점은 원발암 진단확정 시점으로 변경되지 않는다.

제자리신생물 분류표

약관에 규정하는 제자리신생물로 분류되는 질병은 제8차 개정 한국표준질병·사인분류(통계청 고시 제2020-175호, 2021. 1. 1 시행) 중 다음에 적은 질병을 말하며, 이후 한국표준질병·사인분류가 개정되는 경우는 개정된 기준에 따라 이 약관에서 보장하는 질병의 해당 여부를 판단한다.

분류항목	분류번호
1. 구강, 식도 및 위의 제자리암종	D00
2. 기타 및 상세불명의 소화기관의 제자리암종	D01
3. 중이 및 호흡계통의 제자리암종	D02
4. 제자리흑색종	D03
5. 피부의 제자리암종	D04
6. 유방의 제자리암종	D05
7. 자궁경부의 제자리암종	D06
8. 기타 및 상세불명의 생식기관의 제자리암종	D07
9. 기타 및 상세불명 부위의 제자리암종	D09

1. 대상질병 분류표의 분류번호와 상당한 연관성이 있어, 한국표준질병·사인분류의 기준에 따라 분류번호를 동시에 부여 가능한 경우 대상질병 분류에 포함한다. 다만 별도의 규정이 있는 경우 해당 조항을 우선 적용한다.
2. 제9차 개정 이후 약관에서 보장하는 질병의 해당 여부는 피보험자가 진단된 당시 시행되고 있는 한국표준질병·사인분류에 따라 판단한다.
3. 진단 당시의 한국표준질병·사인분류에 따라 약관에서 보장하는 질병에 대한 보험금 지급여부가 판단된 경우, 이후 한국표준질병·사인분류 개정으로 질병분류가 변경되더라도 약관에서 보장하는 질병 해당 여부를 다시 판단하지 않는다.

행동양식 불명 또는 미상의 신생물 분류표

약관에 규정하는 행동양식 불명 또는 미상의 신생물로 분류되는 질병은 제8차 개정 한국표준질병·사인분류(통계청 고시 제2020-175호, 2021. 1. 1 시행) 중 다음에 적은 질병을 말하며, 이후 한국표준질병·사인분류가 개정되는 경우는 개정된 기준에 따라 이 약관에서 보장하는 질병의 해당 여부를 판단한다.

분류항목	분류번호
1. 구강 및 소화기관의 행동양식 불명 또는 미상의 신생물	D37
2. 중이, 호흡기관, 흉곽내기관의 행동양식 불명 또는 미상의 신생물	D38
3. 여성생식기관의 행동양식 불명 또는 미상의 신생물	D39
4. 남성생식기관의 행동양식 불명 또는 미상의 신생물	D40
5. 비뇨기관의 행동양식 불명 또는 미상의 신생물	D41
6. 수막의 행동양식 불명 또는 미상의 신생물	D42
7. 뇌 및 중추신경계통의 행동양식 불명 또는 미상의 신생물	D43
8. 내분비선의 행동양식 불명 또는 미상의 신생물	D44
9. 행동양식 불명 및 미상의 조직구 및 비만세포 종양	D47.0
10. 미결정의 단클론감마글로불린병증	D47.2
11. 기타 명시된 림프, 조혈 및 관련 조직의 행동양식 불명 또는 미상의 신생물	D47.7
12. 림프, 조혈 및 관련 조직의 행동양식 불명 또는 미상의 상세불명 신생물	D47.9
13. 기타 및 상세불명 부위의 행동양식 불명 또는 미상의 신생물	D48

1. 대상질병 분류표의 분류번호와 상당한 연관성이 있어, 한국표준질병·사인분류의 기준에 따라 분류번호를 동시에 부여 가능한 경우 대상질병 분류에 포함한다. 다만 별도의 규정이 있는 경우 해당 조항을 우선 적용한다.
2. 제9차 개정 이후 약관에서 보장하는 질병의 해당 여부는 피보험자가 진단된 당시 시행되고 있는 한국표준질병·사인분류에 따라 판단한다.
3. 진단 당시의 한국표준질병·사인분류에 따라 약관에서 보장하는 질병에 대한 보험금 지급여부가 판단된 경우, 이후 한국표준질병·사인분류 개정으로 질병분류가 변경되더라도 약관에서 보장하는 질병 해당 여부를 다시 판단하지 않는다.

보험기간 중 KCD가 변경되었을 때

1 문제의 쟁점

한국표준질병사인분류(이하 KCD)는 계속 유지되는 것이 아니라 의학기술의 발전 등에 의하여 일정한 시간이 지나면 개정이 이루어진다. 따라서 보험계약을 처음 체결할 당시에 기초하였던 KCD와 실제 피보험자의 질병 진단이 이루어지는 시점의 KCD가 서로 다른 경우가 많다. 예를 들어 2004년 7월 1일 보험계약을 체결하였다면 당시에 시행되던 "제4차 개정 KCD"에 기초하여 보험계약을 체결할 것이다. 그런데 해당 피보험자가 2024년 1월 1일에 특정 질병에 진단된다면 의사는 진단시점에 시행되는 "제8차 개정 KCD"에 기초하여 질병을 진단한다. 즉 보험계약 체결 시점의 KCD와 질병 진단 시점의 KCD가 서로 다르다. 만약 특정 질병이 제4차 개정 KCD에서는 악성신생물(암)으로 분류되었지만, 제8차 개정 KCD에서는 경계성종양으로 변경되었다면 보험회사가 제4차 개정 KCD에 따라 암진단보험금을 지급하여야 하는지 혹은 제8차 개정 KCD에 따라 경계성종양 진단보험금을 지급하여야 하는지가 문제된다.

2 관련 약관규정

가. 2020년 4월 1일 이후 약관규정

제N차 개정 이후 약관에서 보장하는 질병의 해당 여부는 피보험자가 진단된 당시 시행되고 있는 한국표준질병·사인분류에 따라 판단한다.

나. 2020년 4월 1일 이전 약관규정

제N차 개정 이후 한국표준질병사인분류에 있어서 상기 질병 이외의 추가로 상기분류번호에 해당하는 질병이 있는 경우에는 그 질병도 포함하는 것으로 한다.

3 2020년 4월 1일 이후 약관규정의 적용

현재는 약관규정에서 "KCD 개정 이후 약관에서 보장하는 질병이 해당 여부는 피보험자가 진단된 당시 시행되고 있는 한국표준질병사인분류에 따라 판단합니다."라고 적용 체계를 명확히 하고 있다. 따라서 보험계약 당시에 적용하던 KCD가 개정되었다면, 피보험자의 질병 진단 시점의 KCD를 기준으로 분류체계를 적용한다.

4 2020년 4월 1일 이전 약관규정의 적용

아래의 대법원 판례 및 금융분쟁 조정사례에 의하여 보험금 지급을 결정한다.

참고사례

대법원 2018. 7. 24. 선고 2017다256828 판결
이 사건 각 보험계약의 약관에서 '암'이란 한국표준질병·사인분류 기본분류에서 악성 신생물로 분류되는 질병을 의미하고, 별표3에서 한국표준질병·사인분류의 분류기준과 그 용어를 인용하여 악성 신생물로 분류되는 질병은 제3차 개정 한국표준질병·사인분류에 따르고, 제4차 개정 이후 한국표준질병·사인분류에서 위 질병 이외에 추가로 암으로 분류하는 질병이 있는 경우에는 그 질병도 포함하도록 규정한다. 이러한 약관규정의 취지는 보험계약 체결 당시 고시된 한국표준질병·사인분류에 따라 '암'에 해당하는지를 정하되, **보험계약 체결 당시에는 악성 신생물로 보지 않던 것이라도 보험사고의 발생 시점, 즉 해당 질병의 진단확정 시를 기준으로 가장 최근에 개정·고시된 한국표준질병·사인분류에서 새롭게 악성 신생물로 포함하면, 이를 악성 신생물로 보아 보험금을 지급**하겠다는 의미로 보아야 한다.

참고사례

분조위 제2012-14호
또한, 당해 보험약관에서 '제5차 개정이후 한국표준질병사인분류에 있어서 상기 질병이외에 약관에 해당하는 질병이 있는 경우에는 그 질병도 포함한다'라는 내용은 제4차 한국표준질병사인분류에서는 악성신생물로 분류되지 않았으나, 제5차 개정이후 한국표준질병사인분류에서는 악성신생물로 분류될 경우 그 질병까지 악성신생물로 추가한다는 것이지, 반대로 **제4차 한국표준질병사인분류에서 악성신생물로 분류되었던 것이 제5차 개정이후 한국표준질병사인분류에서 악성신생물로 분류되지 않으면 그 질병을 악성신생물로 보지 않는다는 내용이 보험약관에 명시된 것은 아니므로 작성자 불이익의 원칙에 따라 고객에게 유리하게 해석할 필요가 있어** 피보험자의 진단내용이 제5차 한국표준질병사인분류에서는 악성신생물로 분류되지 않고 경계성종양으로 분류되었다며 암 진단자금이 아닌 경계성종양 진단자금을 지급하는 것이 타당하다는 피신청인의 주장은 수용하기 어렵다는 점,

금융분쟁조정위원회 전문위원에게 의뢰한 자문소견에서도 해당 보험약관에서 악성신생물은 제4차 한국표준질병사인분류에 따른다는 것을 분명히 하고, 나아가 제4차 한국표준질병사인분류 상 악성신생물에 해당하지 않더라도 추후 제5차 한국표준질병사인분류에 따라 악성신생물로 분류될 경우 그 질병까지 악성신생물에 포함되는 것으로 볼 수 있음을 명문화하고 있어 암 진단자금 지급 여부는 제4차 한국표준질병사인분류에 따라 판단하여야 하며, 제4차 한국표준질병사인분류상 **악성신생물의 범위보다 그 범위가 확장되는 경우만을 예상하여 제5차 한국표준질병사인분류의 적용을 긍정하고 있을 뿐 축소·변경되는 경우는 전혀 예정하고 있지 않으므로 피신청인은 해당 보험약관에 따라 피보험자의 진단내용을 제4차 한국표준질병사인분류에 따른 악성신생물로 보아 암 진단자금을 지급하여야 할 의무가 있다**고 한 점 등을 감안할 때 피신청인이 '악성 경계형의 유두상 장액성 낭선종'을 피보험자의 진단시점인 제5차 한국표준질병사인분류상 경계성종양으로 판단하여 경계성종양 진단자금을 지급한 것은 타당하다고 보기 어렵다 할 것임

> **정리**
> ▶ 금융감독원 감독행정 감2020-41003, 보험상품감리2팀-11 참조
>
> 1. 기본 원칙
>   계약 당시 한국표준질병사인분류(KCD)에 따름
> 2. 진단시점 KCD 변경으로 범위가 확장된 경우
>   예를 들어, "유사암 → 악성암"으로 변경되었다면 악성암으로 인정
> 3. 진단시점 KCD 변경으로 범위가 축소된 경우
>   예를 들어, "악성암 → 유사암"으로 변경되었다면 악성암으로 인정

제3절 암진단보험금의 지급

1 암진단금의 지급

피보험자가 책임개시일 이후에 암으로 진단 확정된 때에는 보험계약에서 약정한 암진단금을 보험수익자에게 1회에 한하여 지급한다. 보험상품에 따라서 계약일로부터 1년 이내에 암진단인 경우에는 일정한 비율(보통 50%)로 감액 지급하는 경우도 있다.

2 일반암과 속발암

가. 의의

최초에 발생한 일차성 악성신생물을 원발암이라고 하며, 원발부위에서 전이된 이차성 악성신생물을 속발암이라고 한다. 속발암은 한국표준질병사인분류상 C77~C80에 해당하는 분류코드가 부여된다.

나. 지급기준

최초로 암이 발생하여 전이된 경우, 원발암(1차성 암)이 확인되는 경우에는 원발부위(최초 발생한 부위)를 기준으로 분류한다. 하지만 일차성 암 발생부위를 알 수 없거나 상세불명인 경우에는 진단받은 한국표준질병사인분류대로 보험금을 지급한다. 이차성암으로 진단시 이차성암의 원인이 되는 원발암이 확인된 경우 원발암을 기준으로 보험금을 지급하며, 이차성암에 대한 보험금은 별도로 지급하지 않는다. 예를 들어, '갑상선암(C73)'과 '갑상선암의 림프절 전이로 인해 림프절의 이차성 및 상세 불명의 악성신생물(C77)'로 진단된 경우, 원발암인 '갑상선암(C73)'이므로 '갑상선암(C73)'에 해당하는 보험금을 지급한다. 다만 원발암이 확인되지 않은 경우에는 이차성암이 발생된 부위의 암을 기준으로 보험금을 지급한다.

원발암	속발암	지급보험금
갑상선암(C73)	림프절의 이차성 악성신생물(C77)	갑상선암 진단금
X	림프절의 이차성 악성신생물(C77)	림프절암 진단금

다. 이차성암 진단시점

다만 원발암이 완치된 이후에 이차성암이 확인되는 경우에는 이차성암의 진단 확정시점은 원발암 진단 확정시점으로 변경되지 않는다.

예를 들어, 2015년 01월 원발암 완치 후 암보험에 가입(고지의무 위반 無)한 피보험자가 2017년 01월 이차성암으로 진단 확정되었다면, 이차성암의 진단시점은 암 보장개시 이후이므로 암진단보험금을 지급한다. (다만 원발암이 완치되지 않은 상태에서 이차성암으로 진단되었다면 이미 발생한 보험사고이므로 보험금을 지급하지 않는다.)

3 일반암과 고액암

가. 고액암

보험상품에 따라서 가입연령 또는 성별에 따라 호발하는 암을 고액암으로 정하여 일반암보다 높은 금액을 보장하는 경우가 있다. 보통 남성 특정암(3대암, 폐암, 위암, 간암)이나, 여성 특정암(3대암, 유방암, 자궁암, 난소암)을 고액암으로 정하거나, 그 밖에 백혈병, 뇌암, 뼈 및 관절연골의 암, 뇌 및 중추신경계의 암, 조혈암 등을 고액암으로 정하기도 한다.

나. 하나의 특약에서 일반암과 고액암을 보장하는 경우

일반암 진단비가 지급된 후 고액암이 진단된 경우에는 차액을 지급한다. 고액암 진단비가 지급된 후 일반암이 진단된 경우에는 지급금액이 없다.

다. 별도의 특약에서 일반암과 고액암을 각각 보장하는 경우

일반암 진단비가 지급된 후 고액암이 진단된 경우 고액암 진단비 특약의 가입금액을 지급한다. 고액암 진단되었다면 이는 일반암 진단비 지급사유에도 해당하므로 일반암 진단비 특약과 고액암 진단비 특약의 가입금액이 각각 지급된다.

예시

보상대상	보험금
일반암진단금	2,000만원
고액암진단금	5,000만원

1. 하나의 특약
    1-1. 일반암 진단 후 고액암이 진단되었을 경우
        - 일반암 진단: 2,000만원 지급
        - 고액암 진단: 3,000만원(5,000만원-2,000만원) 지급
    1-2. 고액암 진단 후 일반암이 진단되었을 경우
        - 고액암 진단: 5,000만원
        - 일반암 진단: 0원
2. 별도의 특약
    1-1. 일반암 진단 후 고액암이 진단되었을 경우
        - 일반암 진단: 2,000만원 지급
        - 고액암 진단: 5,000만원 지급
    1-2. 고액암 진단 후 일반암이 진단되었을 경우
        - 고액암 진단: 2,000만원+5,000만원=7,000만원 지급
        - 일반암 진단: 0원

4 일반암과 유사암

가. 유사암

암과 유사한 형태를 가지고 있지만, 약관에서 암이 아니라고 구분하는 것들이다. 유사암은 다른 일반적인 암에 비하여 치명적이지 않고 쉽게 치료 가능하며 높은 발병률에 비해 치사율이 낮다는 특징을 가지고 있다. 따라서 이러한 암들을 일반암과 분리한 뒤 유사암으로 별도 분류하여 보장 체계를 다르게 적용하여 보험료 인하를 유도하고 있다. 일반적으로 갑상선암, 기타피부암, 제자리암, 경계성종양이 유사암에 해당한다.

나. 하나의 특약에서 일반암과 유사암을 보장하는 경우

유사암 진단비가 지급된 후 일반암이 진단된 경우에는 차액을 지급한다. 일반암 진단비가 지급되었다면 진단비의 지급으로 특약이 소멸하므로 추가 지급이 없다. 다만 이러한 형태의 담보는 더 이상 판매되고 있지 않으며, 현재는 별도의 특약으로 각각 보장하는 형태로만 판매되고 있다.

다. 별도의 특약에서 일반암과 유사암을 각각 보장하는 경우

유사암 진단비가 지급된 후 일반암이 진단된 경우 일반암 진단비 특약의 가입금액을 지급한다. 일반암 진단비가 지급된 후 유사암이 진단된 경우 유사암 진단비 특약의 가입금액을 지급한다. 즉 별도의 특약으로 운영되므로 각각 보험금이 지급된다.

예시

보상대상	보험금
일반암진단금	1,000만원
유사암진단금	400만원

1. 하나의 특약
　1-1. 유사암 진단 후 일반암이 진단되었을 경우
　　- 유사암 진단: 400만원 지급
　　- 일반암 진단: 600만원(1,000만원-400만원) 지급
　1-2. 일반암 진단 후 유사암이 진단되었을 경우
　　- 일반암 진단: 1,000만원
　　- 유사암 진단: 0원

2. 별도의 특약
　1-1. 유사암 진단 후 일반암이 진단되었을 경우
　　- 유사암 진단: 400만원 지급
　　- 일반암 진단: 1,000만원 지급
　1-2. 일반암 진단 후 유사암이 진단되었을 경우
　　- 일반암 진단: 1,000만원
　　- 유사암 진단: 400만원

내용다지기 — 빈칸 채우기

1. 하나의 특약에서 일반암과 고액암을 보장하는 경우 일반암 진단비가 지급된 후 고액암이 진단된 경우에는 (　　)을 지급한다. 고액암 진단비가 지급된 후 일반암이 진단된 경우에는 지급금액이 없다.

   답 하나의 특약에서 일반암과 고액암을 보장하는 경우 일반암 진단비가 지급된 후 고액암이 진단된 경우에는 차액을 지급한다. 고액암 진단비가 지급된 후 일반암이 진단된 경우에는 지급금액이 없다.

2. 별도의 특약에서 일반암과 고액암을 각각 보장하는 경우 고액암 진단되었다면 이는 일반암 진단비 지급사유에도 해당하므로 일반암 진단비 특약과 고액암 진단비 특약의 가입금액이 (　　) 지급된다.

   답 별도의 특약에서 일반암과 고액암을 각각 보장하는 경우 고액암 진단되었다면 이는 일반암 진단비 지급사유에도 해당하므로 일반암 진단비 특약과 고액암 진단비 특약의 가입금액이 각각 지급된다.

3. 유사암에는 일반적으로 (　　), (　　), (　　), (　　)이 있다.

   답 유사암에는 일반적으로 갑상선암, 기타피부암, 제자리암, 경계성종양이 있다.

제4절 암수술보험금

1 보상요건

피보험자가 암에 대한 보장개시일 이후에 암으로 진단 확정되고 그 암의 직접적인 치료를 목적으로 수술을 받은 때에 수술 1회당 지급한다.

2 수술의 정의

의사, 치과의사 또는 한의사의 면허를 가진 자(이하 '의사')가 피보험자의 질병으로 인한 치료를 직접적인 목적으로 필요하다고 인정한 경우로서 의료법 제3조(의료기관)의 규정에 의한 국내의 병원이나 의원 또는 국외의 의료관련법에서 정한 의료기관에서 의사의 관리 하에 기구를 사용하여 생체(生體)에 절단(切斷, 특정부위를 잘라 내는 것), 절제(切除, 특정부위를 잘라 없애는 것) 등의 조작을 가하는 것을 말하며, 흡인(吸引, 주사기 등으로 빨아들이는 것), 천자(穿刺, 바늘 또는 관을 꽂아 체액 또는 조직을 뽑아내거나 약물을 주입하는 것) 등의 조치 및 신경(神經) BLOCK(신경의 차단), 미용 성형 목적의 수술, 피임(避妊) 목적의 수술 및 검사 및 진단을 위한 수술(생검[生檢], 복강경검사 등), 기타 수술의 정의에 해당하지 않는 시술은 제외된다.

> **시험출제 Point**
>
> ▶ 수술에 포함되는 것
>   1. 절단
>   2. 절제
>
> ▶ 수술에 제외되는 것
>   1. 흡인
>   2. 천자
>   3. 신경 BLOCK(신경의 차단)

3 암수술보험금의 지급

가. 직접적인 치료 목적의 수술

암의 직접적인 치료를 목적으로 수술한 때에 암수술보험금을 지급한다. 직접적인 치료 목적의 수술이란 근치적 목적의 절제술을 의미하므로, 암이 발생한 조직을 절제하는 수술이 암수술보험금 지급대상에 해당한다.

나. 수술 1회당 지급

암수술보험금은 수술 1회당 지급한다. 하나의 암 진단 확정을 받은 이후에 수술을 2회 이상 받았을 경우에는 그 때마다 암수술보험금을 지급한다. 예를 들어 위암으로 진단 확정받은 뒤에 위암의 직접적인 치료 목적의 수술을 2회 받았다면, 암진단보험금은 1회 지급, 암수술보험금은 2회 지급한다.

다. 후유증이나 합병증으로 인한 수술

암의 후유증이나 합병증으로 인하여 수술을 받은 경우에는 암의 직접적인 치료 목적의 수술이라고 보기 어렵기 때문에 원칙적으로 암수술보험금 지급대상에 해당하지 않는다. 다만 암의 제거 및 증식 억제 치료를 받기 위해 필수불가결한 후유증 또는 합병증의 치료인 경우에는 예외적으로 암수술보험금이 인정될 수 있다.

제5절 암입원 및 암통원 보험금

1 암직접치료 입원(요양병원 제외)

가. 보험금 지급사유

암에 대한 보장개시일 이후에 암으로 진단 확정되고 그 암의 직접적인 치료를 목적으로 병원 또는 의원(요양병원 제외)에 계속하여 입원 치료받은 경우에 보험금을 지급한다.

나. 요양병원 제외

피보험자가 요양병원에서 입원한 경우에는 보험금을 지급하지 않는다. 따라서 동 담보는 아래에 설명할 요양병원 암입원 담보와 연계되어 판매되는 경우가 많다.

다. 담보사항

1일 이상 입원했을 때에 보험금을 지급하는 담보와 4일 이상 입원했을 때에 지급하는 담보가 있다. 지급한도도 180일을 한도로 하는 경우와 120일을 한도로 하는 경우가 있다. 보험 실무상 암입원보험금은 4일 이상 입원했을 때에 120일 한도로 지급하는 담보가 가장 많다.

라. 새로운 입원

피보험자가 최종 퇴원일로부터 180일을 경과하여 개시한 입원은 새로운 입원으로 본다. 피보험자가 퇴원없이 계속 입원한 경우에는 보험금이 지급된 최종 입원일의 다음날 퇴원한 것으로 보아 그 날부터 180일이 경과하여 입원한 경우에는 새로운 입원으로 본다.

마. 보험기간의 만료

피보험자가 암의 직접적인 치료를 목적으로 입원하여 치료를 받던 중 보험기간이 만료되더라도 보험기간 만료 후 최초로 퇴원하기 전까지의 입원에 대해서는 보험금을 지급한다.

2 암의 직접적인 치료

가. 직접적인 치료

암의 직접적인 치료라 함은 암을 제거하거나 암의 증식을 억제하는 치료로서, 의학적으로 그 안전성과 유효성이 입증되어 임상적으로 통용되는 치료(암의 제거 및 증식 억제 치료)를 말한다.

나. 직접적인 치료에 포함되는 것

(1) 보건복지부 산하 신의료기술평가위원회(향후 제도변경 시에는 동 위원회와 동일한 기능을 수행하는 기관)가 인정한 최신 암 치료법
(2) 항암방사선치료, 항암화학치료, 암을 제거하거나 암의 증식을 억제하는 수술 또는 이들을 병합한 복합치료
(3) 암의 제거 또는 증식 억제를 위하여 의학적으로 안전성과 유효성이 입증된 면역치료
(4) 암의 제거 및 증식 억제 치료를 받기 위해 필수불가결한 면역력 강화 치료
(5) 암의 제거 및 증식 억제 치료를 받기 위해 필수불가결한 암치료나 암으로 인하여 발생한 후유증 또는 합병증의 치료
(6) 「호스피스·완화의료 및 임종과정에 있는 환자의 연명의료결정에 관한 법률」 제2조 제3호에 해당하는 말기암 환자에 대한 치료

다. 직접적인 치료에 포함되지 않는 것

(1) 식이요법, 명상요법 등 암의 제거 또는 암의 증식 억제를 위하여 의학적으로 안정성과 유효성이 입증되지 않은 치료
(2) 면역력 강화 치료
(3) 암의 직접적인 치료로 인하여 발생한 후유증 또는 합병증의 치료

> **시험출제 Point**
>
> ▶ 암의 직접적인 치료 포함
>   1. 암수술
>   2. 항암치료
>   3. 필수불가결
>   4. 말기암
>
> ▶ 암의 직접적인 치료 미포함
>   1. 후유증, 합병증
>   2. 식이요법, 명상요법
>   3. 면역력 강화

3 요양병원 암입원

가. 보험금 지급사유

암에 대한 보장개시일 이후에 암으로 진단 확정되고 그 암의 치료, 합병증, 후유증 또는 요양목적 등으로 요양병원에 계속하여 입원 치료받은 경우에 보험금을 지급한다.

나. 요양병원

'요양병원'이라 함은 의료법 제3조(의료기관)에서 규정한 요양병원 또는 국외의 의료관련법에서 정한 요양병원을 말한다.

다. 지급 한도

보험회사마다 차이가 있으나 보통 1일 이상 입원했을 때부터 보험금을 지급하며, 1회 입원당 60일 한도, 동일질병 누적 365일 한도로 보험금을 지급한다.

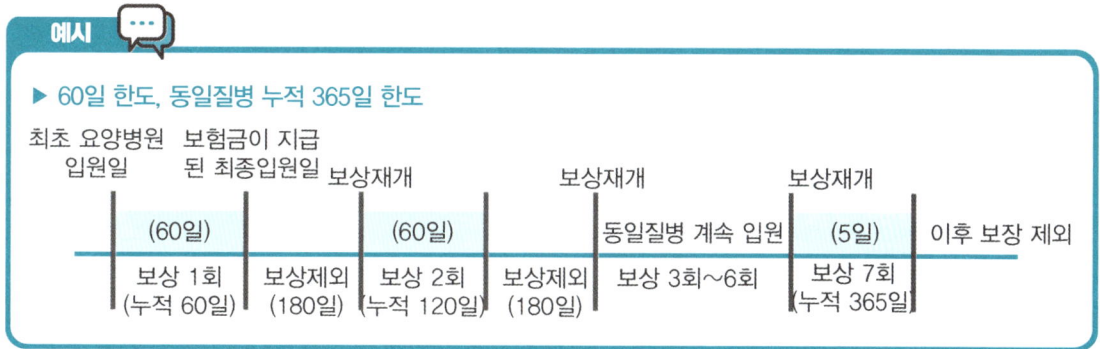

라. 새로운 입원 등

피보험자가 동일한 암의 합병증, 후유증 또는 요양목적 등을 원인으로 2회 이상 입원한 경우에는 1회 입원으로 보아 각 입원일수를 합산하여 보험금을 지급한다. 다만 요양병원 암입원보험금이 지급된 최종 입원의 퇴원일로부터 180일이 지난 후에 개시한 입원은 새로운 입원으로 본다. 퇴원없이 계속 입원 중인 경우에는 요양병원 암입원보험금이 지급된 최종 입원일의 다음 날을 퇴원일로 본다.

마. 암의 직접적인 치료 불필요

요양병원 암입원 담보는 암의 직접적인 치료 여부와 상관없이 암으로 진단받고 입원의 필요성이 인정되어 요양병원에서 입원치료한 경우라면 보험금을 지급한다.

4 암직접치료 통원

가. 보험금 지급사유

암에 대한 보장개시일 이후에 암으로 진단 확정되고 그 암의 직접적인 치료를 목적으로 병원 또는 의원(요양병원 제외)에 통원 치료를 받은 경우에 보험금을 지급한다.

나. 통원의 정의와 장소

통원이라 함은 의사가 암으로 인한 직접적인 치료를 목적으로 필요하다고 인정한 경우로서 자택 등에서의 치료가 곤란하여 의료기관에 입실하지 않고 의사의 관리하에 치료에 전념하는 것을 말한다.

다. 담보사항

통원 1일당 일정한 금액을 통원보험금으로 지급한다.

라. 암의 직접적인 치료

암의 직접적인 치료의 정의는 암직접치료입원과 동일하다.

제6절 암 관련 기타 보험금

1 항암방사선치료보험금

가. 지급사유

피보험자가 보험기간 중 암의 보장개시일 이후에 암으로 진단 확정되고 그 암의 직접적인 치료를 목적으로 '항암방사선치료'를 받았거나, 보험기간 중 '기타피부암', '갑상선암', '대장점막내암', '제자리암' 또는 '경계성종양'으로 진단 확정되고 그 '기타피부암', '갑상선암', '대장점막내암', '제자리암' 또는 '경계성종양'의 직접적인 치료를 목적으로 '항암방사선치료'를 받은 경우에 항암방사선치료 보험금을 지급한다. 다만 각각 최초 1회의 치료에 한하여 지급한다.

나. 지급금액

약관마다 약간씩 차이가 있으나 보통 암의 경우에는 보험가입금액의 100%를 지급하고, '기타피부암', '갑상선암', '대장점막내암', '제자리암' 또는 '경계성종양'의 경우에는 보험가입금액의 20%를 지급하는 경우가 많다.

다. 항암방사선치료의 정의

'항암방사선치료'라 함은 방사선종양학과 전문의 자격증을 가진 자가 피보험자의 '암', '기타피부암', '갑상선암', '대장점막내암', '제자리암' 또는 '경계성종양'의 직접적인 치료를 목적으로 고에너지 전리 방사선(ionizing radiation)을 이용하는 치료법을 말한다.

2 항암약물치료보험금

가. 지급사유

피보험자가 보험기간 중 암의 보장개시일 이후에 암으로 진단 확정되고 그 암의 직접적인 치료를 목적으로 '항암약물치료'를 받았거나, 보험기간 중 '기타피부암', '갑상선암', '대장점막내암', '제자리암' 또는 '경계성종양'으로 진단 확정되고 그 '기타피부암', '갑상선암', '대장점막내암', '제자리암' 또는 '경계성종양'의 직접적인 치료를 목적으로 '항암약물치료'를 받은 경우 보험수익자에게 항암약물치료 보험금을 지급한다. 다만 각각 최초 1회의 치료에 한하여 지급한다.

나. 지급금액

약관마다 약간씩 차이가 있으나 보통 암의 경우에는 보험가입금액의 100%를 지급하고, '기타피부암', '갑상선암', '대장점막내암', '제자리암' 또는 '경계성종양'의 경우에는 보험가입금액의 20%를 지급하는 경우가 많다.

다. 항암약물치료의 정의

'항암약물치료'라 함은 내과 전문의 자격증을 가진 자가 피보험자의 '암', '기타피부암', '갑상선암', '대장점막내암', '제자리암' 또는 '경계성종양'의 직접적인 치료를 목적으로 화학요법 또는 면역요법에 의해 항암약물을 투여하여 치료하는 것을 말한다. 다만 항암면역요법은 면역기전을 이용해서 암세포를 제거하는 치료를 말하며, 암세포가 없는 상태에서 면역력을 증가시키는 약물(압노바, 헬릭소, 셀레나제 등) 치료는 제외한다.

3 표적항암약물치료보험금

가. 지급사유

피보험자가 보험기간 중 암의 보장개시일 이후에 '암'으로 진단 확정되거나, 보험기간 중 '기타피부암', '갑상선암' 또는 '대장점막내암'으로 진단 확정되고 그 '암', '기타피부암', '갑상선암', 또는 '대장점막내암'의 직접적인 치료를 목적으로 '표적항암약물허가치료'를 받은 경우에 표적항암약물허가치료 보험금을 지급한다. 다만 최초 1회에 한하여 지급한다.

나. 지급금액

보험가입금액의 100%를 지급한다. 항암방사선치료 보험금이나 항암약물치료 보험금과는 달리 표적항암약물허가치료 보험금에는 유사암의 감액 지급규정이 없으므로 유사암으로 인한 치료이더라도 암과 동일하게 보험가입금액의 100%를 지급한다.

다. 표적항암제 및 표적항암약물허가치료의 정의

(1) 표적항암제

'표적항암제'라 함은 식품의약품안전처 예규 '의약품 등 분류번호에 관한 규정'에 의하여 의약품 분류번호 (항악성종양제)'로 분류되는 의약품 중 종양의 성장, 진행 및 확산에 직접 관여하여 특정한 분자의 기능을 방해함으로써 암세포의 성장과 확산을 억제하는 치료제를 말한다. 다만, 호르몬관련 치료제는 '표적항암제'의 범위에서 제외된다.

(2) 표적항암약물허가치료

'표적항암약물허가치료'라 함은 '표적항암제'를 '안정성과 유효성 인정 범위'에서 투여하여 치료하는 것을 말한다.

라. 지급 세부기준

(1) 허가된 범위 내 사용

'표적항암약물허가치료보험금'은 '표적항암제'를 식품의약품안전처에서 허가된 '효능효과' 범위 내로 사용된 경우에 한하여 보장한다. 다만 식품의약품안전처에서 허가된 '효능효과' 범위 외 사용이지만 암질환심의위원회를 거쳐 건강보험심사평가원(향후 제도 변경 시에는 동 기관과 동일한 기능을 수행하는 기관)이 승인한 요법으로 사용된 경우에는 보장한다.

(2) 암질환심의위원회(중증질환심의위원회)

국민건강보험 요양급여 기준에 관한 규칙에 따라 암환자(중증환자)에게 처방 투여되는 약제에 대한 요양급여 적용기준 및 방법에 대하여 심의하기 위해 건강보험심사평가원에서 운영하는 보건의료 전문가들로 구성된 의원회를 말한다.

(3) 표적항암약물허가치료를 받은 경우

'표적항암약물허가치료를 받은 경우'라 함은 '표적항암제'를 처방받고 약물이 투여되었을 때를 말하며, 최초 처방일자를 기준으로 한다. 다만 '안정성과 유효성 인정 범위'가 변경(추가 또는 삭제)된 경우에는 변경된 '안정성과 유효성 인정 범위' 적용 후 최초로 도래하는 처방일자를 기준으로 한다.

CHAPTER 3 2대 질환(뇌졸중, 급성심근경색)보험

뇌혈관질환

1 뇌출혈

가. 의학적 정의[1]

뇌출혈이란 두개 내에 출혈이 있어 생기는 모든 변화를 말하는 것으로 출혈성 뇌졸중이라고도 한다. 뇌출혈은 여러 가지 방법으로 구분하고 있으나 크게 외상에 의한 출혈과 자발성 출혈로 구분할 수 있다. 외상에 의한 출혈은 급성 경막하 출혈, 만성 경막하 출혈, 경막외 출혈 등 두부 외상과 직간접적으로 연관이 있는 출혈을 말한다. 자발성 뇌출혈이란 고혈압, 뇌동맥류, 뇌동정맥, 모야모야병 등의 영향으로 발생한 출혈을 말한다. 자발성 뇌출혈은 50대에서 60대에 주로 발생하며 성별의 차이는 거의 없다.

나. 보험에서의 정의

「뇌출혈」이라 함은 한국표준질병·사인분류에 있어서 뇌출혈 분류표에서 정한 질병을 말한다. 거미막하출혈(I60), 뇌내출혈(I61), 기타 비외상성 두개내출혈(I62)이 이에 해당한다.

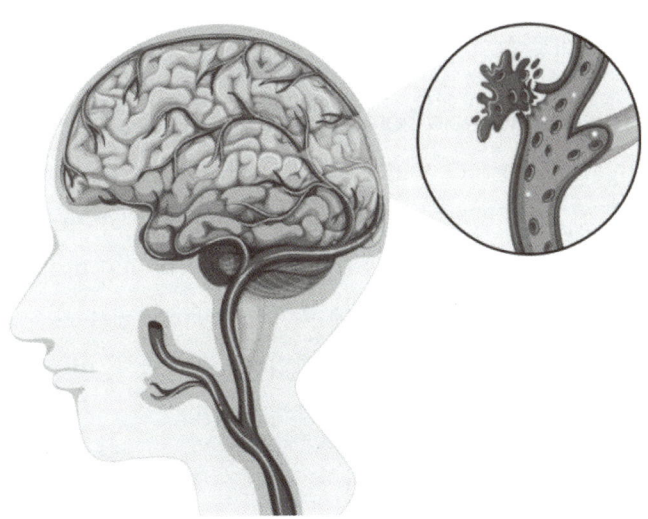

---

1) 서울대학교병원 의학정보, 서울대학교병원

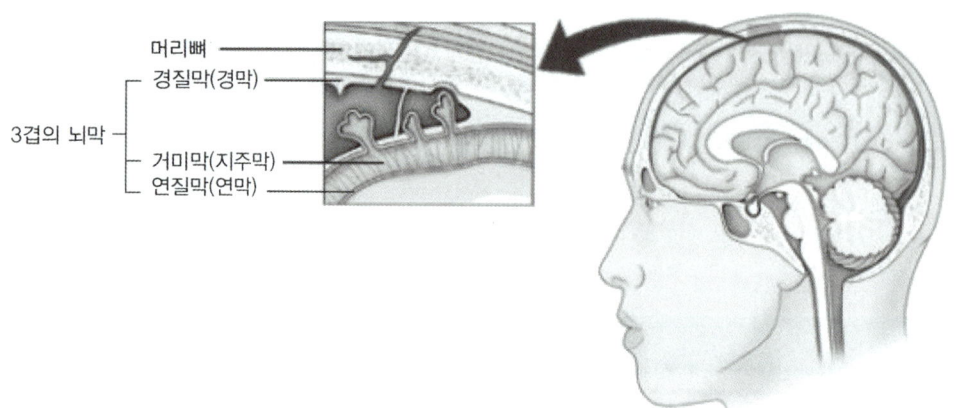

다. 뇌출혈의 종류

(1) 경막외출혈(EDH, epidural hemorrhage)

경막외 출혈은 외상으로 뇌를 둘러싸고 있는 경막(dura)이라는 막의 동맥이나 정맥에서 출혈이 발생하여, 두개골과 경막 사이의 경막외 공간(epidural space)에 피가 고여 안쪽의 뇌를 압박하는 상태이다. 두통이나 구토와 같은 뇌압 상승에 의한 증상이 나타날 수 있으며, 출혈량이 많아 뇌압이 높아지면 의식저하, 팔다리 마비와 같은 신경이상이 나타나고 사망에 이를 수 있다. 많은 경우 외부충격에 의한 두부외상에 의하여 나타난다.

(2) 경막하출혈(SDH, subdural hemorrhage)

뇌를 둘러싸고 있는 경막(dura)이라는 막의 안쪽에서 뇌 표면의 혈관이나 뇌와 경막 사이를 이어주는 혈관이 외상에 의해 파열되어 다량의 급성 출혈이 발생하여 뇌와 경막 사의의 경막하 공간(subdural space)에 피가 고여 뇌를 압박하는 상태로서, 흔히 뇌 실질의 좌상(타박상)과 파열, 뇌내출혈을 동반한다. 주로 외상에 의하여 발생한다.

(3) 지주막하 출혈(SAH, subarachnoid hemorrhage)

지주막은 거미줄 모양과 같다고 하여 붙여진 이름으로 거미막하 출혈이라고도 한다. 지주막하 공간은 비교적 넓은 공간으로, 뇌의 혈액을 공급하는 대부분의 큰 혈관이 지나다니는 통로인 동시에 뇌척수액이 교통하는 공간이다. 그래서 뇌혈관에서 출혈이 생기면 가장 먼저 지주막하 공간에 스며드는데 이렇게 어떤 원인에 의해 지주막하 공간에 출혈이 발생하는 것을 지주막하 출혈이라 하며, 대부분의 경우 뇌동맥류 파열과 같은 심각한 원인에 의하여 발생한다. 이 외에도 뇌혈관의 기형이나 외상 등에 의해서 지주막하 공간에 출혈이 발생할 수도 있다.

(4) 뇌내출혈(ICH, intracerebral hemorrhage)

뇌의 기능적인 조직인 뇌실질 내에서 발생한 출혈을 말한다. 가장 큰 원인은 중장년층에서 호발하는 고혈압이며 발생빈도는 뇌경색보다는 낮지만 사망률이 더 높다. 뇌내출혈은 생존한다고 하더라도 신경학적 손상을 남기기 때문에 일상생활에 큰 제약이 생길 수 있다.

라. 뇌출혈의 진단확정

뇌출혈의 진단확정은 의료법 제3조(의료기관)에서 규정한 국내의 병원, 의원 또는 국외의 의료관련법에서 정한 의료기관의 의사(치과의사 제외) 면허를 가진 자에 의하여 내려져야 하며, 이 진단은 병력·신경학적 검진과 함께 뇌 전산화단층촬영(brain CT scan), 자기공명영상법(MRI), 뇌혈관조영술, 양전자방출단층촬영술(PET), 단일광자방출 전산화 단층술(SPECT), 뇌척수액검사 등을 기초로 하여야 한다.

> **시험출제 Point**
>
> ▶ 뇌출혈 진단확정
> ①과 함께 ②의 검사를 기초로 하여야 한다.
> ① 병력·신경학적 검진
> ② 뇌 전산화단층촬영(brain CT scan), 자기공명영상법(MRI), 뇌혈관조영술, 양전자방출단층촬영술(PET), 단일광자방출 전산화 단층술(SPECT), 뇌척수액검사

마. 사망한 경우

피보험자가 사망하여 상기 검사방법을 진단의 기초로 할 수 없는 경우에는 다음 각 호의 어느 하나에 해당하는 경우 진단확정이 있는 것으로 볼 수 있다.
(1) 보험기간 중 뇌출혈로 진단 또는 치료를 받고 있었음을 증명할 수 있는 문서화된 기록 또는 증거가 있는 경우
(2) 부검감정서상 사인이 뇌출혈로 확정되거나 추정되는 경우

바. 보험금 지급사유

피보험자가 보험기간 중에 「뇌출혈」로 진단 확정되었을 때에는 최초 1회에 한하여 보험증권에 기재된 보험가입금액을 뇌출혈 진단비로 지급한다.

2 급성 뇌경색

가. 의학적 정의[2]

뇌조직은 평상시에도 많은 양의 혈류를 공급받고 있다. 그런데 다양한 원인으로 인하여 뇌혈관에 폐색(혈관 등을 이루는 관이 막히는 경우)이 발생하여 뇌에 공급되는 혈액량이 감소하면 뇌조직이 기능을

---
[2] 가천의대길병원 건강칼럼, 가천의대길병원

제대로 하지 못하게 된다. 뇌혈류 감소가 일정 시간 이상 지속되면 뇌조직의 괴사(조직이나 세포의 일부가 죽는 것)가 시작되는데, 뇌조직이 괴사되어 회복 불가능한 상태에 이르면 이를 뇌경색(cerebral infarction)이라고 한다. 반면 뇌혈류 감소에 의해 뇌기능에 이상이 생겼지만, 적절한 치료를 통해 충분한 뇌혈류가 다시 공급되어 뇌조직의 괴사 없이 뇌기능이 회복되었을 때를 일과성 허혈성 발작(transient ischemic attack)이라고 부른다. 일반적으로 허혈성 뇌졸중이라고 하면 급성 뇌경색과 일과성 허혈성 발작을 모두 통틀어서 일컫는 용어이다.

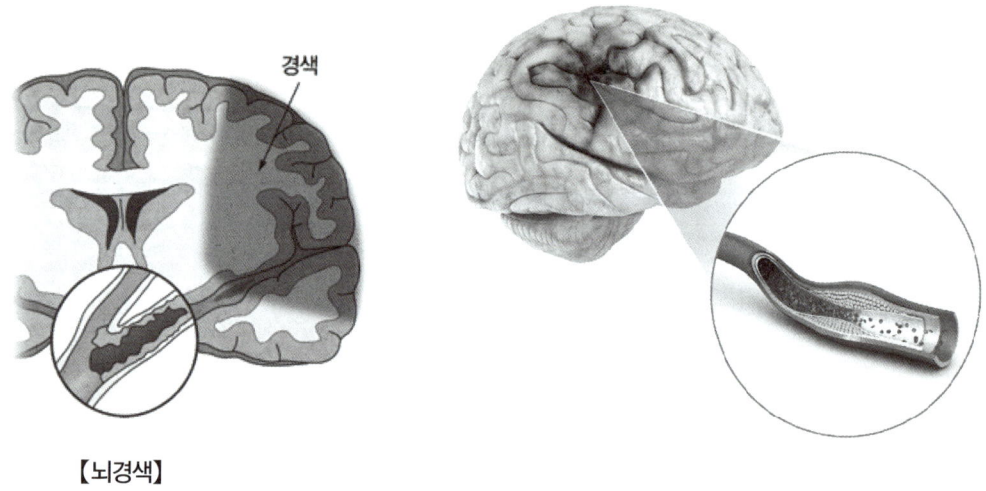

【뇌경색】

나. 보험에서의 정의

제8차 개정 한국표준질병·사인분류 중 분류번호 I63(뇌경색증)에 해당하는 경우. 다만 무증상성 열공성 뇌경색(asymotomatic lacunar infarction), 진구성 뇌경색(old infarction) 및 일과성허혈발작(transient ischemic attack)은 제외한다.

다. 급성뇌경색의 진단확정

급성뇌경색의 진단확정은 의료법 제3조(의료기관)에서 규정한 국내의 병원, 의원 또는 국외의 의료관련법에서 정한 의료기관의 의사(치과의사 제외) 면허를 가진 자에 의하여 병력·신경학적 검진과 함께 뇌 전산화단층촬영(brain CT scan), 자기공명영상법(MRI) 결과를 기초로 급성(acute)으로 판정되어야 한다.

> **시험출제 Point**
>
> ▶ 급성뇌경색 진단확정
> ①과 함께 ②의 검사를 기초로 하여야 한다.
> ① 병력·신경학적 검진
> ② 뇌 전산화단층촬영(brain CT scan), 자기공명영상법(MRI) 결과 급성(acute) 판정

라. 사망한 경우

피보험자가 사망하여 상기 검사방법을 진단의 기초로 할 수 없는 경우에는 다음 각 호의 어느 하나에 해당하는 경우 진단확정이 있는 것으로 볼 수 있다.
(1) 보험기간 중 급성뇌경색으로 진단 또는 치료를 받고 있었음을 증명할 수 있는 문서화된 기록 또는 증거가 있는 경우
(2) 부검감정서상 사인이 급성뇌경색으로 확정되거나 추정되는 경우

마. 보험금 지급사유

피보험자가 보험기간 중에 「급성뇌경색」으로 진단 확정되었을 때에는 최초 1회에 한하여 보험증권에 기재된 보험가입금액을 급성뇌경색 진단비로 지급한다.

3 급성심근경색

가. 의학적 정의[3]

급성심근경색은 관상동맥(심장 근육에 혈액을 공급하는 동맥)이 갑작스럽게 완전히 막혀서 혈액이 통하지 않아 발생하는 질환이다. 심장에 혈액이 공급되지 않아 심장 근육이 손상되면 심한 가슴통증, 호흡곤란 등의 증상이 생긴다. 이처럼 심장 근육에 혈액이 제대로 공급되지 않는 허혈 상태가 지속되면 심장 근육이 경색(혈액으로 산소 및 영양분을 공급받지 못하여 해당 부분의 세포 조직에 괴사가 일어나는 것)이 일어나는데 이를 급성심근경색이라고 한다. 급성심근경색은 돌연사의 흔한 원인으로 초기 사망률이 약 30%에 달하며, 병원에 도착하여 적극적인 치료를 해도 병원 내 사망률이 5~10%에 이를 정도로 위험한 질환이다.

나. 보험에서의 정의

「급성심근경색증」이라 함은 한국표준질병·사인분류에 있어서 급성심근경색증 분류표에서 정한 질병을 말한다. 급성 심근경색증(I21), 후속 심근경색증(I22), 급성 심근경색증 후 특정 현존 합병증(I23)이 이에 해당한다.

다. 급성심근경색의 진단확정

급성심근경색의 진단확정은 의료법 제3조(의료기관)에서 규정한 국내의 병원, 의원 또는 국외의 의료관련법에서 정한 의료기관의 의사(치과의사 제외) 면허를 가진 자에 의하여 내려져야 하며, 이 진단은 병력과 함께 심전도, 심장초음파, 관상동맥(심장동맥)촬영술, 혈액 중 심장 효소검사 등을 기초로 하여야 한다.

---
[3] 가천의대길병원 건강칼럼, 가천의대길병원

시험출제 Point

▶ 급성심근경색 진단확정
① 과 함께 ②의 검사를 기초로 하여야 한다.
① 병력
② 심전도, 심장초음파, 관상동맥(심장동맥)촬영술, 혈액 중 심장 효소검사

라. 사망한 경우

피보험자가 사망하여 상기 검사방법을 진단의 기초로 할 수 없는 경우에는 다음 각 호의 어느 하나에 해당하는 경우 진단확정이 있는 것으로 볼 수 있다.

(1) 보험기간 중 급성심근경색으로 진단 또는 치료를 받고 있었음을 증명할 수 있는 문서화된 기록 또는 증거가 있는 경우
(2) 부검감정서상 사인이 급성심근경색으로 확정되거나 추정되는 경우

마. 보험금 지급사유

피보험자가 보험기간 중에「급성심근경색」으로 진단 확정되었을 때에는 최초 1회에 한하여 보험증권에 기재된 보험가입금액을 급성심근경색 진단비로 지급한다.

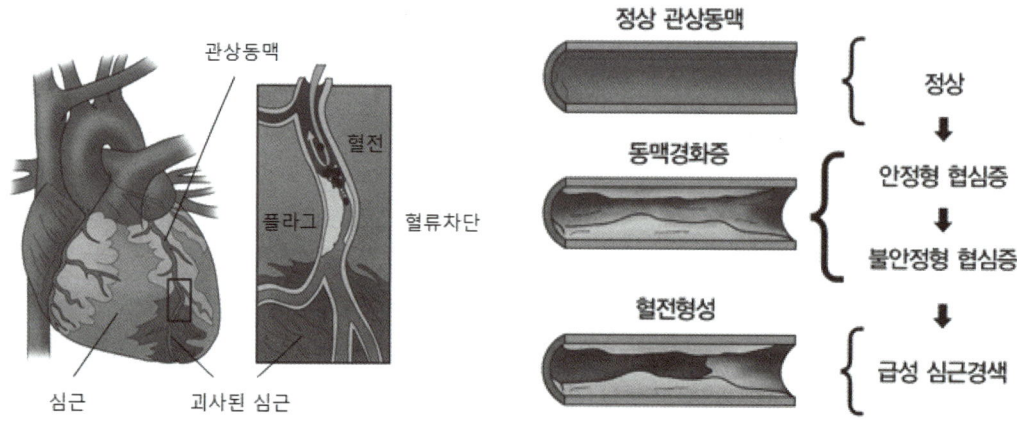

CHAPTER 4 중대한 질병보험(CI보험)

제1절 CI보험의 의의

1 의의

CI보험은 사고나 질병으로 인하여 생명이 위독한 중대한 상태가 되었을 경우에 사망보험금의 일부를 미리 지급하거나 별도의 고액보험금을 지급하여, 사망보험과 건강보험의 장점을 모두 갖춘 보험상품이다. 고액의 치료비, 생활비, 간병비, 요양비 등 생존에 필요한 자금을 활용하는 목적으로 개발된 보험이다. 최근에는 중대한 질병에서 조금 경한 질병까지 보장범위를 넓힌 GI(General Illness)보험도 활발하게 판매되고 있다.

2 담보유형

가. 선지급형

중대한 질병이 발생하면 약정 사망보험금에서 50~100%를 선지급하며, 이후 사망시 유가족에게 이를 차감한 금액을 지급한다. 주로 생명보험회사에서 판매하는 형태이다.

나. 부가특약형

사망보험금이 있는 보험에서 특약형태로 CI보장이 추가되는 형태로 CI보험금이 지급되더라도 사망보험금이 감소되지 않는다. 주로 손해보험회사에서 판매하는 형태이다.

다. 단일보장형

CI만을 보장하는 보험으로 주로 사망보장 상품과 패키지 형태로 판매된다.

3 담보위험

가. 중대한 질병

중대한 암, 중대한 뇌졸중, 중대한 급성심근경색, 말기신부전증, 말기간질환, 말기폐질환, 중증 만성간질환, 중증 만성 폐질환 등의 질병이다.

나. 중대한 수술

관상동맥 우회술, 대동맥류 인조혈관 치환 수술, 심장판막 수술, 5대 장기이식수술 등이 있다.

다. 중대한 화상 및 부식

신체 표면적 최소 20% 이상에 3도 화상 또는 부식(화학약품에 의한 피부손상)을 입은 경우를 말한다.

4 계약의 취소

보장개시일 이전에 중대한 질병으로 진단 확정된 경우에는 보험계약자는 진단일로부터 90일 이내에 계약의 취소를 선택할 수 있다. 만약 보험계약자가 계약을 취소한다면 기납입한 보험료를 환급하며, 계약을 취소하지 않으면 보장개시일 이전에 진단 확정된 중대한 질병의 CI보험금은 지급하지 않는다.

내용다지기 　 빈칸 채우기

1. CI 선지급형은 중대한 질병이 발생하면 약정 사망보험금에서 50~100%를 선지급하며, 이후 사망시 유가족에게 이를 (　　)한 금액을 지급한다.

   답 CI 선지급형은 중대한 질병이 발생하면 약정 사망보험금에서 50~100%를 선지급하며, 이후 사망시 유가족에게 이를 차감한 금액을 지급한다.

2. 보장개시일 이전에 중대한 질병으로 진단 확정된 경우에는 진단일로부터 90일 이내에 계약의 취소를 선택할 수 있다. 만약 계약자가 보험계약을 취소한다면 (　　)를 환급한다.

   답 보장개시일 이전에 중대한 질병으로 진단 확정된 경우에는 진단일로부터 90일 이내에 계약의 취소를 선택할 수 있다. 만약 계약자가 보험계약을 취소한다면 기납입한 보험료를 환급한다.

제2절 중대한 질병

1 중대한 암(Critical Cancer)

가. 정의
상품에 따라 약간씩 차이가 있으나 일반적으로 악성종양 세포가 존재하고 또한 주위 조직으로 악성종양 세포의 침윤파괴적 증식으로 특징 지을 수 있는 악성종양을 말한다. 백혈병, 악성림프종, 호치킨병을 포함한다.

나. 중대한 암에서 제외하는 유형
(1) 다음의 가~바에 해당하는 악성종양
    가. 악성흑색종(melanoma) 중에서 침범정도가 낮은(Breslow 분류법상 그 깊이가 1.5mm 이하인 경우를 말한다) 경우
    나. 초기전립샘암("초기 전립샘암"이란 modified Jewett 병기분류상 stage B0 이하 또는 1992년 TNM병기상 T1c 이하인 모든 전립샘암을 말한다)
    다. 갑상샘의 악성신생물(C73)
    라. 인간면역결핍 바이러스(HIV)감염과 관련된 악성종양(단, 의료법에서 정한 의료인의 진료상 또는 치료 중 혈액에 의한 HIV감염과 관련된 악성종양은 해당 진료기록을 통해 객관적으로 확인되는 경우는 제외)
    마. 악성흑색종(melanoma) 이외의 모든 피부암(C44)
    바. 「중대한 질병 및 수술 보장개시일」 전일 이전에 발생한 암이 「중대한 질병 및 수술 보장개시일」 이후에 재발되거나 전이된 경우
(2) 병리학적으로 전암병소(premalignant condition or condition with malignant potential), 상피내암(carcinoma in-situ), 경계성종양 등 중대한 암에 해당하지 않는 질병
(3) 신체부위에 관계없이 병리학적으로 현재 양성종양인 경우

다. 중대한 암의 진단방법

(1) **기본 원칙**

암의 진단확정은 해부병리 전문의사 또는 임상병리 전문의사 자격증을 가진 자에 의하여 내려져야 하며, 이 진단은 조직(fixed tissue)검사, 미세바늘흡인검사(fine needle aspiration) 또는 혈액(hemic system)검사에 대한 현미경 소견을 기초로 하여야 한다.

(2) **예외 – 기본 원칙이 가능하지 않을 경우**

상기의 진단이 가능하지 않을 때에만 피보험자가 암으로 진단 또는 치료를 받고 있음을 증명할 만한 의사가 작성한 문서화된 기록 또는 증거가 있어야 한다.

내용다지기 — 빈칸 채우기

1. 악성흑색종(melanoma) 중에서 침범정도가 낮은(Breslow 분류법상 그 깊이가 (   ) 이하인 경우를 말한다) 경우는 중대한 암에서 제외한다.

   답 악성흑색종(melanoma) 중에서 침범정도가 낮은(Breslow 분류법상 그 깊이가 1.5mm 이하인 경우를 말한다) 경우는 중대한 암에서 제외한다.

2. 「중대한 질병 및 수술 보장개시일」 전일 이전에 발생한 암이 「중대한 질병 및 수술 보장개시일」 이후에 재발되거나 전이된 경우는 중대한 암에서 (   )한다.

   답 「중대한 질병 및 수술 보장개시일」 전일 이전에 발생한 암이 「중대한 질병 및 수술 보장개시일」 이후에 재발되거나 전이된 경우는 중대한 암에서 제외한다.

3. 조직검사 등에 의한 암의 진단이 가능하지 않을 때에만 보험대상자(피보험자)가 암으로 진단 또는 치료를 받고 있음을 증명할 만한 의사가 작성한 (   )가 있어야 한다.

   답 조직검사 등에 의한 암의 진단이 가능하지 않을 때에만 보험대상자(피보험자)가 암으로 진단 또는 치료를 받고 있음을 증명할 만한 의사가 작성한 문서화된 기록 또는 증거가 있어야 한다.

2 중대한 뇌졸중(Critical Stroke)

가. 정의

중대한 뇌졸중이라 함은 지주막하출혈, 뇌내출혈, 기타 비외상성 머리내출혈, 뇌경색(증)이 발생하여 뇌혈액순환의 급격한 차단이 생겨서 그 결과 영구적인 신경학적 결손(언어장애, 운동실조, 마비 등)이 나타나는 질병을 말한다.

나. 상세 기준

(1) 뇌혈액순환의 급격한 차단

　뇌혈액순환의 급격한 차단은 의사가 작성한 진료기록부상의 전형적인 병력을 기초로 하여야 한다.

(2) 영구적인 신경학적 결손

　영구적인 신경학적 결손이란 주관적인 자각증상(symptom)이 아니라 신경학적 검사를 기초로 한 객관적인 신경학적증후(sign)로 나타난 장애로서 〈장해분류표〉에서 정한 "신경계에 장해가 남아 일상생활 기본동작에 제한을 남긴 때"의 지급률이 25% 이상인 장해상태[장해분류별 판정기준 13. 신경계·정신행동 장해 가. 장해의 분류 1. 및 나. 장해판정기준 1) 신경계에 따라 판정함]를 말한다.

다. 중대한 뇌졸중에서 제외하는 유형

일과성 허혈 발작(transcient ischemic attack), 가역적 허혈성 신경학적 결손(reversible ischemic neurological deficit)은 보장에서 제외한다. 또한 다음과 같은 뇌출혈, 뇌경색은 보장에서 제외한다.
(1) 외상에 의한 경우
(2) 뇌종양으로 인한 경우
(3) 뇌수술 합병증으로 인한 경우
(4) 신경학적결손을 가져오는 안동맥(ophthalmic artery)의 경우

라. 중대한 뇌졸중의 진단방법

(1) 기본 원칙

중대한 뇌졸중의 진단확정은 뇌전산화단층촬영(Brain CT Scan), 핵자기공명영상(MRI), 뇌혈관조영술, 양전자방출단층술(PET scan), 단일광자전산화단층술(SPECT), 뇌척수액검사를 기초로 영구적인 신경학적 결손에 일치되게 중대한 뇌졸중에 특징적인 소견이 발병 당시 새롭게 출현함을 근거로 하여야 한다.

(2) 예외 – 기본 원칙이 가능하지 않을 경우

상기의 진단이 가능하지 않을 때에만 피보험자가 중대한 뇌졸중으로 진단 또는 치료를 받고 있음을 증명할 만한 의사가 작성한 문서화된 기록 또는 증거가 있어야 한다.

3 중대한 급성심근경색(Critical Acute Myocardial Infarction)

가. 정의

중대한 급성심근경색증이라 함은 관상동맥의 폐색으로 인하여 심근으로의 혈액공급이 급격히 감소되어 전형적인 흉부 통증과 함께 해당 심근조직의 비가역적 괴사를 가져오는 질병으로서 발병 당시 다음의 2가지 특징을 모두 보여야 한다.
(1) 전형적인 급성심근경색 심전도 변화(ST분절, T파, Q파)가 새롭게 출현
(2) CK-MB를 포함한 심근효소의 발병 당시 새롭게 상승. 여기서 상승이라 함은 CK-MB 정상범위 최고치의 2배 이상 상승한 경우를 말한다. 다만 Troponin은 CK-MB와 함께 심근효소의 상승을 보여주는 자료로 제시될 수는 있으나 CK-MB없이 Troponin 단독으로는 인정되지 않는다.

나. 중대한 급성심근경색에서 제외하는 유형

(1) 안정협심증, 불안정협심증, 이형협심증을 포함한 모든 종류의 협심증은 보장에서 제외한다.
(2) 혈액 중 심장효소만으로 급성심근경색증 진단을 내린다든지 심전도검사 만으로 급성심근경색증 진단을 내리는 경우도 보장에서 제외한다.

(3) 심초음파검사나 핵의학검사, 자기공명영상, 양전자방출단층촬영술 등을 기초로 급성심근경색증 진단을 내리는 경우도 보장에서 제외한다.
(4) 심근의 미세경색이나 작은 손상(Myocardial Microinfaction or Minimal Myocardial Damage)도 보장에서 제외한다.

다. 중대한 급성심근경색의 진단방법

(1) 기본 원칙

중대한 급성심근경색의 진단확정은 의료법 제3조에서 정한 국내의 병원 또는 이와 동등하다고 회사가 인정하는 국외의 의료기관의 의사(치과의사 제외) 자격증을 가진 자에 의하여 내려져야 하며, 이 진단은 병력과 함께 심전도, 심장초음파, 관상동맥 촬영술, 혈액 중 심장효소 검사 등을 기초로 하여야 한다.

(2) 예외 – 기본 원칙이 가능하지 않을 경우

상기의 진단이 가능하지 않을 때에만 피보험자가 중대한 급성심근경색증으로 진단 또는 치료를 받고 있음을 증명할 만한 의사가 작성한 문서화된 기록 또는 증거가 있어야 한다.

4 말기신부전증(End Stage Renal Disease)

가. 정의

말기신부전증이라 함은 양쪽 신장 모두가 만성적으로 비가역적 기능부전을 보이는 말기 신장질환(End Stage Renal Disease)으로서, 보존요법으로는 치료가 불가능하여 정기적인 신장 투석 요법(혈액투석이나 복막투석)을 받고 있거나 받는 경우를 말한다.

나. 제외하는 경우

일시적으로 투석치료를 필요로 하는 신부전증은 말기신부전증에서 제외한다.

5 말기간질환(End Stage Liver Disease)

가. 정의

말기간질환이라 함은 간질환 중에서 간경변증을 일으키는 말기의 간질환을 말하며, 다음의 3가지 특징을 모두 보여야 한다.
(1) 영구적인 황달(jaundice): "영구적인 황달"이란 혈청 빌리루빈 검사 수치가 3mg/dl 이상을 말한다.
(2) 통제 불가능한 복수(ascites)
(3) 간성 뇌병증(hepatic encephalopathy)

나. 진단방법

말기간질환의 진단확정은 정기적인 이학적 검사, 혈액검사, 영상검사(복부 초음파 등), 복부 전산화 단층 촬영(Abdomen CT Scan) 등을 포함한 검사결과, 소견서, 진료기록 등으로 확인 가능하여야 한다.

6 말기폐질환(End Stage Lung Disease)

가. 정의

말기폐질환이라 함은 만성 호흡부전을 일으키는 폐질환이 악화된 상황으로서 폐가 심한 비가역적 기능 부전을 보이는 상태이며 다음의 2가지 특징을 모두 보여야 한다.

(1) 폐기능 검사에서 1초간 노력성 호기량(Forced Expiratory Volume in 1 second ; FEV1.0)이 정상예측치의 25% 이하
(2) 저산소증으로 인하여 영구적인 산소공급 치료를 요구하는 상태(동맥혈가스분석 결과 PaO2 수치가 60mmHg 이하)

나. 진단방법

말기폐질환의 진단확정은 정기적인 폐기능검사(PFT), 흉부X선검사, 동맥혈가스분석검사 등의 검사결과, 소견서, 진료기록 등으로 확인 가능하여야 한다.

다. 주의사항

폐기능 검사 성적은 그 성질상 변동하기 쉬운 것이기 때문에 폐질환의 경과 중에 있어서 가장 적절하게 상병을 나타내고 있다고 생각되는 검사 성적에 근거하여야 한다. 폐기능 검사는 표준화된 폐기능 검사 방법으로 시행되어야 하며, 폐기능 검사의 정도관리기준 중 적합성평가(within-manoeuvre evaluation)와 재현성평가(between manoeuvre criteria)의 기준에 부합하여야 한다.

용어설명

▶ 침윤파괴적 증식
  암조직이 처음 발생한 부위의 주변조직을 파고 들어가며 증식

▶ 인간면역결핍 바이러스(HIV) 감염과 관련된 악성종양
  인간면역결핍 바이러스 감염이 되면 면역력이 저하되기 때문에 악성종양이 잘 생김. 카포시 육종(C46)이 대표

▶ 전암병소(premalignant condition)
  방치하면 악성종양 즉 암으로 전환할 가능성이 높은 병소

▶ 일과성 허혈 발작
  뇌순환혈액량의 감소로 인해 일시적으로 마비, 실어 증상 등이 나타나고 24시간 이내에 증상이 완전히 없어지는 것

▶ 가역적 허혈성 신경학적 결손
뇌에 공급되는 혈액량의 부족으로 인하여 언어장해, 운동실조, 감각이상, 마비 등의 증상이 일시적(약 24시간~72시간 이내)으로 나타나는 것

▶ CK-MB, Troponin
대표적인 심근 바이오마커(bio marker)로서 대부분 심근경색 발병 후 수시간 내에 검출되며, 보통은 24시간 내에 최대치를 보임. 심근이 파괴되면서 심근세포내의 효소가 혈중으로 방출되어 혈중 심근효소 수치가 상승. 다만 Troponin 단독으로는 CI보험에서 인정하는 심근효소는 아님

▶ 비가역적
원인이 제거되어도 본래의 상태로 돌아가지 않는 것

▶ 간성 뇌병증
간질환으로 인해 뇌의 기능에 이상이 오는 증상

▶ 카테터
체강(늑막강, 복막강) 또는 관상, 낭상기관(소화관, 방광 등), 혈관 내용액의 배출 측정 및 검사, 수술 등을 위해 사용되는 시술기구로서 고무 또는 금속제의 가는 관(튜브)

▶ FEV1 검사
1초 동안의 노력 호기량으로서 최대한 폐를 부풀렸다가 힘껏 뱉는 공기량 중 1초 동안 나오는 공기량으로 3,900cc정도가 정상

제3절 중대한 수술

1 관상동맥우회술(Coronary Artery Bypass Graft, CABG)

가. 정의

관상동맥우회술이라 함은 관상동맥질환(Coronary Artery Disease)의 근본적인 치료를 직접 목적으로 하여 개흉술을 한 후 대복재정맥(greater saphenous vein), 내유동맥(internal mammary artery) 등의 자가우회도관을 협착이 있는 부위보다 원위부(遠位部)의 관상동맥에 연결하여 주는 수술을 말한다.

나. 제외

카테터를 이용한 수술이나 개흉술을 동반하지 않는 수술은 모두 제외한다. 예를 들면 관상동맥성형술(Percutaneous Transluminal Coronary Angioplasty, PTCA), 스텐트삽입술(Coronary Stent), 회전죽상반절제술(Rotational Atherectomy) 등은 보장에서 제외한다.

2 대동맥류인조혈관치환수술(Aorta Graft Surgery)

가. 정의

대동맥류인조혈관치환수술(Aorta Graft Surgery)이라 함은 대동맥류의 근본적인 치료를 직접목적으로 하여 개흉술 또는 개복술을 한 후 반드시 대동맥류 병소를 절제(excision)하고 인조혈관(graft)으로 치환하는 두가지 수술을 해주는 것을 의미한다.

나. 대동맥

흉부 또는 복부 대동맥을 말하는 것으로 대동맥의 분지(branch) 동맥들은 제외한다.

다. 제외

카테터를 이용한 수술들은 제외한다. 예를 들면 경피적 혈관내 대동맥류 수술(percutaneous endovascular aneurysm repair)은 보장에서 제외한다.

3 심장판막수술(Heart Valve Surgery)

가. 정의

심장판막수술(Heart Valve Surgery)이라 함은 심장판막 질환의 근본적인 치료를 직접목적으로 하여 다음의 두가지 기준 중 한가지 이상에 해당하여야 한다.
(1) 반드시 개흉술 및 개심술을 한 후 병변이 있는 판막을 완전히 제거한 뒤에 인공심장판막 또는 생체판막으로 치환하여 주는 수술
(2) 반드시 개흉술 및 개심술을 한 후 병변이 있는 판막에 대해 판막성형술(valvuloplasty)을 해주는 수술

나. 제외

(1) 카테터를 이용한 수술들은 제외한다. 예를 들면 경피적 판막성형술(percutaneous balloon valvuloplasty)은 보장에서 제외한다.
(2) 개흉술 또는 개심술을 동반하지 않는 수술은 보장에서 제외한다.

4 5대 장기이식 수술(5 Major Organ Transplantation)

가. 정의

5대 장기이식 수술이라 함은 5대 장기의 만성 부전상태로부터 근본적인 회복과 치료를 목적으로 관련법규에 따라 정부에서 인정한 장기이식 의료기관 또는 이와 동등하다고 회사가 인정하는 의료기관에서

간장, 신장, 심장, 췌장, 폐장에 대하여 장기이식을 하는 것으로 타인의 내부 장기를 적출하여 장기부전 상태에 있는 수혜자에게 이식을 시행한 경우에 대한 수술을 말한다.

나. 제외

랑게르한스 소도 세포 이식수술은 보장에서 제외한다.

※ 랑게르한스 소도 세포 이식수술은 췌장에서 인슐린이 충분히 생성되지 않는 사람들(당뇨병 환자)에게 시행하는 치료방법 중 하나이다. 췌장에서 인슐린을 생산하는 세포를 랑게르한스 소도 세포라고 한다. 랑게르한스 소도 세포 이식은 췌장 이식보다 간단하고 안전하며, 소도 세포 이식을 받은 사람의 약 75%가 1년 후에 인슐린이 필요 없게 된다는 연구결과가 있다. 그러나 소도 세포의 장기적 성공 여부는 아직 정확하게 검증되지 않았다.

제4절 중대한 화상 및 부식

1 중대한 화상 및 부식(화학약품 등에 의한 피부 손상)의 정의

(1) 중대한 화상 및 부식(화학약품 등에 의한 피부 손상)이라 함은 화상 및 부식이 9의 법칙(Rule of 9's) 또는 룬드와 브라우더 신체 표면적 차트(Lund & Browder body surface chart)에 의해 측정된 신체 표면적으로 최소 20% 이상의 3도 화상 또는 부식을 입은 경우를 말한다.
(2) 다만 9의 법칙 또는 룬드와 브라우더 신체 표면적 차트 측정법처럼 표준화되고 임상학적으로 받아들여지는 다른 신체표면적 차트를 사용하여 유사한 결과가 나온 것도 인정한다.

2 진단방법

중대한 화상 및 부식(화학약품 등에 의한 피부 손상)의 진단확정은 의료법 제3조 및 제5조의 규정에 의한 국내의 병원 또는 국외의 의료관련법에서 정한 의료기관의 의사(한의사, 치과의사 제외) 자격을 가진 자가 작성한 문서화된 기록 또는 검사결과를 기초로 하여 내려져야 한다.

3 9의 법칙

화상을 당한 신체부위의 면적을 표현하는 것으로, 우리 몸의 체표 면적을 9% 혹은 그의 배수로 표현하는 방법으로 두경부를 9%, 체부 전면을 18%, 체부후면을 18%, 상지 9%, 하지 18%, 회음부를 1%로 계산하는 방법이다.

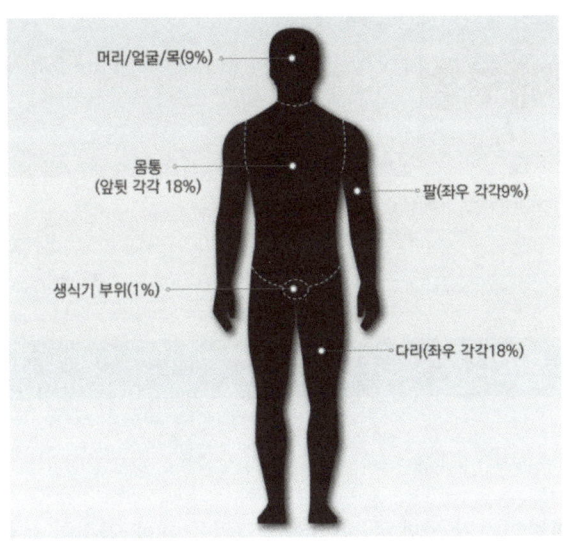

4 룬드의 법칙

연령에 따른 체표면적의 비율 변화를 고려한 화상범위 측정방법이다. 9의 법칙보다 좀 더 세밀한 분류를 할 수 있다는 장점이 있다.

범위	0~1세	1~4세	5~9세	10~14세	15세	성인
머리	19	17	13	11	9	9
목	2	2	2	2	2	2
몸통(앞)	13	13	13	13	13	13
몸통(뒤)	13	13	13	13	13	13
둔부(우)	2.5	2.5	2.5	2.5	2.5	2.5
둔부(좌)	2.5	2.5	2.5	2.5	2.5	2.5
성기	1	1	1	1	1	1
상완(우)	4	4	4	4	4	4
상완(좌)	4	4	4	4	4	4
하완(우)	3	3	3	3	3	3
하완(좌)	3	3	3	3	3	3
손(우)	2.5	2.5	2.5	2.5	2.5	2.5
손(좌)	2.5	2.5	2.5	2.5	2.5	2.5
대퇴부(우)	5.5	6.5	8	8.5	9	9.5
대퇴부(좌)	5.5	6.5	8	8.5	9	9.5
다리(우)	5	5	5.5	6	6.5	7
다리(좌)	5	5	5.5	6	6.5	7
발(우)	3.5	3.5	3.5	3.5	3.5	3.5
발(좌)	3.5	3.5	3.5	3.5	3.5	3.5

CHAPTER 5 치매보험

제1절 치매보험의 의의

1 의의

치매보험은 보험기간 중 피보험자가 치매로 진단 확정되었을 때에 일정한 보험금을 지급하는 상품으로 최근 고령화되고 있는 우리나라에서 많은 관심을 받고 있는 보험이다. 치매는 사실상 완치가 불가능하고 치료비도 많이 소요되며 간병기간이 매우 장기간인 질병으로, 환자 본인 뿐만 아니라 가족의 생활도 망가질 수 있는 심각한 질환에 해당한다. 치매보험에 가입함으로 인하여 이러한 부담에서 벗어날 수 있으며 피보험자의 간병은 물론이고 보호자 가족의 경제활동도 지속할 수 있는 기반을 마련할 수 있다.

2 CDR 척도[1]

치매관련 전문의가 실시하는 전반적인 인지기능 및 사회기능 정도를 측정하는 검사로서 전체 점수구성은 0점, 0.5점, 1점, 2점, 3점, 4점, 5점으로 되어 있으며, 점수가 높을수록 중증을 의미한다. CDR은 치매에서 감퇴하는 인지 및 사회 기능 영역들을 고루 평가하기 위하여, 기억력, 지남력, 판단력과 문제해결 능력, 사회활동, 집안 생활과 취미, 그리고 위생 및 몸치장의 여섯 가지 세부 항목들을 평가하도록 구성되어 있다. 의사는 환자 및 보호자와 자세한 면담을 통하여 이 여섯 가지 영역의 기능을 평가하여 점수를 부여한다.

---

[1] 한국판 Expanded Clinical Dementia Rating (CDR) 척도의 타당도, 대한신경과학회지, 2001. 11

제2절 치매보험금의 지급

1 보험금의 지급사유

피보험자가 보험기간 중에 진단 확정된 질병 또는 상해로 중증 치매상태로 진단 확정되었을 때에 보험수익자에게 최초 1회에 한하여 보험가입금액 전액을 지급한다. 혹은 약관에 따라 매월 또는 매년 일정한 금액을 간병비나 생활자금 형태로 일정한 기간 동안 지급(예 5년 동안 매월 진단 확정일에 지급. 총 60회)하는 경우도 있다. 또한 최근에는 중증 치매상태 뿐만 아니라 중등도 치매상태, 경증 치매상태를 보험금 지급사유로 하는 약관도 판매되고 있다.

2 치매상태

가. 중증 치매상태

중증 치매상태는 아래 각호에 모두 해당되는 치매로 중증 인지기능의 장애가 발생하여 중증 치매상태로 진단된 경우를 말한다.
① 뇌(腦) 속에 후천적으로 생긴 병으로 인한 변화 또는 뇌 속에 손상을 입은 경우
② 정상적으로 성숙한 뇌가 ①에 의한 장해에 의해서 파괴되었기 때문에 한 번 획득한 지능이 지속적으로 또는 전반적으로 저하되는 경우

나. 중증 인지기능 장애

중증 인지기능의 장애라 함은 CDR(Clinical dementia rating scale, 2001) 척도의 검사결과가 3점(단 국내 의학계에서 인정되는 검사방법으로 이와 동등한 정도로 판정되는 경우를 포함한다)이상에 해당되는 상태로서 그 상태가 발생시점부터 90일 이상 계속되어 더 이상의 호전을 기대할 수 없는 상태를 말한다.

다. 중등도 치매상태

중등도 치매상태는 아래 각호에 모두 해당되는 치매로 중등도 인지기능의 장애가 발생하여 중등도 치매상태로 진단된 경우를 말한다.
① 뇌(腦) 속에 후천적으로 생긴 병으로 인한 변화 또는 뇌 속에 손상을 입은 경우
② 정상적으로 성숙한 뇌가 ①에 의한 장해에 의해서 파괴되었기 때문에 한 번 획득한 지능이 지속적으로 또는 전반적으로 저하되는 경우

라. 중등도 인지기능 장애

중등도 인지기능의 장애라 함은 CDR(Clinical dementia rating scale, 2001) 척도의 검사결과가 2점(단 국내 의학계에서 인정되는 검사방법으로 이와 동등한 정도로 판정되는 경우를 포함한다)이상에 해

당되는 상태로서 그 상태가 발생시점부터 90일 이상 계속되어 더 이상의 호전을 기대할 수 없는 상태를 말한다.

마. 경증 치매상태

경증 치매상태는 아래 각호에 모두 해당되는 치매로 경증 인지기능의 장애가 발생하여 경증 치매상태로 진단된 경우를 말한다.
① 뇌(腦) 속에 후천적으로 생긴 병으로 인한 변화 또는 뇌 속에 손상을 입은 경우
② 정상적으로 성숙한 뇌가 ①에 의한 장해에 의해서 파괴되었기 때문에 한 번 획득한 지능이 지속적으로 또는 전반적으로 저하되는 경우

바. 경증 인지기능 장애

경증 인지기능의 장애라 함은 CDR(Clinical dementia rating scale, 2001) 척도의 검사결과가 1점(단 국내 의학계에서 인정되는 검사방법으로 이와 동등한 정도로 판정되는 경우를 포함한다)이상에 해당되는 상태로서 그 상태가 발생시점부터 90일 이상 계속되어 더 이상의 호전을 기대할 수 없는 상태를 말한다.

3 치매상태의 진단

치매상태의 진단은 의료법 제3조(의료기관)에서 정한 국내의 병원, 의원 또는 국외의 의료 관련법에서 정한 의료기관의 치매 전문의(신경과 또는 정신건강의학과)의 진단서에 의하고, 이 진단은 병력청취, 인지기능 및 정신상태 평가, 신체진찰과 신경계진찰, 신경 심리검사, 일상생활능력평가, 검사실검사, 뇌영상검사 등 해당 치매의 진단 및 원인질환 감별을 위해 의학적으로 필요한 검사 및 그 결과에 대한 종합적인 평가를 기초로 정해지며, 뇌영상검사 등 일부 검사에서 치매의 소견이 확인되지 않았다 하더라도 다른 검사에 의한 종합적인 평가를 기초로 치매를 진단할 수 있다.

4 치매상태의 지속

치매가 진단된 이후에 그러한 상태가 일정 기간 지속되어야지 치매 관련 보험금 지급사유에 해당한다. 즉 치매상태가 진단되었다고 바로 보험금을 지급하는 것이 아니라 진단일로부터 90일이 경과된 이후에도 치매상태가 지속되었음을 확인한 이후에 보험금을 지급할 수 있다. 다만 피보험자가 장래에 더 이상 호전을 기대할 수 없는 상태인 경우라면 진단일로부터 90일이 경과하기 전이라도 치매상태의 최종 진단 확정될 수 있다.

시험출제 Point

▶ 치매에서 90일 대기조항을 둔 이유
치매는 질병의 특성상 그 발생시기를 특정할 수 없고 조직검사 등의 물리적인 검사방법으로 진단 내릴 수 있는 질병도 아니다. 따라서 치매 진단 이후에도 일정한 기간 동안 치매상태가 지속되었을 경우에 치매 진단보험금을 지급하도록 규정한 것이다.

5 치매 보장개시일

치매 보장개시일은 계약일부터 그 날을 포함하여 1년이 지난 날의 다음날이다. 다만 상해로 인한 뇌의 손상으로 치매상태가 발생한 경우에는 계약일을 치매 보장개시일로 한다. 일부 보험상품 중에는 2년의 보장개시일을 요구하는 경우도 있다. 치매 보장개시일 이후에 피보험자가 치매 진단 확정되었을 경우에 보험금을 지급한다.

6 보장기간에 따른 보장 여부 정리

가. 치매 보장개시일 이후 인지기능 장애 발생

치매 진단보험금은 피보험자가 보험기간 중에 진단 확정된 질병 또는 상해로 치매 보장개시일 이후에 중증(중등도 혹은 경증) 치매상태가 발생한 경우에 보장한다. 또한 중증(중등도 혹은 경증) 치매상태가 90일 이상 계속되어 장래에 더 이상이 호전을 기대할 수 없을 때를 최종 진단확정일로 보아 보험금을 지급한다. 종합하면, 치매 보장개시일 이후에 중증(중등도 혹은 경증) 치매상태가 발생하여야 하며, 그 상태가 90일 동안 지속된 경우에 최종 진단확정으로 인정하여 보험금을 지급한다.

나. 치매 보장개시일 이전 치매 발생

피보험자가 치매 보장개시일 이전에 중증(중등도 혹은 경증) 치매상태로 진단된 경우에는 보험금은 지급하지 않고 계약을 무효로 하며 이미 납입한 보험료를 돌려준다.

다. 치매 발생 후 보험기간이 종료된 경우

피보험자가 보험기간 중 중증(중등도 혹은 경증) 치매상태로 진단되었으나 90일이 경과하는 기간 동안 보험기간이 종료되어 보험기간 종료 이후에 중증(중등도 혹은 경증) 치매상태로 최종 진단확정된 경우에도, 치매 보험금을 지급한다.

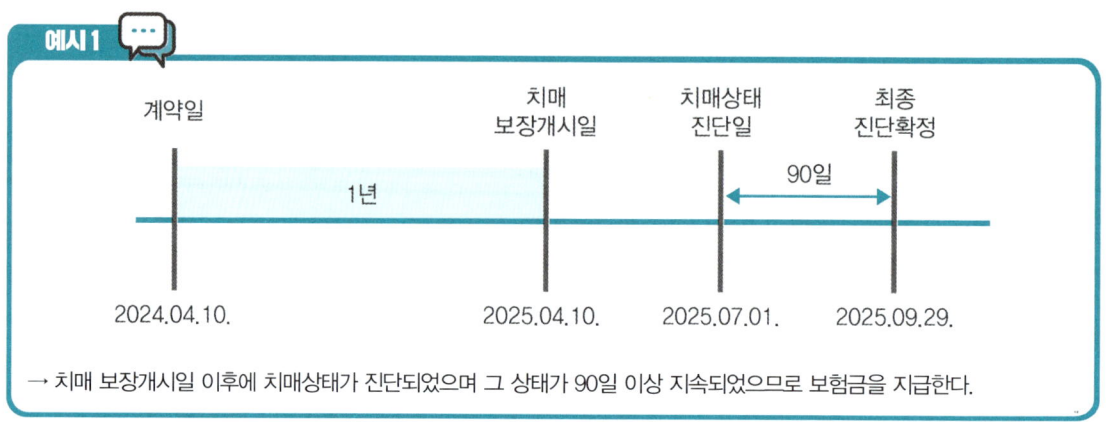

→ 치매 보장개시일 이후에 치매상태가 진단되었으며 그 상태가 90일 이상 지속되었으므로 보험금을 지급한다.

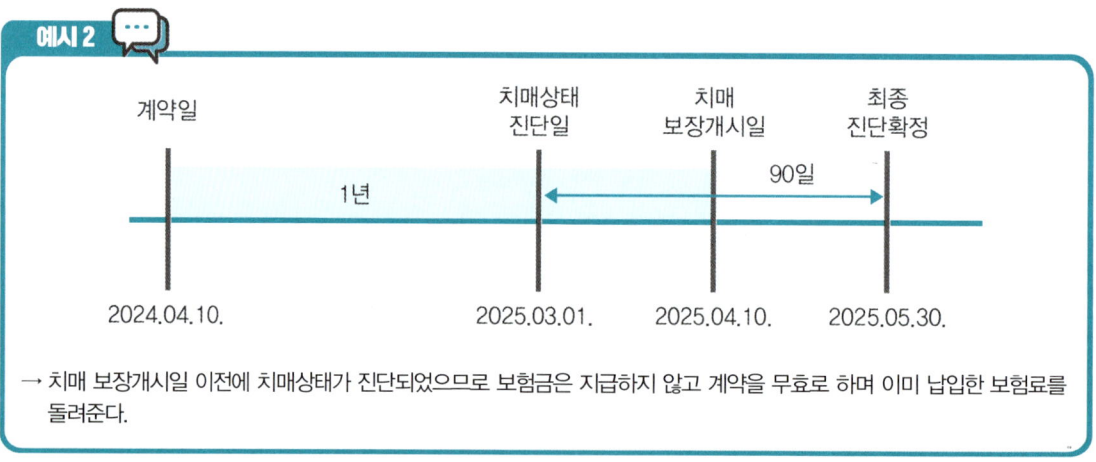

→ 치매 보장개시일 이전에 치매상태가 진단되었으므로 보험금은 지급하지 않고 계약을 무효로 하며 이미 납입한 보험료를 돌려준다.

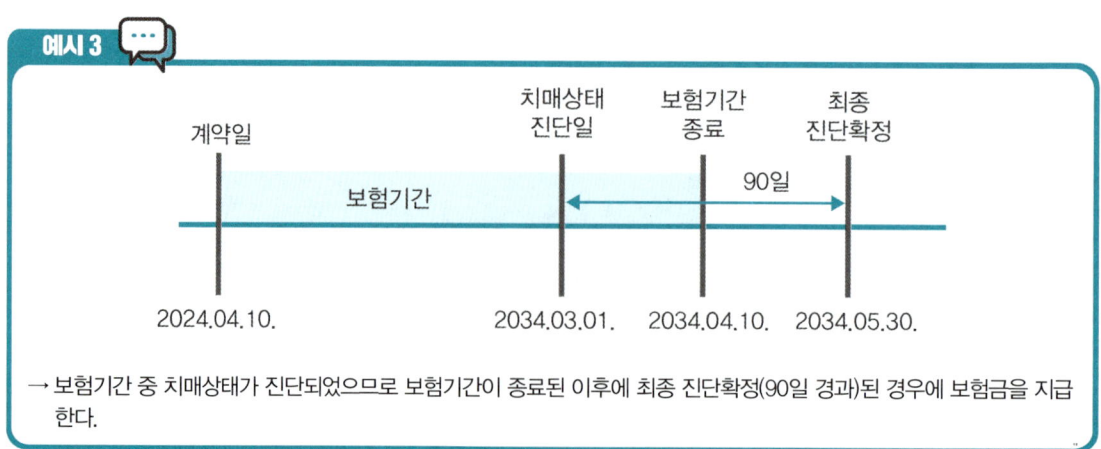

→ 보험기간 중 치매상태가 진단되었으므로 보험기간이 종료된 이후에 최종 진단확정(90일 경과)된 경우에 보험금을 지급한다.

7 보험금을 지급하지 않는 사유

다음의 한 가지를 원인으로 발생한 치매상태는 보장대상에서 제외한다.
(1) 정신분열증이나 우울증과 같은 정신질환으로 인한 인지기능의 장애
(2) 의사의 처방에 의하지 않은 약물의 투여로 인한 인지기능의 장애
(3) 알코올 중독 습관성 약품 및 환각제의 복용 및 사용

PART VI

상해보험

CHAPTER 1 일반상해

제1절 일반상해 후유장해 3%~100%

1 보험금 지급사유

피보험자가 보험기간 중에 상해로 장해분류표에서 정한 3~100% 장해지급률에 해당하는 장해상태가 되었을 때에 장해분류표에서 정한 장해지급률을 보험가입금액에 곱하여 산출한 금액을 후유장해보험금으로 지급한다.

2 보험금 지급에 관한 세부사항

가. 180일 이내에 확정되지 않은 장해

장해지급률이 상해 발생일부터 180일 이내에 확정되지 않는 경우에는 상해 발생일부터 180일이 되는 날의 의사진단에 기초하여 고정될 것으로 인정되는 상태를 장해지급률로 결정한다. 다만, 장해분류표에 장해판정시기를 별도로 정한 경우에는 그에 따른다.

나. 악화된 장해

장해지급률이 결정되었으나 그 이후 보장받을 수 있는 기간(계약의 효력이 없어진 경우에는 보험기간이 10년 이상인 계약은 상해 발생일부터 2년 이내로 하고, 보험기간이 10년 미만인 계약은 상해 발생일부터 1년 이내)에 장해상태가 더 악화된 때에는 그 악화된 장해상태를 기준으로 장해지급률을 결정한다.

다. 장해분류표에 해당되지 않는 후유장해

장해분류표에 해당되지 않는 후유장해는 피보험자의 직업, 연령, 신분 또는 성별 등에 관계없이 신체의 장해정도에 따라 장해분류표의 구분에 준하여 지급액을 결정한다. 다만, 장해분류표의 각 장해분류별 최저 지급률 장해정도에 이르지 않는 후유장해에 대하여는 후유장해보험금을 지급하지 않는다.

라. 합의하지 못하는 경우

보험수익자와 회사가 보험금 지급사유에 대해 합의하지 못할 때는 보험수익자와 회사가 함께 제3자를 정하고 그 제3자의 의견에 따를 수 있다. 제3자는 의료법 제3조(의료기관)에 규정한 종합병원 소속 전문의 중에 정하며, 보험금 지급사유 판정에 드는 의료비용은 회사가 전액 부담한다. 보험실무상 이를 동시감정이라고 부른다.

마. 같은 상해로 두 가지 이상의 후유장해 생긴 경우

같은 상해로 두 가지 이상의 후유장해가 생긴 경우에는 후유장해 지급률을 합산하여 지급한다. 다만, 장해분류표의 각 신체부위별 판정기준에 별도로 정한 경우에는 그 기준에 따른다.

바. 다른 상해로 후유장해가 2회 이상 발생한 경우

다른 상해로 인하여 후유장해가 2회 이상 발생하였을 경우에는 그 때마다 이에 해당하는 후유장해지급률을 결정한다. 그러나 그 후유장해가 이미 후유장해보험금을 지급받은 동일한 부위에 가중된 때에는 최종 장해상태에 해당하는 후유장해보험금에서 이미 지급받은 후유장해보험금을 차감하여 지급한다. 다만, 장해분류표의 각 신체부위별 판정기준에서 별도로 정한 경우에는 그 기준에 따른다.
* 동일부위 가중 후유장해보험금 = 최종 장해상태 후유장해보험금 - 이미 지급받은 후유장해보험금

사. 지급되지 않은 후유장해

후유장해보험금 지급사유에 해당되지 않았거나(보장개시 이전의 원인에 의하거나 또는 그 이전에 발생한 후유장해를 포함) 후유장해보험금이 지급되지 않았던 피보험자에게 그 신체의 동일 부위에 또다시 후유장해 상태가 발생하였을 경우에는 직전까지의 후유장해에 대한 후유장해보험금이 지급된 것으로 보고 최종 후유장해 상태에 해당되는 후유장해보험금에서 이를 차감하여 지급한다.
* 동일부위 가중 후유장해보험금 = 최종 장해상태 후유장해보험금 - 직전 후유장해를 지급된 것으로 보고 계산한 후유장해보험금

아. 한도

회사가 지급하여야 할 하나의 상해로 인한 후유장해보험금은 후유장해 보험가입금액을 한도로 한다.

제2절 일반상해 후유장해 3%~79%

1 보험금 지급사유

피보험자가 보험기간 중에 상해로 장해분류표에서 정한 3%~79% 장해지급률에 해당하는 장해상태가 되었을 때에 장해분류표에서 정한 장해지급률을 보험가입금액에 곱하여 산출한 금액을 후유장해보험금으로 지급한다.

2 보험금 지급에 관한 세부사항

일반상해 후유장해 3%~100%와 동일하다.

3 담보 특징

일반상해 후유장해 3%~79% 담보는 이후에 설명할 일반상해 후유장해 80% 이상 담보와 연계되어 판매되는 경우가 많다.

제3절 고도후유장해

1 보험금 지급사유

가. 동일한 원인을 요구하는 경우

피보험자가 보험기간 중에 동일한 상해로 장해분류표에서 정한 여러 신체부위의 장해지급률을 더하여 약관에서 정한 일정한 장해지급률 이상(50% 이상 or 80% 이상)에 해당하는 장해상태가 되었을 때에 최초 1회에 한하여 보험가입금액을 보험수익자에게 지급한다. 주로 생명보험에서 판매되는 약관이 해당한다.

나. 동일한 원인을 요구하지 않는 경우

피보험자가 보험기간 중에 상해로 장해분류표에서 정한 여러 신체부위의 장해지급률을 더하여 약관에서 정한 일정한 장해지급률 이상(50% 이상 or 80% 이상)에 해당하는 장해상태가 되었을 때에 최초 1회에 한하여 보험가입금액을 보험수익자에게 지급한다. 주로 손해보험에서 판매가 되었으나 현재에는 거의 판매되지 않는다. 즉 현재는 손해보험에서도 동일한 원인을 요구하는 고도후유장해 담보가 판매되고 있다.

2 지급 세부사항

가. 동일한 원인을 요구하는 경우

동일한 원인을 요구하는 경우라면 동일한 상해로 인하여 약관에서 정한 일정한 장해지급률 이상(50% 이상 or 80% 이상)이 되어야 한다. 따라서 2개 이상의 상해로 인하여 고도후유장해가 된 경우라면 보험금 지급사유에 해당하지 않는다. 현재 판매되는 담보는 대부분 이 경우에 해당한다. 예를 들어, "동일한 상해로 80% 이상의 장해지급률 상태가 되었을 때"를 보험금 지급사유로 하는 경우에, 하나의 상해로 30%의 장해가 발생하고 해당 사고 이전에 장해가 50% 존재했다면, 보험금 지급의무 발생 요건(동일한 상해로 80% 이상 장해지급률)을 만족하지 못하였으므로 보험금을 지급하지 않는다.

나. 동일한 원인을 요구하지 않는 경우

(1) 보험금의 지급

동일한 원인을 요구하지 않는 약관이라면, 보험기간 중에 상해가 발생하고 그 상해로 인하여 약관에서 정한 일정한 장해지급률 이상(50% 이상 or 80% 이상)이 되었다면 보험금을 지급한다. 이 때 약관에서 정한 일정한 장해지급률 이상이 되었는지 여부는 동일한 상해임을 요구하지 않으므로, 기왕의 신체장해나 질병이 기여한 부분에 대해서 고려하지 않고 피보험자의 최종 장해상태만을 기준으로 판단한다. 예를 들어, "상해로 80% 이상의 장해지급률 상태가 되었을 때"를 보험금 지급사유로 하는 경우에, 하나의 상해로 30%의 장해가 발생하고 해당 사고 이전에 장해가 50% 존재했다면, 최종적인 후유장해 상태가 보험금 지급의무 발생 요건(상해로 80% 이상 장해지급률)을 만족했으므로 보험금을 지급한다.

(2) 기왕증 감액 조건이 있는 경우

이 때 보험금 지급 요건과는 별도로 약관에 기왕장해 및 기왕증 기여도의 감액 요건과 방법에 대한 규정을 정하고 있다면, 보험금을 산정할 때에 지급하는 보험금에서 그 기여분을 감액하여 계산한다. 만약 기왕증 감액 조건이 없다면 약관에서 정하여 보험금을 정액 지급하며 감액하여 지급할 수 없다.

> **관련판례**
>
> **대법원 2005. 10. 27. 선고 2004다52033 판결**
>
> 상해보험의 약관에서 후유장해보험금 지급의무의 발생 요건을 후유장해지급률 합계 80% 이상의 후유장해를 입은 경우로 규정하고, 이와 **별도로 보험금액 산정에 있어서 기왕증 기여도의 감액 요건과 방법에 관한 규정을 두고 있는 경우**, 위 약관에 정한 바에 따라 산정된 **후유장해지급률 합계가 80% 이상이면 보험금 지급의무가 발생**하고, 기왕증은 보험금액 산정에 있어 그 기여분을 감액하면 된다.
>
> 이 사건 보험약관도 제17조에 후유장해보험금 지급의무의 발생 요건에 관하여 '**사고로 상해를 입고 그 직접 결과로 별표에 따른 후유장해지급률 합계 80% 이상의 후유장해를 입은 경우**'로 규정하는 한편, **이와는 별도로** 제19조에 보험금액 산정에 있어서 기왕증 기여도의 감액 요건과 방법에 관하여 '**보험사고 이전에 존재한 신체장해, 질병의 영향으로 사고로 인한 상해가 중하게 된 경우 피고는 그 영향이 없었을 때에 상당한 금액을 결정하여 지급한다.**'는 취지의 이 사건 약관 조항을 두고 있다.
>
> 이 사건 사고와 원고의 두개골골절, 시신경손상, 제2, 3경추체 압박골절의 상해 및 그 결과로서의 좌안 실명, 인지기능저하, 경도의 척추 기형 또는 운동장해라는 후유장해 사이에 인과관계가 인정된다면, 그 후유장해에 관하여 별표에 따라 산정한 후유장해지급률 합계가 95%(=60%+25%+10%)에 달하여 보험금 지급의무의 요건인 **80%를 초과하므로 보험계약 체결시 약정한 대로 후유장해보험금 지급의무는 발생**하였다고 할 것이고, 다만 기왕의 신체장해나 질병으로 인하여 상해가 중하게 된 부분이 있다면 보험금액을 산정함에 있어서 이 사건 약관 조항의 취지에 따라 그 **기여분을 감액하면 족하다**고 할 것이다.
>
> 그럼에도 불구하고, 원심은 이 사건 보험사고로 인한 원고의 후유장해에 관하여 별표에 따라 산정된 후유장해지급률에서 기왕의 신체장해나 질병이 기여한 부분을 감액하고 난 이후의 지급률이 80%를 초과하여야 비로소 보험금지급의무가 발생한다고 보아 원고의 청구를 배척하였는바, 이러한 원심의 판단에는 이 사건 보험계약에 있어서 보험금지급의무의 발생 요건에 관한 법리를 오해하여 이 사건 보험약관의 해석을 그르침으로써 판결 결과에 영향을 미친 위법이 있다.

> **참고사례**
>
> 〈잘못 판단한 원심〉 기왕장해 차감하여 80% 미만이니 부지급으로 잘못 판단
>
> 원고는 이 사건 사고 이전인 1996. 5. 22. 양안 모두 노인성백내장과 고도근시, 망막변성 증상이 나타나 백내장 적출술을 시행받았는데, 그 과정에서 좌안은 인공수정체를 삽입하였고 위 수술 직후 양안의 교정시력은 0.2에서 0.6 사이를 유지하였던 사실, 맥브라이드 방식에 의하면 원고의 좌안 시력 상실에 따른 전신활동능력장애율은 24%이지만 이 사건 **사고 당시 이미 좌안에 전신활동능력장애율 8%의 기왕증**을 가지고 있었던 사실,
>
> 또한 원고는 이 사건 사고가 발생하기 이전인 2000. 6. 4. 교통사고로 제6, 7경추체 추간판탈출증과 횡돌기 골절의 상해를 입었던 사실을 인정한 후, 좌안 실명의 경우 원래 별표에 따른 후유장해지급률은 60%이지만 위 전신활동능력장해율에 따른 기왕증의 기여도가 1/3(=8%/24%)인 점을 감안하면 결국 이 사건 사고로 인한 좌안 실명에 대한 후유장해지급률은 40%(=60%×2/3)이고, 기억력 감퇴 및 인지기능저하로 인한 후유장해지급률은 25%이며, 등뼈에 경도의 기형이나 운동장해를 남긴 때는 후유장해지급률이 10%에 해당하지만 **이전 교통사고로 인한 기왕증의 기여도**를 70%로 보아 이 사건 사고로 인한 제2, 3경추체 압박골절에 따른 후유장해지급률은 3%(=10%×3/10)이므로,
>
> 결국 이 사건 **사고로 인한 후유장해지급률의 합계가 68%**(=40%+25%+3%)인데, 이 사건 보험계약에 의하면 보험사고로 인한 후유장해지급률의 합계가 80% 이상인 경우에만 후유장해보험금을 지급하도록 되어 있으므로, 피고는 원고에게 **후유장해보험금을 지급할 의무가 없다**.

다. 장해지급률

일정한 장해지급률 이상에 해당되었을 경우에 보험금을 지급한다. 보통 50% 이상이나 80% 이상을 보장하는 경우가 많다.

라. 정액보장

일반상해 후유장해 3~100% 담보는 장해지급률에 해당하는 장해상태가 되었을 때에 장해분류표에서 정한 장해지급률을 보험가입금액에 곱하여 산출한 금액을 후유장해보험금으로 지급하는 것에 반하여, 고도후유장해 담보는 50% 이상이나 80% 이상 장해상태가 되었을 때에 보험가입금액을 전액 지급하는 정액 보장한다.

마. 1회한 지급

고도후유장해 담보는 보험금 지급사유가 발생했을 때에 1회에 한하여 지급한다. 1회에 한하여 보험금을 지급하므로, 보험금이 지급된 이후에는 담보가 소멸한다.

CHAPTER 2 교통상해

제1절 손해보험의 교통상해 후유장해

1 보험금 지급사유

피보험자가 보험기간 중에 교통사고로 인한 상해로 장해분류표에서 정한 3~100% 장해지급률에 해당하는 장해상태가 되었을 때에 장해분류표에서 정한 장해지급률을 보험가입금액에 곱하여 산출한 금액을 후유장해보험금으로 보험수익자에게 지급한다.

2 교통사고의 범위

(1) 자동차 운전 중 교통사고

자동차를 운전하던 중에 급격하고도 우연한 자동차사고

(2) 탑승 중 교통사고

운행 중인 자동차에 운전을 하고 있지 않는 상태로 탑승 중이거나 운행 중인 기타 교통수단에 탑승(운전을 포함)하고 있을 때에 급격하고도 우연한 외래의 사고

(3) 비탑승 중 교통사고

운행 중인 자동차 및 기타 교통수단에 탑승하지 않은 때, 운행 중인 자동차 및 기타 교통수단(적재물을 포함)과의 충돌, 접촉 또는 이들 자동차 및 기타 교통수단의 충돌, 접촉, 화재 또는 폭발 등의 교통사고

> 용어설명
>
> ▶ 자동차를 운전하던 중
> 도로여부, 주정차 여부, 엔진의 시동 여부를 불문하고 피보험자가 자동차 운전석에 탑승하여 핸들을 조작하거나 조작 가능한 상태에 있는 것을 말한다.

3 자동차의 범위

가. 자동차

자동차라 함은 자동차관리법 시행규칙 제2조에 정한 승용자동차, 승합자동차, 화물자동차, 특수자동차, 이륜자동차 및 자동차손해배상보장법 시행령 제2조에서 정한 9종 건설기계(덤프트럭, 타이어식 기중기, 콘크리트믹서 트럭, 트럭적재식 콘크리트펌프, 트럭적재식 아스팔트살포기, 타이어식 굴삭기, 트럭 지게차, 도로보수트럭, 노면 측정장비)를 말한다. 이 경우 관련 법규가 변경되어 새로운 항목이 추가되는 경우에는 그 항목도 포함하는 것으로 한다.

나. 기타 교통수단

(1) 기차, 전동차, 기동차, 케이블카(공중케이블카를 포함한다), 리프트, 엘리베이터 및 에스컬레이터, 모노레일
(2) 스쿠터, 자전거, 원동기를 붙인 자전거
(3) 항공기, 선박(요트, 모터보트, 보트를 포함한다)
(4) 자동차손해배상보장법 시행령에서 제2조에서 정한 9종 건설기계를 제외한 건설기계, 농업기계. 다만 이들이 작업기계로 사용되는 동안은 교통수단으로 보지 않는다.

다. 자동차 또는 기타교통수단으로 보지 않는 경우

건설기계 및 농업기계가 작업기계로 사용되는 동안은 자동차 또는 기타 교통수단으로 보지 않는다.

4 보험금을 지급하지 않는 사유

가. 보통약관상 보상하지 않는 손해

① 다음 중 어느 한 가지로 보험금 지급사유가 발생한 때에는 보험금을 지급하지 않는다.
  (1) 피보험자가 고의로 자신을 해친 경우. 다만, 피보험자가 심신상실 등으로 자유로운 의사결정을 할 수 없는 상태에서 자신을 해친 경우에는 보험금의 지급사유에서 정한 해당 보험금을 지급한다.
  (2) 보험수익자가 고의로 피보험자를 해친 경우. 다만, 그 보험수익자가 보험금의 일부 보험수익자인 경우에는 다른 보험수익자에 대한 보험금은 지급한다.
  (3) 계약자가 고의로 피보험자를 해친 경우
  (4) 피보험자의 임신, 출산(제왕절개를 포함), 산후기. 그러나 회사가 보장하는 보험금 지급사유와 보장개시일부터 2년이 지난 후에 발생한 습관성 유산, 불임 및 인공수정 관련 합병증으로 인한 경우에는 보험금을 지급한다.

> ▶ 습관성 유산, 불임 및 인공수정
> 한국표준질병 · 사인분류상의 N96~N98에 해당하는 질병을 말한다.

(5) 전쟁, 외국의 무력행사, 혁명, 내란, 사변, 폭동
② 회사는 다른 약정이 없으면 피보험자가 직업, 직무 또는 동호회 활동목적으로 아래에 열거된 행위로 인하여 보험금 지급사유가 발생한 때에는 해당 보험금을 지급하지 않는다.
- (1) 전문등반(전문적인 등산용구를 사용하여 암벽 또는 빙벽을 오르내리거나 특수한 기술, 경험, 사전훈련을 필요로 하는 등반을 말한다), 글라이더조종, 스카이다이빙, 스쿠버다이빙, 행글라이딩, 수상보트, 패러글라이딩
- (2) 모터보트, 자동차 또는 오토바이에 의한 경기, 시범, 흥행(이를 위한 연습을 포함) 또는 시운전. 다만 공용도로상에서 시운전을 하는 동안 보험금 지급사유가 발생한 경우에는 보장한다.
- (3) 선박에 탑승하는 것을 직무로 하는 사람이 직무상 선박에 탑승하고 있는 동안

나. 교통상해 후유장해 특약에서 보상하지 않는 손해

(1) 시운전, 경기(이를 위한 연습을 포함) 또는 흥행(이를 위한 연습을 포함)을 위하여 운행 중인 자동차 및 기타 교통수단에 탑승(운전을 포함) 하고 있는 동안에 발생한 손해
(2) 하역작업을 하는 동안에 발생하는 손해
(3) 자동차 및 기타 교통수단의 설치, 수선, 점검, 정비나 청소작업을 하는 동안에 발생한 손해
(4) 건설기계 및 농업기계가 작업기계로 사용되는 동안 발생한 손해

5 교통상해 후유장해 3%~79% 담보

가. 보험금 지급사유

피보험자가 보험기간 중에 교통사고로 인한 상해로 장해분류표에서 정한 3~79% 장해지급률에 해당하는 장해상태가 되었을 때에 장해분류표에서 정한 장해지급률을 보험가입금액에 곱하여 산출한 금액을 후유장해보험금으로 보험수익자에게 지급한다.

나. 보험금 지급에 관한 세부사항

교통상해 후유장해 3%~100%와 동일하다. 교통상해 후유장해 3%~79% 담보는 이후에 설명할 교통상해 후유장해 80% 이상 담보와 연계되어 판매되는 경우가 많다.

제2절 교통상해 고도후유장해

1 보험금 지급사유

가. 동일한 원인을 요구하는 경우

피보험자가 보험기간 중에 동일한 교통사고 상해로 장해분류표에서 정한 여러 신체부위의 장해지급률을 더하여 약관에서 정한 일정한 장해지급률 이상(50% 이상 or 80% 이상)에 해당하는 장해상태가 되었을 때에 최초 1회에 한하여 보험가입금액을 보험수익자에게 지급한다.

나. 동일한 원인을 요구하지 않는 경우

피보험자가 보험기간 중에 교통사고 상해로 장해분류표에서 정한 여러 신체부위의 장해지급률을 더하여 약관에서 정한 일정한 장해지급률 이상(50% 이상 or 80% 이상)에 해당하는 장해상태가 되었을 때에 최초 1회에 한하여 보험가입금액을 보험수익자에게 지급한다.

2 지급 세부사항

가. 동일한 원인을 요구하는 경우

동일한 원인을 요구하는 경우라면 동일한 상해로 인하여 약관에서 정한 일정한 장해지급률 이상(50% 이상 or 80% 이상)이 되어야 한다. 따라서 2개 이상의 상해로 인하여 고도후유장해가 된 경우라면 보험금 지급사유에 해당하지 않는다. 현재 판매되는 담보는 대부분 이 경우에 해당한다. 예를 들어, "동일한 상해로 80% 이상의 장해지급률 상태가 되었을 때"를 보험금 지급사유로 하는 경우에, 하나의 상해로 30%의 장해가 발생하고 해당 사고 이전에 장해가 50% 존재했다면, 보험금 지급의무 발생 요건(동일한 상해로 80% 이상 장해지급률)을 만족하지 못하였으므로 보험금을 지급하지 않는다.

나. 동일한 원인을 요구하지 않는 경우

(1) 보험금의 지급

동일한 원인을 요구하지 않는 약관이라면, 보험기간 중에 상해가 발생하고 그 상해로 인하여 약관에서 정한 일정한 장해지급률 이상(50% 이상 or 80% 이상)이 되었다면 보험금을 지급한다. 이 때 약관에서 정한 일정한 장해지급률 이상이 되었는지 여부는 동일한 상해임을 요구하지 않으므로, 기왕의 신체장해나 질병이 기여한 부분에 대해서 고려하지 않고 피보험자의 최종 장해상태만을 기준으로 판단한다. 예를 들어, "상해로 80% 이상의 장해지급률 상태가 되었을 때"를 보험금 지급사유로 하는 경우에, 하나의 상해로 30%의 장해가 발생하고 해당 사고 이전에 장해가 50% 존재했다면, 최종적인 후유장해 상태가 보험금 지급의무 발생 요건(상해로 80% 이상 장해지급률)을 만족했으므로 보험금을 지급한다.

(2) 기왕증 감액 조건이 있는 경우

이 때 보험금 지급 요건과는 별도로 약관에 기왕장해 및 기왕증 기여도의 감액 요건과 방법에 대한 규정을 정하고 있다면, 보험금을 산정할 때에 지급하는 보험금에서 그 기여분을 감액하여 계산한다. 만약 기왕증 감액 조건이 없다면 약관에서 정하여 보험금을 정액 지급하며 감액하여 지급할 수 없다.

다. 장해지급률

일정한 장해지급률 이상에 해당되었을 경우에 보험금을 지급한다. 보통 50% 이상이나 80% 이상을 보장하는 경우가 많다.

라. 정액보장

교통상해 후유장해 3~100% 담보는 장해지급률에 해당하는 장해상태가 되었을 때에 장해분류표에서 정한 장해지급률을 보험가입금액에 곱하여 산출한 금액을 후유장해보험금으로 지급하는 것에 반하여, 교통상해 고도후유장해 담보는 50% 이상이나 80% 이상 장해상태가 되었을 때에 보험가입금액을 전액 지급하는 정액 보장한다.

마. 1회한 지급

교통상해 고도후유장해 담보는 보험금 지급사유가 발생했을 때에 1회에 한하여 지급한다. 1회에 한하여 보험금을 지급하므로, 보험금이 지급된 이후에는 담보가 소멸한다.

제3절 생명보험의 교통재해 후유장해

1 보험금 지급사유

피보험자가 보험기간 중 교통재해분류표에서 정하고 있는 교통재해를 직접적인 원인으로 손해를 입은 경우 약관에 따라 보험금 지급한다.

2 교통재해의 정의

가. 교통기관에 비탑승 중 불의의 사고

운행중인 교통기관에 탑승하고 있지 아니한 피보험자가 운행중인 교통기관의 충돌, 접촉, 화재, 폭발, 도주 등으로 인하여 입은 불의의 사고

나. 교통기관에 탑승 중 또는 승강장 구내에서의 불의의 사고

운행중인 교통기관에 탑승하고 있는 동안 또는 승객으로서 개찰구를 갖는 교통기관의 승강장구내(개찰구의 안쪽을 말함)에 있는 동안 피보험자가 입은 불의의 사고

다. 도로통행 중 건조물 등의 낙하물로 인한 불의의 사고

도로 통행 중 건조물, 공작물 등의 도괴 또는 건조물, 공작물 등으로부터의 낙하물로 인하여 피보험자가 입은 불의의 사고

3 교통기관의 정의

(1) 기차, 전동차, 기동차, 케이블카(공중케이블카를 포함한다), 리프트, 엘리베이터 및 에스컬레이터, 모노레일 등
(2) 승용차, 버스, 화물자동차, 오토바이, 스쿠터, 자전거, 화차, 경운기 및 우마차 등
(3) 항공기, 선박(요트, 모터보트, 보트를 포함한다)

4 작업장 구내사고 면책

교통기관에 의한 사고일지라도 공장, 토목작업장, 채석장, 탄광 또는 광산의 구내에서 사용되는 교통기관에 직무상 관계하는 피보험자가 그 교통기관의 의한 직무상의 사고는 교통재해로 보지 않는다.

5 도로의 정의

일반의 교통에 사용할 목적으로 공중에 개방되어 있는 모든 도로(자동차 전용도로 및 통로를 포함)로 터널, 교량, 도선시설 등 도로와 일체가 되어 그 효용을 보완하는 시설 또는 공작물을 포함한다.

> **참고사례**
>
> ▶ 생명보험에서 교통재해가 인정된 경우
>
> **대법원 2006. 10. 13. 선고 2006다35896 판결**
>
> [1] 보험계약의 약관이 피보험자가 교통재해를 직접적 원인으로 사망한 경우와 교통재해 외의 재해로 인하여 사망한 경우의 보험금액을 달리 정하고 교통재해에 관하여 ① 운행중의 교통기관의 충돌, 접촉, 화재, 폭발, 도주 등으로 인하여 그 운행중의 교통기관에 탑승하고 있지 아니한 피보험자가 입은 불의의 사고, ② 운행중인 교통기관에 탑승하고 있는 동안 또는 승객으로서 개찰구를 갖는 교통기관의 승강장 구내에 있는 동안 피보험자가 입은 불의의 사고, ③ 도로 통행중 건조물, 공작물 등의 도괴 또는 건조물, 공작물 등으로부터의 낙하물로 인하여 피보험자가 입은 불의의 사고를 의미하는 것으로 규정하고 있는 경우, 위 교통재해 유형 ①이 가지는 문언적 의미 등과 대비하여 볼 때, 위 교통재해의 유형 중 ②의 전단 부분은 피보험자가 운행중인 교통기관에 탑승하고 있는 동안, 즉 공간적으로 운행중인 교통기관 안에 있는 동안에 불의의 사고를 입은 경우를 가리키고, 이때 교통기관의 '운행'은 자동차손해배상보장법 제2조 제2호의 규정과 같이 교통기관을 그 용법에 따라 사용 또는 관리하는 것을 의미한다고 보아야 한다.
> [2] 개인영업용택시 운전자가 운전 중에 승객으로부터 칼에 찔려 사망한 경우, 피보험자가 운행중인 교통기관에 탑승하고 있는 동안에 입은 불의의 사고를 직접적 원인으로 사망한 경우에 해당하므로 교통재해를 직접적 원인으로 한 보험금 지급 사유가 있다.

제4절 대중교통상해

1 보험금 지급사유

피보험자가 보험기간 중에 승객으로서 대중교통 이용 중 사고로 인한 상해로 장해분류표에서 정한 3~100% 장해지급률에 해당하는 장해상태가 되었을 때에 장해분류표에서 정한 장해지급률을 보험가입금액에 곱하여 산출한 금액을 후유장해보험금으로 보험수익자에게 지급한다. 사망 담보의 경우 피보험자가 보험기간 중에 승객으로서 대중교통 이용 중 사고로 인한 상해로 사망했을 때에 관련 보험금을 지급한다.

2 대중교통 이용 중 사고

가. 탑승중 사고
운행 중인 대중교통수단에 피보험자가 탑승 중에 일어난 교통사고

나. 승하차 사고
대중교통수단에 피보험자가 탑승을 목적으로 승하차 하던 중 일어난 교통사고

다. 승강장내 대기중 사고
대중교통수단의 이용을 위해 피보험자가 승강장내 대기 중 일어난 교통사고

3 대중교통수단

대중교통수단이라 함은 이용을 원하는 모든 사람이 이용할 수 있는 교통수단으로 아래의 교통수단을 말한다.
(1) 여객수송용 항공기
(2) 여객수송용 지하철/전철, 기차
(3) 여객자동차운수사업법시행령 제3조에서 규정한 시내버스, 농어촌버스, 마을버스, 시외버스 및 고속버스(전세버스 제외)
(4) 여객자동차운수사업법시행령 제3조에서 규정한 일반택시, 개인택시(렌트카 제외)
(5) 여객수송용 선박

4 보험금을 지급하지 않는 사유

가. 보통약관상 보상하지 않는 손해

① 다음 중 어느 한 가지로 보험금 지급사유가 발생한 때에는 보험금을 지급하지 않는다.
  (1) 피보험자가 고의로 자신을 해친 경우. 다만, 피보험자가 심신상실 등으로 자유로운 의사결정을 할 수 없는 상태에서 자신을 해친 경우에는 보험금의 지급사유에서 정한 해당 보험금을 지급한다.
  (2) 보험수익자가 고의로 피보험자를 해친 경우. 다만, 그 보험수익자가 보험금의 일부 보험수익자인 경우에는 다른 보험수익자에 대한 보험금은 지급한다.
  (3) 계약자가 고의로 피보험자를 해친 경우
  (4) 피보험자의 임신, 출산(제왕절개를 포함), 산후기. 그러나 회사가 보장하는 보험금 지급사유와 보장개시일부터 2년이 지난 후에 발생한 습관성 유산, 불임 및 인공수정 관련 합병증으로 인한 경우에는 보험금을 지급한다.

> ▶ 습관성 유산, 불임 및 인공수정
> 한국표준질병·사인분류상의 N96~N98에 해당하는 질병을 말한다.

  (5) 전쟁, 외국의 무력행사, 혁명, 내란, 사변, 폭동

② 회사는 다른 약정이 없으면 피보험자가 직업, 직무 또는 동호회 활동목적으로 아래에 열거된 행위로 인하여 보험금 지급사유가 발생한 때에는 해당 보험금을 지급하지 않는다.
  (1) 전문등반(전문적인 등산용구를 사용하여 암벽 또는 빙벽을 오르내리거나 특수한 기술, 경험, 사전훈련을 필요로 하는 등반을 말한다), 글라이더조종, 스카이다이빙, 스쿠버다이빙, 행글라이딩, 수상보트, 패러글라이딩
  (2) 모터보트, 자동차 또는 오토바이에 의한 경기, 시범, 흥행(이를 위한 연습을 포함) 또는 시운전. 다만 공용도로상에서 시운전을 하는 동안 보험금 지급사유가 발생한 경우에는 보장한다.
  (3) 선박에 탑승하는 것을 직무로 하는 사람이 직무상 선박에 탑승하고 있는 동안

나. 대중교통상해 후유장해 특약에서 보상하지 않는 손해

(1) 시운전, 경기(이를 위한 연습을 포함) 또는 흥행(이를 위한 연습을 포함)을 위하여 운행 중인 교통수단에 탑승하고 있는 동안에 발생한 손해
(2) 하역작업을 하는 동안에 발생하는 손해
(3) 교통수단의 설치, 수선, 점검, 정비나 청소작업을 하는 동안에 발생한 손해

CHAPTER 3 휴일상해

1 보험금 지급사유

피보험자가 보험기간 중에 휴일에 발생한 상해로 장해분류표에서 정한 3~100% 장해지급률에 해당하는 장해상태가 되었을 때에 장해분류표에서 정한 장해지급률을 보험가입금액에 곱하여 산출한 금액을 후유장해보험금으로 보험수익자에게 지급한다. 사망 담보의 경우 휴일에 발생한 상해로 피보험자가 사망했을 때에 관련 보험금을 지급한다.

2 휴일의 정의

가. 휴일: 토요일, 법정공휴일(일요일 포함) 및 근로자의 날을 말한다.
나. 사고발생지: 외국에서 사고가 발생하는 경우에는 사고발생지를 기준으로 한다.

3 담보 기준

담보 기준은 사고일을 기준으로 한다. 예를 들어 휴일상해사망담보라면 피보험자의 사망일이 아닌 상해 발생일을 기준으로 휴일 여부를 판단하며 이에 따라 보험금 지급을 결정한다.

4 신주말 담보

신주말 담보는 휴일에 금요일까지 포함하여 담보한다. 즉 금요일, 토요일, 법정공휴일(일요일 포함) 및 근로자의 날에 발생한 사고를 담보한다.

CHAPTER 4 운전자보험

제1절 벌금담보 특별약관

1 의의

피보험자가 자동차를 운전하던 중 급격하고도 우연한 자동차사고로 타인의 신체에 상해를 입힘으로써 받은 벌금액을 1사고당 보험가입금액을 한도로 실손 보상한다. 다만 아래의 경우에는 보험금을 지급하지 않는다.

(1) 피보험자가 사고를 내고 도주한 경우
(2) 피보험자가 자동차를 경기용이나 경기를 위한 연습용 또는 시험용으로 운전하던 중 사고를 일으킨 경우
(3) 피보험자가 도로교통법에 따른 음주운전 또는 무면허 운전 상태에서 사고를 일으킨 경우

2 비례보상

실손해를 보상하기 때문에 동일한 보장을 하는 다른 계약(공제계약 포함)이 있는 때에는 실제 손해액을 한도로 비례보상한다.

제2절 교통사고처리지원금담보 특별약관

1 개요

피보험자가 자동차를 운전하던 중 급격하고도 우연한 자동차사고로 피해자(피보험자의 부모, 배우자, 자녀는 제외)를 사망하게 하거나 상해를 입힌 경우 피해자와의 형사합의로 발생할 수 있는 피보험자의 경제적 손실을 대비하는 보험이다. 피보험자가 피해자에게 지급한 형사합의금을 보상함으로써 신속한 피해자 구제와 피보험자의 형사처벌 완화를 기대할 수 있다.

2 보상하는 손해

가. 형사합의금

상품에 따라 약간의 차이가 있으나 일반적으로 피보험자가 보험기간 중에 자동차를 운전하던 중 급격하고도 우연히 발생한 자동차사고로 타인(피해자)에게 다음 각 호의 어느 하나에 해당하는 상해를 입혀 형사합의를 한 경우 피보험자가 형사합의금으로 실제로 지급한 금액(형사합의금)을 지급한다.

(1) 피해자를 사망하게 한 경우
(2) 중대법규위반 교통사고로 피해자가 42일(피해자 1명 기준) 이상 치료를 요한다는 진단을 받은 경우
    (참고 – 최근 일부 상품 중에는 특정범죄 가중처벌 등에 관한 법률 제5조의 13(어린이 보호구역에서 어린이 치사상의 가중처벌)에 해당되는 사고에 한하여 피해자가 42일 미만 치료를 요한다는 진단을 받은 경우를 포함하는 경우도 있음)
(3) 일반교통사고로 피해자에게 중상해를 입혀 형법 제258조 제1항 또는 제2항, 형법 제268조, 교통사고처리특례법 제3조에 따라 검찰에 의해 공소제기(기소)되거나, 자동차사고 부상 등급표에서 정한 상해급수 1급, 2급 또는 3급에 해당하는 부상을 입힌 경우

사고유형	사망	중대법규 위반 교통사고		일반 교통사고	
피해	사망	6주 이상 진단	6주 미만 진단	중상해를 입혀 공소제기되거나 1~3급 부상	그 밖의 사고
보상	○	○	X (별도 특약 가입 시 가능*)	○	×

* 통상 6주 이상 진단을 받았을 경우 보상되며, 약관에 따라 보상 요건이 다를 수 있음
* 일부 보험회사의 경우 6주 미만 진단을 받더라도 보험금을 지급하는 상품도 판매함

> **특정범죄 가중처벌 등에 관한 법률**
>
> **제5조의13(어린이 보호구역에서 어린이 치사상의 가중처벌)** 자동차 등의 운전자가 「도로교통법」제12조 제3항에 따른 어린이 보호구역에서 같은 조 제1항에 따른 조치를 준수하고 어린이의 안전에 유의하면서 운전하여야 할 의무를 위반하여 어린이(13세 미만인 사람을 말한다. 이하 같다)에게「교통사고 처리특례법」제3조 제1항의 죄를 범한 경우에는 다음 각 호의 구분에 따라 가중처벌한다.
> 1. 어린이를 사망에 이르게 한 경우에는 무기 또는 3년 이상의 징역에 처한다.
> 2. 어린이를 상해에 이르게 한 경우에는 1년 이상 15년 이하의 징역 또는 500만원 이상 3천만원 이하의 벌금에 처한다.

나. 공탁금

피해자와 형사합의가 이루어지지 않아 공탁을 한 경우에는 피해자의 공탁금 출급 이후 공탁금액을 위의 한도금액 내에서 보상한다.

3 피해자에게 직접 지급하는 경우

다음 각 호 모두에 해당하는 경우 피해자에게 직접 보험금을 지급할 수 있다.
(1) 피보험자와 피해자간 형사합의금액을 확정하고, 피해자가 형사합의금액을 별도로 장래에 지급받는 조건으로 형사합의를 한 경우
(2) 보험회사가 피해자에게 형사합의금을 직접 지급하는 경우 피보험자가 피해자에게 직접 지급되는 교통사고처리지원금에 상응하는 청구권을 포기한 경우

4 보험금을 지급하지 않는 사유

(1) 계약자 및 피보험자의 고의
(2) 피보험자가 사고를 내고 도주하였을 때
(3) 피보험자가 도로교통법에서 정한 음주·무면허 상태 또는 약물 상태에서 운전하던 중 사고를 일으킨 때
(4) 피보험자가 자동차를 경기용이나 경기를 위한 연습용 또는 시험용으로 운전하던 중 사고를 일으킨 때

5 비례분담

가. 실손보상

교통사고처리지원금은 피보험자가 실제 부담한 금액을 지급하는 실손보상의 원칙에 따른다.

나. 다수계약

교통사고처리지원금을 지급할 다수 계약(공제계약 포함)이 체결되어 있는 경우 각 계약의 보상책임액에 따라 각 계약의 비례분담액을 보상책임액으로 지급한다.

다. 비례분담 계산식

〈계산식〉

$$\text{비례분담액} = \text{형사합의금} \times \frac{\text{각 계약별 보상책임액}}{\text{각 계약별 보상책임액 합계액}}$$

6 실무상 주의사항 [2]

가. 형사절차 종결 후 합의하였다면 보험금이 지급되지 않음

형사합의금은 수사 또는 재판과정에서 처벌 감면을 목적으로 지급되는바 약식명령으로 형사절차가 종결되었다면, 그 이후 합의하여 지급된 금액은 형사합의금으로 보기 어려우므로 보상 대상이 아니다. 즉 형사책임 없음이 명백한 경우 또는 형사절차가 끝난 후 이루어진 합의는 형사합의로 인정되지 않아 보험금이 지급되지 않는다.

> ▶ 형사합의 개념
> - 형사합의는 가해자가 수사 또는 재판을 받는 과정에서 형사절차를 종결시키거나 형사처벌을 감경할 목적으로 피해자와 체결하는 합의를 말한다. 형사합의를 하여 양형에 유리하게 참작 가능하기 때문이다.
> - 형사합의금은 피보험자의 형사상 책임이 확정되거나 형사상 책임 유무가 판명되지 아니한 상태에서 피해자에게 지급하기로 약정하였거나 실제로 지급한 돈을 말한다.
> - 형사책임 없음이 명백하거나 형사책임이 수사기관, 법원 등 사법기관에 의해 판명된 이후에 지급을 약정하였거나 지급한 돈은 포함되지 않는다. 또한 형사합의금은 형사처분 경감을 목적으로 피해자측에 지급하는 돈을 말하므로 형사절차가 종결되지 않을 것을 전제로 한다.

나. 중대법규 위반 교통사고 피해자 6주 미만 진단이라면 보험금이 지급되지 않음

중대법규위반 교통사고의 경우 피해자가 일정기간(통상 6주) 이상의 치료를 요하는 진단을 받은 때에 진단 기간별 한도액 내에서 실제 지급한 비용을 보상하므로 그 이하의 진단을 받았다면 보상 대상이 아니다. 다만 최근에는 스쿨존 어린이 상해 등 일부 교통사고에 대하여 진단상 치료기간이 6주 미만인 경우도 선별적으로 보상하는 상품이 있으므로 관련 특약을 추가로 가입한다면 보험금 지급 가능하다.

다. 일반 교통사고 피해자가 중상해를 입지 않았다면 보험금이 지급되지 않음

일반 교통사고는 중대법규 위반 교통사고와는 다르게 사망, 중상해 또는 1~3급의 부상 등 피해자에게 약관에 기재된 피해를 입힌 경우에 한하여 보상된다. 따라서 피해자의 피해 정도가 사망, 중상해 또는 1~3급의 부상에 해당하지 않는다면 보험금이 지급되지 않는다.

---

[2] 2024년 08월 28일, 금융감독원 보도자료 「주요 분쟁사례로 알아보는 소비자 유의사항」 발췌

제3절 자동차사고 변호사선임비용 특별약관

1 보상하는 손해

피보험자가 보험기간 중 자동차를 운전하던 중 급격하고도 우연한 자동차사고로 타인의 신체에 상해를 입힘으로써 구속영장에 의하여 구속되었거나, 검사에 의해 공소제기(약식기소 제외)된 경우 또는 검사에 의하여 약식기소 되었으나 법원에 의해 보통의 심판절차인 공판절차에 의해 재판이 진행되게 되는 경우에는 변호사선임비용으로 실제 부담한 금액을 1사고당 지급한다.

2 실손 보상

변호사 선임비용은 실제 부담한 금액을 지급하므로, 다수 계약이 체결된 경우에는 그에 따라 비례분담하여 지급한다.

3 1사고의 의미

하나의 자동차 운전 중 교통사고를 말하며, 항소심, 상고심을 포함하여 다수의 소송을 하였을 경우 그 소송 동안 피보험자가 실제 부담한 전체 변호사 선임비용을 합쳐서 한도를 적용한다.

제4절 면허정지취소위로금담보 특별약관

1 면허정지 위로금

가. 보험금 지급사유

피보험자가 자동차를 운전하던 중 급격하고도 우연한 자동차사고로 타인의 신체에 상해를 입히거나 타인의 재물을 손상함으로써 행정처분에 의하여 운전면허가 정지되었을 경우 최고 60일 또는 120일을 한도로 1일당 보상한다. 현재는 영업용 운전자보험에 한하여 판매된다.

나. 면허정지 사유가 교통사고가 아닌 경우

면허정지 행정처분 사유가 교통사고가 아닌 경우라면 면허정지 위로금을 지급하지 않는다.

다. 감경받은 경우

면허정지기간이라 함은 도로교통공단의 특별교통안전교육을 이수하여 면허정지기간을 감경받았거나 감경받을 수 있는 기간을 차감한 것을 말한다. 다만 도로교통공단의 특별교통안전교육을 이수하지 않아 면허정지기간을 감경받지 못하여 면허정지 처분기간 이후 경찰서의 행정처분 조회 확인서를 제출할 경우에는 원처분 면허정지기간에 따라 보험금을 지급한다.

라. 보험금을 지급하지 않는 사유

① 피보험자가 도로교통법에서 정한 음주·무면허 상태 또는 약물 상태에서 운전하던 중 사고를 일으킨 때
② 피보험자가 사고를 일으키고 도주하였을 때
③ 피보험자가 자동차를 경기용이나 경기를 위한 연습용 또는 시험용으로 운전하던 중 사고를 일으킨 때

마. 1일당 지급

면허정지 위로금은 면허정지기간 1일당 일정한 금액을 지급하며, 다른 보험계약의 담보가 있더라도 비례보상을 실시하지 않는다.

2 면허취소 위로금

가. 보험금 지급사유

피보험자가 자동차를 운전하던 중 급격하고도 우연한 자동차사고로 타인의 신체에 상해를 입히거나 타인의 재물을 손상함으로써 행정처분에 의하여 운전면허가 취소되었을 경우 일정한 금액을 정액 보상한다. 기타 세부사항은 면허정지 위로금 담보와 같다.

나. 정액 보상

면허취소 위로금 담보는 보험금 지급사유가 발생하였을 때에 보험가입금액을 정액 지급한다.

제5절 자동차부상치료비

1 지급사유

피보험자가 보험기간 중 교통사고로 신체에 상해를 입고 그 직접결과로 자동차손해배상보장법 시행령에서 정한 자동차사고 부상등급표에 해당하는 부상등급을 받은 경우에 정해진 금액을 지급한다.

2 지급유형 구분

가. 부상등급에 따라 차등 지급

부상등급(1급~14급)에 따라 차등 지급한다. 1급이 가장 높은 금액을 지급하며 14급의 지급액이 가장 낮다.

나. 일정 부상등급 이상 지급

부상등급 5급 이상(1급~5급)인 경우에 일정한 금액을 지급한다.

다. 모든 부상등급 지급

부상등급 전부(1급~14급)에 대해서 동일한 금액을 지급한다.

제6절 기타 담보

1 교통상해 임시생활비

피보험자가 보험기간 중 교통상해를 입고 그 직접적인 결과로 생활기능 또는 업무능력에 지장을 가져와 입원한 경우에 입원 1일당 보상한다. 다만 사고일로부터 180일 이내에 발생한 입원일수를 한도로 한다.

2 생활유지비

피보험자가 자동차를 운전하던 중 급격하고도 우연한 자동차사고로 상해를 입고 입원하거나 타인의 신체에 상해를 입힘으로써 구속영장에 의하여 구속되었을 경우 입원 또는 구속기간 동안 최고 180일을 한도로 1일당 보상한다.

3 방어비용

피보험자가 자동차를 운전하던 중 급격하고도 우연한 자동차사고로 타인의 신체에 상해를 입힘으로써 구속영장에 의하여 구속되었거나 검찰에 의하여 공소 제기된 경우 1사고당 보험가입금액을 정액 지급한다. 현재는 판매가 중지된 담보이다.

4 긴급비용

피보험자가 자동차를 운전하던 중 급격하고도 우연한 자동차사고로 피보험자의 자동차가 가동불능상태가 되었을 경우에 보상한다.

5 차량손해 위로금

피보험자가 자동차를 운전하던 중 급격하고도 우연한 자동차사고로 피보험자 또는 배우자의 자동차에 전손이 발생했거나, 도난 사실을 경찰관서에 신고한 후 30일이 지나도록 찾지 못한 경우 또는 부분손해를 당하여 자기차량손해 100만원 이상 지급받은 경우에 보상한다.

CHAPTER 5 여행보험

제1절 국내여행보험

보험증권에 기재된 국내여행을 목적으로 주거지를 출발하여 여행을 마치고 주거지에 도착할 때까지 또는 국외거주자가 여행을 목적으로 국내의 공항이나 부두에 도착하여 여행을 마치고 출국을 위해 항공기나 선박에 탑승하기 직전까지 발생한 급격하고도 우연한 외래의 사고로 신체에 상해를 입었을 때 보상한다.

제2절 해외여행보험

1 보상하는 손해

보험증권에 기재된 여행을 목적으로 주거지를 출발하여 여행을 마치고 주거지에 도착할 때까지의 여행 도중에 발생한 상해를 보상한다.

2 특별비용담보 특별약관

수색구조비용	조난당한 피보험자를 수색, 구조 또는 이송하는 활동에 필요한 비용 중 이들의 활동에 종사한 사람으로부터의 청구에 의하여 지급한 비용을 보상한다.
항공운임 등 교통비	피보험자의 수색, 간호 또는 사고처리를 위하여 사고발생지 또는 피보험자의 법정상속인의 현지 왕복교통비를 말하며 2명분을 한도로 한다.
숙박비	현지에서의 구원자의 숙박비를 말하며 구원자 2명분을 한도로 하여 1명당 14일을 한도로 한다.
이송비용	피보험자가 사망한 경우 그 유해를 현지로부터 피보험자의 주소지로 이송하는데 필요한 비용 및 치료를 계속 중인 피보험자를 주소지로 이송하는데 드는 비용으로서 통상액을 넘는 피보험자의 운임 및 의사, 간호사의 호송비를 말한다.
제잡비	구원자의 출입국 절차에 필요한 비용 및 구원자 또는 피보험자가 현지에서 지출한 교통비 등을 말하며 10만원을 한도로 한다.

3 인질위험담보 추가 특별약관

수색구조비용	피보험자를 수색, 구조 또는 이송하는 활동에 필요한 비용 중 이들 활동에 종사한 사람의 청구에 의하여 지급한 비용
구조대 파견비용	피보험자를 구조하기 위하여 사고발생지로 구조대를 파견하는 경우 현지의 왕복 항공운임 등 교통비
정보수집비, 사례비	피보험자를 구조하는데 직접적으로 사용된 정보수집비 또는 정보 제공자에 대한 사례비 등

제3절 레저보험

구분	골프	낚시	스키	수렵	테니스
담보 구간	골프시설 구내에서의 골프의 연습, 경기 또는 지도 중	대한민국 내에서 낚시를 목적으로 거주지를 출발한 때로부터 거주지에 도착할 때까지	대한민국 내에서 스키를 목적으로 거주지를 출발한 때로부터 거주지에 도착할 때까지	대한민국내의 수렵장 또는 사격장 내	테니스 구역 구내에서의 테니스 연습, 경기 또는 지도 중
담보 손해	1. 상해손해 2. 골프용품의 화재, 도난과 골프채의 파손	1. 상해손해 2. 낚시도구의 화재, 도난과 낚시대의 파손	1. 상해손해 2. 스키용품의 화재, 도난과 스키플레이트의 파손. 단, 스키폴의 도난은 스키플리에트와 동시에 생긴 경우에 한함	1. 상해손해 2. 수렵용품의 화재, 도난과 총기의 파손	1. 상해손해 2. 테니스용품에 대한 화재, 도난과 테니스채의 파손. 단, 테니스공의 도난은 다른 테니스용품과 동시에 생긴 손해에 한함
	3. 타인의 신체 및 재물에 대한 법률상 배상책임 손해	3. 타인의 신체 및 재물에 대한 법률상 배상책임 손해	3. 타인의 신체 및 재물에 대한 법률상 배상책임 손해	3. 총기 또는 엽견에 의한 법률상 배상책임	3. 법률상 배상책임
지급 보험금	1. 사망, 후유장해, 의료비보험금 2. 골프용품 손해보험금 3. 배상책임 손해보험금	1. 사망, 후유장해, 의료비보험금 2. 낚시도구 손해보험금 3. 배상책임손해 보험금	1. 사망, 후유장해, 의료비보험금 2. 스키용품 손해보험금 3. 배상책임손해 보험금	1. 사망, 후유장해, 의료비보험금 2. 수렵용품 손해보험금 3. 배상책임손해 보험금	1. 사망, 후유장해, 의료비보험금 2. 테니스용품 손해보험금 3. 배상책임손해 보험금

PART VII

기타사항

CHAPTER 1 상속

1 상속의 개시

사망으로 개시되는 것이 일반적이지만, 실종선고, 인정사망 등으로도 개시된다.

2 상속의 순위

① 1순위: 피상속인의 직계비속
② 2순위: 피상속인의 직계존속
③ 3순위: 피상속인의 형제, 자매
④ 4순위: 피상속인의 4촌 이내 방계혈족
⑤ **피상속인의 배우자**: 직계존비속이 있을 경우 그들과 공동상속인이 된다. 그러나 직계존속 또는 직계비속이 없을 경우에는 단독상속인이 된다.
⑥ **사실혼 배우자**: 사실혼 배우자는 상속관계가 인정되지 않는다. 그러나 사실혼 관계자와 사이에서 출생한 자녀의 상속권은 인정된다. 민법은 직계비속에 대해서 혼인 중의 자와 혼외 중의 자를 구분하지 않기 때문이다. 사실혼 관계에서 출생한 자녀가 법정 상속인의 지위를 갖기 위해서는 민법상 인지절차(임의인지 혹은 재판상인지)를 거쳐야 한다.

3 대습상속

상속인이 될 직계비속 또는 형제자매가 상속개시 전에 사망하거나 결격자가 된 경우에 그 직계비속이 있는 때에는 그 직계비속이 사망하거나 결격된 자의 순위에 갈음하여 상속인이 되는 것을 말한다. 상속개시전에 사망 또는 결격된 자의 배우자는 대습상속에 의한 상속인과 동순위로 공동상속인이 되고 그 상속인이 없는 때에는 단독상속인이 된다(민법 제1001조 및 제1003조).

4 동시사망

2인 이상이 동일한 위난으로 사망한 경우에는 동시에 사망한 것으로 추정한다. 동시사망자 상호 간에는 상속이 발생하지 않는다.

5 상속의 포기

상속인이 사망한 사실을 안 날로부터 3개월 이내에 가정법원에 상속포기 청구를 하여야 유효한 법률행위가 된다.

6 태아의 권리

태아는 상속 순위에 관하여 이미 출생한 것으로 본다. 다만 대법원은 정지조건설의 입장으로, 태아로 있는 동안에는 아직 권리능력을 취득하지 못하나 출생한 이후에 그 권리를 소급하여 취득한다.

7 상속분

① 동순위의 상속인이 수인인 때에는 그 상속분은 균분으로 한다.
② 피상속인의 배우자의 상속분은 직계비속과 공동으로 상속하는 때에는 직계비속의 상속분의 5할을 가산하고, 직계존속과 공동으로 상속하는 때에는 직계존속의 상속분의 5할을 가산한다.

8 상속 포기와 사망보험금

사망보험계약을 체결할 때에 수익자를 '상속인'으로 기재하는 경우가 많다. 대법원 판례에 따르면, 피보험자의 사망을 원인으로 지급하는 보험금은 상속재산이 아니라 상속인의 고유재산에 해당하므로, 설령 수익자가 상속포기 등으로 자신의 상속권을 포기하였더라도 보험계약에서 지급받는 사망보험금에는 아무런 영향을 주지 않는다. 따라서 정상적으로 보험금을 지급받을 수 있다. 또한 상속인 중 1인이 자신에게 귀속된 보험금청구권을 포기하였더라도 그 포기한 부분이 다른 상속인에게 귀속되는 것은 아니다.

> **관련판례**
>
> **대법원 2007. 11. 30. 선고 2005두5529 판결**
>
> 보험계약자가 자기 이외의 제3자를 피보험자로 하고 자기 자신을 보험수익자로 하여 맺은 생명보험계약에 있어서 보험 존속 중에 보험수익자가 사망한 경우에는 상법 제733조 제3항 후단 소정의 보험계약자가 다시 보험수익자를 지정하지 아니하고 사망한 경우에 준하여 보험수익자의 상속인이 보험수익자가 되고, 이는 보험수익자와 피보험자가 동시에 사망한 것으로 추정되는 경우에도 달리 볼 것은 아니며, 이러한 경우 보험수익자의 상속인이 피보험자의 사망이라는 보험사고가 발생한 때에 보험수익자의 지위에서 보험자에 대하여 가지는 보험금지급청구권은 <u>상속재산이 아니라 상속인의 고유재산이다.</u>

CHAPTER 2 조건부 인수 특별약관

제1절 특정 신체부위, 질병 보장 제한부 인수 특별약관

1 의의

보험계약을 체결할 당시 피보험자의 건강상태가 보험회사가 정한 기준에 적합하지 않은 경우 특정 신체부위에 발생한 질병이나 특정 질병에 대하여 면책을 조건으로 체결할 수 있도록 한 특별약관을 말한다.

2 실무상 운용

흔히 부담보라고 부르며, 부담보는 결함의 내용, 정도에 따라 전기간 또는 5년 이하의 일정기간으로 적용한다. 보험회사마다 차이가 있으나 현재 40여개의 특정부위와 23여개의 특정질병을 운영하고 있으며 최대 4개 이내에서 선택하도록 하고 있다.

3 면책기간

가. 면책기간의 적용

면책기간은 상태에 따라 1개월에서 5년 또는 보험기간 전체로 한다.

나. 전기간 부담보가 해제되는 경우

(1) 추가진단 또는 치료 사실이 없을 때

보험기간 전기간을 면책기간으로 하였더라도 최초 계약 청약일부터 5년 이내에 특정 신체부위에 발생한 질병 및 특정 신체부위에 발생한 질병의 전이로 인하여 특정 신체부위 이외의 부위에 발생한 질병, 또는 특정질병으로 추가진단 또는 치료를 받지 않은 경우에는 최초 계약 청약일부터 5년이 지난 이후에는 부담보를 적용하지 않는다. 즉 관련 보험금을 지급받을 수 있다.

(2) 규정의 이유

보험계약 체결 당시에는 특정 질병 또는 특정 신체부위에 위험이 표준체보다 높아 전기간 일부보장 제외를 적용하였다고 하더라도, 청약일로부터 일정한 기간 동안 추가 진단이나 치료 사실이 전혀 없다면, 단지 보험계약 체결 당시의 위험이 존재하였음을 이유로 계속적으로 보장을 제외하는 것은 보험계약자에게 불합리하다. 따라서 청약일로부터 5년이 지나는 동안 추가 진단이나 치료 사실이 없다면 그 이후의 기간에 대해서는 보장을 하도록 규정한 것이다.

(3) 추가진단의 의미

추가진단(단순 건강검진 제외) 또는 치료 사실이 없는 경우는 다음 각 호의 경우를 포함한다. 예를 들어 갑상선 전기간 부담보 조건으로 보험에 가입한 상태에서 5년 동안 정기적인 추적관찰 검사만 시행하였고 검진결과 특별한 추가 치료가 필요하지 않았다면 이후의 기간부터는 보장이 가능하다.
1) 검진결과 추가검사 또는 치료가 필요하지 않았던 경우
2) 부담보가 지정된 질병 또는 증상이 악화되지 않고 유지된 경우

(4) 5년이 지나는 동안의 의미

'청약일로부터 5년이 지나는 동안'이라 함은 보험료 납입 연체로 인한 계약의 해지가 발생하지 않은 경우를 말한다. 즉 보험료 납입 연체로 인하여 보험계약의 해지되었다면 동 조항은 적용되지 않는다.

> ※ 유의사항
> 최초 계약 청약일부터 5년이내 재진단 또는 치료를 받은 경우이므로, 재진단 또는 치료를 받았음에도 회사에 보험금을 청구하지 않았더라도 재진단 또는 치료를 받은 것에 해당한다. 즉 부담보가 해제되지 않는다.

4 면책사항

보험금을 지급하지 않는 기간 중에 다음 각 호의 질병을 직접적인 원인으로 보험계약에서 정한 보험금 지급사유가 발생한 경우에 회사는 보험금을 지급하지 않는다. 다만 사망보험금 지급사유가 발생한 경우에는 이를 적용하지 않는다.
(1) 회사가 지정한 부위 특정신체부위에 발생한 질병 또는 특정신체부위에 발생한 질병의 전이로 인하여 특정신체부위 이외의 부위에 발생한 질병. 다만 전이는 합병증으로 보지 않는다.
(2) 회사가 지정한 특정질병 또는 특정 신체부위에 발생한 질병

5 특별약관에서도 보상하는 경우

아래의 해당하는 사유는 보험금을 지급한다.
(1) 특정 신체부위에 발생한 질병의 합병증으로 인하여 특정 신체부위 이외의 부위에 발생한 질병으로 보험계약에서 정한 보험금의 지급사유가 발생한 경우
(2) 특정질병의 합병증으로 인해 발생한 특정질병 이외의 질병으로 보험계약에서 정한 보험금의 지급사유가 발생한 경우
(3) 상해를 직접적인 원인으로 하여 보험금의 지급사유가 발생한 경우

(4) 특정 신체부위에 진단 확정된 질병 또는 특정 신체부위에 진단 확정된 질병의 전이로 인하여 특정 신체부위 이외의 부위에 진단 확정된 질병과 회사가 지정한 특정 질병으로 인하여 사망하여 보험금 지급사유가 발생한 경우

> **시험출제 Point**
> ▶ 부담보임에도 보험금을 지급하는 것
> 1. 합병증 (전이는 아님)
> 2. 상해
> 3. 사망

제2절 보험금 감액 특별약관

1 의의

피보험자의 건강상태가 보험회사에서 정한 표준체에 미달할 경우 보험회사가 정하는 삭감기간 내에 피보험자에게 보험사고가 발생하면 일정비율로 감액하여 지급하는 방식이다.

2 적용대상

보험금 감액법은 시간의 경과에 따라 피보험자의 신체적 위험이 점차 줄어드는 경우(체감성 위험)에 주로 적용하며 표준보험료를 납부하지만 일정기간 내에 보험사고가 발생하면 보험금을 감액하여 지급하는 방식이다. 미국이나 선진국에서는 더 이상 사용하지 않는 방식이다.

3 계산방식

〈계단식 보험금 감액표〉

시기	1년	2년	3년	4년	5년
~1년	50%	30%	25%	20%	15%
1년~2년	100%	60%	50%	40%	30%
2년~3년	100%	100%	75%	60%	45%
3년~4년	100%	100%	100%	80%	60%
4년~5년	100%	100%	100%	100%	80%

예를 들어 보험금 감액법 4년이 첨부된 보험계약에서 보험가입 이후 2년 6개월이 되는 시점에 보험사고가 발생하였다면, 보험가입금액의 60%를 지급하고, 3년 6개월이 되는 시점이라면 보험가입금액의 80%를 지급한다. 4년 이상 되었다면 보험금을 감액하지 않고 보험가입금액 전액을 지급한다.

제3절 보험료 증액 특별약관

1 의의

피보험자의 건강상태가 보험회사에서 정한 표준체에 미달할 경우 보험료에 일정한 할증을 더하여 인수하는 방법을 말한다.

2 적용 대상

할증보험료법은 시간의 경과에 따라 피보험자의 신체적 위험이 점차 늘어나는 경우(체증성 위험)에 주로 적용한다.

3 계산식

표준보험료 퍼센트(100%)에 할증 퍼센트를 더하고 난 후 표준보험료를 곱하여 산출한다.

4 두가지 이상의 결함

신체적 결함이 한가지 이상이라면 단순 합산하는 것이 일반적이지만, 특정 의적결함의 경우에는 가산점수를 부여하는 경우가 있다. 예를 들어 고혈압(50%)과 호흡기질환(30%)이 같이 있는 피보험자에 대하여 단순 합산하여 180%(100%+50%+30%)를 적용하나, 고혈압(50%)과 당뇨(30%)가 복합적으로 있는 피보험자라면 두 위험은 복합질환을 발생시킬 가능성이 더 크므로 증가된 위험을 추가 할증지수(20%)로 부여하여 200%(100%+50%+30%+20%)를 적용한다.

CHAPTER 3 제도성 특별약관

제1절 지정대리청구인 특별약관

1 지정대리청구인 특별약관

가. 의의

보험금을 직접 청구할 수 없는 특별한 사정이 있을 경우에 대비하여 보험계약을 체결할 때 혹은 계약을 체결한 이후에 보험금의 대리청구인을 지정하는 제도를 말한다.

나. 취지

치매보험이나 CI보험의 경우 보장내용의 특성상 발병(發病)시 스스로 보험금을 청구하는 것이 어려우므로 보험에 가입하고도 보험금 신청에 어려움을 겪는 상황이 발생할 수 있다. 이처럼 치매, 무의식 등 보험수익자가 직접 보험금을 청구할 수 없는 특별한 사정이 발생했을 경우를 대비하여 피보험자와 일정한 관계에 있는 자가 대신 보험금을 청구할 수 있도록 하는 제도이다.

2 지정대리청구인의 자격

가. 자격이 되는 자

(1) 피보험자의 가족관계등록부상 또는 주민등록상의 배우자
(2) 피보험자의 3촌 이내의 친족

나. 자격의 유지

지정대리청구인은 보험금을 청구하는 때에도 위의 자격을 유지하여야 한다.

3 보험금의 청구

가. 대상 보험금

지정대리청구인은 보험수익자가 직접 청구할 수 없는 특별한 사정이 있음을 증명하는 서류를 제출하고 보험수익자의 대리인으로서 보험금을 청구하고 수령할 수 있다. 다만 사망보험금은 제외한다.

나. 2인 이상의 경우

2인 이상의 지정대리청구인이 지정된 경우에는 그 중 대표지정대리청구인이 보험금을 청구하고 수령할 수 있으며, 대표지정대리청구인이 사망 등의 사유로 보험금 청구가 불가능한 경우에는 대표가 아닌 지정대리청구인도 보험금을 청구하고 수령할 수 있다.

4 적용 대상 계약

보험금 청구 관련 분쟁 방지 등을 위하여 보험계약자, 피보험자, 보험수익자가 모두 동일한 보험계약에 적용한다.

〈대리청구인 지정 여부에 따른 보험금 청구 비교〉[1]

구분	대리청구인 지정	대리청구인 미지정
보험금 청구	대리청구인이 청구 가능	성년후견인이 청구 가능
청구인 지정 절차	지정대리청구서비스 신청	법원에 성년후견개시 신청 → 법원의 심판 → 성년후견인 지정
소요시간	보험회사 신청시 즉시 가능	신청 후 지정까지 상당한 기간이 소요
비용	없음	인지대, 송달료 등 발생
제출서류	신청서, 대리청구인 신분증, 가족관계증명서 등	피후견인 기본증명서, 재산증명, 가족관계증명서, 가족동의서 등

제2절 선지급서비스 특별약관

1 의의

피보험자가 아직 사망하지 않았음에도 불구하고 일정한 조건에 부합하는 경우 피보험자의 사망보험금의 일부 또는 전부를 선지급하는 특별약관을 의미한다.

2 취지

단기간 내에 피보험자의 사망이 예상되는 경우에 사망보험금의 일부 또는 전부를 선지급하여 피보험자가 생존해 있을 때 치료비 등에 사용할 수 있도록 하는 서비스를 제공하는 제도성 특별약관이다.

---

1) 2023년 5월, 금융감독원 보도자료, 중대한 질병보험 등 가입

3 특별약관 가입조건

가. 계피 동일
보험계약자와 피보험자가 동일한 보험계약이어야 한다.

나. 특별약관의 보험기간
보통약관 또는 사망보장 특별약관의 보험기간이 끝나는 날의 12개월 이전까지를 특별약관의 보험기간으로 한다. 생명보험상품 중에는 이 기간을 18개월로 정한 경우도 있다. 보통약관이나 사망보장의 보험기간이 종료하면 사망보험금도 지급하지 않기 때문에 특별약관의 보험기간에 제한을 둔 것이다.

다. 추가보험료 불필요
동 특별약관 가입에 따른 추가보험료 납입은 없다.

4 지급 조건

가. 잔여수명
특약의 보험기간 중에 의료법 제3조(의료기관)에 규정한 국내의 종합병원 또는 이와 동등하다고 인정되는 국외의 의료기관에서 전문의 자격을 가진 자가 실시한 진단결과 피보험자의 잔여수명이 6개월 이내라고 판단한 경우에 사망보험금액의 일부 또는 전부를 선지급 사망보험금으로 지급한다. 생명보험상품 중에는 잔여수명 기간을 12개월로 정한 경우도 있다.

나. 보험금을 받는 사람
피보험자에게 지급한다(보험수익자가 아님에 주의).

다. 선지급보험금
사망보험금의 50%를 선지급한다.

5 선지급 후의 보험가입금액

선지급하였을 경우에는 지급한 보험금액에 해당하는 보험가입금액이 지급일에 감액된 것으로 본다. 다만 감액으로 인하여 해약환급금이 있더라도 이를 지급하지는 않는다. 선지급 후에 피보험자가 사망한 경우에는 선지급된 보험금액에 해당하는 사망보험금은 지급하지 않는다. 즉 잔여 보험가입금액에 해당하는 사망보험금만 지급한다.

CHAPTER 4 손해사정

1 손해사정

가. 보험회사의 고용 및 위탁의무

대통령령으로 정하는 보험회사는 손해사정사를 고용하여 보험사고에 따른 손해액 및 보험금의 사정(손해사정)에 관한 업무를 담당하게 하거나 손해사정사 또는 손해사정을 업으로 하는 자를 선임하여 그 업무를 위탁하여야 한다.

나. 의무 적용 면제

보험사고가 외국에서 발생하거나 보험계약자 등이 금융위원회가 정하는 기준에 따라 손해사정사를 따로 선임한 경우에는 보험회사의 고용 및 위탁의무가 면제된다.

2 손해사정사 등의 업무

(1) 손해 발생 사실의 확인
(2) 보험약관 및 관계 법규 적용의 적정성 판단
(3) 손해액 및 보험금의 사정
(4) 제1호부터 제3호까지의 업무와 관련된 서류의 작성·제출의 대행
(5) 제1호부터 제3호까지의 업무 수행과 관련된 보험회사에 대한 의견의 진술

3 손해사정사의 의무

가. 보험회사로부터 위탁받은 손해사정사 등

보험회사로부터 손해사정업무를 위탁받은 손해사정사 또는 손해사정업자는 손해사정업무를 수행한 후 손해사정서를 작성한 경우에 지체 없이 대통령령으로 정하는 방법에 따라 보험회사, 보험계약자, 피보험자 및 보험금청구권자에게 손해사정서를 내어 주고, 그 중요한 내용을 알려주어야 한다.

나. 보험계약자로부터 위탁받은 손해사정사 등

보험계약자 등이 선임한 손해사정사 또는 손해사정업자는 손해사정업무를 수행한 후 지체 없이 보험회사 및 보험계약자 등에 대하여 손해사정서를 내어 주고, 그 중요한 내용을 알려주어야 한다.

다. 금지행위

(1) 고의로 진실을 숨기거나 거짓으로 손해사정을 하는 행위
(2) 보험회사 또는 보험계약자 등 어느 일방에 유리하도록 손해사정 업무를 수행하는 행위
(3) 업무상 알게 된 보험계약자 등에 관한 개인정보를 누설하는 행위
(4) 타인으로 하여금 자기의 명의로 손해사정업무를 하게 하는 행위
(5) 정당한 사유 없이 손해사정업무를 지연하거나 충분한 조사를 하지 아니하고 손해액 또는 보험금을 산정하는 행위
(6) 보험회사 및 보험계약자 등에 대하여 이미 제출받은 서류와 중복되는 서류나 손해사정과 관련이 없는 서류 또는 정보를 요청함으로써 손해사정을 지연하는 행위
(7) 보험금 지급을 요건으로 합의서를 작성하거나 합의를 요구하는 행위
(8) 그 밖에 공정한 손해사정업무의 수행을 해치는 행위로서 대통령령으로 정하는 행위

참고문헌

- 박세민, 「보험법」 (제4판), 박영사, 2017
- 명순구, 「민법학원론」 (보정판), 박영사, 2018
- 양승규, 「보험법」 (제5판), 삼지원, 2004
- 김용재, 최동준, 정찬형, 「한국의 금융제도」, 한국은행, 2018
- 『2022 생명보험이란 무엇인가』, 생명보험협회, 2021년 11월
- 『알기쉬운 생명보험 안내자료』, 생명보험협회, 2017년 5월
- 고은희, 「생명보험업과 손해보험업의 겸영금지원칙에 관한 연구」, 경희대학교 법학전문대학원, 2020
- 김동겸, 「제3보험시장의 경쟁 구도 및 평가」, 보험연구원, 2023
- 정성희 외 5인, 「실손의료보험 지속성 강화와 역할 정립에 대한 연구」, 보험연구원, 2022

신체손해사정사 2차

제3보험의 이론과 실무

발 행 일	2025년 10월 5일
저　　자	윤종길
펴 낸 이	김영훈
펴 낸 곳	㈜고시아카데미(InsTV)
등　　록	2003년 9월 17일 제2012-000101호
주　　소	서울시 금천구 서부샛길 606, 215호
대표전화	02-363-0606
팩　　스	0505-009-9507
홈페이지	www.instv.net
전자우편	help@instv.net
I S B N	978-89-6631-397-6

저자와의 협의 하에 인지 생략

정가 30,000원

ⓒ ㈜고시아카데미

이 책의 무단복제, 복사, 전재는 저작권법에 저촉됩니다.
잘못 만들어진 책은 바꾸어 드립니다.